REVISTA DE DIREITO MERCANTIL

industrial, econômico e financeiro

109

Publicação do
Instituto Brasileiro de Direito Comercial Comparado
e Biblioteca Tullio Ascarelli
do Departamento de Direito Comercial
da Faculdade de Direito da Universidade de São Paulo

Ano XXXVI (Nova Série)
janeiro-março/1998

MALHEIROS
EDITORES

REVISTA DE DIREITO MERCANTIL
industrial, econômico e financeiro

Nova Série — Ano XXXVI — n. 109 — janeiro-março de 1998

REVISTA DE DIREITO MERCANTIL
publicação trimestral de
MALHEIROS EDITORES LTDA.
Rua Paes de Araújo, 29, conjunto 171
CEP: 04531-940
São Paulo, SP - Brasil - Tels. 822-9205
820-9718 - 820-5549 - Fax. 829-2495

Assinaturas e comercialização:
CATAVENTO DISTRIBUIDORA DE LIVROS S.A.
Rua Conselheiro Ramalho, 928
CEP 01325-000
São Paulo, SP - Brasil
Tel. 289-0811 - Fax. 251-3756

Diretor Responsável: Álvaro Malheiros
Diretora: Suzana Fleury Malheiros

Supervisão Gráfica: Vânia Lúcia Amato
Composição: EDITORA FRASE LTDA.

SUMÁRIO

DOUTRINA

A DECLARAÇÃO DA FALÊNCIA E SEUS EFEITOS JURÍDICOS NO ÂMBITO DO MERCOSUL

— Paulo Roberto Colombo Arnoldi 7

EFEITOS DA REFORMA DO CÓDIGO DE PROCESSO CIVIL NA EXECUÇÃO ESPECÍFICA DO ACORDO DE ACIONISTAS

— Celso Barbi Filho 17

VENDA DE ASCENDENTE PARA DESCENDENTE

— Carlos Augusto de Assis 39

O REGIME DAS PARTICIPAÇÕES SOCIETÁRIAS RECÍPROCAS E AS SOCIEDADES POR QUOTAS DE RESPONSABILIDADE LIMITADA

— Otavio Yazbek 54

ATUALIDADES

DIREITO DA CRISE ECONÔMICA DA EMPRESA

— Jorge Lobo 64

CONSENTIMENTO INFORMADO E O PROJETO DE CÓDIGO CIVIL

— Rachel Sztajn 93

A DISSOLUÇÃO PARCIAL DE SOCIEDADE "HOLDING"

— João Luiz Coelho da Rocha 98

NOVA REGULAMENTAÇÃO DO MERCADO DE BALCÃO ORGANIZADO

— Eduardo Salomão Neto 102

ALCANCE E LIMITES DOS ACORDOS DE ACIONISTAS: A TEORIA DA VONTADE FRENTE À INDISPONIBILIDADE E COGÊNCIA DA LEGISLAÇÃO ORGANICISTA BRASILEIRA EM MATÉRIA DE SOCIEDADES ANÔNIMAS

— Alexandre Saddy Chade 108

A DOUTRINA DOS "FIDUCIARY DUTIES" NO DIREITO NORTE-AMERICANO E A TUTELA DAS SOCIEDADES E ACIONISTAS MINORITÁRIOS FRENTE AOS ADMINISTRADORES DAS SOCIEDADES ANÔNIMAS

— Carlos Klein Zanini 137

JURISPRUDÊNCIA COMENTADA

CONSELHO FISCAL: AUSÊNCIA DE LEGITIMAÇÃO PROCESSUAL DE ACIONISTA PARA OBTENÇÃO DE INFORMAÇÃO EM NOME DE CONSELHEIRO

— Frederico Simionato 150

DANO MORAL. ANULAÇÃO DE ASSEMBLÉIA GERAL E EXCLUSÃO INDEVIDA DE ACIONISTAS DE SOCIEDADE COMERCIAL
— NELCINA CONCEIÇÃO DE OLIVEIRA TROPARDI 157

"INSIDER TRADING"
— RICARDO DE CARVALHO APRIGLIANO 173

TEXTOS SELECIONADOS

O EMPRESÁRIO
TULLIO ASCARELLI (Tradução de FÁBIO KONDER COMPARATO) 183

MERCADO DE CAPITAIS — LEGISLAÇÃO

MERCADO DE BALCÃO - INFORMAÇÕES
INSTRUÇÃO CVM N. 42, DE 28.2.85 190
INSTRUÇÃO CVM N. 245, DE 1.3.96 193

MERCADO DE BALCÃO ORGANIZADO - FUNCIONAMENTO
INSTRUÇÃO CVM N. 243, DE 1.3.96 195
INSTRUÇÃO CVM N. 244, DE 1.3.96 199

MERCADO DE BALCÃO - REGISTRO PARA NEGOCIAÇÃO
INSTRUÇÃO CVM N. 202, DE 6.12.93 200
INSTRUÇÃO CVM N. 238, DE 11.10.95 206

MERCADO DE BALCÃO - OUTRAS NORMAS APLICÁVEIS
INSTRUÇÃO CVM N. 8, DE 8.10.79 207
INSTRUÇÃO CVM N. 14, DE 17.10.80 207
INSTRUÇÃO CVM N. 36, DE 8.8.84 210
INSTRUÇÃO CVM N. 77, DE 11.5.88 214
INSTRUÇÃO CVM N. 120, DE 6.6.90 215
INSTRUÇÃO CVM N. 179, DE 13.2.92 218
INSTRUÇÃO CVM N. 180, DE 13.2.92 218
INSTRUÇÃO CVM N. 220, DE 15.9.94 219

PARECERES

AÇÕES PREFERENCIAIS EXCLUSIVAMENTE COM VANTAGENS POLÍTICAS
— LUIZ GASTÃO PAES DE BARROS LEÃES 223

COMPANHIA DE CAPITAL ABERTO — NÃO CARACTERIZAÇÃO DA RESPONSABILIDADE DA SOCIEDADE QUANDO DA PRÁTICA DE ATOS "ULTRA VIRES", COM QUEBRA DIRETA DO ESTATUTO SOCIAL
— HAROLDO MALHEIROS DUCLERC VERÇOSA 237

COLABORAM NESTE NÚMERO

ALEXANDRE SADDY CHADE
Pós-Graduando da Faculdade de Direito da Universidade de São Paulo

CARLOS AUGUSTO DE ASSIS
Mestre e Doutorando em Direito Processual pela Faculdade de Direito da Universidade de São Paulo. Advogado em São Paulo

CARLOS KLEIN ZANINI
Pós-Graduando da Faculdade de Direito da Universidade de São Paulo

CELSO BARBI FILHO
Professor-Assistente e Mestre em Direito Comercial na Faculdade de Direito da Universidade Federal de Minas Gerais. Procurador do Estado de Minas Gerais

EDUARDO SALOMÃO NETO
Mestre em Direito pela Universidade de Londres. Doutor em Direito pela Universidade de São Paulo. Advogado em São Paulo

FÁBIO KONDER COMPARATO
Professor Titular da Faculdade de Direito da Universidade de São Paulo. Doutor em Direito da Universidade de Paris

FREDERICO SIMIONATO
Pós-Graduando da Faculdade de Direito da UNESP e da Universidade de São Paulo

HAROLDO MALHEIROS DUCLERC VERÇOSA
Mestre e Doutor em Direito pela Faculdade de Direito da Universidade de São Paulo. Professor de Direito Comercial nas Faculdades de Direito da USP e da UNICID. Ex-Procurador do Banco Central do Brasil. Advogado em São Paulo

JOÃO LUIZ COELHO DA ROCHA
Advogado no Rio de Janeiro

JORGE LOBO
Mestre em Direito Econômico pela Universidade Federal do Rio de Janeiro. Doutor e Livre-Docente em Direito Comercial pela Universidade Estadual do Rio de Janeiro. Procurador de Justiça (aposentado) do Ministério Público do Estado do Rio de Janeiro. Professor de Direito Comercial da Escola da Magistratura do Estado do Rio de Janeiro. Presidente da Comissão de Direito Comercial do IAB. Advogado

LUIZ GASTÃO PAES DE BARROS LEÃES
Professor Titular da Faculdade de Direito da Universidade de São Paulo. Advogado

NELCINA CONCEIÇÃO DE OLIVEIRA TROPARDI
Pós-graduando da Faculdade de Direito da Universidade de São Paulo

OTAVIO YAZBEK
Pós-Graduando da Faculdade de Direito da Universidade de São Paulo. Advogado em São Paulo

PAULO ROBERTO COLOMBO ARNOLDI
Mestre, Doutor e Livre-Docente em Direito Comercial. Professor de Direito Comercial nos Cursos de Direito das Universidades: São Francisco (USF); de Bragança Paulista; de Ribeirão Preto (UNAERP) e UNESP (Campus de Franca). Advogado

RACHEL SZTAJN
Doutora e Livre-Docente de Direito Comercial da Faculdade de Direito da Universidade de São Paulo. Advogada em São Paulo

RICARDO DE CARVALHO APRIGLIANO
Pós-Graduando da Faculdade de Direito da Universidade de São Paulo

Doutrina

A DECLARAÇÃO DA FALÊNCIA E SEUS EFEITOS JURÍDICOS NO ÂMBITO DO MERCOSUL

Paulo Roberto Colombo Arnoldi

I — Introdução. II — Problemas a serem enfrentados pelas empresas com a declaração judicial da falência no âmbito do Mercosul. III — Conclusao.

I — INTRODUÇÃO

1. A formação do Mercosul e o incremento das atividades econômico-empresariais

Com o Tratado de Assunção, firmado em 26 de março de 1991, tendo como Estados signatários as Repúblicas da Argentina, Brasil, Paraguai e Uruguai, iniciou-se uma nova etapa no relacionamento comercial entre esses países, formando um bloco econômico.

O objetivo principal desse tratado foi o de criar uma zona de livre comércio, traçando diretrizes gerais para a implantação de uma futura união aduaneira, que acabou por se concretizar em 17 de dezembro de 1994, quando se firmou o Protocolo de Ouro Preto, que veio, também, no seu bojo, consolidar a estrutura institucional desse bloco econômico, denominado Mercosul.

Os frutos desta união comercial num bloco econômico foram inegáveis. As atividades econômico-empresariais deram um salto gigantesco de U$ 1,5 bilhão em 1991, para cerca de U$ 10,5 bilhões em 1995, com perspectivas de chegarem a U$ 15 bilhões no ano 2000.

As exportações Argentinas só para o Brasil representam hoje 47% da sua pauta de exportação, representando para o Brasil 23% da pauta de produtos importados da Argentina.

Como se observa, o incremento das atividades econômico-empresariais tendem a aumentar sobremaneira, com inegáveis benefícios e vantagens para os Estados-partes envolvidos neste processo de integração.

2. A formação de sociedades comerciais, estabelecimento de parcerias (consórcios, "joint ventures"), abertura de filiais ou sucursais no estrangeiro

Com a aceleração desse processo de intercâmbio comercial é inegável que muitas empresas de um Estado-parte terão interesse em abrir filiais em outro Estado-parte, se associarem, estabelecerem parcerias (tipo consórcio, sociedades binacionais, *joint ventures*), ou, ainda, constituírem uma nova sociedade comercial visando se beneficiar e aproveitar desta situação extremamente favorável.

3. Insucesso das empresas — A falência ou a concordata

Evidentemente que algumas dessas sociedades comerciais, por motivos vários poderão ter insucesso nessa empreitada, levando-a a uma situação de crise e, conseqüentemente, virem a falir. Poderá ocorrer, também, que uma empresa localizada num Estado, transacionando com outra, de outro Estado-parte, e uma delas vindo a falir tenha que receber seus créditos decorrentes de vendas que lhe foram feitas, surgindo a questão de como fazer para receber.

4. Efeitos jurídicos da sentença declaratória da falência nos demais Estados-partes do Mercosul

Portanto, com o processo de integração em curso, surgirão inúmeros problemas decorrentes da declaração de falência de uma empresa em um Estado-parte, que poderá gerar efeitos além de seus territórios, afetando, assim, os demais Estados-partes integrantes do bloco econômico. Diante dessa situação, pergunta-se: Como proceder para conciliar os interesses envolvidos se as legislações têm efeitos restritos aos seus territórios, não produzindo efeitos fora dos seus espaços geográficos? Se essa situação for possível, ela não extrapolaria os limites da soberania de um Estado para submeter o outro Estado-parte aos desígnios de seu ordenamento jurídico? É isto possível?

Como se observa, inúmeras questões se colocam frente a declaração de falência de uma empresa que mantenha transações comerciais com outra, ou outras, que se localizem nos demais Estados-partes integrantes do bloco econômico Mercosul.

A presente pesquisa tem por objetivo detectar algumas questões relevantes que, ao nosso ver, se fazem necessárias discutir para implementar, agilizar e compatibilizar melhor o processo de integração do Mercosul.

II — PROBLEMAS A SEREM ENFRENTADOS PELAS EMPRESAS COM A DECLARAÇÃO JUDICIAL DA FALÊNCIA NO ÂMBITO DO MERCOSUL

a) Sendo declarada a falência de uma empresa localizada em um Estado-parte do Mercosul até onde se estendem seus efeitos? Até o limite do seu território? Além desses limites, estendendo-se aos demais Estados-partes integrantes do Mercosul?

b) Estendendo-se os efeitos da falência aos demais países integrantes, abrangeria ela todos os bens, direitos e credores, ou deve-se declarar a falência em cada um dos países em que o devedor tenha seus bens?

c) Qual seria o juízo competente para se processar a falência?

d) Admitindo-se a unidade, ou seja, uma única falência, ela abrangeria todos os bens existentes indistintamente em cada um dos países, ou os bens imóveis não podem ser arrecadados?

e) Como serão administrados os bens?

f) Em caso de crimes falimentares os efeitos da sentença condenatória se estendem aos demais países?

1. Sistemas ou princípios aplicáveis às discussões

Antes de discutirmos estas questões, analisemos os sistemas ou princípios em que se assentam estas discussões.[1]

1.1 Da extraterritorialidade e universalidade

Neste sistema a falência estende seus efeitos para outros Estados, abrangendo bens, contratos e direitos onde quer que se

1. Nesta matéria seguiremos as idéias de José da Silva Pacheco, *Processo de Falência e Concordata*, pp. 53 e 54.

encontrem, dentro ou fora do território do Estado onde é decretada.

1.2 Da territorialidade e nacionalidade

Por este sistema a falência se restringe ao âmbito do território onde foi declarada, não se estendendo, nenhum efeito, além das fronteiras deste Estado. Fundamenta-se, no fato de que as leis de falência são normas de defesa do crédito público, por um lado, e, de outro, como leis processuais que são, e, por isso mesmo, de execução sobre os bens do devedor, só sendo aplicáveis no território onde os bens se encontrem; resultando, desta forma, indiferente todo o patrimônio, ou passivo, do falido existente fora do âmbito do território onde foi declarada.

1.3 Da unidade ou falência única

Por este sistema atribuiu-se à falência o caráter de unidade, ou única falência. A falência é declarada por um só magistrado, aplicando-se uma só lei. Este magistrado é quem tomará as providências de ordem jurídica que se tornem necessárias, reunindo numa só massa todas as atividades do falido, tornando única a arrecadação e liquidação dos bens que a constituem.

Esta teoria foi consagrada na Itália, de onde nascera e ali se propagou por influência de sua doutrina e por obra dos tratados e convenções internacionais.

1.4 Da pluralidade de falências

Por este sistema, em cada Estado que existirem bens e credores deve ser decretada a falência, valendo seus efeitos somente no Estado em que foi declarada.

1.5 Misto ou anglo-americano

É adotado por algumas legislações, que admitem o sistema da unidade e universalidade para os bens móveis e o da territorialidade para os imóveis, ou seja, os bens móveis sujeitam-se à lei do domicílio do devedor, estando abrangidos pelos efeitos da declaração da falência, mas excluir-se-iam os bens imóveis, que permanecem vinculados à *lex rei sitae.* É aplicado pela legislação Austríaca de 1914 (art. 66) e pelo Código de Bustamante, no art. 420 que consagra expressamente este princípio.

2. *Confusões entre os sistemas*

Cabe destacar, como bem leciona José da Silva Pacheco, que alguns autores confundem alguns sistemas, como:

2.1 Da extraterritorialidade e da unidade

Para ele, não tem sentido esta confusão, posto que, embora não se possa admitir a unidade sem a extraterritorialidade, pode-se admitir esta sem aquela.

2.2 Da pluralidade e da territorialidade

Diz o autor, que se é verdade que onde impera o princípio da territorialidade pode haver pluralidade de falências, nem sempre quando há pluralidade, haverá territorialidade.

Acrescente, ainda, que poderia haver apenas falência plural por mera comodidade, como prevê, por exemplo, o art. 39 do Tratado de Montevidéu, de 1889 e sua posterior alteração de 1940.

3. *A falência e o sistema atual da legislação brasileira*

A legislação brasileira — Dec.-lei 7.661, de 21.6.1945 — com suas subseqüentes alterações, nada dispõe sobre as questões de falência no campo internacional. Confina-se ao território brasileiro, ressalvando-se a vigência do Tratado de Montevidéu de 1889, e sua posterior alteração de 1940, para as nações americanas que não ratificaram a Convenção de Havana, de 1928.

3.1 A legislação processual brasileira de 1939

A matéria relativa a esse tema era tratada no anterior Código de Processo Civil de 1939, arts. 785 a 788, que foi revogado em 1973, quando entrou em vigor o atual Código de Processo Civil, denominado Código Buzaid em alusão ao Ministro da Justiça da época, Alfredo Buzaid, que foi um grande estudioso do Direito Processual Civil.

O art. 786 cuidava da sentença estrangeira no Brasil e, no que se refere a falência, dispunha:

3.1.1 Sobre a sua ineficácia

Ocorre a ineficácia da sentença declaratória de falência, quando incidir sobre comerciante brasileiro domiciliado no Brasil e com estabelecimento comercial, também localizado neste país. Seria considerado comerciante o que a legislação brasileira dispusesse a respeito, tendo, portanto, o comerciante domicílio e principal estabelecimento neste, e sucursais ou filiais em outros países. A falência que em qualquer deles se decrete não goza de extraterritorialidade, restringindo-se ao território em que se declarou. Adotou o Código a esse respeito a teoria da territorialidade.

Ocorre, também, a ineficácia em relação aos bens, credores e execução iniciada antes da homologação da sentença estrangeira (art. 787, III).

3.1.2 Sobre a sua eficácia

O síndico, antes da homologação da sentença, podia praticar atos conservatórios de direitos e propor as ações cabíveis em defesa da massa (art. 787, I); arrecadar e promover a venda dos bens, após a homologação se não houvesse os óbices previstos no item anterior (arts. 787, II, 786 e 788 e art. 7º da Lei de Falências - Dec.-lei 7.661 de 1945).

3.2 A legislação atual — O Código de Processo Civil de 1973, o Regimento Interno do STF e a Lei de Introdução ao CC

O vigente diploma processual, de 1973, não repete o comando do Código revogado, de 1939, suprimindo toda a matéria relativa à falência.

Limita-se o art. 483 a assegurar que "A sentença proferida por tribunal estrangeiro não terá eficácia no Brasil senão depois de homologada pelo Supremo Tribunal Federal. A homologação obedecerá ao que dispuser o Regimento Interno do Supremo Tribunal Federal".

O art. 484 dispõe: "A execução far-se-á por carta de sentença, extraída dos autos de homologação e obedecerá as regras estabelecidas para a execução da sentença nacional da mesma natureza".

O Regimento do Supremo Tribunal Federal dispõe nos arts. 215 a 224 sobre o procedimento a ser adotado para homologação de sentença estrangeira em geral, inclusive o de falência.

A homologação da sentença, cabe destacar, se torna necessária em face da soberania nacional, da qual a jurisdição é uma de suas manifestações.

O Regimento do Supremo Tribunal Federal repete o comando constitucional previsto na atual Constituição Federal de 1988 nos arts. 102, I, "h" e 109, X.

A sentença estrangeira, pelo referido Regimento, não será concedida se ofender a soberania nacional, a ordem pública e os bons costumes, bem como as que não contiverem determinados requisitos formais como: ser proferida por juiz competente; tenham as partes sido citadas, ainda que ocorrida a revelia; tenha passado em julgado e esteja revestida, a execução, das formalidades do lugar em que foi proferida; devendo estar autenticada pelo cônsul brasileiro e acompanhada de tradução oficial.

O processo homologatório, que também se aplica às sentenças de falências, inicia-se pela petição, observando-se os requisitos previstos na lei processual (art. 282), devendo ser instruída com a certidão ou cópia autêntica do texto integral da sentença estrangeira e com outros documentos indispensáveis, devidamente traduzidos e autenticados. Em seguida, é feita a citação do executado para contestação no prazo de 15 dias, só podendo a defesa versar sobre a autenticidade dos documentos, a inteligência da sentença e a observância das formalidades referidas.

Contestado o pedido, ou nomeado curador a lide, em caso de revelia ou incapacidade do executado, será ouvido o requerente no prazo de 5 dias, e, após, no mesmo prazo, o Procurador Geral da República, sendo, em seguida, prolatada a sentença.

Concedida a homologação, extrair-se-á carta de sentença exeqüível no juízo competente, observadas as regras estabelecidas para execução de julgado nacional da mesma natureza.

Da decisão do Presidente que conceder ou negar homologação cabe agravo regimental.

Tratando-se de falência, deve-se cuidar, desde logo, de problemas relativos à conservação dos direitos, evitando-se atos de desfazimento irregular ou fraudulento ao patrimônio da massa.

Convém ressaltar que, nesta matéria, aplicam-se, também, os artigos 12 a 15 da Lei de Introdução ao Código Civil, dispondo no art. 12: "É competente a autoridade judiciária brasileira, quando for o réu domiciliado no Brasil ou aqui tiver que ser cumprida a obrigação.

"§ 1º. Só à autoridade judiciária brasileira compete conhecer das ações relativas a imóveis situados no Brasil".

As situações acima mencionadas, aplicam-se, também, à falência e à concordata.

Da análise do artigo supra, infere-se que não poderá ser homologada e ter eficácia no Brasil e sentença falencial estrangeira que tenha por objeto:

a) empresário domiciliado no Brasil;

b) filial, sucursal ou estabelecimento domiciliado no Brasil;

c) bens imóveis situados no Brasil.

Essas disposições são as que constavam do revogado Código de Processo Civil de 1939.

Conforme se depreende da análise dos arts. 15 da Lei de Introdução ao Código Civil e 90 do vigente Código de Processo Civil, a falência de empresa no exterior não obsta a falência da filial no Brasil.

Afastadas as hipóteses excludentes anteriormente mencionadas, e que devem ser examinadas na fase preliminar, a sentença declaratória da falência para ser homologada pelo Supremo Tribunal Federal e ter eficácia no território brasileiro deve preencher os requisitos do art. 15 da Lei de Introdução ao Código Civil:

a) haver sido proferida por juiz competente;

b) terem as partes sido citadas ou haver-se legalmente verificado a revelia;

c) ter passado em julgado e estar revestida das formalidades necessárias para a execução no lugar em que foi proferida;

d) estar traduzida por intérprete autorizado.

4. A questão da competência em face da legislação falimentar brasileira

A matéria é disciplinada na legislação falimentar brasileira no art. 7º que dispõe: "É competente para declarar a falência o juiz em cuja jurisdição o devedor tem o seu principal estabelecimento ou casa filial de outra situada fora do Brasil".

Desta disposição depreende-se:

a) que é competente para declarar falência o foro da situação do principal estabelecimento no Brasil;

b) que é competente o foro da situação do Brasil, casa filial de outra situada no exterior.

A segunda parte do artigo em análise, constitui situação brasileira, análoga à adotada por outros países, no caso de existir casa filial no Brasil, pouco importando:

a) se já houve ou não declaração da falência no exterior;

b) está ou não sendo liquidada.

A falência de casa filial situada no Brasil, encontra respaldo no art. 415 do Código de Bustamante, que dispõe: "Se uma mesma pessoa ou sociedade tiver em mais de um Estado contratante vários estabelecimentos mercantis, inteiramente separados economicamente, pode haver tantos juízos de processos preventivos da falência quantos estabelecimentos mercantis".

5. A falência na ordem internacional

5.1 A insuficiência da legislação brasileira para regular os efeitos da sentença declaratória nos demais países

Como já nos referimos, a falência, na legislação brasileira, adota o princípio da territorialidade, enfocando somente o comerciante estabelecido no Brasil, que é o espaço geográfico onde pratica os atos de comércio, negócios jurídicos, possui seus bens, transaciona com outros empresários etc. Restringe, portanto, ao âmbito do território brasileiro, sem afetar e se preocupar com bens ou pessoas situados em outros Estados.

Pode ocorrer que havendo a declaração de falência de comerciante estabelecido no Brasil este tenha no exterior:

a) filiais ou outras casas;

b) bens ou patrimônio;

c) direitos ou créditos;

d) credores ou débitos.

5.2 Aplicação do sistema da extraterritorialidade

Nessas aplicações, verifica-se que a legislação não é suficiente, por si só, para regular, por inteiro, os efeitos que decorrem da sentença declaratória nos demais Estados-partes. A sentença não tem eficácia, nem produz efeitos jurídicos fora, ou além do território do país.

Em face dessa impossibilidade jurídica, deve-se aplicar o princípio da extraterritorialidade. Mas como aplicá-lo, posto que não compete ao ordenamento jurídico interno de cada país determinar a sua aplicação em vista que:

a) não pode ditar normas para outros Estados;

b) não pode, também, ditar normas obrigatórias de caráter internacional.

A matéria da extraterritorialidade está afeita ao âmbito do Direito Internacional Privado e ao Direito Processual Internacional, que estabelecem as regras para a sua aplicação, através de convenções, tratados, etc.

5.3 Tratados e convenções em que se defende a aplicação do princípio da extraterritorialidade com a unidade e universalidade da falência

a) Congresso de Turim de 1880;

b) Instituto de Direito Internacional de 1888;

c) Conferência de Haia;

d) International Law Association, Londres, 1925;

e) II Conferência Pan-Americana de 1928, Havana;

f) Congresso de Bruxelas de 1925;

g) Jornada de Estudos Jurídicos Jean Dabin, em Bruxelas, 1968;

h) 16º Congresso Nacional de Síndicos e Administradores Judiciais, em Chambery Aix-les Bains, França;

i) Jornadas sobre a Reforma do Direito Concursal Espanhol, Madri, 1980;

j) VI Congresso Internacional da Associação dos Juristas Itália e Estados Unidos, Milão, 1982;

k) Projeto de Convenção relativa a falências e concordatas da CEE.

5.4 Tratados nas Américas

Nas Américas devem ser destacados dois tratados extremamente importantes:

5.4.1 Tratado de Montevidéu, de 1889, e sua modificação pelo Tratado de Montevidéu, de 1940 — adota um duplo sistema, o da unidade da falência, com pluralidade de massas. Nesse sentido, focaliza a falência:

a) quando o comerciante falido tem em vários Estados, casas de comércio, dependentes de uma principal ou pratica, acidentalmente, atos de comércio em outro Estado, adota-se o princípio da unidade;

b) quando o comerciante tem em vários Estados casas de comércio independentes, adota-se o princípio da pluralidade (arts. 35, 36 e 41).

5.4.2 O Tratado de Havana, de 1928 — onde se aprovou o Código de Direito Internacional Privado, conhecido por Código de Bustamante, em homenagem ao seu autor, o jurista cubano Sanches de Bustamante. Neste Código foram estabelecidas regras relativas à falência, onde também se consagrou o princípio da unidade e da universalidade, pressupondo-se um só domicílio comercial para o devedor, conforme dispõe o art. 414: "Se o devedor concordatário ou falido tem apenas um domicílio civil ou mercantil, não pode haver mais que um Juízo de processos preventivos, de concordata ou moratória para todos os seus bens e obrigações nos Estados contratantes".

Caso o devedor comerciante tenha mais de dois estabelecimentos, ou estabelecimentos separados em duas jurisdições internacionais, predomina, neste caso, o princípio da pluralidade de falências, conforme disposição do art. 415 anteriormente citado (item 4).

Estabelece, também, o Código de Bustamante, que a falência ou concordata para ter efeitos extraterritoriais devem ser publicadas ou registradas em conformidade com a legislação de cada um dos Estados; onde ela irá produzir seus efeitos.

As sentenças serão executadas em cada um dos Estados contratantes, na conformidade com o disposto na legislação processual para execução de sentença. Não podendo a sentença estrangeira, como salienta Miranda Valverde, ter mais eficácia no Brasil do que teria se atuasse em seu país de origem. Ex.: Não pode a sentença estrangeira abranger bens do devedor que a legislação brasileira afasta.

O síndico poderá exercer a sua função nos demais Estados, sem necessidade de qualquer trâmite especial.

As ações reais, porém, e os direitos da mesma natureza, continuarão vinculados à lei da situação da coisa e a competência é a do lugar em que estas se encontrem.

6. Problemas decorrentes da aplicação dos efeitos jurídicos da sentença declaratória da falência aos demais Estados-partes

6.1 Estatuto pessoal ou real

Discutem os autores se a falência se enquadra no estatuto pessoal ou real. Para os que se posicionam a favor de que a falência se situa no estatuto pessoal, a condição de falido se estende aos demais países, ou seja, aonde venha se estabelecer carrega esta qualidade.

Ao contrário, os que se posicionam que se enquadra no estatuto real, a condição de falido não se estende além do território que a declarou.

6.2 A falência dos comerciantes e dos não-comerciantes

Como conciliar as legislações considerando-se que algumas, como o caso do Brasil, só admitem a falência de comerciantes, ao passo que outras se estende a não comerciantes, como é o caso da legislação alemã, inglesa e escandinava. Qual a legislação que determinará a aplicação de uma situação ou outra? A predominar o princípio da pluralidade, aplica-se a legislação do Estado em que vai atuar. Onde se aplicar o sistema da unidade, discutem os autores, se prevalece a legislação do país aonde o comerciante está estabelecido (Weis), a *lex fori* (Lyon-Caen), ou a legislação onde exerce a atividade empresarial (Diana).[2]

6.3 Legislação aplicável na verificação e classificação dos créditos

Em princípio, prevalece a legislação do país onde foi declarada a falência. O assunto, todavia, não é pacífico. Alguns entendem que seria a *lex loci celebrationis* ou a *lex loci solutionis*, conforme a eleição das partes. Com relação à forma prevalece a regra *locus regit actum*.

6.4 Necessidade ou não de se exigir a "exequatur"

Admitindo-se o princípio da extraterritorialidade da falência, há necessidade da *exequatur* para o síndico poder praticar atos no exterior.

6.5 A distribuição do ativo entre os credores com garantia real e os privilégios assegurados pela legislação

No que se refere à distribuição do ativo entre os credores com garantia real e privilégios como solucionar a questão? A questão também não é pacífica. O entendimento é de que aplica-se sobre os móveis a lei do local da falência e sobre os imóveis o da sua situação. E se houver privilégios e preferências de algum credor sobre os móveis e imóveis? A preferência e o privilégio não seriam regulados pela *lex rei sitae*? O entendimento da jurisprudência e da legislação argentina é no sentido de proteger os credores nacionais em detrimento dos estrangeiros.

6.6 Necessidade ou não de ser dada publicidade à sentença declaratória de falência no demais países

No caso de se adotar o princípio da unidade como deve ser dada publicidade à sentença declaratória de falência? Seria através da Justiça local, ou por simples publicação na imprensa? A solução que se vem dando à questão é a de se dar maior proteção aos credores nacionais na conformidade com a legislação interna.

6.7 Os efeitos jurídicos da concordata homologada por tribunais estrangeiros

No que se refere às concordatas homologadas por tribunais no estrangeiro quais os efeitos que elas produzem nos demais Estados-partes? Há necessidade de serem homologadas no caso do Brasil pelo Supremo Tribunal Federal e só obrigarão os credores residentes no Brasil, quando tenham sido eles citados para habilitarem-se no processo de concordata. Segundo Odilon de Andrade, a concordata é a preventiva e não a suspensiva, posto que a finalidade é a de permitir que se habilitem ou impugnem a concordata na forma da legislação local. Existindo no território nacional bens do concordatário estrangeiro, os credores, no caso do Brasil, que não forem citados de acordo com a legislação processual, podem exigir o pagamento integral de

2. Apud José da Silva Pacheco, ob. cit., p. 56.

seus créditos, fazendo a execução recair sobre os bens porventura existentes no território brasileiro.[3]

6.8 Os efeitos das sentenças penais estrangeiras por crimes falimentares

Quando as sentenças penais estrangeiras por crimes falimentares têm elas efeitos nos demais Estados-partes? Em princípio, como afirma Trajano de Miranda Valverde, no Brasil não são homologáveis pelo Supremo Tribunal Federal, pois as leis penais são territoriais. Todavia, quando homologadas pelo Supremo Tribunal Federal permite-se que se promova processo-crime contra o falido, de acordo com a legislação brasileira.

7. A legislação aplicável nos demais Estados-partes do Mercosul

7.1 Na Argentina

A legislação argentina adotou um regime especial para as falências declaradas no exterior, mas no fundo adota o sistema da territorialidade. A falência declarada no estrangeiro, por este sistema, não estende seus efeitos aos credores que o falido tenha na República, nem para disputar os direitos que pretendam ter sobre os bens existentes no território, nem para anular os atos que tenham celebrado com o falido. Estes, todavia, poderão ser admitidos após o pagamento integral dos credores existentes no território argentino, ou seja, os credores nacionais, conforme dispõe a Lei 24.522/95, art. 4º e seus parágrafos que regula os concursos e quebras. Cabe esclarecer que esta recente lei é praticamente igual a anterior Lei 19.551.[4]

3. Apud J. C. Sampaio Lacerda, ob. cit., p. 328.

4. Sobre o regime legal argentino consultar: Daniel Roque Vítolo, *Comentários a Ley de Concursos e Quiebras n. 24.522*, Buenos Aires, Ad-Hoc, comentários ao art. 4º, pp. 69-73 e *Negócios Internacionales y Mercosur*, Buenos Aires, Ad-Hoc, 1996, pp. 459-467.

7.2 No Paraguai

No que se refere à legislação paraguaia, vige a Lei 152, de 1969 e o Decreto 17.407, de 1986, que, ao que nos consta, prevalece, também, o princípio da territorialidade.

7.3 No Uruguai

A legislação uruguaia adota, também, o princípio da territorialidade, conforme disposição contida nos arts. 1.577 e ss. do Código de Comércio, que disciplina a matéria de maneira insatisfatória. A matéria sobre concursos e quebras, também, é regulada na Ley de Concordatos Privados, de 1926.

III — CONCLUSÃO

A adoção de uma norma supranacional para os Estados-partes integrantes do Mercosul visando regular as controvérsias existentes

Em inúmeros congressos que temos participado na Argentina sobre o Mercosul em que esta temática de concursos e quebras tem sido tratada, constatamos a dificuldade de se compatibilizar e homogeneizar as legislações dos Estados-partes. Este todavia, é o grande desejo e aspiração dos estudiosos e dos governos dos respectivos países envolvidos no processo de integração. As dificuldades e as barreiras são grandes, inegavelmente, mas não será por falta de vontade e empenho, principalmente dos estudiosos da área, que este grande objetivo deixará de ser alcançado.

Entendemos, e continuamos a defender, a idéia que, o melhor para o processo de integração, é a criação de uma norma supranacional. Esta nos parece a solução mais viável para a problemática aqui estudada, como a mais prática e exeqüível.[5]

5. A harmonização e unificação das legislações concursais dos Estados-partes do Mercosul, exposição feita durante o V Encontro Internacional de Derecho de América del Sur, em Buenos Aires, 6 a 8 de junho de 1996.

Daniel Roque Vítolo, eminente jurista argentino e grande estudioso da matéria, também comunga desta opinião quando leciona: "Desde ya que la aspirácion de poder concretar una legislación homogénea, absolutamente compatible, o — más aún — una legislación supranacional sobre el particular, constituyen metas de largo alcance, que llevan un necesario proceso de discusión, y de negociación.

"Por el contrario, no parece un objetivo difícil de alcanzar, una pronta determinación de aspectos substanciales que pudieran allanar las primeras dificultades que puedem presentarse en el área Mercosur, y que están constituidos, para los casos de empresas binacionales, o nacionales de actuación en diversos países del Mercosur, por la fijación de pautas claras em materia de jurisdicción, competencia y legislación aplicable frente a la situación de crisis que genere la necesidad de apertura de un proceso universal, sea éste de carácter preventivo o liquidatório.

"Éste es el primer desafio de la hora; y sobre el cual debería detenerse el análisis de las comisiones técnicas respectivas."[6]

6. "Problemas concursales en el âmbito del Mercosul y el regime legal argentino", ob. cit., p. 467.

IV — BIBLIOGRAFIA

ARNOLDI, Paulo Roberto Colombo. *A harmonização e unificação das legislações concursais dos Estados-partes do Mercosul*. Trabalho apresentado no V Encuentro Internacional de Derecho de América del Sur, realizado em Buenos Aires, Argentina nos dias 6 a 8 de junho de 1996.

FERREIRA, Waldemar. *Instituições de direito comercial*, v. V, Rio de Janeiro, Freitas Bastos, 1951, pp. 402-407.

LACERDA, J. C. Sampaio de. "A falência na vida internacional", in *Manual de direito falimentar*, 13ª ed., Rio de Janeiro, Freitas Bastos, 1996, pp. 324-329.

MENDONÇA, J. H. Carvalho de. *Tratado de direito comercial brasileiro*, 7ª ed., atualizada por Roberto Carvalho de Mendonça, Rio de Janeiro, Freitas Bastos, 1964, vs. VII e VIII.

PACHECO, José da Silva. "A falência como objeto do direito procesual internacional", in *Processo de falência e concordata*, Rio de Janeiro, Forense, 1996, pp. 53-63.

______. *Tratado das execuções — falência e concordata*, v. I, São Paulo, Saraiva, 1977.

VÍTOLO, Daniel Roque. *Comentarios a la ley de concursos y quiebras n. 24.522 — doctrina e jurisprudencia aplicable*, Buenos Aires, Ad-Hoc, 1996.

______. "Problemas concursales en el ámbito del Mercosur y el régimen legal argentino", in *Negócios internacionales y Mercosur*, Buenos Aires, Ad-Hoc, 1996.

Doutrina

EFEITOS DA REFORMA DO CÓDIGO DE PROCESSO CIVIL NA EXECUÇÃO ESPECÍFICA DO ACORDO DE ACIONISTAS

CELSO BARBI FILHO

1. Introdução. 2. Teoria das obrigações e execução específica. 3. Tutela específica das obrigações de fazer juridicamente infungíveis na reforma do CPC. 4. Natureza cognitiva da ação para execução das obrigações de contratar e declarar vontade. Caráter constitutivo de sua sentença. 5. O acordo de acionistas como título executivo extrajudicial. 6. Tutela específica das obrigações de fazer e não fazer relativas a contratar e a emitir declaração de vontade no acordo de acionistas. 7. Tutela antecipada das obrigações de fazer e não fazer relativas a contratar e a emitir declaração de vontade nos acordos de acionistas. 8. Tutela cautelar das obrigações de fazer e não fazer relativas a contratar e a emitir declaração de vontade no acordo de acionistas. 9. Aplicação da nova disciplina das tutelas específica e antecipada do acordo de acionistas perante a companhia. 10. Conclusões.

1. Introdução

Vigentes a partir de 13.2.95, as Leis ns. 8.950, 8.951, 8.952 e 8.953, de 13.12.94, promoveram algumas reformas no Código de Processo Civil brasileiro, alterando diversos de seus dispositivos. As repercussões dessas mudanças foram significativas, fazendo-se sentir nas estruturas do processo de conhecimento e de execução.

Em relação ao primeiro, merece destaque a introdução em nosso direito do instituto da antecipação de tutela, cuja finalidade precípua é inverter o ônus do tempo no processo, que tradicionalmente penaliza o autor. Quanto ao segundo, significativa novidade foi a ampliação dos mecanismos destinados a tornar efetiva a execução específica das obrigações de fazer e não fazer, antigo anseio da doutrina e da jurisprudência.

Pela conhecida lição de Chiovenda o processo, em sua concepção ideal, deve assegurar à parte exatamente aquilo que obteria fora dele, caso seu direito fosse espontaneamente respeitado.[1] A execução das obrigações de fazer e não fazer sempre constituiu obstáculo à concretização desse preceito na prática judiciária. Daí porque os mais expressivos processualistas pátrios

1. Giuseppe Chiovenda, *Instituições de Direito Processual Civil*, v. I, trad. J. Guimarães Menegale, São Paulo, Saraiva, 1942, p. 84.

virem, há muito, manifestando sua preocupação com o tema.[2]

Alguns institutos do direito substantivo brasileiro têm se mostrado particularmente ressentidos da inexistência de um sistema processual verdadeiramente capaz de dar-lhes efetividade quando reclamados em juízo. Dentre esses institutos destaca-se o acordo de acionistas de sociedade anônima, cujas obrigações pactuadas, embora dotadas expressamente de execução específica,[3] revelam incontáveis dificuldades processuais para sua concretização judicial.

Dita situação levou a doutrina a questionar a real adequação de nosso sistema processual para viabilizar de fato a execução específica do acordo de acionistas, prevista na Lei das S/A. Alguns autores identificaram mesmo um descompasso entre a executividade *in natura*, prevista no próprio direito material, e a sistemática processual então vigente.

José Alexandre Tavares Guerreiro, em profícuo estudo sobre o tema, escrito no já distante 1981, conclui que: "o mero enunciado do § 3º do art. 118 da lei acionária de 1976, no sentido de conferir execução específica aos acordos de acionistas (inclusive os que objetivam disciplinar o exercício do direito de voto em assembléia geral) não atende com esperada eficácia prática os interesses em jogo. A complexidade processual inerente à consecução do objetivo desejado pelo legislador de 1976 revela o descompasso entre a lei acionária e o ordenamento processual, a sugerir e recomendar, além de esforços da doutrina e da jurisprudência, providências legislativas capazes de colocar em consonância os preceitos da lei do anonimato e as disposições de ordem processual destinados a torná-los efetivos, numa perspectiva de praticidade e objetividade".[4]

Visão um pouco distinta teve Modesto Carvalhosa, para quem a dificuldade da execução específica do acordo de acionistas estava mais na morosidade do serviço judiciário do que na sistemática processual vigente. Segundo suas sempre autorizadas palavras, "a evidente defasagem entre a decisão constitutiva com trânsito em julgado, em processo de conhecimento, e a premência das deliberações exigida pela dinâmica do processo societário constitui fenômeno que, por si, não pode ser invocado para criticar o remédio previsto no parágrafo 3º do artigo 118. Essa disfunção advém do lento andamento dos serviços judiciários, e não propriamente do rito ordinário da demanda".[5]

Na esteira dos professores paulistas, encontrei semelhantes evidências, investigando o mesmo problema anos depois, e acabei por concluir que: "diante de todas essas considerações, o que se constata é a existência de um hiato entre o objetivo pretendido pelo legislador de 1976 e a realidade processual do direito brasileiro. A dificuldade não advém do rito ordinário do processo de conhecimento, mas sim da morosidade da máquina judiciária. Dessa forma, enquanto não houver solução legislativa específica para a questão, o acordo de voto só terá real eficácia enquanto seus signatários estiverem em harmonia. E assim sendo, ele está mais para *acordo de cavalheiros* do que para negócio jurídico".[6]

O fato é que, seja pela própria estrutura do nosso sistema processual, seja pela morosidade que muitas de suas normas

2. Cândido Rangel Dinamarco, *A Instrumentalidade do Processo,* 2ª ed., São Paulo, Ed. RT, p. 426; José Carlos Barbosa Moreira, *Temas de Direito Processual Civil,* 2ª série, São Paulo, Saraiva, 1988, pp. 31-32; Humberto Theodoro Júnior. "A garantia do processo legal e o grave problema do ajuste dos procedimentos aos anseios de efetiva e adequada tutela jurisdicional", *Atualidades jurídicas,* 1ª ed., Belo Horizonte, Del Rey, 1992.

3. Lei n. 6.404/76, art. 118, § 3º.

4. José Alexandre Tavares Guerreiro. "Execução Específica do Acordo de Acionistas", *RDM* 41/68, 1981.

5. Modesto Souza Barros Carvalhosa, *Acordo de Acionistas,* 1ª ed., São Paulo, Saraiva, 1984, p. 269.

6. Celso Barbi Filho, *Acordo de Acionistas,* 1ª ed., Belo Horizonte, Del Rey, 1993, p. 180.

impõem à prestação jurisdicional, o conjunto instrumental de procedimentos até então vigente revelava-se insatisfatório à eficiente tutela da execução específica dos acordos de acionistas, preconizada no próprio direito substantivo.

As reformas introduzidas no Código de Processo Civil pelas leis publicadas em 13.12.94, modificaram em substância o mecanismo existente para o instituto processual aqui discutido, qual seja, a execução específica. Cabe então investigar se as mudanças efetivadas realmente atenderam ao reclame da doutrina no que se refere aos acordos de acionistas de sociedades anônimas. É a que se propõe o presente estudo.

2. *Teoria das obrigações e execução específica*

Primeiro ponto de vital importância ao tema sob exame é a própria compreensão do que seja execução específica e do campo de sua aplicabilidade no direito obrigacional.

Juridicamente falando, pode-se cogitar de pelo menos três significados para a palavra execução.[7] O primeiro deles é o cumprimento voluntário da obrigação pelo devedor, o que constitui o antônimo da inexecução dessa obrigação. O segundo significado refere-se à chamada execução coativa, que é o conjunto de atos praticados pelo credor para obter o cumprimento da obrigação por via jurisdicional. E o terceiro sentido é o do processo de execução, que se opõe ao de conhecimento porque, enquanto neste o que se busca é a obtenção da norma jurídica concreta aplicável a determinada situação, naquele o que se pretende é a autuação prática dessa norma concreta, com a realização de atos materiais pelo juiz, para a efetivação do direito tutelado. Como o processo de execução pressupõe o inadimplemento voluntário no cumprimento da obrigação, ele é chamado de processo de execução forçada.

Assim, processo de execução forçada é aquele em que a prestação jurisdicional postulada consiste na prática de atos materiais destinados à efetivação judicial de um direito certo quanto à existência e determinado quanto ao objeto, constante de título executivo judicial ou extrajudicial.

Existem duas grandes espécies de execução forçada: a por reparação e a específica. Na execução por reparação, o direito do credor é restaurado através da recomposição patrimonial. Opera-se uma substituição da prestação devida por outra equivalente, em dinheiro. Já a execução específica se dá quando a satisfação do direito do autor efetiva-se pelo cumprimento preciso e *in natura* na prestação que lhe era devida pelo réu.

Nesse passo, a execução da obrigação de pagar quantia certa seria a única sempre e verdadeiramente específica, pois visa ao pagamento em dinheiro ao credor, ainda que com a alienação compulsória dos bens do devedor. Todavia, tal conclusão é por muitos questionada, de vez que a execução para pagamento de quantia certa tem caráter genérico, sendo possível em todas as modalidades de obrigação, as quais, se não cumpridas em espécie, podem nela se converter, para resolverem-se em perdas e danos.

Excluída essa hipótese, a execução específica verificar-se-á nas obrigações de dar, fazer e não fazer, as quais compreendem a obrigação de entregar coisa certa, a de realizar determinada prestação e a de abster-se de um ato.

A obrigação de entregar coisa certa é passível de execução específica sempre que o bem está na posse do devedor. Sendo a coisa encontrada, ela é apreendida e entregue ao credor. Se a coisa não é encontrada com o devedor, a execução *in natura* torna-se inviável, procedendo-se então à execução pela obrigação subsidiária, que terá por objeto o valor da coisa e as perdas e danos. É uma solvência anormal pela con-

7. José Carlos Barbosa Moreira, "Parecer — Condenação a Fazer, Limites da Coisa Julgada e da Execução", *RT* 711/79, 1995.

versão da obrigação de dar na de pagar quantia certa.[8]

Já no caso das obrigações de fazer, a situação é diversa. Essas obrigações, que podem ser positivas ou negativas, assim entendidas as de fazer e as de não fazer, respectivamente, não comportam, em princípio, uma atividade jurisdicional tendente ao constrangimento do réu para seu cumprimento específico. Isso, tendo-se em vista o secular princípio do *nemo ad factum praecise cogi potest,* segundo o qual não se pode utilizar a força física para obrigar o réu ao cumprimento específico da obrigação que se recusa a adimplir. Assim, a solução tradicional para seu inadimplemento seria a conversão em perdas e danos.

Todavia, a evolução dos direitos obrigacional e processual demonstrou que essas obrigações podem ser executadas especificamente.

Nas obrigações de não fazer, é viável a execução *in natura* quando se tratar de ato material concreto que possa ser desfeito, ou de ato coibível pela cominação de multa ou de outra medida judicial preventiva.

As obrigações de não fazer positivas, a seu turno, podem ser separadas em fungíveis e infungíveis. As primeiras são aquelas que admitem cumprimento por terceiro, às expensas do devedor, quando este é inadimplente, o que significa execução específica. Já as segundas, que se subdividem em naturalmente infungíveis e juridicamente infungíveis, podem, na forma que se verá, comportar a efetivação em espécie, mas por outros meios.

A diferença entre as obrigações naturalmente e juridicamente infungíveis é bastante nítida.

Nas primeiras, o devedor tem que cumprir pessoalmente a prestação, que é personalíssima, constituindo ato só por ele realizável, não passível de qualquer substituição por terceiros ou suprimento judicial. A infungibilidade é natural, essencial, e a recusa do devedor ao cumprimento da prestação acarreta como soluções a imposição de penalidade (*astreintes*) para coagi-lo a tal cumprimento, ou a pagamento de perdas e danos.

Já nas obrigações juridicamente infungíveis, embora o ato, em princípio, só pudesse ser efetivado pelo obrigado, o ordenamento jurídico prevê mecanismo próprio para suprir eventual omissão do devedor. É o que ocorre com as obrigações de emitir declaração de vontade, nas quais, recusando-se o obrigado a seu cumprimento voluntário, pode-se obter decisão judicial (sentença), que supra integralmente o ato volitivo não manifestado, substituindo-o para todos os efeitos. Daí porque a infungibilidade não é natural ou essencial, mas apenas jurídica, na medida em que admite suprimento por sentença.

Ada Pellegrini Grinover, ainda à luz do direito anterior à reforma do CPC, assinou ser "preciso destacar a distinção entre infungibilidade jurídica e infungibilidade natural. Só esta, correspondendo a obrigações personalíssimas, pode constituir óbice à execução específica, se o devedor recalcitrante permanece inadimplente. Mas a infungibilidade meramente jurídica não limita a atividade jurisdicional, se outras medidas de sub-rogação, independentes da colaboração do obrigado, podem levar ao mesmo resultado prático".[9]

Em se cuidando das obrigações de fazer naturalmente infungíveis, como no caso do artista que se compromete a fazer um *show,* a execução específica seria, a princípio, em face da recusa do devedor, pois não se admite a coação, *manu militari,* para o cumprimento compulsório. Concebe-se, todavia, a imposição das *astreintes,* para compelir o devedor ao cumprimento da obrigação. Fora disso, a solução é em perdas e danos.

8. Enrico Tullio Liebman, *Processo de Execução,* 4ª ed., São Paulo, Saraiva, 1980, p. 225.

9. Ada Pellegrini Grinover, "Tutela Jurisdicional nas Obrigações do Fazer e não Fazer", *Revista do Processo* 79/67, São Paulo, Ed. RT, 1995.

Mas, nas obrigações de fazer juridicamente infungíveis, consistentes em atos como as manifestações de vontade, passíveis de suprimento judicial, a execução específica mostra-se perfeitamente possível. A recusa do devedor ao cumprimento da obrigação é substituída por sentença que equivale à declaração de vontade não manifestada. Daí porque como já foi dito, a infungibilidade dessas obrigações é considerada jurídica e não natural.

A tal propósito, bem acentua Kazuo Watanabe que: "a infungibilidade, porém é apenas aparente, como já ficou anotado, e, no momento em que o legislador teve a percepção da diferença básica entre o ato do devedor e o resultado prático-jurídico a ele correspondente, conseguiu conceber provimentos jurisdicionais propiciadores de tutela específica, como a ação de adjudicação compulsória e os provimentos previstos nos arts. 639 e 641 do Código de Processo Civil, em que a própria sentença do juiz produz os mesmos efeitos do ato do devedor".[10]

Assim, cumpre notar, como registra Barbosa Moreira, que a já mencionada *execução coativa,* que é um dos significados jurídicos do termo execução, consistente na prática de um ato ou conjunto de atos pelo credor para obter o cumprimento jurisdicional da obrigação do devedor, nem sempre necessita valer-se do "processo de execução" para atingir seu objetivo. Assinala o processualista que "caso típico é aquele em que o credor de obrigação de emitir declaração de vontade pleiteia ao juiz a prolação de sentença capaz de produzir os mesmos efeitos da declaração não emitida".[11]

Dessa breve exposição, infere-se que o campo de aplicação da chamada execução específica está nas obrigações de dar coisa certa, de não fazer, e de fazer, estas últimas quando juridicamente infungíveis, que são aquelas relativas a emitir declaração de vontade. Tais obrigações, portanto, quando objeto de acordo de acionistas, serão passíveis de execução específica.[12]

3. *Tutela específica das obrigações de fazer juridicamente infungíveis na reforma do CPC*

Em nosso sistema positivo, os arts. 639 a 641 do CPC disciplinam o suprimento judicial do ato volitivo não manifestado voluntariamente nas obrigações de contratar (art. 639) e emitir declaração de vontade (art. 641). Tais preceitos foram introduzidos no direito brasileiro com o CPC de 1939 (art. 1.006), pondo fim à impossibilidade de execução compulsória das obrigações de declarar vontade.

A origem imediata do texto do art. 639 do CPC de 1973, segundo observa e demonstra o sempre meticuloso Fábio Konder Comparato, está no art. 2.932 do Código Civil italiano de 1942, e não no § 894 da Ordenação Processual Alemã de 1950 (ZPO),[13] como afirmam os comentadores do Código.[14]

A atual reforma introduzida no Código de Processo Civil brasileiro procurou ampliar os mecanismos para efetivação judicial das obrigações de fazer e não fazer *em geral,* criando instrumentos tendentes a tornar, ou pelo menos tentar tornar viável seu cumprimento coercitivo, *in natura.*

Entre esses novos mecanismos, previstos no texto do art. 461, está a possibilidade de imposição de multa diária ao réu, independentemente de pedido do autor, fixando-lhe prazo razoável para o cumprimento do preceito (§ 4º); e também a determinação de medidas necessárias à efetivação da

10. Kazuo Watanabe, "Tutela Antecipatória e Tutela Específica das Obrigações de Fazer ou não Fazer", *Ajuris-Revista da Associação dos Juízes do Rio Grande do Sul* 66/181, Porto Alegre, 1996.

11. Barbosa Moreira, "Parecer...", p. 80.

12. Celso Barbi Filho, ob. cit., pp. 156 e 159.

13. Fábio Konder Comparato, "Nota Sobre a Execução Específica da Obrigação de Contratar", *RDM* 97/104, São Paulo, Ed. RT, 1995.

14. Alcides de Mendonça Lima, *Comentários ao Código de Processo Civil,* 7ª ed., Rio de Janeiro, Forense, 1991, v. VI, p. 675.

tutela específica, tais como a busca e apreensão, remoção de pessoas e coisas, desfazimento de obras, impedimento de atividade nociva, além de requisição de força policial (§ 5º).

Entretanto, a doutrina especializada, nos estudos editados a respeito, não cogita da aplicação desses mecanismos coercitivos do art. 461 à execução específica das obrigações de fazer juridicamente infungíveis, que são aquelas que admitem suprimento judicial da vontade, caso das de contratar e prestar declaração de vontade (arts. 639 e 641, do CPC). O que se evidencia das manifestações doutrinárias é a utilização dos novos instrumentos executivos apenas nas obrigações de fazer fungíveis e naturalmente infungíveis.

Ada Pellegrini Grinover, ao analisar o novo regime de tutela específica das obrigações de fazer, previsto no art. 461 do CPC, é enfática em afirmar que "o art. 461 aplica-se a todas as obrigações de fazer e não fazer, fungíveis ou infungíveis, com a observação de que a tutela específica das obrigações de prestar declaração de vontade continua subsumida ao regime próprio dos arts. 639/641, CPC, que não sofreram alteração".[15]

Posicionando-se aparentemente em outro sentido, Ernane Fidélis dos Santos, dá a entender que o novo art. 461 do CPC aplica-se também às obrigações de fazer juridicamente infungíveis (contratar e emitir declaração de vontade), sem prejuízo das disposições dos arts. 639 e 641. Com efeito, assinala o processualista mineiro que "nas obrigações de contratar ou de prestar declaração, quando possível a substituição por sentença (arts. 639/640), alargou-se sensivelmente o campo de atuação do juiz, que está autorizado não apenas a determinar que se cumpra, como também a usar de meios que facilitem o cumprimento do preceito".[16]

A meu ver, os mecanismos executivos introduzidos no art. 461 para viabilizar ou assegurar a obtenção compulsória das obrigações de fazer não se aplicam à tutela específica das obrigações ditas juridicamente infungíveis, que são as de contratar e prestar declaração de vontade, cuja disciplina é aquela dos arts. 639 e 641, não modificada na reforma do CPC.

Primeiramente, porque o sistema da execução específica das obrigações de contratar e prestar declaração de vontade não é o de *coação* à prática do ato volitivo, mas sim de sua *substituição* pelo provimento jurisdicional. Admitir-se a indução do devedor a emitir a manifestação de vontade pelos instrumentos coercitivos do art. 461 seria negar toda a construção que viabilizou o suprimento judicial daquela manifestação.

De fato, a idéia sempre foi de que, em razão do clássico princípio *nemo ad factum praecise cogi potest*, não se admitia a obtenção compulsória do ato de vontade em juízo, por ser ele personalíssimo. Todavia, como bem registra Humberto Theodoro Júnior, a legislação evolui no sentido de reconhecer que: "a infungibilidade das prestações de declaração de vontade era apenas uma criação jurídica e não uma imposição da essência da coisa. Assim, da mesma maneira como nas execuções de dívida de dinheiro o órgão prescinde da vontade do devedor para alienar seus bens e pagar a seus credores, em caráter compulsório, também é lógico que pode suprir a vontade do promitente e realizar, em seu lugar, o contrato definitivo a que validamente se obrigou".[17]

Além disso, existindo a previsão legal do suprimento por sentença da vontade não manifestada, faleceria ao credor da obrigação até interesse processual em se valer dos mecanismos executivos previstos no art. 461, do CPC, para obter compulsoriamente a declaração volitiva.

15. Ada Pellegrini Grinover, ob. cit., p. 70.

16. Ernani Fidélis dos Santos, *Novos Perfis do Processo Civil Brasileiro*, 1ª ed., Belo Horizonte, Del Rey, 1996, p. 76.

17. Humberto Theodoro Júnior, *Execução*, 2ª ed., Rio de Janeiro, Ed. Aide, 1996, p. 92, g.n.

Ainda na vigência da legislação anterior à reforma, Flávio Luiz Yarshell analisou a possibilidade de o credor da obrigação de emissão de vontade postular a imposição das chamadas *astreintes* ao devedor para que este emita a declaração volitiva. E, após meticulosa análise, concluiu negativamente, ponderando que: "à medida que o ordenamento estabelece a possibilidade de atingir o demandante o resultado prático que decorreria do adimplemento voluntário da prestação (que é precisamente o que estabelece a regra contida no art. 641 do CPC), não haveria qualquer utilidade em provimento que se limitasse a impor ao demandado o dever de efetuar a prestação". E especificamente sobre a cominação das *astreintes* arremata: "Está claro no texto pátrio (art. 287 referido) que as hipóteses de cominação de pena pecuniária estão restritas às hipóteses em que invoca o demandante tutela jurisdicional de caráter condenatório. E, como se teve oportunidade de expor, na invocação da tutela específica sob exame, não se reclama propriamente a condenação do réu a emitir declaração de vontade, mas a prolação de sentença que produza eficácia jurídica idêntica à que resultaria do adimplemento voluntário da obrigação".[18]

Portanto, o que se aplica do art. 461 a todas as disposições a ele correlatas no CPC, inclusive as dos arts. 639 e 641, é o preceito geral de que "na ação que tenha por objeto o cumprimento de obrigação de fazer ou não fazer, o juiz concederá a tutela específica". E essa tutela específica, no caso das obrigações de contratar e emitir declaração de vontade, resume-se na prolação de sentença que supra a manifestação volitiva, descabendo falar-se na utilização dos mecanismos executivos presentes no art. 461 para compelir o devedor a tal manifestação.

Admissível, porém, em se tratando das obrigações de emitir vontade, a aplicação dos preceitos coercitivos do art. 461 apenas para a obtenção de *providências acessórias* que se destinem a assegurar o resultado do provimento principal postulado. Assim, como exemplifica o já citado Ernane Fidélis dos Santos, na efetivação da norma do art. 639 do CPC, o juiz passou a poder "usar de meios que facilitem o cumprimento do preceito, como pesquisas cartoriais, perícia para exata localização do imóvel, confrontação de títulos etc., etc. Para a facilitação da tutela específica ou realização de resultado prático correspondente ao adimplemento, as medidas constritivas são meramente exemplificativas, podendo outras ser empregadas, quando necessárias e adequadas."[19]

Mas o âmago da prestação, ou seja, a manifestação volitiva não emitida voluntariamente, só poderia ser obtida mediante suprimento judicial por sentença, na forma já preconizada na lei.

Evidencia-se, pois, que o sistema legal vigente na tutela específica das obrigações de contratar e emitir declaração de vontade é o do *suprimento judicial* e não da *obtenção forçada* do ato volitivo, pelo que os meios executivos introduzidos com a Lei n. 8.952/94 no art. 461 do CPC mostram-se inaplicáveis à tutela do conteúdo principal de tais obrigações.

Esse aspecto é extremamente significativo para o tema presente, em se considerando que, como se verá adiante, o grande interesse da execução específica dos acordos de acionistas reside justamente nas prestações juridicamente infungíveis relativas à promessa de contratar a compra e venda de ações ou preferência para adquiri-las, e de emitir declaração de vontade, através do voto nas assembléias-gerais.

4. Natureza cognitiva da ação para execução das obrigações de contratar e declarar vontade. Caráter constitutivo de sua sentença

Constitui ponto já pacífico na doutrina que o objeto do acordo de acionistas não

18. Flávio Luiz Yarshell, *Tutela Jurisdicional nas Obrigações de Declaração de Vontade*, 1ª ed., São Paulo, Malheiros Editores, 1993, pp. 75-77. No mesmo sentido, Barbosa Moreira, "Parecer ...", p. 80.

19. Ernane Fidélis dos Santos, ob. cit., 76.

se limita às hipóteses enunciadas no *caput* do art. 118, da Lei das S/A, quais sejam, compra e venda de ações, preferências para adquiri-las e exercício do direito de voto.[20]

Entende-se que, no que tange ao objeto do acordo, há uma tipicidade legal que, se respeitada, gera a obrigatoriedade de sua observância por parte da companhia, nos estritos termos enunciados no citado art. 118. Entretanto, isso não exclui a legitimidade de acordos com outros objetos, os quais apenas serão inoponíveis à sociedade.[21]

Não obstante a possibilidade da existência de acordos com outros objetos que não os enunciados no texto da lei societária, é inegável que o maior interesse prático e usual volta-se sobre aqueles acordos que tenham objetos típicos, ou seja, a compra e venda de ações, preferência para adquiri-las e o exercício do direito de voto. Tais ajustes implicam, em última análise, pactuação de obrigações de contratar e de prestar declaração de vontade.[22]

Assim sendo, a execução específica dos acordos de acionistas com essas obrigações é a que mais interesse desperta no estudo do tema. Sua sede legal, como já visto, está nos arts. 639 e 641 do Código de Processo Civil brasileiro. O art. 639 obriga quem se comprometeu a concluir contrato a cumprir tal promessa, sob pena de que a outra parte possa obter sentença que produza o mesmo efeito do contrato não firmado. Já o art. 641 preceitua que, a sentença que condena o devedor da obrigação a emitir declaração de vontade, quando transitada em julgado, produz todos os efeitos da declaração não emitida.

Ambos os dispositivos tutelam o direito do credor da obrigação de emitir declaração de vontade, pois prevêem o pleito de uma sentença capaz de produzir os mesmos efeitos da declaração não emitida. O art. 641 contém a previsão em termos genéricos e o art. 639 cuida especificamente da obrigação de celebrar contrato.[23]

Embora esses dispositivos estejam inseridos na parte do CPC que disciplina o processo de execução, e cuidem da execução específica das obrigações de fazer, as ordens dele emanadas, como já visto, pressupõem a existência de uma "sentença" para sua efetivação. Isso porque a execução forçada aqui não se opera por meio da prática de atos materiais pelo juiz, mas sim através da prolação de decisão judicial que supre a manifestação de vontade recusada pelo devedor. Trata-se, pois, de típicas obrigações de fazer cuja infungibilidade é apenas jurídica, e não natural, porquanto comportam suprimento judicial por sentença.

Sabendo-se que o processo executivo não se destina à prolação de sentença de mérito, mas sim à prática de atos materiais para a concretização de um direito já definido em título preexistente, é inevitável inferir-se que a execução específica das obrigações de contratar e emitir declaração de vontade não se opera por via de processo de execução propriamente dito, mas sim de processo cognitivo.

Com efeito, ao contrário do que se dá no processo de execução, no de conhecimento, o juiz desenvolve uma atividade de investigação e pesquisa para proferir decisão de mérito que aplica o direito ao fato, tornando a norma concreta. É precisamente o que se verifica em relação às obrigações de contratar e declarar vontade não cumpridas. Após investigar e pesquisar o inadimplemento, o juiz profere sentença que supre a vontade não manifestada. As-

20. Fábio Konder Comparato. "Acordo de Acionistas e Interpretação do art. 118 da Lei das S/A", *RT* 527/34, São Paulo, 1979, e Raul Justino Ribeiro Moreira, "Acordo de Acionistas", *Revista de Ciências Política* 31/90, Rio de Janeiro, 1988.

21. Waldirio Bulgarelli, "A Regulamentação Jurídica do Acordo de Acionistas no Brasil", *RDM* 40/89, São Paulo, Ed. RT, 1980, e Modesto Carvalhosa, ob. cit., p. 74.

22. José Alexandre Tavares Guerreiro, ob. cit., p. 45.

23. Barbosa Moreira, "Parecer...", p. 80.

sim, a ação de execução dessas obrigações é ação de conhecimento.[24]

Os processualistas são bastante rigorosos quanto a tal aspecto, sendo que Barbosa Moreira, em estudo específico sobre o tema, critica o manifesto deslocamento desses dispositivos dentro da estrutura do Código, bem como a impossibilidade de se falar em "execução" quando deles se cuida, a não ser no que tange a parcelas acessórias. Preleciona ele: "Tais dispositivos estão manifestamente deslocados no livro II: dizem respeito à atividade cognitiva do órgão judicial, e de maneira particular à eficácia da sentença que acolha o pedido. Uma vez transitada em julgado, ela 'substitui', como se costuma dizer, a declaração de vontade do devedor, pondo *ipso facto* o credor em situação jurídica igual à que resultaria do cumprimento voluntário de obrigação. Nada mais se torna necessário fazer, seja por obra do devedor, seja por qualquer outro modo. Daí a absoluta desnecessidade (e, portanto, a absoluta impossibilidade) de instaurar-se processo de execução, a não ser, é claro, relativamente às condenações acessórias (custas e honorários de advogado). A colocação dos textos e o peso da tradição concorrem para que se continue a estudar o assunto no contexto do processo de execução, ao qual ele não é, a rigor, pertinente".[25]

Por isso é correto afirmar-se, como fazia Celso Agrícola Barbi, que em matéria de obrigações de contratar e emitir declaração de vontade em geral, não se tem ação *de* execução específica, mas sim ação *para* execução específica dessas obrigações.

Outro aspecto relevante refere-se à natureza da sentença proferida na ação de conhecimento que visa à execução específica das obrigações de contratar e emitir declaração de vontade. Uma parte mais tradicional da doutrina considera essa natureza como sendo constitutiva,[26] enquanto outra corrente a entende como sendo condenatória com força executiva, ou executiva *lato sensu*.[27]

O professor paranaense Carlyle Popp, em monografia específica sobre o tema, pondera na defesa dessa segunda corrente que a sentença é de natureza executiva porque prescinde de uma fase executória que siga à cognitiva, uma vez que: condena-se e executa-se na mesma relação processual".[28]

Ada Pellegrini Grinover, a seu turno, assinala que a sentença a que alude o art. 639, do CPC, produz, por si só, os efeitos que o contrato definitivo haveria de produzir, substituindo-o e excluindo a necessidade de lavratura desse contrato. Assim sendo, o art. 639, do CPC, enseja a propositura de ação que visa a uma sentença condenatória, com força executiva.[29]

24. Barbosa Moreira, *O Novo Processo Civil Brasileiro,* 18ª ed., Rio de Janeiro, 1996, p. 244; Sidney Sanches, *Execução Específica*, 1ª ed., São Paulo, 1978, p. 46; Flávio Luiz Yarshell, ob, cit., p. 35; Pedro Henrique Távora Niess, *Da Sentença Substitutiva da Declaração de Vontade*, São Paulo, Sugestões Literárias, 1977, p. 73.

25. Barbosa Moreira, "Parecer...", p. 80. Fábio Konder Comparato noticia que, também no direito italiano, é quase unânime o entendimento quanto à má colocação das normas sobre execução específica das obrigações de emitir vontade na parte no Código Civil italiano dedicada à execução. "Nota sobre a Execução Específica da Obrigação de Contratar...", p. 105.

26. Alcides de Mendonça Lima, p. 682; Moacyr Amaral Santos, *Primeiras Linhas de Direito Processual Civil*, São Paulo, Saraiva 1980, v. 3, p. 338; Flávio Luiz Yarshell, ob. cit., p. 52, e Fábio Konder Comparato, "Nota sobre a Execução Específica das Obrigações de Contratar...", p. 105, informando ser esse o entendimento majoritário na doutrina italiana.

27. Pontes de Miranda, *Comentários ao Código de Processo Civil de 1939*, Rio de Janeiro, Forense, 1959, pp. 357-8 e 358-65.

28. Carlyle Popp, *Execução de Obrigação de Fazer,* 1ª ed., Curitiba, Juruá, 1995, p. 238, apoiado em Ovídio Baptista, *Curso de Processo Civil*, 1ª ed., Porto Alegre, Sérgio Fabris, 1990, v. II, p. 98.

29. Ada Pellegrini Grinover, *O Processo Civil,* 1ª ed., Rio de Janeiro, Forense Universitária, 1996, p. 406, apoiando-se nas piniões de José Carlos Barbosa Moreira, Sidney Sanches, Humberto Theodoro Júnior e Enrico Tullio Liebman.

Não obstante esses respeitáveis argumentos e o peso de que os apresenta, tendo a filiar-se à corrente tradicional e majoritária, que considera de natureza constitutiva a sentença que substitui a vontade não manifestada nas ações previstas nos arts. 639 e 641 do CPC. Isso porque, a despeito da conseqüência puramente adjetiva de dispensar a fase executória do processo, a sentença que supre o ato de vontade tem o efeito substantivo de criar um estado jurídico para as partes, decorrente do ato volitivo que supriu.

Tais constatações são de relevante sentido prático para o tema sob exame, em face da recente reforma do CPC. Primeiramente, porque os arts. 639 e 641 não sofreram qualquer modificação em seu texto, evidenciando que o sistema de sua efetivação processual continua o mesmo. E em segundo lugar, porque, conforme se verá, alguns dos mecanismos executivos introduzidos na lei adjetiva pressupõem a existência de título executivo, judicial ou extrajudicial, que já encerre a obrigação líquida de fazer cuja execução se reclama em juízo.

5. O acordo de acionistas como título executivo extrajudicial

Dentre as diversas inovações operadas no CPC, uma primeira que merece ser abordada para o tema em questão é a que modificou a definição do título executivo extrajudicial previsto no art. 585, II, do Código.

Na vigência da redação anterior, o documento particular subscrito pelas partes e duas testemunhas — configuração típica do acordo de acionistas — só constituiria título executivo extrajudicial se tivesse por objeto a chamada confissão de dívida. Com efeito, o art. 585, II, do CPC, era expresso ao estabelecer como título executivo extrajudicial apenas "o documento particular assinado pelo devedor e subscrito por suas testemunhas, do qual conste a obrigação de pagar quantia determinada ou de entregar coisa infungível". Portanto, somente o contrato que contivesse a obrigação de pagar quantia certa ou de dar coisa fungível poderia constituir título executivo extrajudicial.

No caso particular do acordo de acionistas, havia quem o considerasse como título executivo extrajudicial, argumentando que o § 3º do art. 118, da Lei n. 6.404/76 confere-lhe expressamente execução específica, e o inciso VII, do citado art. 585, do CPC, considera títulos executivos extrajudiciais "todos os demais títulos, a que, por disposição expressa, a lei atribuir força executiva".[30]

Pessoalmente, sempre discordei dessa opinião, pois tendo geralmente os acordos de acionistas objetos relacionados a obrigação de fazer juridicamente infungíveis, e possuindo natureza contratual, não podiam embasar diretamente o processo de execução, devendo submeter-se ao prévio procedimento cognitivo de interpretação do ajuste, com definição e suprimento da vontade não manifestada, nos termos dos próprios arts. 639 e 641, do CPC. Assim, a meu ver, os acordos de acionistas não constituíam títulos executivos extrajudiciais.[31]

Nesse mesmo sentido era a opinião de Wilson de Souza Campos Batalha, para quem "o acordo de acionistas não se caracteriza como título executivo extrajudicial, razão porque indispensável se torna o processo de conhecimento".[32]

A reforma introduzida na redação do art. 585, II, do CPC, teve por escopo expandir o possível objeto dos ajustes formalizado em documento escrito que possam constituir títulos executivos extrajudiciais. Essa ampliação pretendeu precisamente

30. Roberto Papini, *Sociedade Anônima e Mercado de Valores Mobiliários*, 1ª ed., Rio de Janeiro, Forense, 1987, pp. 173 e 174, apoiando-se em George Washinton T. Marcelino, *Sociedade por Ações*, Estudo n. 21, São Paulo, Resenha Universitária, 1982, p. 1456.

31. Celso Barbi Filho, ob. cit., p. 162.

32. Wilson de Souza Campos Batalha, *Direito Processual Societário*, Rio de Janeiro, Forense, 1985, p. 290.

incluir as obrigações de fazer e não fazer. Desapareceu do texto a restrição ao documento particular "do qual conste a obrigação de pagar quantia determinada, ou de entregar coisa fungível". O novo dispositivo não mais define qual deva ser a obrigação pactuada no documento.

O Prof. Cândido Rangel Dinamarco, ressalta bem esse aspecto, observando que: "o que há de mais importante nessa nova redação, em confronto com a antiga, é que ficou suprimida a cláusula 'do qual conste a obrigação de pagar quantia determinada ou de entregar coisa fungível' (...) Isso quer dizer que qualquer obrigação, de qualquer natureza, atestada em qualquer daqueles documentos arrolados no inciso II, sendo certa e sendo líquida, será suscetível de ser exigida pela via executiva". E acrescenta que "a própria justificativa do projeto em que se converteu a Lei n. 8.953/95 deixou expresso que os documentos alusivos a dar coisa certa, ou de fazer e não fazer, também são conceituados como título executivo extrajudicial, sempre no pressuposto da liquidez, certeza e exigibilidade da prestação de pagar, dar ou fazer."[33]

Em face disso, poder-se-ia inferir, à primeira vista, que os acordos de acionistas efetivamente passaram a caracterizar-se como títulos executivos extrajudiciais, podendo embasar o processo de execução forçada de quaisquer obrigações neles pactuadas.

Contudo, tal conclusão não me parece correta, em face de dois aspectos que precisam ser considerados. Primeiramente, a disposição literal, ainda vigente, dos arts. 639 e 641, que disciplinam a execução específica das obrigações de contratar e emitir declaração de vontade, realizável por sentença. E, em segundo lugar, o requisito da liquidez do título, evidenciado como indispensável na própria justificativa do projeto de lei, e que não é inerente aos acordos de acionistas. Vejamos cada um deles.

33. Cândido Rangel Dinamarco, *A Reforma do Código de Processo Civil,* 2ª ed., São Paulo, Malheiros Editores, 1995, pp. 228 e 229.

No que se refere ao conteúdo dos vigentes arts. 639 e 641 do CPC, nota-se, como já visto, que o provimento judicial em ambos exigido para suprimento da vontade não manifestada é uma *sentença.* De fato, o art. 639 estabelece textualmente que a parte "poderá obter uma sentença que produza o mesmo efeito do contrato a ser firmado". E o art. 641 vai mais além, exigindo o trânsito em julgado da decisão para sua eficácia: "Condenado o devedor a emitir declaração de vontade, a sentença, uma vez transitada em julgado, produzirá todos os efeitos da declaração não emitida".

Dentro de sua concepção básica o processo de execução "parte justamente da certeza do direito do credor, atestado pelo chamado 'título executivo'. Não há decisão de mérito em ação de execução. A atividade do juiz é prevalentemente prática e material, visando a produzir na situação de fato as modificações necessárias para pô-la de acordo com a norma jurídica reconhecida e proclamada no título executivo".[34]

Como já se ressaltou, na forma dos citados arts. 639 e 641 do CPC, a execução específica do acordo de acionistas que tem por objeto obrigação de contratar (compra e venda de ações ou preferência para adquiri-las) ou de emitir declaração de vontade (votar em assembléia) visa à obtenção de sentença que supra a vontade não manifestada. Assim sendo, não é admissível que esse tipo de ajuste possa configurar título executivo extrajudicial, mesmo em face da nova redação do art. 585, II, do CPC, que permite títulos executivos extrajudiciais com obrigações de fazer e não fazer.

Com efeito, considerando-se que a redação dos arts. 639 e 641 não foi modificada pela reforma do Código de Processo Civil, aceitar-se como título executivo extrajudicial acordo de acionistas com obrigações de contratar e emitir declaração

34. Humberto Theodoro Júnior, *Processo de Execução,* 7ª ed., São Paulo, Leud, 1993, p. 11, com apoio em Moacyr Amaral Santos, *Direito Processual Civil,* 4ª ed., São Paulo, v. III, p. 221, e Enrico Tullio Liebman, *Processo de Execução,* 3ª ed., p. 37.

de vontade seria conceber-se processo de execução de caráter cognitivo, cujo objeto fosse a prolação de sentença.[35]

Por outro lado, como referido há pouco, um segundo óbice apresenta-se à classificação do acordo de acionistas como título executivo extrajudicial, qual seja o requisito da liquidez do título.

De acordo com o art. 1.533, do Código Civil brasileiro, considera-se líquida a obrigação certa, à sua existência, e determinada, quanto ao seu objeto. Conforme já mencionado, a própria justificativa do projeto de lei que ensejou a reforma do art. 585, II, do Código de Processo Civil, deixou expressa a necessidade do pressuposto de liquidez para que os documentos relativos a obrigações de fazer e não fazer constituam títulos executivos extrajudiciais.

Analisando a reforma do texto legal, a doutrina insiste na presença desse requisito da liquidez da obrigação, inclusive de fazer e não fazer, para que o documento em que esteja encerrada seja considerado título executivo extrajudicial. O já citado Prof. Cândido Rangel Dinamarco explicita que "o requisito da liquidez não foi dispensado, nem poderia (art. 586, art. 618, inc. I): ele deve estar presente em todas as obrigações a serem satisfeitas em via executiva (...) Em outras palavras, a liquidez deve estar presente quando da celebração do negócio e constituição do documento que o instrumentalizará".[36]

Ora, as obrigações relativas à compra e venda de ações, preferência para adquiri-las e exercício do direito de voto delas decorrente, inseridas em acordo de acionistas, não poderão ser qualificadas como líquidas. Isso porque a certeza da sua existência e a determinação de seu objeto estarão sempre dependentes da interpretação de cláusulas, verificação de fatos, além da própria aferição do cumprimento das prestações recíprocas e sinalagmáticas, emergentes do negócio bilateral ou plurilateral em que se consubstancia o acordo de acionistas, do qual emanam obrigações para todas as partes.

Mesmo o acordo de acionistas unilateral quanto a seus efeitos, ou seja, aquele do qual decorrem obrigações para apenas uma das partes, estará sempre condicionado à prévia comprovação de fatos e à interpretação de cláusulas, procedimento absolutamente incompatível com a existência da condição legal de liquidez (certeza quanto à existência da obrigação e determinação de seu objeto).

O Superior Tribunal de Justiça já decidiu que o contrato dependente da verificação de fatos e interpretação de cláusulas não constitui título extrajudicial, desafiando processo de conhecimento. Em acórdão da lavra do Ministro Athos Gusmão Carneiro, entendeu aquela corte que "os requisitos da certeza, liquidez e exigibilidade devem estar ínsitos no título. A apuração de fatos, a atribuição de responsabilidade, a exegese de cláusulas contratuais tornam necessário o processo de conhecimento e descaracterizam o documento como título executivo".[37] Em outro acórdão mais recente, relatado pelo Ministro Costa Leite, tal entendimento foi reiterado: "Se as partes não avençaram de forma incondicionada o pagamento de quantia determinada, repontando obrigações recíprocas, o contrato não se caracteriza como título executivo extrajudicial (art. 585, II, do CPC)".[38]

35. Sobre a inviabilidade conceitual desse procedimento, tendo em visa o art. 639 do CPC, noticia-se da jurisprudência: "sem que haja sentença anterior não poderia haver execução com base no art. 639. Não havendo sentença, deve o réu ser citado para contestar a ação em processo de conhecimento e não em processo de execução" (*RTJESP* 101/74, *RF* 322/274, Theotonio Negrão, *Código de Processo Civil e Legislação Processual em Vigor,* 26ª ed., São Paulo, Saraiva, 1995, p. 486).

36. Cândido Rangel Dinamarco, ob. cit., p. 229.

37. REsp n. 1.080-RJ, *DJU* 27.11.89, Sálvio de Figueiredo Teixeira, *O STJ e o Processo Civil,* Brasília, Ed. Brasília Jurídica, 1995, p. 395. Em idêntico sentido, mais recentemente, o REsp n. 71.331-SP, Rel. Min. Waldemar Zweiter, *DJU* 13.5.96.

38. *DJU*-I 15.5.95, p. 13.398, *Repertório IOB de Jurisprudência,* 1ª quinzena de agosto de 1995, p. 239.

A atividade jurisdicional desenvolvida no processo de conhecimento, que o diferencia do de execução, é exatamente investigar, pesquisar e decidir a adequação da conduta à norma legal, para definir uma obrigação concreta, certa quanto à existência e determinada quanto ao objeto. Se o acordo de acionistas, como já visto e revisto, é "executado" judicialmente por via de processo de conhecimento, do qual resulta sentença, não se pode considerá-lo jamais como título líquido, sob pena de se criar uma contradição conceitual insanável.

Vale mencionar ainda em subsídio, particularmente no que se refere ao exercício do direito de voto contratado em acordo de acionistas, aquelas situações em que o sentido unitário do voto dos signatários depende de outro instrumento para sua definição, como uma ata de reunião prévia daqueles, o que inviabiliza por completo a caracterização da liquidez das obrigações constantes do acordo.

Diante de tudo isso, em face do intransponível preceito dos mencionados arts. 639 e 641 do CPC, que exige sentença para o suprimento de vontade não manifestada, e da comum ausência de liquidez das obrigações emergentes dos contratos sinalagmáticos, ou dos que dependam da aferição de fatos e interpretação de cláusulas, reforço minha conclusão de que o acordo de acionistas que tenha por objeto obrigação de contratar (comprar e vender ações ou ter preferência para adquiri-las) ou emitir declaração de vontade (votar em assembléias) não pode constituir título executivo extrajudicial.

E, assim sendo, mesmo com a nova redação do art. 585, II, do CPC, o acordo de acionistas não configura a meu ver, título executivo, extrajudicial.

6. Tutela específica das obrigações de fazer e não fazer relativas a contratar e a emitir declaração de vontade no acordo de acionistas

Como exposto até aqui, os acórdãos de acionistas, cujo objeto é comumente a compra e venda de ações, preferência para adquiri-las ou exercício do direito de voto, têm sua tutela específica na forma dos arts. 639 e 641 do CPC, não modificados na recente reforma. Além disso, qualquer que seja seu objeto, não constituem título executivo extrajudicial.

Não sendo o acordo de acionistas título executivo extrajudicial, exclui-se de sua execução específica o preceito constante da nova redação do art. 632 do CPC, com os mecanismos executivos a ele inerentes.

Assim, sendo, interessa examinar aqui as mudanças trazidas na reforma do CPC para a tutela específica das obrigações de fazer condicionadas a prévia ação de conhecimento para a sua definição. Nesse particular, cumpre se fazer boa análise do art. 461, que trouxe diversas inovações à tutela específica dessas obrigações, mesmo quando dependam de investigação cognitiva. O novo texto do dispositivo estabelece que "na ação que tenha por objeto o cumprimento de obrigação de fazer ou não fazer, o juiz concederá a tutela da obrigação, ou, se procedente o pedido, determinará providências que assegurem o resultado prático equivalente ao do adimplemento".

Ada Pellegrini Grinover, analisando os novos mecanismos dessa tutela, destaca que "o próprio conceito de tutela específica é coincidente com a idéia da efetividade do processo e da utilidade das decisões, pois nela, por definição, a atividade jurisdicional tende a proporcionar ao credor o exato resultado prático atingível pelo adimplemento".[39]

A norma consagra duas alternativas para o juiz. Ele concederá a "tutela específica" ou as "providências que assegurem o resultado prático equivalente ao adimplemento". Assim, cogita-se da tutela específica, que é aquela que busca proporcionar ao credor o mesmo resultado prático que teria caso houvesse o adimplemento

39. Ada Pellegrini Grinover. "Tutela Jurisdicional nas Obrigações de Fazer e não Fazer", cit., p. 66.

normal da obrigação, quando da tutela inespecífica ou indireta, que procura neutralizar os efeitos do inadimplemento ou compensar financeiramente o credor em razão dele.

A doutrina especializada registra que, de acordo com a redação do dispositivo, a tutela específica poderá ser concedida antecipada e liminarmente (§ 3º) ou na sentença, enquanto que as providências assecuratórias do resultado prático equivalente só poderão advir da sentença, se procedente do pedido.[40]

A tutela específica é a ordem dirigida ao réu, concedida antecipadamente ou na sentença, para que, em determinado prazo, cumpra a obrigação que lhe incumbe, sob pena de sujeitar-se ao pagamento de multa (§ 4º), e a outras medidas necessárias ao implemento da ordem, tais como busca e apreensão, remoção, requisição de força policial etc. (§ 5º). Já as providências que assegurem o resultado prático equivalente ao adimplemento são igualmente medidas de natureza específica, são passíveis de concessão na sentença, se procedente o pedido, e que "somente se aplicam no âmbito das obrigações de fazer fungíveis e das obrigações de não fazer, haja vista que as infungíveis se resolvem invariável e necessariamente em perdas e danos."[41]

Disso infere-se, como já visto, que a norma do art. 461 não se aplica à tutela específica das obrigações de contratar e emitir declaração de vontade, ditas juridicamente infungíveis, que mais diretamente interessam aos acordos de acionistas.

O sistema de execução específica dos acordos de acionistas, que tenham por objeto a compra e venda de ações e o exercício do direito de voto, não se modificou com a nova redação dada aos arts. 585, inciso II, 632, e 641, do CPC. Tais dispositivos só cogitam da tutela específica das obrigações de fazer fungíveis, naturalmente infungíveis e das de não fazer, escapando às chamadas obrigações juridicamente infungíveis, que são de contratar e emitir declaração de vontade, supríveis apenas por sentença.

Ditas obrigações já tinham seu regime de tutela específica previsto nos arts. 639 e 641 do CPC, cuja redação não se modificou, e necessitam de ação de conhecimento da qual resulte *sentença* que supra o ato de vontade, não se lhe bastando, e nem sendo útil simples ordens judiciais, coercitivas pela cominação de multa, ou providências materiais assecuratórias do resultado prático almejado.

Todavia, como já assinalado anteriormente, é possível cogitar-se da utilização dos mecanismos de coerção previstos no art. 461, tendentes a obter a tutela específica para se obter o cumprimento de obrigações que possam ser consideradas apenas *acessórias* ao pleito principal de suprimento da vontade por sentença. Mas tais obrigações acessórias, como se verá adiante, acabam tendo como destinatário a própria companhia.

De outro lado, quando a obrigação for de não fazer, parece-me possível a utilização dos mecanismos do art. 461. Analisando especificamente essa questão nos acordos de acionistas, à luz do direito anterior, Humberto Theodoro Júnior, assinalou não haver propriamente "mora da obrigação negativa, mas, sim, inadimplemento total, cuja eficácia consiste em fazer substituir a obrigação primitiva por uma nova obrigação, agora de fazer, ou seja, de exigir o desfazimento do ato indébito".[42]

Após o inadimplemento da obrigação negativa, portanto, a que surge para execução específica é positiva: desfazer o ato. Assim, embora cabível sua anulação por sentença, possível será também a utiliza-

40. Antônio Cláudio da Costa Machado, *A Reforma do Processo Civil Interpretado*, 1ª ed., São Paulo, Saraiva, 1995, p. 33.

41. Antônio Cláudio da Costa Machado, ob. cit., p. 33.

42. Humberto Theodoro Júnior, *Execução...*, p. 452.

ção de métodos coercitivos para o seu desfazimento pelo próprio devedor. Arrisco-me a exemplificar uma hipótese de sua aplicação nos acordos sobre o direito de preferência na compra de ações. O dever de não alienar ações em desrespeito do direito de preferência contratado com outros acionistas constitui inequívoca obrigação de não fazer. Dessa forma, cabível seria a tutela específica tendente a compelir o devedor a desconstituir tal ato, se praticado, com imposição de multa para seu impedimento ou desfazimento, na forma do art. 461, §§ 4º e 5º, do CPC.

7. *Tutela antecipada das obrigações de fazer e não fazer relativas a contratar e a emitir declaração de vontade nos acordos de acionistas*

Outra significativa invocação trazida pela reforma do Código de Processo Civil foi a introdução em nosso direito da chamada antecipação de tutela.

Parece-me que sua aplicabilidade à execução específica dos acordos de acionistas relativos à compra e venda de ações, preferência para adquiri-las e exercício do direito de voto em assembléias precisa ser vista com prudência, enfrentando-se as graves imposições existentes na própria normatização do CPC. Como bem ressaltou Sérgio Bermudes, "não há razões para receber a novidade, nem com desconfiança, nem com espírito misoneísta, nocivo ao aperfeiçoamento da prestação jurisdicional".[43]

Antes da edição da lei que disciplinou o novo instituto, destacaram-se os estudos que o Prof. Luiz Guilherme Marioni dedicou ao tema, demonstrando que a antecipação de tutela visa principalmente a neutralizar os efeitos do tempo sobre a efetiva prestação jurisdicional do Estado, antecipando, por via de uma cognição sumária, a tutela que normalmente demoraria a ser obtida no processo judicial.[44]

Opera-se pela antecipação de tutela autêntica inversão do ônus do tempo no processo que, tradicionalmente, sacrifica o autor.

A previsão legal da nova figura veio na redação dada ao art. 273 do CPC, segundo o qual "o juiz poderá, a requerimento da parte, antecipar, total ou parcialmente, os efeitos da tutela pretendida no pedido inicial, desde que, existindo prova inequívoca, se convença da verossimilhança da alegação e: I — haja fundado receio de dano irreparável ou de difícil reparação; ou II — fique caracterizado o abuso de direito de defesa ou manifesto propósito protelatório do réu".

Aspecto básico a se ressaltar quanto ao instituto da antecipação de tutela é a sua necessária distinção das medidas cautelares. Segundo ressaltam os processualistas, "a tutela que satisfaz antecipadamente o direito não é cautelar porque nada assegura ou acautela. A tutela cautelar supõe referibilidade a um direito acautelado ou protegido. Quando não há referibilidade é porque há tutela antecipatória. A tutela antecipatória não tem por fim assegurar o resultado útil do processo, já que o único resultado útil que se espera do processo ocorre exatamente no momento em que a tutela antecipatória é prestada".[45]

Disso infere-se, como o fez Sérgio Bermudes, que "a medida cautelar é concedida para assegurar o efeito prático de outra, enquanto a tutela antecipada constitui a própria providência que se demandou, limitada embora na sua eficácia".[46]

Interessa examinar aqui a aplicabilidade desse instituto aos acordos de acionistas sobre a compra e venda de ações ou preferência para adquiri-las (obrigação de con-

43. Sérgio Bermudes, *A Reforma do Código de Processo Civil*, 2ª ed., São Paulo, Saraiva, 1996, p. 28.

44. Luiz Guilherme Marinoni, *Efetividade do Processo e Tutela de Urgência*, 1ª ed., Porto Alegre, Sérgio Antônio Fabris Editor, 1994, pp. 56 e 57.

45. Luiz Guilherme Marinoni, ob. cit., p. 57.

46. Sérgio Bermudes, ob. cit., p. 28.

tratar) e o exercício do direito de voto (obrigação de emitir declaração de vontade).

A execução específica dessas obrigações, como já se viu, opera-se pelo suprimento jurisdicional da vontade não manifestada, através de *sentença* que a substitua (arts. 639 e 641, do CPC), sendo que a lei fala ainda em "sentença transitada em julgado" (art. 641).

A tutela antecipada, embora tenha por escopo "adiantar" efetivamente a prestação buscada no pedido de mérito, não tem natureza de sentença. De fato, ela é proferida no curso do processo, possui eficácia limitada, devendo ser necessariamente reversível, revogável e modificável pelo juiz que a proferiu (§§ 2º e 4º do art. 273). Já a sentença apresenta como atributos exatamente o fato de ser proferida para encerrar o processo (art. 162, § 2º), sendo dotada de ampla eficácia, irreversibilidade, irrevogabilidade e imutabilidade pelo magistrado que a prolatou.

Por tal razão, Sérgio Bermudes é categórico ao afirmar que a antecipação de tutela "é decisão interlocutória, e por isso agradável, o ato que se pronuncia sobre o pedido de tutela antecipada, quando o concede, o nega ou deixa de apreciá-lo".[47] Na mesma linha, Kazuo Watanabe acentua que: "o recurso cabível contra a decisão concessiva ou denegatória da tutela antecipada é o agravo de instrumento, certo é que estamos diante de decisão interlocutória".[48]

Assim, se o ato jurisdicional capaz de suprir manifestação volitiva omitida, por força da própria lei (arts. 639 e 641), é apenas a *sentença,* não se pode falar em antecipação de tutela nessas hipóteses, pois dita antecipação só será possível quando houver providências jurisdicionais outras, que não apenas a sentença, capazes de efetivar antecipadamente a pretensão de mérito do autor.

É verdade que o Código prevê a antecipação de tutela nas ações que tenham por objeto o cumprimento das obrigações de fazer e não fazer (art. 461, § 3º). Entretanto, conforme já demonstrado, esse dispositivo aplica-se apenas às obrigações de fazer fungíveis, naturalmente infungíveis e obrigações de não fazer, fugindo a seu âmbito as obrigações juridicamente infungíveis, como são as de contratar e emitir declaração de vontade.

Como visto e revisto, na execução específica das obrigações juridicamente infungíveis o que se opera é um suprimento judicial da vontade não manifestada que, na forma dos arts. 639 e 641 do CPC, é substituída por sentença. Assim sendo, o provimento jurisdicional buscado pelo autor nessa ação revela-se essencialmente definitivo e irreversível. O § 2º do art. 273 do CPC é expresso ao estabelecer que a reversibilidade é da essência da medida concedida em antecipação de tutela. Impossível, então, admitir-se o suprimento judicial de vontade como tutela antecipada.

Na doutrina, as manifestações sobre o cabimento de tutela antecipada na execução específica das obrigações de fazer juridicamente infungíveis evidenciam tal realidade, como se vê das palavras de Carlyle Popp, quando afirma que "ainda que não seja possível a transferência definitiva da coisa mediante a tutela antecipatória, até porque este não é o objetivo direto da demanda (aquisição do domínio), é possível a obtenção de efeitos cautelares visando impedir prejuízos decorrentes do tempo no processo".[49]

Dessa forma, não se poderia aceitar, por exemplo, o deferimento, como antecipação de tutela, de uma adjudicação compulsória de ações vendidas em violação a acordo de preferência. Mais inconcebível ainda seria um provimento antecipado que substituísse nas assembléias gerais o voto do signatário que se recusa a cumprir convenção de voto.

Analisando situações análogas dentro das sociedades anônimas, à luz do novo ins-

47. Sérgio Bermudes, ob. cit., p. 30.
48. Kazuo Watanabe, ob. cit., p. 177.
49. Carlyle Popp, ob. cit., p. 252.

tituto processual, Kazuo Watanabe, demonstra que: "deverá o Juiz, em linha de princípio, limitar-se a antecipar alguns efeitos que correspondam a esses provimentos, e não o próprio provimento. Por exemplo, na ação em que se peça a anulação de uma decisão assemblear de sociedade anônima de aumento de capital, em vez de antecipar desde logo o provimento desconstitutivo, deverá ater-se à antecipação de alguns efeitos do provimento postulado, como o exercício do direito de voto correspondente segundo a situação existente antes do aumento de capital objeto de demanda ou a distribuição de dividendos segundo a participação acionária anterior ao aumento de capital impugnado etc".[50]

Em suma, tratando-se de acordo de acionistas sobre a compra e a venda de ações e o exercício do direito de voto, a execução específica das obrigações de contratar e emitir declaração de vontade não poderá ser objeto da antecipação de tutela prevista nos arts. 273 e 461, § 3º, do CPC, pois, à luz dos arts. 639 e 641 do mesmo Código, tal execução só pode operar-se por sentença, cuja natureza é diferente do provimento dado em antecipação de tutela.

Entretanto, da mesma forma que ocorre com os mecanismos da tutela, é possível conceber-se o uso de antecipação de tutela para obrigações *acessórias* à de contratar e declarar vontade, presentes em acordo de acionistas. Mas tais obrigações acessórias, como se verá, voltam-se para a companhia.

8. Tutela cautelar das obrigações de fazer e não fazer relativas a contratar e a emitir declaração de vontade no acordo de acionistas

Não se há de confundir, contudo, as hipóteses de tutela antecipada, com as de tutela cautelar. Como já visto, na antecipação de tutela o juiz defere, no próprio processo principal, providência que antecipa "precariamente" o pleito da ação. Já na tutela cautelar, a providência imediata é obtida em processo acessório, destinando-se apenas a assegurar o resultado útil do feito principal.

Assim, nas hipóteses de acordos de acionistas sobre compra e venda de ações e exercício do direito de voto, a verificação de fatos que ameacem a efetividade do direito postulado em juízo terá que ser evitada por via de procedimento cautelar e não de antecipação de tutela.

Neste aspecto, importa ressaltar, como já tive a oportunidade de fazer,[51] que as medidas cautelares em matéria de execução específica de acordo de acionistas têm repercussões muito especiais, que podem modificar impropriamente vantagem já indevida que o transcorrer do tempo confere a uma das partes no litígio. E essa má distribuição do ônus do tempo no processo é justamente o que se pretendeu evitar na reforma do CPC.

Sabendo-se das particularidades práticas que a dinâmica societária oferece, a concessão de medidas cautelares pode acabar por constituir inadequada antecipação de tutela.

Exemplo interessante a respeito é um julgamento da 4ª Câmara Cível do Tribunal de Justiça de São Paulo que, dando provimento a agravo de instrumento, concedeu liminar requerida com base em acordo de acionistas para reempossar administradores de uma companhia em seus cargos. Reintegrados nos cargos por via cautelar, tais administradores conseguiram inviabilizar o prosseguimento de ação de responsabilidade (art. 159, da lei das S/A), que, em nome da companhia, contra eles era movida. A decisão foi duramente criticada pela doutrina, justamente porque, em sede cautelar, deferiu-se uma tutela mais efetiva do que a da própria execução específica a

50. Kazuo Watanabe, ob. cit., p. 175.

51. Celso Barbi Filho, ob. cit., p. 179.

qual, na forma dos arts. 639 e 641 do CPC, só poderia advir por sentença.[52]

Isso não significa que não se concebam providências cautelares úteis em acordos de acionistas, que não impliquem tutela antecipada nem consolidação precoce e indevida de situações dentro da companhia como em algumas hipóteses especiais de suspensão de assembléias, depósito judicial de dividendos cuja distribuição foi ajustada em acordo de voto etc.

Quanto às convenções de voto especificamente, já tive a oportunidade de ver medida cautelar que liberou signatário de acordo de acionistas com prazo indeterminado, unilateralmente denunciado, de ter que obedecer à forma de voto pactuada nesse acordo nas assembléias da companhia ocorridas durante o trâmite da ação declaratória de validade da denúncia.

No que tange em particular aos pactos sobre a compra e venda de ações, chamados acordos de bloqueio, revelam-se ainda outras hipóteses de tutela acautelatória. Analisando a possibilidade de providências cautelares em matéria de execução específica das obrigações de contratar, Flávio Luiz Yarshell assinala que: "na generalidade dos casos em que se faz cabente, a tutela específica prestada por sentença que produz os efeitos de declaração de vontade está associada à aquisição do domínio de determinado bem, ainda que eventualmente o seja pela via obrigacional. Tal é o que se passa nas hipóteses de tutela específica prestada nas obrigações resultantes de promessa de compra e venda ou nas de violação a direito de preferência na aquisição do determinado bem. (...) Em todos esses casos, não resta dúvida sobre a existência da litigiosidade sobre determinado bem, litigiosidade essa da qual pode resultar a inutilidade do provimento substitutivo pela perda, alienação ou deterioração da coisa a cujo domínio conduziria a emissão da declaração de vontade (ou o contrato dela resultante)".[53]

Nesse raciocínio, destaca o autor o cabimento da medida cautelar de seqüestro da coisa litigiosa, o que poderia, em tese, aplicar-se ao caso de certificados ou cautelas de ações alienadas em desrespeito a pacto de preferência, com os quais o adquirente pretenda participar de assembléia da companhia.

Viável, por outro lado, a tutela cautelar destinada, por exemplo, a permitir que o signatário, prejudicado com a alienação e que pleiteia sua anulação em juízo depositando o preço, possa votar nas assembléias em nome das ações reivindicadas, ou até receber os dividendos delas decorrentes.

A tal propósito, inclusive, cabe lembrar, como outro exemplo de providência cautelar, que, nos acordos de preferência para a compra e venda de ações, um requisito indispensável ao cumprimento das condições necessárias à efetivação da tutela específica prevista no art. 639 do CPC é o prévio pagamento do preço. Com efeito, o art. 640 do mesmo CPC é enfático ao estabelecer que "tratando-se de contrato, que tenha por objeto a transferência da propriedade de coisa determinada, ou de outro direito, a ação não será acolhida se a parte, que a intentou, não cumprir sua prestação, nem a oferecer, nos casos e formas legais, salvo se ainda não exigível".

Com isso, para quem postula judicialmente o exercício da preempção na compra de ações alienadas em desrespeito a acordo de acionistas, necessário se faz o prévio depósito do preço em juízo. Se assim não se proceder, o autor será carecedor da ação, ou terá seu pedido julgado improcedente (conforme a postura doutrinária que se prefira), segundo acertadamente conclui Ada Pellegrini Grinover em parecer específico sobre o tema.[54]

52. Modesto Souza Barros Carvalhosa, conferência: "Acordo de Acionistas", *Sociedade Anônima — I Ciclo de Conferências para Magistrados,* Escola da Magistratura do Estado do Rio de Janeiro, ed. do Instituto Brasileiro de Ciência Bancária, 1993, p. 238.

53. Flávio Luiz Yarshell, ob. cit., p. 88.

54. Ada Pellegrini Grinover, *O Processo em Evolução...,* p. 412.

Verifica-se aí, portanto, hipótese própria à aplicação de tutela cautelar para efetivação do depósito judicial do preço. Isso porque tal depósito tem precisamente a finalidade de assegurar um resultado útil ao pleito principal de adjudicação compulsória das ações indevidamente alienadas. O depósito configura mesmo, à luz do art. 640, requisito intrínseco ao deferimento do pleito de preempção aduzido na ação.

Em suma, no caso dos acordos de acionistas, as providências urgentes verificadas nos processos para execução específica de suas obrigações terão que ser asseguradas por medidas cautelares, as quais não deverão, dentro da própria concepção da tutela cautelar, acarretar modificação indevida do ônus do tempo no processo, viabilizando a consolidação de situações societárias que só poderiam ser obtidas com o provimento final do pedido formulado na ação.

9. Aplicação da nova disciplina das tutelas específica e antecipada do acordo de acionistas perante a companhia

Talvez o ponto de mais significativa reflexão sobre a incidência das tutelas antecipada e específica do acordo de acionistas seja quanto aos seus efeitos perante a companhia.

Como se sabe, o *caput* do art. 118, da Lei n. 6.404/76, estabelece que os "acordos de acionistas deverão ser observados pela companhia quando arquivados em sua sede".

Por outro lado, os acordos de acionistas possuem uma tipicidade de objeto, prevista no mesmo dispositivo, que circunscreve o escopo dessas convenções à compra e venda de ações, preferência para adquiri-las e exercício do direito de voto. A conseqüência do respeito a essa tipicidade de objeto pelos acionistas signatários é, no entender da doutrina, exatamente o dever de observância pela companhia do acordo nela arquivado.

Em face de tal preceito, analisando a legitimação passiva na execução específica do acordo de acionistas, particularmente no que se refere ao acordo de voto, concluí em monografia sobre o tema que "o pólo passivo da ação para execução específica reunirá a sociedade e o signatário inadimplente. Este, porque deu causa à ação com seu inadimplemento, e aquela porque terá que suportar os efeitos da anulação da deliberação".[55]

Parece-me inegável o envolvimento da companhia na execução específica do acordo de acionistas que nela esteja arquivado. Conforme assinala José Edwaldo Tavares Borba, "a sociedade proporciona ao membro de acordo uma prestação negativa consistente em impedir a prática de ato contrário ao que estiver pactuado. A prestação positiva, ou seja, real cumprimento do que se convencionou — a venda das ações, o voto em determinado sentido — não poderá ser obtido senão judicialmente".[56]

Assim, considerando-se a disposição cogente do art. 118, *caput,* da Lei da S/A, a companhia assume deveres ligados a essa "prestação negativa" no cumprimento do pactuado, e deve necessariamente figurar no pólo passivo da ação para execução específica do acordo de acionistas nela arquivado. Disso decorre relevante possibilidade de aplicação das tutelas específica e antecipada perante a sociedade.

Restou aqui demonstrada a impossibilidade de se postular como tutela jurisdicional a prática de atos coercitivos tendentes a obrigar o signatário de acordo de acionistas ao cumprimento forçado de obrigação de contratar ou emitir declaração de

55. Celso Barbi Filho, ob. cit., p. 175. Em outro sentido posiciona-se Tavares Guerreiro (ob. cit., p. 67), entendendo que, na realidade, há duas ações, uma de execução específica, para que se enuncie a declaração de vontade eficaz, a ser movida contra o acionista inadimplente, e outra, declaratória da ineficácia da deliberação assemblear, a ser movida contra a sociedade.

56. José Edwaldo Tavares Borba, *Direito Societário,* Rio de Janeiro, Freitas Bastos, 1986, p. 267.

vontade. Isso porque, à luz dos arts. 639 e 641 do CPC, cujos textos não sofreram alterações na reforma do Código, tais obrigações necessitam de sentença que supra a manifestação volitiva não emitida.

Da mesma forma, restou evidenciada a impossibilidade de tutela antecipada para cumprimento de tais obrigações, porquanto o provimento jurisdicional que as efetiva é sentença, final e irreversível, o que não se compatibiliza com a natureza da decisão proferida em antecipação de tutela.

Entretanto, ficou demonstrado que os mecanismos introduzidos nos arts. 461 e 273 do CPC, para efetivação das tutelas específica e antecipada, mostram-se perfeitamente aplicáveis às obrigações acessórias àquelas de contratar e emitir declaração de vontade. Tais obrigações acessórias residem justamente, a meu sentir, no dever de observância que a companhia tem em relação aos acordos de acionistas nela arquivados (art. 118, *caput*).

A companhia, como visto, deve figurar no pólo passivo da ação para execução específica do acordo de acionistas nela arquivado. Há prestações negativas e até positivas que lhe competem na "observância" desse acordo, e cujo cumprimento pode ser obtido por meio das medidas judiciais coativas de tutela específica ou antecipada introduzidas com a reforma do CPC. Tais prestações são apenas acessórias daquelas a que se objetiva na ação para execução específica do acordo, ou seja, as de contratar ou emitir vontade, exigíveis dos signatários do acordo e só supríveis por sentença.

No caso do acordo sobre a compra e venda de ações, por exemplo, constituirá típica hipótese de tutela antecipada, na execução específica do pacto de preferência violado, a ordem para que a companhia não proceda às averbações das transferências tidas como indevidas em seus livros de registro de ações, não expeça certificados representativos aos adquirentes, não lhes permita a participação e voto em assembléias, ou não lhes pague dividendos.

Na tutela específica de um direito de preferência cuja violação já foi reconhecida em sentença, pode o signatário prejudicado postular, com base no art. 461 do CPC, a imposição de medidas coercitivas à companhia para que desfaça as transferências indevidamente efetuadas em seus livros de registro, ou cancele os certificados e cautelas de ações emitidos em desobediência a acordo de acionistas regularmente arquivado e averbado. Nessa ação, o terceiro envolvido na aquisição deverá figurar, por óbvio, no pólo passivo da relação processual.

Outro exemplo de obrigação da companhia na observância do acordo de acionistas nela arquivado é o dever de impedir o acesso à assembléia de preferencialistas que pactuaram não comparecer aos conclaves societários, hipótese aventada por Fábio Konder Comparato.[57] Aqui, o pleito cominatório dirige-se tanto aos acionistas, para que deixem de comparecer à assembléia, quanto à sociedade, para que impeça seu acesso à mesma.

No que se refere ao acordo de voto, já restou evidenciado, à luz do art. 641, do CPC, que a declaração de vontade correspondente ao voto a ser proferido em assembléia só pode ser suprida por sentença judicial transitada em julgado. Assim sendo, em relação ao signatário inadimplente, a execução específica da obrigação de votar não tem como se socorrer das tutelas específica ou antecipada.

Mas, conforme visto, com o arquivamento do acordo na sede da companhia, esta assume por lei o chamado dever de "observância" do pactuado. Nessa hipótese então, possível se mostra a ordem para que a companhia não compute em assembléia o voto que está sendo discutido em juízo por violação ao pactuado no acordo de acionistas que o vincula.

57. Fábio Konder Comparato, "Acordo de Acionistas e Interpretação do art. 118 da Lei das S/A", *RT* 527/34, São Paulo, 1979.

O importante é que se evidencie a diferença entre a obrigação juridicamente infungível de contratar ou votar que tem acionista signatário de acordo e aquela que o *caput* do art. 118 da Lei das S/A impõe à sociedade. A primeira, do acionista, só é suprível por sentença, por força dos arts. 639 e 641 do CPC; já a segunda é da companhia, decorre da lei, sendo considerada acessória à dos acionistas, e podendo efetivar-se antecipadamente e/ou especificamente, conforme o caso concreto que se desenhe no processo judicial onde a primeira obrigação esteja sendo discutida.

10. Conclusões

Doutrina e jurisprudência ainda estão trabalhando na sedimentação precisa dos conceitos e no dimensionamento das conseqüências que as modificações introduzidas no CPC trouxeram ao nosso sistema jurídico. A abordagem que aqui se fez pretende apenas despertar a atenção sobre repercussões dos novos instrumentos processuais sobre um instituto de direito material já existente, o acordo de acionistas.

Nesse propósito são lançadas algumas conclusões, talvez merecedoras de severas críticas, mas que estão fundadas em uma leitura realista da normatização processual vigente. São elas, em síntese.

O campo de aplicação da chamada execução específica está nas obrigações de dar coisa certa, de não fazer, e de fazer, estas últimas quando juridicamente infungíveis. Tais obrigações, portanto, quando objeto de acordo de acionistas, serão passíveis de execução específica.

O sistema legal vigente na tutela específica das obrigações de contratar e emitir declaração de vontade é o do *suprimento judicial* e não da obtenção forçada do ato volitivo, pelo que os meios executivos introduzidos com a Lei n. 8.952/94 no art. 461 do CPC mostram-se inaplicáveis à tutela do conteúdo principal de tais obrigações.

Em matéria de obrigações de contratar e emitir declaração de vontade em geral, não se tem ação *de* execução específica, mas sim ação *para* execução específica dessas obrigações, pois dita ação é de conhecimento, visando a uma sentença de mérito que supre a manifestação de vontade contratada e não emitida.

A sentença proferida na ação para execução específica das obrigações de contratar e emitir declaração de vontade é de natureza constitutiva, porquanto, a despeito da conseqüência puramente adjetiva de dispensar a fase executória do processo, supre o ato de vontade e tem o efeito substantivo de criar um estado jurídico novo para as partes, decorrente do ato volitivo que supriu.

Os acordos de acionistas têm habitualmente como objeto obrigações de contratar (comprar e vender ações com preferência para adquiri-las) ou emitir declaração de vontade (votar em assembléias). Isso porque, além de serem esses seus conteúdos mais úteis e usuais, atendem a uma tipicidade legal que vincula a companhia à sua observância (art. 118, da Lei de S/A). Ditas obrigações, de contratar e emitir declaração de vontade, são juridicamente infungíveis e seu suprimento judicial se dá por sentença.

Em face do disposto nos arts. 639 e 641 do CPC, que exigem sentença para o suprimento de vontade não manifestada, e da absoluta ausência de liquidez das obrigações emergentes dos contratos sinalagmáticos, ou dos que dependam da aferição de fatos e interpretação de cláusulas, conclui-se que, mesmo com a nova redação do art. 585, inciso II, do CPC, os acordos de acionistas que tenham por objeto obrigação de contratar (comprar e vender ações ou ter preferência para adquiri-las) ou emitir declaração de vontade (votar em assembléias) não constituem título executivo extrajudicial.

O sistema de execução específica dos acordos de acionistas, que tenham por objeto a compra e venda de ações, preferência para adquiri-las, ou exercício do direito de voto não se modificou com a nova redação dada aos arts. 585, inciso II, 632, e 461 do CPC. Tais dispositivos só cogitam da tutela específica das obrigações de fazer fungíveis, naturalmente infungíveis e das de não fazer, escapando-lhes as chamadas obrigações juridicamente infungíveis, que são de contratar e emitir declaração de vontade, supríveis apenas por sentença.

Quando a obrigação constante do acordo de acionistas for de não fazer, será possível a utilização dos mecanismos executivos do art. 461, uma vez que, após o inadimplemento da obrigação negativa, a que surge para execução específica é positiva: desfazer o ato. Assim, embora cabível sua anulação por sentença, viável será também a utilização de métodos coercitivos para o seu desfazimento pelo próprio devedor.

Tratando-se de acordo de acionistas sobre a compra e venda de ações, preferência para adquiri-las ou exercício do direito de voto, a execução específica das obrigações de contratar e emitir declaração de vontade não poderá ser objeto da antecipação de tutela prevista nos arts. 273 e 461, § 3º, do CPC, pois, à luz dos arts. 639 e 641 do mesmo Código, tal execução só pode operar-se por sentença, que tem natureza distinta do provimento dado em antecipação de tutela.

Nos acordos de acionistas, as providências urgentes verificadas nos processos para execução específica de suas obrigações terão que ser asseguradas por medidas cautelares, as quais não deverão, dentro da própria concepção de tutela cautelar, acarretar modificação indevida do ônus do tempo no processo, viabilizando a consolidação de situações societárias que só poderiam ser obtidas com o provimento final do pedido formulado na ação.

Em matéria de acordo de acionistas, o campo efetivamente fecundo para a utilização dos novos institutos das tutelas específica e antecipada, introduzidos na lei processual está junto à companhia que tenha arquivado e averbado o acordo. Com efeito, sendo ela parte necessária na ação para execução específica do acordo de acionistas nela arquivado, submeter-se-á a várias obrigações de fazer e não fazer que não são de contratar nem declarar vontade. E, para essas obrigações, a tutela antecipada e os novos mecanismos da tutela específica mostram-se perfeitamente aplicáveis e bastante úteis.

Assim, a companhia deve figurar no pólo passivo da ação para execução específica do acordo de acionistas nela arquivado. Há prestações negativas e até positivas que lhe competem na "observância" desse acordo, e cujo cumprimento pode ser obtido por meio das medidas judiciais coativas, de tutela específica ou antecipada. Tais prestações são apenas acessórias daquelas a que se objetiva precipuamente na ação para execução específica do acordo, ou seja, as de contratar ou emitir vontade, exigíveis dos signatários e só supríveis por sentença.

Em suma, considerando que os atuais objetos dos acordos de acionistas são as obrigações de comprar e vender ações com preferência para adquiri-las, ou de votar em assembléia, as recentes modificações do CPC não alteraram a essência da tutela específica dessas obrigações, que permanece sob o mecanismo do suprimento judicial da vontade, já anteriormente disciplinado nos arts. 639 a 641 do CPC.

Quando se escreve sobre a aplicação de instituições novas, como no caso da reforma do CPC, está-se sempre no terreno da suposição e da especulação. É o que se dá em estudos como o presente, em que se procurou analisar as inovações processuais face a um instituto já existente no direito material, o acordo de acionistas. De qualquer forma, a proposta é despretensiosa: esboçar idéias e fundamentar especulações, ainda que seja apenas para que, de seu desacerto, outros possam demonstrar o caminho correto.

Doutrina

VENDA DE ASCENDENTE PARA DESCENDENTE

CARLOS AUGUSTO DE ASSIS

1. Generalidades. A origem histórica do preceito. 2. O significado do artigo 1.132: 2.1 A posição do descendente; 2.2 O consentimento e sua manifestação. Suprimento; 2.3 A venda de descendente a ascendente; 2.4 Aspectos de Direito Comercial. 3. A violação do artigo 1.132 (à luz das Súmulas 152 e 494); 3.1 Ato nulo ou anulável?; 3.2 Prescrição: o prazo e seu início. 4. O Superior Tribunal de Justiça e a venda a descendente. 5. Legislação comparada: Códigos português, argentino e chileno. 6. Projeto de Código Civil 634-B. 7. Temas afins: doação e troca; 7.1 A doação de ascendente para descendente (art. 1.171); 7.2 A troca entre ascendente e descendente (art. 1.164). 8. A posição do terceiro de boa-fé. 9. Conclusão.

1. Generalidades. A origem histórica do preceito

A iminência da aprovação de um novo Código Civil dá um colorido especial à discussão deste tema. É por isso que este estudo, que analisa, fundamentalmente, doutrina e jurisprudência formadas a partir do vigente Código Civil Brasileiro, preocupa-se, também, em chamar atenção para legislação projetada, que pode até vir a provocar alterações na orientação ora dominante, relativamente às questões que a matéria envolve.

E, na verdade, é bastante longa a lista de questões que o tema suscita, muitas vezes de difícil solução e que geram polêmica entre os que se dedicam a estudá-las. A base de tanta controvérsia, porém, é apenas um artigo, o 1.132, do Código Civil Brasileiro, que desde logo, enunciamos: "Art. 1.132. Os ascendentes não podem vender aos descendentes, sem que os outros descendentes expressamente consintam".

Tenha-se presente, antes de mais nada, que o tema em apreço, em que se pese estar inserido na seara contratual, tem forte ligação com o Direito Sucessório. É o que se pode notar da justificativa apresentada pelos doutrinadores para a existência do aludido preceito civil. Diz Clóvis Beviláqua:[1] " A razão desta proibição é evitar que, sob color de venda, se façam doações, prejudicando a igualdade das legítimas".

Tem razão, entretanto, Agostinho Alvim,[2] quando pondera: "Os autores, em geral, explicam que o dispositivo em análise tem por finalidade impedir a desigualdade das legítimas (Clóvis, João Luís Alves, Carvalho Santos etc.).

"Mas essa explicação não se compadece com o sentido que na escola se atribui ao termo *legítima.*

1. Cf. *Código Civil dos Estados Unidos do Brasil*, p. 243. No mesmo sentido, veja-se Caio Mário da Silva Pereira, *Instituições de Direito Civil*, pp. 125-126.

2. Cf. *Da Compra e Venda e da Troca*, pp. 62-63.

"Com efeito, quando alguém tem herdeiros necessários, metade de seus bens compõe o seu disponível; a outra metade pertence necessariamente aos herdeiros forçados.

"Ora, a venda de pai a filho é nula, segundo uns, ou anulável, segundo outros, ainda mesmo que de modo algum comprometa a legítima dos filhos que não concordaram. (...).

"Como se vê, o que preocupa o legislador não é a desigualdade das *legítimas*, e sim, dos valores. (...)

"O que o artigo visa, portanto, é resguardar a igualdade dos herdeiros (dos quinhões) ..."

Não há dúvida, de qualquer modo, que a raiz do problema está no capítulo das Sucessões.

Outro aspecto que se deve observar é o de que, no tocante à restrição[3] em comento, a lei não faz distinção entre bem móvel ou imóvel, de tal sorte que em ambos os casos ela prevalece igualmente.[4]

Quanto à origem histórica de tal proibição remonta às Ordenações Manuelinas, onde se cominava de nulidade a venda aos descendentes sem o consentimento dos outros descendentes.[5]

Tal regra, mais tarde foi reproduzida, nos mesmos termos, nas Ordenações Filipinas:[6] "Por evitarmos muitos enganos e demandas, que se causam e podem causar das vendas, que algumas pessoas fazem a seus filhos, ou netos, ou outros descendentes, determinamos que ninguém faça venda alguma a seu filho ou neto, nem a outro descendente. Nem, outrossim, faça com os sobreditos de troca, que desigual seja, sem consentimento de outros filhos, netos, ou descendentes, que houverem de ser herdeiros do dito vendedor".

2. *O significado do artigo 1.132*

2.1 *A posição do descendente*

Nossa lei fala de venda[7] para "...descendente..." e em consentimento dos demais (ou seja, dos outros descendentes). No primeiro caso, parece claro que o legislador teve em mira não somente os filhos, mas também os netos, bisnetos (parentes em linha reta descendente).

É assim o entendimento de Agostinho Alvim:[8] "O texto não se limita à venda de pais a filhos, mas de ascendentes a descendentes".

Mas, no que tange ao consentimento, a solução deve levar em conta que a *ratio* do dispositivo, como foi mencionado acima, se encontra no Direito Sucessório.

Desse modo, o consentimento deve ser obtido, em primeiro lugar, dos filhos (sendo que se um dos filhos for pré-morto, seus filhos terão que manifestar consentimento como se fosse direito de representação).[9] Somente não havendo filhos é que se bus-

3. Segundo Orlando Gomes, o problema envolve legitimação, e não capacidade (cf. *Contratos*, p. 250).

4. Cf. Maria Helena Diniz, *Tratado Teórico e Prático dos Contratos*, p. 344, referindo-se a decisão inserta à *RT* 193:270.

5. Cf. Pontes de Miranda, in *Tratado de Direito Privado*, v. 39, p. 77. O mesmo autor dá notícia de que, em caso de negativa, havia a possibilidade de suprimento através de uma licença régia.

6. Cf. Álvaro Villaça Azevedo, "Considerações sobre a venda de ascendente para descendente, ante as Súmulas 152 e 494 do STF", pp. 161-162. Cf., também, Pontes de Miranda, ob. cit., pp. 77-78.

7. Observe-se que, segundo destaca a doutrina, o preceito se destaca não somente à venda, mas, também no caso da "permuta desigual (art. 1.164, n. II), da dação em pagamento, da rescisão de compromisso de compra e venda entre ascendente e estranho, para outorga da escritura a um dos descendentes, da cessão de direitos hereditários a um dos filhos, sem anuência dos demais, em suma, em todos os contratos que tenham por fim fraudar as legítimas" (cf. Washington de Barros Monteiro, *Curso de Direito Civil*, p. 90).

8. Cf. *Da Compra e Venda e da Troca*, p. 59.

9. Não assim para Orlando Gomes ("Venda a Filho sem consentimento de netos d'outro filho pré-morto", pp. 126-127), que entendia não serem aplicáveis as regras de direito de representação ao caso do art. 1.132. A representação, segundo ele, é uma

caria o consentimento dos netos e assim por diante, observadas as regras da sucessão.[10]

Cogita a doutrina a respeito da necessidade ou não de consentimento do nascituro. Débora Gozzo[11] assim se manifestou a respeito:

"Descendente Nascituro — não há como negar a necessidade de se nomear um curador especial para o nascituro, que assinta ou não em seu lugar, a fim de resguardar-lhe os direitos no caso de compra e venda entre seu ascendente e um outro descendente. Afinal, se ele pode até ser herdeiro testamentário (CC, art. 1.718), nada mais justo que lhe seja nomeado um curador para esse ato".

Ao lado dessas dúvidas, outras foram surgindo, também alusivas ao significado de "descendente", na dicção legal. Estariam aí incluídos os genros e noras? A resposta pode ser diferente conforme se trate de aquisição pelo(a) genro/nora ou de se obter o consentimento destes no caso de venda a outro dos filhos.

No primeiro caso, há que primeiro indagar qual o regime de bens (se for comunhão universal ou parcial, a venda, na verdade, também estará sendo feita ao descendente,[12] não havendo dúvida quanto à incidência da proibição. Já a venda efetuada a genro/nora casado(a) no regime de separação total de bens a questão gera dúvidas. Há quem entenda que em tais casos se aplicaria a restrição legal, pela existência de provável fraude.[13]

Quando, porém, se tratar de obter consentimento do "descendente", aí não estariam incluídos os genros e noras, pois esse é "...um direito personalíssimo, não se comunica nem mesmo ao cônjuge, sendo também incedível."[14]

O item suscita ainda outras dúvidas. O filho que viesse a ser reconhecido posteriormente à venda (e que, portanto, sobre ela não se manifestou) poderia pleitear a anulação do contrato com base no art. 1.132 do Código Civil Brasileiro? Parece-nos que não. Não se pode exigir o consentimento de alguém que, à época nem se sabia existente. É como leciona Natal Nader:[15] "Quanto ao ilegítimo ainda não reconhecido à época da venda, prescinde-se de seu

ficção admissível apenas no âmbito do Direito Sucessório. Para nós, porém, a restrição à venda para descendentes só pode ser compreendida com os olhos postos no Direito das Sucessões, o que, parece-nos, justificaria a analogia.

10. Neste sentido, veja-se Agostinho Alvim, *Da Compra e Venda e da Troca*, p. 62.

11. *Venda a descendente*, p. 92.

12. Veja-se, a respeito, Agostinho Alvim, *Da Compra e Venda e da Troca*, p. 66.

13. É o entendimento esposado em decisão mencionada por Maria Helena Diniz (*Tratado Teórico e Prático dos Contratos*, p. 407): "Venda de ascendente a descendente. Inteligência da expressão 'descendente'. Venda de ascendente a descendente sem consentimento expresso de todos os descendentes. O termo descendente, contido no art. 132 (sic) do CC, abrange, necessariamente, o genro e a nora, sob pena de fraudar-se o preceito legal proibitivo". Parece-nos, entretanto, que, embora seja razoável presumir a existência de fraude, a situação deve ser analisada caso a caso, não se devendo reputar, sempre e necessariamente, viciado o ato.

14. Cf. trecho do voto do Min. Rafael Mayer, em julgado da 1ª T. do STF, citado à p. 6.492, do *Código Civil nos Tribunais*. Esta opinião é defendida, também, por Natal Nader (*Venda de Ascendente a Descendente*, p. 510): "...a razão está com aqueles que afirmam ser personalíssimo o assentimento exigido pelo art. 1.132, o qual não implica a prática de atos de disposição e nem infringe a vedação dos arts. 235 e 242 do CC. Em conseqüência, a determinação legal estará atendida com o consentimento apenas do descendente casado, dispensada a intervenção de seu cônjuge". No mesmo sentido, veja-se Pontes de Miranda, *Tratado de Direito Privado*, v. 39, p. 84: "Discute-se para o assentimento no caso do Código Civil, art. 1.132, precisa o descendente, que é casado, do assentimento do outro cônjuge. A solução que deu a 2ª T. do Supremo Tribunal Federal, a 1º de junho de 1951 (A.J., 101, 129), foi no sentido negativo. O assentimento do art. 1.132 é personalíssimo. Nada tem com os atos de disposição praticados pelo cônjuge, razão para que não se possa invocar o art. 242, I, do Código Civil".

15. "Venda de ascendente a descendente", pp. 507-508. Esta é a orientação dada por Caio Mário da Silva Pereira (*Instituições de Direito Civil*, v. III, p. 127): "Os naturais não reconhecidos no momento da venda não tem de ser ouvidos, porque somente o ato de reconhecimento tem o efeito de converter uma situação fática em status jurídico".

consentimento, não advindo disso qualquer nulidade. E ainda que, posteriormente, ocorra o seu reconhecimento, tal ato não pode ter efeito retroativo, de modo a comprometer uma venda juridicamente perfeita, consumada quando ele não gozava da condição de filho, em face do direito, e, portanto, não poderia ser chamado a manifestar-se".

Ou, ainda, Adahyl Lourenço Dias:[16] "Julgada procedente a ação declaratória de paternidade ilegítima, movida contra o ascendente, os efeitos da declaração da filiação não comprometem as vendas efetuadas pelo pai investigado aos seus descendentes, antes da declaração. Não tem efeito retroativo de forma a invalidar ou tornar comprometido um ato jurídico consumado anteriormente, pois, dele não poderia constar a anuência de um novo filho reconhecido por ato posterior".

É o que também decidiu o Supremo Tribunal Federal, como se nota de trecho do acórdão relatado pelo Ministro Francisco Rezek:[17] "A evolução da doutrina tendenciando dar ao filho reconhecido ou legitimado as mesmas prerrogativas do legítimo, com leves exceções, veio a favorecer-lhe, inclusive, no uso do cognome paterno, bem assim nivelando aos legítimos a quota hereditária em igualdade de condições. São direitos que provêm de fonte declaratória da paternidade, sem retroagir em ginástica golpeante de rabo-de-arraia, para invalidar situações de direito consolidadas em ocasião em que as prerrogativas nascidas do reconhecimento gravitaram" (RE 103.513-MG, 13.12.85).

Ou, mais adiante, de forma clara e bastante significativa: "a surpresa provinda de um fato novo não pode operar nulidade do contrato encetado de boa-fé, em ocasião em que se desconhecia aquela circunstância" (idem).

16. "Venda a descendente", pp. 219-220.

17. Cf. *Código Civil nos Tribunais*, de Darcy Arruda Miranda Jr., Darcy Arruda Miranda e Alfredo Luiz Kulgelmás, p. 6.494.

2.2 *O consentimento e sua manifestação. Suprimento.*

Deve ser "expresso" o consentimento, segundo o indicado preceptivo.[18] Isto excluiu a hipótese de consentimento "tácito". Mas, o consentimento "expresso" pode ser oral ou escrito. Não se elimina, *a priori*, a possibilidade de o consentimento ser manifestado oralmente.

Outras normas, porém, incidindo sobre a questão terminam por quase afastar a alternativa de assentimento simplesmente oral. Vejamos:

— no atinente a imóveis, como a venda — em regra — deve ser feita por escritura pública (art. 134, II, CCB), e a anuência para o ato, segundo preceitua o art. 132, "provar-se-á do mesmo modo que este", conclui-se que em tal hipótese o consentimento do descendente deve ser manifestado por escrito (e na forma pública);[19]

— no referente a imóveis, é necessário o consentimento por escrito (ou, pelo menos, começo de prova escrita) se o valor envolvido for superior ao décuplo do maior

18. Também se indaga, em doutrina, quanto ao momento válido para a manifestação do consentimento. Carvalho Santos (*Código Civil Brasileiro Interpretado*, v. XVI, p. 115) entende que ele pode ser prestado antes, depois, ou no mesmo ato da venda. Na verdade, a resposta a esta questão depende, ou deve depender, do entendimento que for esposado quanto à nulidade ou anulabilidade da venda efetuada sem a anuência dos demais descendentes. Assim é que, Adahyl Lourenço Dias (*Venda a Descendente*, p. 231), entendendo ser causa de nulidade, defende, coerentemente, que não pode haver consentimento posterior (o ato, para valer, segundo defende ele, teria de ser novamente praticado).

19. No mesmo sentido, entendendo ser exigível escritura pública, vide Sílvio Rodrigues, *Direito Civil*, p. 155. Já o professor Álvaro Villaça ("Considerações sobre a venda de ascendente para descendente, ante as Súmulas 152 e 494 do STF", pp. 167-168) expressa opinião diversa, afirmando não haver "...necessidade de que seja público esse documento, mesmo que a venda, em pauta, seja de um bem imóvel, dado que anuência não é requisito de validade do ato, podendo não só ser suprida, mas também ser dada paralelamente, ou ser objeto de ratificação, *a posteriori*...".

salário mínimo vigente no país (cf. art. 401, CPC).

É de se indagar, ainda em termos de consentimento, qual a solução para os casos em que este é negado. É possível obter-se suprimento judicial?[20]

Washington de Barros Monteiro[21] manifesta-se pela negativa: "Se um dos herdeiros recusa seu assentimento, não pode o juiz supri-lo, a pedido dos demais interessados, porque a lei não lhe confere tal direito".

Não é desarrazoada, todavia, a interpretação de Sílvio Rodrigues[22] no sentido de que, embora a lei não fale expressamente, seria de se admitir o suprimento através de analogia, "...pois o interesse social da circulação da riqueza prevalece sobre o individual do descendente recusante, cada vez que o móvel deste último não seja legítimo".

Álvaro Villaça Azevedo,[23] discorrendo sobre o assunto, no mesmo sentido, defende ser adequado procedimento de justificação judicial prévia para esses casos. Há vários julgados em abono dessa posição.[24]

2.3 *A venda de descendente a ascendente*

Outro ponto que diverge a respeito da exegese do art. 1.132 diz respeito à aplicabilidade ou não da restrição, na hipótese inversa, ou seja, de o descendente vender ao ascendente.

Pela afirmativa se pronunciou Agostinho Alvim,[25] defendendo o uso da analogia por estar presente a mesma *ratio* (uma vez que "o direito dos ascendentes à legítima é igual ao direito dos descendentes"). A lei não teria mencionado expressamente a hipótese, segundo o mesmo autor, por ser a mesma de rara configuração.

Partilhando da mesma opinião, também se manifesta Álvaro Villaça Azevedo[26] "Elucida-nos, a respeito, Rubens Limongi França (*Manual de Direito Civil*, Ed. RT, São Paulo, 1969, 4º v., t. II, p. 81), escudado em Agostinho Alvim, que a proibição é extensiva a todos os herdeiros necessários, havendo, pois, obrigatoriedade de anuência dos demais. Assim, realizando-se a venda por descendente a ascendente, necessário é que o outro ascendente concorde com ela, o que resulta, ainda, da combinação dos artigos 1.603 e 1.721 do nosso Código Civil".

De nossa parte, cremos que o dispositivo não deve ser interpretado de modo a compreender a hipótese da venda de descendente a ascendente. Isso porque, sendo o art. 1.132 norma restritiva de direitos, sua exegese deve ser estrita.[27]

20. Observe-se que, no caso, trata-se de suprimento do consentimento (que o outro descendente haja se recusado a dar) e não de suprimento de vontade, no caso de o descendente ser incapaz (hipótese esta que encontraria expressa previsão em lei — art. 387, CCB).

21. Cf. *Curso de Direito Civil*, p. 88. No mesmo sentido, veja-se Sebastião de Souza (*Da Compra e Venda*, p. 87): "O consentimento deve ser expresso e deve ser de todos os demais descendentes. Não autorizou o legislador que se suprisse esse consentimento no caso de recusa, não deixou margem para que o ato fôsse praticado validamente sem a existência legal". Igualmente, Édis Milaré (*Da Venda a Descendente*, p. 29): "Modestamente, alinhamo-nos ao lado daqueles que inadmitem o suprimento, por isso que a permissão constitui prerrogativa personalíssima do descendente, que a prática do ato não pode ser coagido pelo Poder Judiciário".

22. Cf. *Direito Civil*, p. 157. Também Orlando Gomes ("Venda a filho sem consentimento de netos d'outro filho pré-morto", p. 128) defendia a possibilidade de suprimento, "...pelo juiz, a requerimento do ascendente, em dois casos: 1º) quando é negado sem motivo justo; 2º) quando sua obtenção é impossível".

23. Cf. "Considerações sobre a venda de ascendente para descendente, ante as Súmulas 152 e 494 do STF", pp. 168-169.

24. Como indica Maria Helena Diniz (*Tratado Teórico e Prático dos Contratos*, p. 407): "*RT* 520:259 — É possível o suprimento judicial do consentimento do descendente ou de seu cônjuge para a alienação de bens do ascendente a um dos descendentes, desde que a recusa seja imotivada, uma vez provada a seriedade do negócio e a idoneidade das partes" e, ainda, à p. 408, julgado inserto à *RT* 606/166.

25. Cf. *Da Compra e Venda e da Troca*, p. 60.

26. Cf. Álvaro Villaça Azevedo, "Considerações sobre a venda de ascendente para descendente, ante as Súmulas 152 e 494 do STF", p. 162.

27. Como dizia Carlos Maximiliano (*Hermenêutica e Aplicação do Direito*, p. 227): "As disposições excepcionais são estabelecidas por motivos ou considerações particulares, contra outras normas jurídicas, ou contra o Direito comum; por isso não

2.4 Aspectos de Direito Comercial

O Código Comercial não dedica dispositivo algum à venda de ascendente a descendente, sendo a matéria normalmente tratada no âmbito do Direito Civil. Isto não significa, porém, que seja totalmente estranha ao Direito Comercial.

Antes de mais nada, porque o art. 121, do Código Comercial, determina a aplicação das normas de direito civil aos contratos comerciais, "com as modificações e restrições" nele estabelecidas.[28] Isto, no mínimo, nos levaria a cogitar sobre a possibilidade de aplicação do dispositivo da lei civil em contrato de venda mercantil.

Ademais, há doutrina sustentando que a vedação do art. 1.132 deve ser compreendida em sentido amplo, o que envolveria outras formas de alienação e poderia envolver negócios no âmbito societário. É como se vê em Adahyl Lourenço Dias:[29] "Na proibição se incluem as cessões de direito hereditário, móveis ou maquinarias quando formam um conjunto de fundo de indústria, fundo de comércio, compra e venda mercantil entre firmas do ascendente e do descendente, em negócios contínuos; venda de quota social, venda do ascendente à sociedade de que o descendente faça parte...".

Especificamente quanto a negócios no âmbito societário, nossos tribunais, várias vezes, tiveram oportunidade de se manifestar, ora dando pela nulidade, ora entendendo regular o ato: "A nulidade imposta pelo art. 1.132 do CC, às vendas celebradas por ascendentes a alguns descendentes, seus herdeiros potenciais, sem anuência dos demais, é extensiva à cessão de cotas do capital de sociedade comercial, ainda que os compradores dela já sejam sócios" (ac. un., STF, j. 27.4.73, RE 76.054-MG, rel. Min. Aliomar Baleeiro, *RT* 474/221).[30]

"Comercial e Civil. Sociedade de responsabilidade limitada. Transferência de quotas entre sócios (ascendente a descendente). Aumento do capital. Simulação (inexistência). I — Não se aplica a *ratio legis* do art. 1.132 do Estatuto Civil às transferências de quotas de capital de sociedade limitada, quando esta constituída por pais e filhos, essas ações foram adquiridas por sócio dirigente em razão do aumento do capital social. Trata-se de hipótese de natureza comercial, por isso que escapa ao exame da teleologia do dispositivo civil referido. Pela especificidade da norma de Direito Comercial, das particularidades do tipo societário regulado (que se aproxima das sociedades por ações de capital fechado), de características das sociedades de pessoas ou contratuais, onde o valor da *affectio societatis* tem preponderância, uma vez que *intuitu personae*, deve-se aplicar o disposto no artigo 291, do Código Comercial" (3ª T., REsp 0032246-SP, j. 11.5.93, rel. Min. Waldemar Zveiter, por maioria não conheceram, in *DJ* 31.5.93, p. 10.662).[31]

E, no sentido da inaplicabilidade, parece bastante ponderável o argumento encontrado em trecho de acórdão do Tribunal de Justiça do Ceará: "nada impede, porém, que, perante a lei comercial, se orga-

se estendem além dos casos e tempos que designam e expressam". Sílvio Rodrigues (*Direito Civil*, p. 154) também é da opinião de que o art. 1.132 não abrange a hipótese de venda de descendente a ascendente.

28. Sobre a disciplina legal dúplice a que estão sujeitos os contratos mercantis, por força de expressa remissão do Código Comercial, veja-se Waldirio Bulgarelli, *Contratos Mercantis*, pp. 37-41.

29. *Compra e Venda de Ascendente a Descendente*, p. 411.

30. O Tribunal de Justiça de São Paulo, igualmente, registra julgado, relatado pelo Des. Roberto Stucchi, dando pela nulidade de promessa de cessão de quotas: "Compra e venda - Venda de ascendente a descendente - Promessa de cessão e transferência de cotas societárias - Negócio realizado sem a anuência dos demais herdeiros - Inadmissibilidade - Fraude à lei caracterizada - Ato nulo - Desnecessidade de prova de simulação - Aplicação do art. 1.132 do C.C." (Ap. 123.142-2, 15ª C., j. 20.4.88, *RT* 631/116).

31. A mesma 3ª T. do STJ, em outra oportunidade (j. 16.05.95, maioria de votos), sendo relator o Min. Nílson Naves, decidiu que o art. 1.132 "aplica-se a situações jurídicas assemelhadas a esse contrato (ou seja, compra e venda), tal como a transferência de quotas" (publicado no *DJ* de 25.9.95, p. 31.102).

nizem sociedades mercantis em que haja a participação de ascendentes e descendentes (v. Egberto Lacerda Teixeira, in *Sociedade por Cotas*, p. 47; Cunha Gonçalves, in *Tratado de Direito Civil*, t. II, p. 640).

"Assim constituídas, é lógico que as relações comerciais entre seus sócios hão de amoldar-se, ou ajustar-se, às exigências do art. 334 do CC, mas sem nenhuma vinculação com o art. 1.132 do CC, pois que, sem liberdade de ação nas relações econômicas dos sócios, por imposição de preceito contido na norma civil (art. 1.132), a sociedade, indubitavelmente, teria desvirtuado o seu principal objetivo, que é a conjugação de pessoas e capital na obtenção de fins lucrativos"[32] (EI à Ap. cív. 11.596, Câm. Cív. Reun., m.v., j. 22.11.77, rel. Des. Francisco N. Sales).

De nossa parte, entendemos que, no âmbito das relações comerciais, é especialmente prejudicial a aplicação rigorosa do art. 1.132. É certo que sob disfarce, por exemplo, de uma cessão de quotas, é possível que se esconda uma doação, mas isto não pode fulminar de nulidade — *a priori* — toda e qualquer operação comercial entre ascendente e descendente, que envolva transferência patrimonial, quando não tiver havido o consentimento dos demais descendentes. A própria velocidade exigida nos negócios comerciais pode tornar inviável a obtenção do prévio consentimento.

3. A violação do artigo 1.132 (à luz das súmulas 152 e 494)

3.1 Ato nulo ou anulável

Estabelecida a vedação, cabe indagar qual a conseqüência da inobservância do determinado na lei. Ou, em outras palavras, que vício atinge a venda efetuada ao arrepio do art. 1.132, do Código Civil Brasileiro? Tratar-se-ia de qual modalidade de invalidade do ato jurídico? Inexistência, nulidade absoluta ou nulidade relativa?

32. Cf. *Código Civil nos Tribunais*, p. 6.506.

A inexistência, categoria controvertida em Direito, implicaria na ausência de um dos elementos essenciais integrantes do próprio conceito de ato.[33] No caso, não fica descaracterizada a venda e compra. É certo, portanto, que de inexistência não se trata.

Quanto a tratar-se de nulidade (absoluta) ou anulabilidade (ou nulidade relativa) a questão é bem mais complexa. Esclarece Maria Helena Diniz:[34] "Com a declaração da nulidade absoluta do negócio jurídico, este não produz qualquer efeito por ofender, gravemente, princípios de ordem pública".

Enquanto que, "... a anulabilidade se prende a uma desconformidade que a norma considera menos grave, uma vez que o negócio anulável viola preceito concernente a interesses meramente individuais...".

Por outro lado, lembra Arnold Wald,[35] que: "se as nulidades defendem preceitos de ordem pública, no caso das anulabilidades resguardam-se interesses privados da parte prejudicada, que pode pedir a anulação do ato praticado em que não houve expressão correta de sua vontade consciente, mediante ação anulatória".

Disso se poderia entender que a venda em violação ao art. 1.132, envolvendo interesses eminentemente privados, geraria apenas anulabilidade. É essa a opinião que foi defendida por Miguel Maria de Serpa Lopes:[36] "Depois de termos sustentado a tese da nulidade da alienação feita pelo ascendente ao descendente, uma demorada meditação levou-nos a aderir à tese oposta. Como já fizemos notar, o art. 1.132 do Código Civil dá lugar a sérias dúvidas, por isso que construiu uma espécie com elementos que tanto são próprios à nulidade absoluta como à relativa. Assim, há uma situação epicena. Dois pontos, porém, são incontestavelmente favoráveis à anulabilidade: a) o princípio

33. Cf. Rubens Limongi França, *Manual de Direito Civil*, v. 1, p. 311.
34. Cf. *Curso de Direito Civil Brasileiro*, p. 270.
35. Cf. *Curso de Direito Civil Brasileiro*, p. 192.
36. Cf. *Curso de Direito Civil*, p. 318.

de ser suscetível de ratificação a preterição do consentimento dos descendentes; b) ser um princípio de anulabilidade só argüível pelo próprio interessado. Ora, é precisamente o elemento individador da anulabilidade por força do qual ela se distingue da nulidade consiste em ser a primeira forma restrita a uma determinada pessoa, quanto à legitimidade para argüi-la, o que é perfeitamente explicável, principalmente em função de sua finalidade, a da proteção individual, quer se trate de um incapaz relativo, quer da vítima de um vício de consentimento".

Foi justamente essa a opinião que primeiro prevaleceu na jurisprudência, a ponto de ter sido editada Súmula do Supremo Tribunal Federal, de número 152: "A ação para anular a venda de ascendente a descendente, sem o consentimento dos demais, prescreve em quatro anos, a contar da abertura da sucessão".

Posteriormente, houve uma reviravolta no entendimento da nossa mais alta Corte de Justiça, ficando revogada a Súmula 152, substituída pela Súmula 494: "A ação para anular a venda de ascendente para descendente, sem o consentimento dos demais, prescreve em vinte anos, contados da data do contrato".

As razões que motivaram a conclusão apontada pela Súmula foram muito bem sintetizadas por Sílvio Rodrigues:[37] "I — A venda direta de ascendente a descendente, sem anuência dos outros descendentes, é negócio infringente do dispositivo cogente do art. 1.132 do Código Civil, e como tal está eivado de nulidade absoluta. II — A venda de ascendente a descendente através de interposta pessoa é negócio praticado em fraude à lei e por conseguinte nulo, pois o ordenamento jurídico não pode consentir que se consiga, por via indireta, aquilo que ele expressamente veda pela via direta.[38] III — O prazo de prescrição — segundo a Súmula é de vinte anos (o máximo do art. 177 do CC) e se inicia a partir da conclusão do negócio malsinado."

A existência de tal súmula, porém, não encerra a polêmica. Nesse sentido, é de se conferir a opinião de Álvaro Villaça Azevedo, que, discordando do entendimento manifestado na Súmula 494, do STF, defende que a prova da *realidade* da venda (ou seja, a perfeita e concreta efetivação de seus elementos constitutivos — *res, pretium* e *consensus*), com pagamento de justo preço, seria suficiente para afastar o vício de *anulabilidade* pela eventual inobservância do prescrito no art. 1.132. E se, mesmo assim, se entender deva o contrato ser desfeito, a mesma prova da *realidade* da venda deverá implicar na efetiva recondução das partes ao *statu quo ante* (ou seja, o comprador deverá receber de volta o preço com todos os acréscimos, inclusive benfeitorias e melhorias em geral).[39-40]

37. *Direito Civil*, p. 163.

38. Há registro, porém, de decisão do próprio Supremo Tribunal Federal, no caso de envolvimento de terceiro, admitindo prova de que a venda foi real: "A venda de ascendente a descendente sem o consentimento dos demais é nula, quer seja feita direta ou indiretamente (art. 1.132 do CC). Não discrepa dessa orientação jurisprudencial acórdão que, em base das provas dos autos e circunstâncias do processo, tem como inocorrente a *fraus legis*, porque real a alienação feita a uma pessoa jurídica integrada pelo ascendente e descendente e legítima a retirada do ascendente a sociedade, pago e satisfeito dos seus haveres" (RE 92.070-6-SP, 2ª T., v.u., j. 16.10.81, *RT* 559/244).

39. É o que se pode depreender de parecer por ele publicado na coletânea de Direito Privado 2: casos e pareceres, às pp. 137 a 151. Confira-se, também, a opinião de Orlando Gomes que, a despeito da Súmula 494, lecionava que o ato é anulável, no prazo prescricional de quatro anos (in "Venda a filho sem consentimento de netos d'outro filho pré-morto", p. 131). Também pela anulabilidade, Édis Milaré (*Da Venda a Descendente*, p. 31).

40. Na jurisprudência, iremos encontrar tanto decisões como a da 1ª Câm. do TJSP ("Compra e Venda - Venda de ascendente a descendente - Nulidade - Falta de consentimento dos outros descendentes - Inteligência do art. 1.132 do C.C. A venda de ascendente a descendente, sem o consentimento de todos os descendentes é nula de pleno direito. Não se trata de negócio jurídico anulável" (Ap. 219.932-1/9, j. 7.2.95, rel. Des. Guimarães e Souza, *RT* 715/134) como esta outra 9ª C. do mesmo tribunal: "Compra e Venda - Venda de ascendente a descendente - Falta de consentimento dos demais descendentes - Nulidade inexistente - Hipótese em que o pai estava individado - Negócio normal, nada havendo de si-

Observe-se, por oportuno, que a ação (declaratória de nulidade, conforme jurisprudência dominante) terá como autor o descendente que não assentiu na venda (se forem mais de um, ter-se-á um litisconsórcio ativo facultativo uniforme entre eles).[41] E, no lado passivo, ocorrerá litisconsórcio necessário passivo entre o vendedor e o descendente que adquiriu o bem.[42]

3.2 *Prescrição: o prazo e seu início*

Ambas a súmulas (152 e 494) apresentavam uma solução para as dúvidas quanto ao prazo prescricional da ação visando à anulação da venda feita em desacordo do art. 1.132. No primeiro caso, o prazo era de 4 anos, mas se contava da data do falecimento do ascendente vendedor.

A razão básica para a postergação do termo inicial era o fato de que o objetivo da regra era o de igualar os quinhões hereditários (que, efetivamente, só iriam existir após a morte do ascendente).[43] Tal posicionamento, embora partisse de uma constatação realista, chocava-se com uma das regras em matéria de prescrição (o princípio da *actio nata*).[44]

Como já foi falado, o entendimento dominante quanto ao termo inicial do prazo prescricional também foi objeto de mudança de orientação do Excelso Pretório, ao revogar a Súmula 152 e editar a de n. 494. De fato, ao mesmo tempo em que se concluiu pela nulidade absoluta do ato viciado pela não manifestação de concordância dos demais descendentes, entendeu-se que o prazo prescricional era o comum de 20 anos, tendo como seu termo inicial a data da prática do ato violador do art. 1.132, do Código Civil Brasileiro.

4. *O Superior Tribunal de Justiça e a venda a descendente*

Como se sabe, a partir da inovação introduzida pela Constituição Federal de 1988, a unificação da interpretação da legislação ordinária, desde que não envolva aspecto constitucional, passou a ficar a cargo do Superior Tribunal de Justiça, e não mais do Supremo Tribunal Federal.

Desse modo, caberá ao Superior Tribunal de Justiça manter ou modificar a interpretação consagrada na Súmula STF n. 494, eventualmente editando nova Súmula. Mas, até agora, não cremos que o Superior

mulado quanto ao preço e eventuais favorecimentos ao comprador." (Ap. 191.544-1/6, 8ª C., j. 25.8.93, rel. Des. José Osório, *RT* 701/68).

41. Cf. Débora Gozzo, *Venda a Descendente*, p. 98.

42. Idem, pp. 99-100.

43. Álvaro Villaça Azevedo ("Considerações sobre a venda de ascendente para descendente, ante as Súmulas 152 e 494 do STF", especialmente pp. 170-172) manifesta-se nesse sentido. Outras considerações — de ordem prática — são levantadas pelos autores, não sendo difícil, aliás, imaginar os problemas (e eventuais retaliações por parte do ascendente) que a propositura da ação ainda em vida do ascendente podem gerar.

44. Agostinho Alvim (*Da Compra e Venda e da Troca*, pp. 72-73), em época anterior às Súmulas 152 e 494, do STF, fazia a esse respeito interessantes colocações: "Sem embargo de reconhecermos que a opinião dominante é a que só admite a ação após a morte do ascendente, nós pensamos que o interêsse de agir nasce, para os descendentes, no momento da infração da lei, e desde êsse instante lhes nasce, também, a ação para anular o ato. (...)

"O prazo da prescrição, segundo julgamos, é o de quatro anos, a contar do ato; e se entendermos que a ação só pode ser proposta após a morte do ascendente, ficaria o descendente, conforme o caso, obrigado a interromper a prescrição várias vêzes.

"É verdade que se tem procurado sustentar que o início do prazo prescricional é a partir da morte do ascendente. Mas a lei não diz isto. (...)

"Além do mais, abrangendo a proibição os bens móveis, e podendo êstes ser de grande valor, como jóias, ações de companhias, etc., que utilidade apresentaria para o descendente uma ação remota, quanto é certo que tais bens podem passar com facilidade, de mão para mão?

"A ação é um remédio; e o remédio deve ser ministrado quando ainda há possibilidade de curar.

"É por essa razão que, determinando a lei que a prescrição não ocorre contra os cônjuges ou entre ascendentes e descendentes, durante o pátrio poder, não vai ao ponto de proibir a ação.

"Se o titular do direito quiser esperar, a fluência do tempo não o tolherá de agir posteriormente, visto haver uma causa impeditiva do curso da prescrição (Código Civil, art. 168, I e II)."

Tribunal de Justiça haja realmente firmado uma orientação sobre o art. 1.132.

De um lado, encontramos decisões que estão em conformidade com a aludida Súmula 494: "A venda de ascendente a descendente, sem o consentimento expresso dos demais descendentes, é nula e prescreve em vinte anos a ação para declarar essa nulidade" (3ª T., REsp 10.038-MS, rel. Min. Dias Trindade, j. 21.5.91, *RSTJ* 26/510).

"Recurso Especial. Prescrição. Venda de ascendente a descendente. Nulidade. Precedente da corte. 1. O Recurso Especial não se presta para reexaminar fatos e provas (Súmula 007/STJ), mormente quando não indicado qualquer dispositivo de lei federal que tenha sido contrariado. 2. Prescreve em vinte anos a ação para anular venda de ascendente para descendente sem o consentimento dos demais (Súmula n. 494/STF). Recurso Especial não conhecido" (3ª T., REsp 0050828-MG, rel. Min. Carlos Alberto Menezes Direito, v.u., j. 3.9.96, *DJ* 14.10.96, p. 39.001).

De outra parte, pudemos localizar o seguinte julgado: "Direito Civil. Venda a descendente sem o consentimento dos demais. Código Civil, art. 1.132. Divergência doutrinário-jurisprudencial. Correntes. Anulabilidade do ato. — Sem embargo das respeitabilíssimas opiniões em contrário, na exege do art. 1.132 do Código Civil, tem-se por anulável o ato da venda de bem a descendente sem o consentimento dos demais, uma vez: a) que a declaração de invalidade depende da iniciativa dos interessados; b) porque viável a sua confirmação; c) porque não se invalidará o ato se provado que justo e real o preço pago pelo descendente" (4ª T., REsp 977-0-PB, rel. originário Min. Bueno de Souza, rel. para acórdão Min. Sálvio de Figueiredo, j. 29.11.94, maioria de votos, *RSTJ* 75/171).

Parece ser possível identificar uma tendência de maior flexibilidade na aplicação do art. 1.132 quando se trata de alienação por interposta pessoa: "*Civil. Venda a descendente. Interposição de pessoa. Prova de simulação*. Há que traçar uma distinção entre a venda direta e a feita por interposta pessoa, exigindo-se nessa última hipótese, a prova de simulação. Aplicam-se conjugadamente os arts. 1.132 e 102 do Código Civil. Se o acórdão, com base em circunstâncias apanháveis no domínio dos fatos, concluiu pela perfectibilidade da alienação, não vislumbrando simulação, e o recurso especial esbarra na Súmula 07/STJ. Recurso não conhecido" (3ª T., 59.479-0-RS, rel. Min. Costa Leite, v.u., j. 12.6.95, *RSTJ* 74/423). No mesmo sentido, e com o mesmo relator, veja-se *RSTJ* 75/434.

"Civil. Venda a descendente. Interposta pessoa. Prova da simulação. Não há impedimento a que, alienado bem a terceiro, venha o mesmo bem a ser adquirido por descendente do alienante, mais de sete anos após, sem prova de que o negócio fora simulado. Em casos que tais não incide o art. 1.132, senão em conjugação com o art. 102 do Código Civil" (3ª T., REsp 0019883-SC, rel. Min. Dias Trindade, v.u., j. 7.4.92, *DJU* 18.5.92, p. 6.983).

"Venda de ascendente para descendente. Prescrição. A alienação de bem de ascendente para descendente, sem o consentimento dos demais, através de interposta pessoa, prescreve em quatro anos a contar da abertura da sucessão do vendedor. Art. 178, § 1º, V, *b*, do CC. Recurso conhecido e provido" (4ª T., REsp 0086489-ES, rel. Min. Ruy Rosado de Aguiar, v.u., j. 24.6.96, *DJU* 26.8.96, p. 29.693).

5. Legislação comparada: Códigos português, argentino e chileno

Como já vimos, acima, a restrição existente em nosso direito tem origem na antiga legislação portuguesa (as ordenações). Mesmo atualmente, o Código Civil Português ainda contempla a proibição, nos termos expressos abaixo: "877º - 1. Os pais e avós não podem vender a filhos ou netos, se os outros filhos ou netos não consentirem na venda; o consentimento dos descendentes, quando não possa ser prestado ou seja recusado, é susceptível de suprimento judicial. 2. A venda feita com quebra do que preceitua o número anterior é anulável; a anulação pode ser pedida pelos filhos ou netos que não deram o seu consentimento, dentro do prazo de um ano a contar do conhecimento da celebração do contrato, ou do termo de incapacidade, se forem incapazes. 3. A proibição não abrange a dação em cumprimento feita pelo ascendente".

Semelhante à regra do Código português, além do brasileiro, encontramos as disposições dos códigos argentino e chileno, respectivamente: "Art. 1359 - Los tutores, curadores y los padres no pueden, bajo ninguna forma, vender bienes suyo a los que están bajo su guarda a patria potcstad".

"Art. 1796 - Es nulo el contrato de compraventa entre cónyuges no divorciados perpetuamente, y el padre o madre y el hijo de familia".

Percebe-se, desde logo, que o dispositivo luso é mais detalhado, facilitando a aplicação da norma. Assim, por exemplo, a questão da violação do dispositivo gerar anulabilidade[45] (e o prazo durante o qual pode ser argüida). Os correspondentes preceitos argentino e chileno, bem mais resumidos, não têm a mesma clareza, no particular. Ademais, são mais rigorosos, ao proibir taxativamente a venda (independente de haver ou não consentimento dos demais descendentes).

É bem de se observar, entretanto, que os modelos argentino e chileno levam vantagem sobre o tipo luso-brasileiro no que concerne ao âmbito de incidência (argentino e chileno) só proíbem venda de pai (mãe) para filho (ou seja, os ascendentes e demais descendentes estão excluídos). O âmbito do argentino é ainda menor se considerarmos que o dispositivo limita aos sujeitos a guarda e o pátrio poder.

6. *Projeto de Código Civil 634-B*

No Projeto de Código Civil a matéria vem regulada no art. 496, nos seguintes termos:

"Art. 496 - É anulável a venda de ascendente a descendente, salvo se os outros descendentes e o cônjuge do alienante expressamente houverem consentido. Parágrafo único - Em ambos os casos, dispensa-se o consentimento do cônjuge se o regime de bens for o da separação obrigatória".

Parece que o Projeto acerta quando (ao contrário da Súmula 494, hoje vigente) fala em anulabilidade, pois, o interesse em jogo é puramente privado. Isto já pode ser considerado um avanço. Somos, todavia, da opinião de que se o legislador optou por manter vedação, deveria mencionar expressamente o prazo de prescrição, qual seu termo inicial e, enfim, apresentar-se mais minucioso, pondo fim às controvérsias que certamente ocorrerão após a entrada em vigor da nova lei civil. Isso, é claro, levando em conta a opção tomada no sentido de manter-se a proibição da venda de ascendente a descendente, sem o consentimento dos demais. Se a opção escolhida foi ou não a melhor, será objeto de exame logo adiante.

7. *Temas afins: doação e troca*

7.1 A doação de ascendente para descendente (art. 1.171)

Igualmente visando à proteção da igualdade dos quinhões hereditários, o legislador civil impôs, também, regramento especial para a doação feita de ascendente para descendente: "Art. 1.171 - A doação dos pais aos filhos importa adiantamento da legítima".

Este dispositivo deve ser lido juntamente com o art. 1.786, segundo o qual os descendentes são obrigados — ao concor-

45. Fica esta questão bem clara, sendo taxativos os comentadores Abílio Neto e Hernandes Martins (*Código Civil Anotado*, p. 435) quando asseveram: "Advirta-se, contudo, que o regime actual é de anulabilidade, e que o pedido de anulação está sujeito a prazo de caducidade (cf. n. 2 deste art. 877º)".

rerem a sucessão de ascendente comum — a conferir as doações que anteriormente tiverem recebido daquele ascendente (ou seja, levar à colação — art. 1.785). No caso da doação, todavia, a lei fala em pais e filhos, e não "ascendentes" e "descendentes", traduzindo a idéia mais restritiva. Saliente-se, ainda, que é possível ao pai, inobstante a determinação legal, desigualar os quinhões através de doações. Vejamos o que dizia o emérito Agostinho Alvim:[46] "Assim não será, porém, se o doador determinar que a doação saia de sua metade, ou se houver dispensado a colação, o que poderá ser dito no próprio título de liberalidade, ou em testamento (Cód. Civ., arts. 1.788 e 1.789). Quando esta for a hipótese, a colação, não obstante, terá que ser feita, a fim de verificar se a liberalidade não foi modesta".

Impende observar, ainda, que, segundo Orlando Gomes,[47] as doações remuneratórias não estão sujeitas às regras do art. 1.171.

7.2 *A troca entre ascendente e descendente (art. 1.164)*

A permuta ou troca, como já se disse, são duas vendas. Só por conta disso já seria justificável a aplicação das normas restritivas de venda entre ascendentes e descendentes. Entretanto, nem precisamos chegar a tais interpretações, uma vez que existe dispositivo específico relativo à troca: "Art. 1.164 - Aplicam-se à troca as disposições referentes à compra e venda, com as seguintes modificações: I - (...) II - é nula[48] a troca de valores desiguais entre ascendentes e descendentes, sem consentimento expresso dos outros descendentes".

Como diz o artigo, a nulidade só existe se houver desigualdade entre os valores dos bens permutados, sendo que, como ensina Washington de Barros Monteiro[49] "...a presunção que se impõe é de igualdade, até prova em contrário".

8. *A posição do terceiro de boa-fé*

A boa-fé, como proclama a doutrina, sempre há de merecer proteção especial no Direito. É o que se pode extrair desse significativo texto de Alvino Lima:[50] "O princípio da boa-fé é o caminho pelo qual a moral penetra no direito; sua influência no disciplinar e resolver os conflitos de interêsses é quase sempre decisiva, no sentido de proteger os que agem lealmente, com probidade, ou na ignorância excusável das situações antijurídicas; em sentido contrário, a lei repele as pretensões dos que agem de má-fé, impondo-lhes penalidades, restringindo-lhes as faculdades e podêres, ou proclamando a nulidade, a anulação ou a eficácia dos seus atos jurídicos.

"O princípio da boa-fé, constitui, pois, a regra fundamental das relações humanas, quer na constituição das obrigações, como na sua execução; quer na confecção dos atos jurídicos, como, de um modo geral, em quaisquer atos que possam atingir interêsses de terceiros."

Assim deve ser considerado, também, na questão da venda de ascendente a descendente (em violação ao art. 1.132) quando este último tiver alienado o bem a terceiro de boa-fé. A questão, segundo nos parece, é bastante semelhante à da anulação de doação inoficiosa, em que tenha havido alienação a terceiro de boa-fé, sobre a qual assim se manifestava Agostinho Alvim:[51] "Os terceiros ignoram, em regra,

46. Cf. *Da Doação*, p. 105.

47. Cf. "Doação remuneratória de ascendente a descendente. Validade", pp. 411-420.

48. Embora nossa opinião seja francamente favorável ao entendimento de que a violação ao preceito contido no art. 1.132 gera apenas anulabilidade, não podemos deixar de mencionar que a dicção do art. 1.164, II é forte argumento em favor da tese da nulidade absoluta (não haveria razão para a venda para descendente só gerar anulabilidade e a troca gerar nulidade absoluta).

49. Cf. *Curso de Direito Civil*, p. 115.

50. Cf. *A Fraude no Direito Civil*, pp. 10-11.

51. *Da Doação*, p. 188.

o que se passa, de sorte que não podem ser atingidos.

"Diversa é a hipótese de nulidade por vício de forma, de cláusula resolutiva expressa, de não-cumprimento do encargo e de defeitos que se entendem com a filiação do título.

"Mas no caso de que tratamos, não assiste aos terceiros a obrigação de indagar se o donatário, tendo recebido o que recebeu, prejudicou a legítima de seus irmãos. Nem teriam meios de inventariar os bens do doador.

"Todavia, serão atingidos, se houver de sua parte conluio fraudulento com o donatário alienante, ou se houver simulação.

"Do mesmo modo, se a nulidade estiver patente no instrumento de doação, onde conste o excesso proibido.

"Nesse caso, o adquirente não poderia alegar ignorância do fato; e a ignorância do direito não lhe aproveitaria."

Igualmente, no caso de venda em violação ao art. 1.132, muitas vezes o terceiro adquirente não tem condições de verificar se aquele que lhe efetua a venda adquirira o bem de seu próprio pai e — mais ainda — que ele tem irmãos. É claro que, do mesmo modo, se houver conluio, simulação ou mesmo se o vício for dessumível do próprio título o terceiro não poderá alegar boa-fé. Mas, estando ele de boa-fé, deverá ter a proteção do Direito.

De se lembrar, ainda, que a restrição ao art. 1.132 atinge, também, como foi visto acima, a venda de bens móveis. Ora, nesse caso, dada a velocidade e informalidade com que tais transações ocorrem, é ainda mais difícil a verificação de eventual violação à regra em tela.

Verificando a jurisprudência, entretanto, encontramos acórdão no qual se reconhece "presumível" a boa-fé dos terceiros adquirentes de um imóvel (adquirido pelo vendedor com violação ao art. 1.132). Entretanto, segundo se decidiu: "Vigendo, lamentavelmente, no Direito brasileiro a presunção *juris tantum* da validade dos registros públicos, o vício existente no negócio que o ensejou importa na afetação do registro daí defluente. E atinge toda a corrente subseqüente abarcando terceiros, presumivelmente de boa-fé".[52]

No nosso modo de ver, entretanto, o fato de o registro consagrar presunção relativa não é empecilho para se proteger a boa-fé do terceiro adquirente. Na lição sempre valiosa de Orlando Gomes (em estudo que, embora não verse sobre venda a descendente, parece justificar a opinião que ora esposamos):[53] "...na conformidade do preceituado no art. 859 do Código Civil, presume-se pertencer o direito real à pessoa cujo nome se inscreveu ou transcreveu. Sabe-se que essa presunção é *juris tantum*, mas, nem por isso, sem virtudes para ser o suporte da aquisição irreversível. O que se exige para tanto é que o adquirente seja terceiro de boa-fé, isto é, que ignore a 'desconformidade entre a situação registral e a situação real'. Facilita a apuração da boa-fé a determinação da lei dos registros que prescreve ao oficial a obrigação de certificar qualquer alteração no registro ao fornecer ao interessado a certidão acautelatória (Lei n. 6.015, art. 21). Desse modo, há de se ter como terceiro de boa-fé quem quer que adquira um bem imóvel confiando nos assentamentos do seu registro, tendo observado o comportamento cautelar de verificar o encadeamento dominial ou cadeia sucessória de suas transferências. Pois bem

52. Cf. *Código Civil nos Tribunais*, p. 6.552 (acórdão do TJRGS). Na verdade, a explicação parece estar em outro trecho do acórdão, onde se diz: "...o adquirente deve acautelar-se no sentido de perquirir a boa origem do imóvel. Dois dados eram alcançados na matrícula. O primeiro, pela coincidência do patronímico entre vendedor e comprador, na primitiva alienação, e que foi abarcada pela decretação de nulidade; o outro porque, havendo a instituição de um usufruto, dava margem a 'suspeitas'". O adquirente não foi, na verdade, considerado de boa-fé porque agiu com incúria.

53. In *Eficácia do registro imobiliário e aquisição de boa-fé*, pp. 306-307.

o terceiro adquirente de boa-fé é protegido se o título aquisitivo é, em si mesmo, regular, se ignora a existência de vício impediente e se o bem está tranqüilamente na posse do alienante, em razão de precedente relação com o sujeito de quem o houve, em virtude do qual foi investido num *titulus adquirendi*, mesmo que inválido ou ineficaz".

A posição do terceiro adquirente também pode ser analisada tendo em vista a possibilidade de estarem presentes os requisitos para usucapião. É fato que o usucapião ordinário só seria possível se a posse fosse de boa-fé (o que cai no mesmo problema de se ignorar ou não o vício que impede a aquisição). E, quanto ao usucapião extraordinário, seu prazo (no caso de bem imóvel) se esgotaria apenas depois de escoado o prazo prescricional da ação de nulidade (tomando-se por base a orientação da Súmula 494, do STF). Mas, em se tratando do usucapião constitucional urbano, dada a exigüidade de seu prazo, seria bastante possível que a hipótese viesse a se configurar (caso em que, presentes os demais requisitos, não vemos como obstar a aquisição da propriedade pelo terceiro adquirente).

9. Conclusão

A aparente simplicidade do dispositivo legal pátrio é extremamente enganosa, como se pôde ver do exame das inúmeras dificuldades geradas na sua aplicação prática. Se o legislador civil de 1916 também teve como intento, da mesma forma que o declarado nas ordenações, "evitar muitos enganos e demandas", não seria exagerado dizer que — quanto a esse aspecto — não logrou êxito...

O fato é que a matéria acaba por suscitar muitas dúvidas no espírito daquele que resolve a ela se dedicar, um pouco mais demoradamente. A par de não concordarmos com a orientação jurisprudencial dominante (consagrada na Súmula 494, do STF), por partilharmos da tese da anulabilidade, outra questão, ainda mais profunda, nos assalta: será útil o dispositivo?[54]

Antes de tentar esboçar uma solução, não resistimos à tentação de, mais uma vez, reproduzirmos a lição de Agostinho Alvim:[55] "Como se vê, as dificuldades que o art. 1.132, em combinação com outros textos, apresenta, superam, a nosso ver, a utilidade da medida. (...)

"Acresce que a proteção que o art. 1.132 dispensa é muito fraca, dentro de um sistema que permite as desigualdades dos filhos (liberdade, quanto ao disponível). Porque tanto rigor a criar tantos problemas, se os pais têm o *direito absoluto* de desigualar os filhos, e se é certo, também que se essa desigualdade atingir a *legítima*, propriamente, há outros corretivos?"

"Além desses motivos, outros podem ser trazidos à reflexão. Um deles, gostaríamos de destacar nesta oportunidade. Como é sabido, o legislador do Código Civil Brasileiro teve especial atenção e cuidado no que se referia a alienação de bens imóveis (vejam-se, *v.g.*, as questões da exigência da escritura pública e de outorga do cônjuge). E era natural que assim o fosse, naquela época. Hoje em dia, em que pese a importância do bem móvel no patrimônio familiar, é inegável a existência de inúmeros bens móveis (como ações, por exemplo) que podem atingir somas muito superiores. Ora, o art. 1.132 pode coibir com alguma eficácia, as vendas simuladas de imóveis. E a dos bens móveis, que são facilmente transmissíveis? Parece-nos, desse modo, que a própria realidade econômica moder-

54. A dúvida é antiga, como se nota do seguinte excerto do já mencionado artigo de Débora Gozzo (*Venda a Descendente*, p. 84): "Saliente-se que Felício dos Santos isentou-se de colocar tal dispositivo em seu projeto alegando presumir-se que os pais amam os filhos com igualdade 'e que não desejam favorecer a um mais que aos outros. O pai tem muitos meios de beneficiar os filhos; se pode fazer-lhes doações dentro de sua quota disponível, pode também fazer-lhes vendas, que não são a título gratuito'".

55. Cf. *Da Compra e Venda e da Troca*, p. 68.

na tirou grande parte da utilidade prática do dispositivo. Seria justificado, ainda assim, manter tal dispositivo (considerando que ele é fonte de incertezas e dificuldades na órbita negocial)? Será que os casos "patológicos" não poderiam ser cuidados pelas normas gerais relativas aos vícios dos atos jurídicos?

Uma resposta peremptória a tais indagações poderia soar como precipitação. Cremos, contudo, que o assunto está a merecer análise mais detida por parte dos juristas pátrios. Se considerarmos, então, que o Projeto de Código Civil (634-B) mantém a vedação, ora em comento, parece válido debruçarmo-nos um pouco mais no estudo desta regra legal.

Bibliografia

ABÍLIO NETO e Hernandes Martins, *Código Civil Anotado*. Lisboa, Livraria Petrony, 5ª ed., 1984.

ALVIM, Agostinho, *Da Compra e Venda e da Troca*. Rio de Janeiro, Forense. 1961.

______. *Da Doação*. 2ª ed. atualizada, São Paulo, Saraiva.

ARRUDA MIRANDA JR., Darcy *et ali, Código Civil nos Tribunais*. São Paulo, Ed. Jurídica Brasileira, 1993.

AZEVEDO, Álvaro Villaça, "Considerações sobre a venda de ascendente para descendente ante as Súmulas 152 e 494 do STF". *Revista de Direito Civil, Imobiliário, Agrário e Empresarial* 13:161-173, Ed. RT, São Paulo, 1980.

______. *Direito Privado — 2: casos e pareceres*. Belém, CEJUP, 2ª ed., 1988.

BARROS MONTEIRO, Washington, *Curso de Direito Civil*. São Paulo, Saraiva, 24ª ed., 1990, v. 5.

BEVILÁQUA, Clóvis, *Código Civil dos Estados Unidos do Brasil*. Edição histórica, 7ª tir., Rio de Janeiro, Ed. Rio, v. 1, 1979.

BULGARELLI, Waldirio, *Contratos Mercantis*. São Paulo, Atlas, 4ª ed., 1986.

CARVALHO SANTOS, J. M, *Código Civil Brasileiro Interpretado*. Livraria Freitas Bastos, 9ª ed., v. XVI, 1964.

DIAS, Adahyl Lourenço, *Venda a Descendente*. Rio de Janeiro, José Confino Editor, 2ª ed. melhor. e atualizada, 1976.

______. "Compra e venda de ascendente a descendente". Verbete na *Enciclopédia Saraiva*, v. 16:408-412.

DINIZ, Maria Helena, *Tratado Teórico-Prático dos Contratos*. São Paulo, Saraiva, v. 1, 1993.

______. *Curso de Direito Civil Brasileiro*. 7ª ed. atualizada, São Paulo, Saraiva, v. 1, 1989.

GOMES, Orlando, *Contratos*. Rio de Janeiro, Forense, 12ª ed., 1990.

______. "Doação remuneratória de ascendente a descendente. Validade". In *Questões de Direito Civil*. São Paulo, Saraiva, 5ª edição, 1988.

______. "Eficácia do registro imobiliário e aquisição de boa-fé". In *Novas Questões de Direito Civil*. São Paulo, Saraiva, 2ª ed., 1988.

______. "Venda a filho sem consentimento de netos d'outro filho pré-morto". In *Novas Questões de Direito Civil*. São Paulo, Saraiva, 2ª ed., 1988.

GOZZO, Débora, "Venda a descendente". In *Contratos Nominados; doutrina e jurisprudência*. Coord. de Yussef Said Cahali, São Paulo, Saraiva, 1995.

KULGEMÁS, Alfredo Luiz *et alii, Código Civil nos Tribunais*. São Paulo, Ed. Jurídica Brasileira, 1993.

LIMA, Alvino, *A Fraude no Direito Civil*. São Paulo, 1965.

LIMONGI FRANÇA, Rubens, *Manual de Direito Civil*, 3ª ed., São Paulo, Ed. RT, v. I, 1975.

MARTINS, Hernandes e Abílio Neto, *Código Civil Anotado*. Lisboa, Livraria Petrony, 5ª ed., 1984.

MAXIMILIANO, Carlos, *Hermenêutica e Aplicação do Direito*. Rio de Janeiro, Forense, 11ª ed., 1990.

MILARÉ, Édis, "Da venda a Descendente". In *RT* 555/25-33, jan. 1982.

NADER, Natal, "Venda de ascendente a descendente". In *Enciclopédia Saraiva*. Coord. de Rubens Limongi França. São Paulo, Saraiva, v. 76, 1977-1982.

PEREIRA, Caio Mário da Silva, *Instituições de Direito Civil*. Rio de Janeiro, Forense, 9ª ed., v. III, 1993.

PONTES DE MIRANDA, Francisco Cavalcanti, *Tratado de Direito Privado*. Rio de Janeiro, Ed. Borsói, 2ª ed., 1962. v. 39.

RODRIGUES, Sílvio, *Direito Civil*. São Paulo, Saraiva, 18ª ed., v. 3, 1989.

SERPA LOPES, Miguel Maria de, *Curso de Direito Civil*. Livraria Freitas Bastos, Rio de Janeiro, 3ª ed. revista e aumentada, 1960, v. III.

SOUZA, Sebastião de, *Da Compra e Venda*. Ed. Forense, Rio de Janeiro, 2ª ed., 1956.

WALD, Arnold, *Curso de Direito Civil Brasileiro; introdução e parte geral*. Ed. RT, São Paulo, 8ª ed., (ver. ampl. e atualizada com a colaboração de Álvaro Villaça Azevedo), 1995.

Doutrina

O REGIME DAS PARTICIPAÇÕES SOCIETÁRIAS RECÍPROCAS E AS SOCIEDADES POR QUOTAS DE RESPONSABILIDADE LIMITADA

Exercício de aplicação da Lei 6.404/76 à problemática das sociedades por quotas de responsabilidade limitada.

OTAVIO YAZBEK

I — Objeto. II — Metodologia. III — Problemática dos grupos de sociedades. IV — As participações societárias recíprocas. V — Aplicabilidade da Lei 6.404/76 às sociedades por quotas de responsabilidade limitada. VI — Os objetivos da vedação às participações societárias recíprocas. VII — Os riscos de caráter patrimonial provenientes das participações recíprocas. VIII — Os riscos de caráter organizativo provenientes das participações recíprocas. IX — Conclusões.

I — OBJETO

1. O presente estudo trata da possibilidade de aplicação do regime estabelecido pelo artigo 244 da Lei 6.404, de 15.12.1976, para as participações societárias recíprocas, às sociedades por quotas de responsabilidade limitada.

Tal questão impõe-se por uma série de motivos, podendo-se ressaltar, dentre os principais, a amplitude do uso das sociedades por quotas de responsabilidade limitada na prática comercial brasileira e a conseqüente necessidade de extensão a estas do regime aplicável aos chamados "grupos societários de fato", forma de concentração empresarial mais utilizada no Brasil. Daí surgem, ainda, diversos questionamentos, como adiante veremos.

2. O objeto desse estudo tem por pano de fundo uma preocupação com a problemática decorrente do famoso hibridismo institucional das sociedades por quotas no direito brasileiro e a questão, a esta vinculada, da aplicabilidade de soluções institucionais típicas da Lei das S.A. àquele tipo societário.

II — METODOLOGIA

3. Para o trato das questões acima, e pela sua capacidade para suprir as dificuldades decorrentes da análise do direito por um prisma meramente formal, faremos uso do método chamado funcionalista.[1]

1. Julgamos importante distinguir "funcionalismo jurídico" de "funcionalismo sociológico". Este último termo nomeia uma das principais escolas da sociologia norte-americana deste século, de caráter eminentemente conservador, na qual as considerações de caráter funcional dizem respeito a processos e mecanismos de integração social, tendo sempre por fim a continuidade institucional.

Trata-se de abordar os institutos jurídicos não apenas com base em sua estrutura jurídica formal ou estrutural, partindo para a análise das reais funções econômicas e sociais de cada instituto. Em especial na área de que tratamos, a análise formalista apresenta-se por demais limitada. A dinâmica econômica não permite a estagnação das formas negociais e, na medida em que os regramentos positivados começam a distanciar-se das funções para as quais foram criados, as necessidades da vida negocial passam a exigir a adaptação dos mesmos, a moldar novas formas (essa, a natureza consuetudinária do direito comercial).

Ora, no direito mercantil as formas jurídicas tem sua "modelagem" determinada historicamente pela sua finalidade econômica conjugada àquelas condições materiais existentes quando do surgimento de cada instituto. Decorrência desse movimento histórico e da acumulação das formas nele surgidas é uma certa fungibilidade de formas jurídicas nas sociedades modernas, nas quais, por caminhos diversos, torna-se possível a consecução de fins econômicos bastante similares (Ascarelli, 1947:17 e ss.).[2]

Assim, para uma adequada compreensão desta dinâmica e para a integração do sistema jurídico, mostra-se de grande valia a análise do direito fundada nas suas funções econômicas. Tal método é importante não apenas para a compreensão do jurídico, mas também para a crítica das estruturas vigentes, atribuindo às formas jurídicas uma maior dinâmica, na medida em que as impulsiona para o atendimento das novas necessidades econômicas.

4. É importante frisar que, ao falarmos nas *funções* dos institutos jurídicos, cogitando de funções específicas, de situações concretas, não deixamos de lado a possibilidade que se abre para uma compreensão mais ampla das relações entre o jurídico e os demais planos da vida social, de onde provém, ainda, uma boa parte do potencial crítico e interpretativo deste método. Tal postura é bem esclarecida por Renner: "In questa analisi, non possiamo tralasciare un'esposizione generale delle funzioni degli istituti giuridici: ogni singola funzioni, che è storicamente condizionata, ha la propria posizione nella totalità e viene pienamente illuminata solamente da essa; lo schema delle funzioni ha dunque perlomeno un valore orientativo. In che maniera può venire esposta una concreta particolarità se non mediante un rapporto di reflesso alla totalità?" (1981:52).[3]

III — PROBLEMÁTICA DOS GRUPOS DE SOCIEDADES

5. Corolário ao que parece necessário do desenvolvimento do sistema capitalista e, ao mesmo tempo, um dos principais mecanismos atuais para tal desenvolvimento, é o fenômeno da concentração empresarial, tema de que trataremos sucintamente neste tópico, uma vez que é dele que partem as questões a serem analisadas.

A partir do instrumental técnico peculiar à sistemática de funcionamento das sociedades anônimas e transcendendo os limites dados pelo direito societário a partir de uma gradual complexificação e especialização, mecanismos que não cabe aqui analisar, acabaram por surgir os chamados grupos societários ou, conforme uma terminologia mais atual, os grupos de empresas.[4] Tais

2. O que vale também para as sociedades por quotas de responsabilidade limitada. Muitos autores ressaltam que tal forma societária deriva de mera criação legislativa, não refletindo o desenvolvimento dos costumes comerciais. Tal postura, parece-nos, ignora que, de qualquer forma, a criação do instituto das sociedades por quotas atende a necessidades materiais específicas existentes à época do seu surgimento, não derivando da mera atividade volitiva do legislador.

3. O trecho transcrito foi extraído da tradução italiana da obra de Renner, precursora das formas de interpretação funcional do direito, *Os Institutos de Direito Privado e a sua Função Social*, cuja primeira edição, em língua alemã, data de 1904. A segunda edição da mesma obra data de 1929, havendo a tradução italiana sido feita a partir desta última.

4. Usaremos por diversas vezes a expressão grupos empresariais, em lugar de grupos societários,

estruturas, ao suplantar as antigas formas e padrões de organização empresarial, passaram a ameaçar a perpetuação de muitos dos princípios garantidores da segurança e da certeza tão prezadas na vida negocial.

6. Com efeito, a existência dos grupos empresariais passa a exigir mecanismos de tutela dos direitos dos grupos sociais minoritários (não-controladores), dos credores de qualquer natureza (inclusive fiscal) e do consumidor, ameaçados por novos riscos, decorrentes da falta de transparência e dos múltiplos "vasos comunicantes" que geralmente caracterizam tais grupos (Comparato, 1978:196; Broseta Pont, 391 e ss.) e pela possibilidade de abuso do poder econômico por parte dos mesmos, que coloca em risco as estruturas de mercado de modo geral.

Para a efetiva formulação de tais padrões de controle é necessário que o conceito legal de grupo englobe as múltiplas facetas do fenômeno da concentração econômica, abrangendo tanto os grupos de direito como os chamados grupos de fato. De acordo com essa distinção, os grupos de direito são aqueles em que há um vínculo contratual entre as sociedades participantes. Já nos grupos de fato inexiste relação contratual, estando as sociedades vinculadas por participações societárias, acordos parassociais, contratos interempresariais, uniões pessoais ou relações econômicas fáticas de dependência (Engrácia Antunes, 1993:45).[5]

7. A Lei 6.404, de 15.12.1976, ao disciplinar a matéria, regulou tanto o funcionamento dos grupos de direito (de subordinação em seu Capítulo XXI e de coordenação, ou consórcios, em seu Capítulo XXII) como o dos grupos de fato (no Capítulo XX, que trata das sociedades coligadas, controladoras e controladas).[6] Na prática, tanto os grupos de direito propriamente ditos como os consórcios restaram ou relativamente esquecidos ou com aplicações bastante restritas. A imensa maioria dos grupos existentes no Brasil é formada por grupos de fato.

8. Uma das primeiras questões que se impõem quando da consideração do regime legal dos grupos de sociedades diz respeito à sua aplicabilidade às sociedades por quotas de responsabilidade limitada, uma vez que estas têm grande relevância no modelo brasileiro como forma organizativa não apenas da pequena e média empresa, mas também das empresas de maior porte.[7] A despeito desta importância, a questão

por reconhecer que, pela sua amplitude, a matéria foge aos limites formais e materiais do direito comercial. A despeito disso, frisamos que o regime estabelecido pela Lei 6.404/76 tem menor abrangência, dizendo respeito unicamente aos grupos de sociedades (Comparato, 1978:196). É interessante esclarecer que desde os primeiros estudos sobre a matéria já eram amplamente reconhecidas a natureza extravagante dos grupos empresariais em relação às normas comerciais típicas e as diversas dificuldades para o acompanhamento do fenômeno grupal pelos institutos jurídicos existentes (Salandra, 1934:64).

5. Nem todos este tipos de vinculação são reconhecidos pela legislação brasileira que, como já se viu, tem âmbito de aplicação mais restrito, tendo caráter eminentemente societário. De qualquer maneira, porém, os grupos de fato são aqueles em que não há vínculos contratuais entre as partes envolvidas, sendo as relações internas regidas por um poder de fato.

6. Para os fins da Lei das S.A., *são coligadas as sociedades quando uma participa, com 10% (dez por cento) ou mais, do capital da outra, sem controlá-la"* (art. 243, § 1º) e *"considera-se controlada a sociedade na qual a controladora, diretamente ou através de outras controladas, é titular de direitos de sócio que lhe assegurem, de modo permanente, preponderância nas deliberações sociais e o poder de eleger a maioria dos administradores* (art. 243, § 2º).

7. Talvez seja interessante apontar que alguns autores estrangeiros apregoam a superioridade das sociedades por quotas como mecanismos de concentração econômica, apontando vantagens de ordem prática e conceitual (Alvarez Quelquejeu, 1958:122 e ss.). Uma discussão desta ordem afigura-se deslocada perante o direito brasileiro, uma vez que, como vimos, nosso ordenamento trabalha com o conceito, mais restrito, de grupos societários, e não de grupos empresariais, restringindo toda a sistemática existente ao disposto na Lei das S.A. É interessante esclarecer, porém, que a possibilidade de criação de grupos econômicos baseados unicamente em sociedades por quotas traz consigo alguns riscos de ordem pública, decorrentes sobretudo dos reduzidos controles externos existentes sobre tais sociedades.

vem sendo deixada de lado pela grande maioria dos autores. A ela voltaremos mais adiante.

IV — AS PARTICIPAÇÕES SOCIETÁRIAS RECÍPROCAS

9. Dentre os mecanismos estabelecidos pela legislação brasileira para o regramento das atividades dos chamados grupos societários de fato (ainda que estes não sejam expressamente nomeados desta forma pela Lei das S.A.) encontra-se a vedação às participações societárias recíprocas, constante do art. 244 e §§ da Lei 6.404/76. Devido à relevância da matéria, regimes mais ou menos similares são adotados por praticamente todas as legislações destinadas à regulamentação dos grupos (Engrácia Antunes, 308 e ss.; Galgano, 1981:690; Broseta Pont, 1994:395; e Hadden, 1972:296 e ss.), com maior ou menor rigidez.

O art. 244 veda expressamente a "participação recíproca entre a companhia e suas coligadas e controladas", estabelecendo, ainda, os limites da aplicabilidade desta vedação, as condições excepcionais em que pode ocorrer a participação recíproca e os efeitos decorrentes da aquisição de participação recíproca decorrente de incorporação, fusão ou cisão ou em descumprimento da disposição legal.[8]

10. As restrições à aquisição de participações cruzadas, pela sua natureza (ou seja, já aqui tendo em vista as suas funções), apóiam-se sobre os mesmos fundamentos que justificam as restrições à negociação, pelas sociedades anônimas, com as suas próprias ações (contidas no art. 30 e §§ da Lei 6.404/76 e, na legislação anterior, no art. 15 do Decreto-lei 2.627, de 26.9.1940).

Como esclarecido pela imensa maioria dos autores que tiveram por objeto o estudo da questão, tais fundamentos dizem respeito a dois princípios fundamentais do direito societário, quais sejam: o princípio da integridade do capital social e o princípio da soberania e não-falseamento das decisões assembleares, ameaçados tanto quando há participação recíproca como quando a companhia adquire as suas próprias ações, tornando-se sócia de si mesma. Os fundamentos da tutela atribuída a tais princípios serão melhor analisadas mais abaixo.

Por hora é importante frisar apenas que foi justamente com base na defesa destes princípios que, mesmo antes de promulgada a Lei 6.404/76 (portanto ainda sob a égide do Decreto-lei 2.627/40), embora ainda não expressamente vedadas as participações recíprocas, alguns autores já consideravam que as mesmas eram impedidas,

8. Para os conceitos de sociedades coligadas ou controladas, estabelecidos pelos §§ 1º e 2º do art. 243 da Lei 6.404/76, cf. nota 5 acima. O texto do citado do art. 244 é o seguinte:

"Art. 244. É vedada a participação recíproca entre a companhia e suas coligadas ou controladas.

§ 1º. O disposto neste artigo não se aplica ao caso em que ao menos uma das sociedades participa da outra com observância das condições em que a lei autoriza a aquisição das próprias ações (art. 30, § 1º, alínea *b*).

§ 2º. As ações do capital da controladora, de propriedade da controladora, terão suspenso o direito de voto.

§ 3º. O disposto no § 2º do art. 30 aplica-se à aquisição de ações da companhia aberta por suas coligadas e controladas.

§ 4º. No caso do § 1º, a sociedade deverá alinear, dentro de 6 (seis) meses, as ações ou quotas que excederem do valor dos lucros ou reservas, sempre que esses sofrerem redução.

§ 5º. A participação recíproca, quando ocorrer em virtude de incorporação, fusão ou cisão, ou da aquisição, pela companhia, do controle da sociedade, deverá ser mencionada nos relatórios e demonstrações financeiras de ambas as sociedades, e será eliminada no prazo máximo de 1 (um) ano; no caso de coligadas, salvo acordo em contrário, deverão ser alienadas as ações ou quotas de aquisição mais recente ou, se da mesma data, que representem menor porcentagem do capital social.

§ 6º. A aquisição das ações ou quotas de que resulte participação recíproca com violação ao disposto neste artigo importa responsabilidade civil solidária dos administradores da sociedade, equiparando-se, para efeitos penais, à compra ilegal das próprias ações.

tendo em vista os riscos delas provenientes (Ascarelli, 1969:491).[9]

11. Resta saber, por força dos questionamentos já acima referidos, quanto à aplicabilidade do citado art. 244 aos grupos societários integrados por sociedades por quotas de responsabilidade limitada. Ora, pela amplitude de seu uso no Brasil afigura-se inevitável que haja uma tendência para a criação de vínculos, tanto de controle quanto de coligação, entre sociedades desta natureza, impulsionado o surgimento destas ligações pelas próprias necessidades de mercado. Resta então aferir quanto à aplicabilidade das normas específicas, constantes da Lei das S.A., a essa matéria em especial.

Nesse sentido, esclarece Fábio Konder Comparato que a regra do art. 244, em princípio, não vigora para todas as sociedades vinculadas por relação de controle ou coligação, frisando que: "Na hipótese de coligação, a proibição se aplica, pelo texto legal, unicamente às companhias. Na relação de controle, é vedada a participação recíproca quando a controladora é uma sociedade anônima. É de se perguntar, também aqui, se não se torna inevitável a aplicação manalógica dessa regra às sociedades por quotas de responsabilidade limitada, pelo menos enquanto for mantida, em nosso Direito, a norma do art. 18 do Decreto 3.708, de 1919, e levando-se em consideração as razões justificadoras da proibição de participações recíprocas, quais sejam, a manutenção da integridade do capital social e o não-falseamento da vontade social, expressa nas votações de assembléias" (1978:212).

Com efeito, a despeito dos limites estabelecidos pelo próprio texto legal regulamentador da matéria, os fins da vedação às participações recíprocas justificam a extensão do instituto, ainda que com necessárias adaptações decorrentes das eventuais diferenças estruturais, às sociedades por quotas.[10]

Analisemos pois, inicialmente, a questão da aplicabilidade, genericamente falando, da Lei das S.A. às sociedades por quotas. Depois, tendo em vista que a nossa argumentação parte de um prisma funcional, vale aprofundar a análise dos fins visados pelo art. 244 e §§ da Lei 6.404/76.

V — APLICABILIDADE DA LEI 6.404/76 ÀS SOCIEDADES POR QUOTAS DE RESPONSABILIDADE LIMITADA

12. Conforme já acima referido, as sociedades por quotas de responsabilidade li-

9. Á época, reconhecendo a inexistência de um dispositivo legal expresso e os riscos provenientes das participações recíprocas, Philomeno J. da Costa sugeria o aperfeiçoamento do sistema legal aplicável à matéria, com a criação de uma norma restritiva destas participações (1965:256). Destaque-se que, a despeito da inexistência de norma expressa referente à matéria, os efeitos das participações cruzadas já eram oficialmente reconhecidos antes de 1976, como atesta a Circular do Banco Central de n. 126, de 20.3.1969, que vedava as relações desta natureza entre instituições financeiras.

10. É necessário reiterar que em outros regimes legais o problema inexiste com tal intensidade, apesar de, por vezes, persistirem algumas controvérsias acerca da relação entre os regimes das sociedades anônimas e das sociedades limitadas. O Código Civil italiano trata da matéria em seus artigos 2.359 e 2.360, dispondo, no artigo 2.359-*bis* que "La società controllata non può acquistare azioni o quote della società controllante se non nei limiti degli utili distribuibili e delle riserve disponibili risultanti dall'ultimo bilancio regularmente aprovato...". E, mais adiante, dispõe o artigo 2.359-*quinquies*, que "La società controllata non può sottoscrivere azioni o quote della società controllante...". Ressalte-se que tais dispositivos receberam sua atual redação por força do disposto na Diretiva Comunitária 92/101. Quanto a este último ponto, vale lembrar que até o advento do Regulamento CEE n. 2.137/85, de 25.6.85, que instituiu o chamado Agrupamento Europeu de Interesse Econômico ("AEIE"), as Diretivas foram praticamente os únicos instrumentos a tratar do direito societário no plano comunitário, sendo ainda hoje largamente utilizadas quando o fim que se objetiva é a harmonização das legislações dos diferentes Estados-membros, visando suprimir determinados óbices ou incrementar o processo de integração econômica (Meireles, 1992:20). Neste sentido a utilização da acima referida Diretiva 92/101, a adap-

mitada são largamente utilizadas como meio de organização formal da pequena, média e mesmo da grande empresa. Tal situação é facultada pela dinâmica atribuída a estas sociedades pelas especificidades da forma legalmente adotada para as mesmas (afinal, tais sociedades apresentam diversas vantagens para o empresário, aliando a limitação da responsabilidade à simplicidade institucional das sociedades de pessoas).

O Decreto 3.708/19 estabelece para a sociedade por quotas um regime híbrido, que distingue esse modelo tanto das sociedades de pessoas quanto das sociedades de capitais, fazendo referência por vezes a uma, por vezes a outra forma de organização societária.

Com efeito, após vincular em seus arts. 3º e 4º as sociedades por quotas ao regime do Código Comercial para as sociedades de pessoas, assim dispõe o citado Decreto 3.708/19 em seu art. 18: "Art. 18. Serão observadas quanto às sociedades por quotas, de responsabilidade limitada, no que não for regulado no estatuto social, e na parte aplicável, as disposições da lei das sociedades anônimas".

Se, por um lado, a generalidade e a maleabilidade decorrentes do conteúdo deste art. 18 acabaram tendo por subprodutos algumas inegáveis vantagens de ordem prática, apresentam-se também diversas dificuldades. Provam-no as constantes discrepâncias jurisprudenciais e as controvérsias entre os muitos autores que trataram da questão (Lacerda Teixeira, 1956:25 e ss.).[11]

Além disso, desde 1919 a lei acionária tem sido objeto de seguidas adaptações e reformas que, se por um lado tiveram o objetivo de refletir ou estimular o desenvolvimento do país, atendendo às novas necessidades surgidas, por outro, indiretamente, acabaram trazendo uma grande instabilidade ao sistema das sociedades por quotas, cujo diploma básico foi criado tendo em vista condições institucionais e sócio-econômicas bastante diversas.

13. Eloqüente exemplo dessas dificuldades encontra-se no regime dos grupos societários. Alguns autores já ressaltaram a existência de sérios óbices à sua aplicação para as sociedades por quotas, já que estas não tem as mesmas obrigações de publicidade e os mesmos controles internos a que são sujeitas as sociedades anônimas. Assim a posição defendida por Orlando Gomes: "Medida de segurança indispensável a prevenir fraudes na coligação de sociedades sob o modelo de uma união hierárquica seria, em arremate, a que impedisse a adoção de outro tipo de sociedade que não a anônima para a controladora ou qualquer das controladas. Devem todas submeter-se ao mesmo regime de publicidade para evitar que se ocultem nas que obrigadas não estão a publicar a demonstração de sua situação econômica e financeira dados que relevem debilidade ou escamoteação" (1977:213).

A solução do problema, desnecessário dizer, deve ser buscada a cada caso. É por este motivo que partiremos para a discussão das funções do já citado art. 244 da Lei das S.A., pretendendo com isso resolver alguns dos impasses e dúvidas existentes no trato dessa questão em especial e estabelecer um padrão de conduta capaz de sanar algumas das dificuldades para a aplicação subsidiária e *na parte aplicável* da Lei 6.404/76 às sociedades por quotas.

tar dispositivos da legislação italiana. Ainda quanto à questão do direito societário na Comunidade Européia, é importante lembrar que, na esteira da Diretiva 92/101, também consta da proposta de Estatuto da Sociedade Européia a vedação às participações societárias recíprocas (Meireles, 1992:113).

11. Ao que me parece tal situação encontra-se com os dias contados. Com efeito, o Projeto de Código Civil de 1975, que dispõe também sobre matéria comercial, pretende atribuir à sociedade por quotas uma feição própria que incorpora muitas das estruturas institucionais das sociedades anônimas, fugindo do famigerado *no quanto for aplicável* do art. 18 do Decreto 3.708/19 (Marcondes, 1977:17 e ss.).

VI — OS OBJETIVOS DA VEDAÇÃO ÀS PARTICIPAÇÕES SOCIETÁRIAS RECÍPROCAS

14. Como já comentado, os objetivos da vedação às participações recíprocas dizem respeito aos princípios da intangibilidade do capital social e da soberania e não-falseamento das decisões assembleares. Engrácia Antunes (1993:310) esquematiza esses fins em função dos riscos decorrentes das participações cruzadas que se pretende evitar, criando a seguinte classificação:

(i) riscos de caráter patrimonial (por ser o capital social das sociedades envolvidas distorcido pela reciprocidade de participações); e

(ii) riscos de caráter organizativo (visto que, com a inversão da ordem de competências decisórias, cai por terra a legitimidade das deliberações assembleares das sociedades envolvidas).

Analisemos, pois, esses dois planos tutelados pela legislação restritiva das participações cruzadas.

VII — OS RISCOS DE CARÁTER PATRIMONIAL PROVENIENTES DAS PARTICIPAÇÕES RECÍPROCAS

15. Quando duas sociedades encontram-se em relação de participação recíproca o capital das mesmas permanece adstrito a uma certa "circularidade" que faz com que o capital social aparente das sociedades envolvidas seja maior que aquele capital realmente existente (Hadden, 1972:298).

Com efeito, em situações desta natureza as quantias inicialmente dispendidas por uma dada sociedade para a aquisição de uma participação no capital de outra sociedade, sua coligada ou controlada, acabam retornando para a primeira sociedade quando esta tem uma parcela do seu capital adquirida pela própria coligada ou controlada. O capital social da primeira sociedade é integralizado com quantias partidas dela mesma.[12]

16. Para a correta compreensão da extensão dos problemas de natureza patrimonial gerados pelas participações recíprocas é importante compreender o papel exercido pelo capital social nas sociedades comerciais.

Grosso modo, pode-se definir o capital social, sob o prisma econômico, como o conjunto de bens e elementos passíveis de valoração econômica e que se destinam à exploração de uma atividade concreta. Sob o prisma jurídico, o capital social é o montante que vai consignado no contrato social ou estatuto, equivalente às quantias aportadas pelos sócios (ou por estes prometidas) à sociedade (Broseta Pont, 1994:241).

Ainda que muitos autores desconsiderem a importância do capital social, pela sua incapacidade para refletir a verdadeira situação patrimonial da sociedade em outros momentos que não no de sua constituição, motivo pelo qual lhe atribuem posição de somenos importância,[13] tal conceito é ainda de bastante relevante para a vida das

12. De acordo com Galgano, "Il fenomeno che si vuole evitare è quello per cui una medesima somma di danaro permetta la costituzione di due società aventi ciascuna un capitale corrispondente a quella somma di danaro, o il fenomeno per il quale una medesima somma di danaro venga utilizzata da parte di due società per efetuare ciascuna un corrispondente aumento di capitale" (1981:690). Cf., ainda, a exposição do já citado Philomeno J. da Costa (1965:26 e ss.).

13. Neste sentido, são eloqüentes as críticas feitas por J. E. Tavares Borba àqueles que medem as *forças da sociedade* tomando por base seu capital social. De acordo com o citado autor, "...o capital é um valor formal e estático, enquanto o patrimônio é real e dinâmico. O capital não se modifica no dia-a-dia da empresa — a realidade não o afeta, pois se trata de uma cifra contábil. O patrimônio encontra-se sujeito ao sucesso ou insucesso da sociedade, crescendo na medida em que esta realize operações lucrativas, e reduzindo-se com os prejuízos que se forem acumulando" frisando-se ainda que "os reveses da sociedade poderão levá-la a consumir todo o capital, de tal forma que o seu patrimônio líquido se reduza a nada. A despeito disso, o capital formal da sociedade — constante do contrato — permanecerá o mesmo" (1997:52 e ss.). Para uma análise da rela-

sociedades mercantis. Assim o reconhece, ainda, a Exposição Justificativa preparada para o Projeto de Lei das S.A., que veio a transformar-se na Lei 6.404, de 15.12.76 (Lamy Filho e Bulhões Pedreira, 1997:254).

De fato, ante a impossibilidade de aferir, a cada momento, as reais condições patrimoniais de uma empresa, os terceiros que com ela contratam tomam por garantia o capital social da mesma. Daí a importância dos múltiplos mecanismos de defesa do capital social, como por exemplo a retenção de determinadas reservas. Eis o porquê do princípio da intangibilidade do capital social, sobre o qual são radicados os diversos regimes legais de tutela deste capital (dentre tais regimes encontrando-se a vedação às participações recíprocas).

17. Nas sociedades por quotas, o capital social exerce as mesmas funções que nas sociedade anônimas, estabelecendo o montante da garantia oferecida a terceiros e, ainda, sob o ponto de vista interno, fornecendo os elementos de cálculo dos lucros a serem partilhados entre os sócios (Lacerda Teixeira, 1956:75).

Assim, também a integridade do capital social das sociedades por quotas deve ser objeto de mecanismos de tutela adequados. Tal convicção é apenas reforçada pela consideração de que as finanças das sociedades por quotas já são, naturalmente, menos sujeitas a controle, por terceiros ou por minoritários, do que as finanças das sociedades anônimas.

VIII — OS RISCOS DE CARÁTER ORGANIZATIVO PROVENIENTES DAS PARTICIPAÇÕES RECÍPROCAS

18. Pelas participações recíprocas faculta-se também uma inversão das competências sociais decisórias, atentatória, como já referido, à soberania das decisões tomadas pela assembléia geral.

Realmente, como bem esclarece Engrácia Antunes, sempre que as participações recíprocas forem de montante significativo "...elas permitirão aos órgãos de administração passar a dominar por via indirecta as respectivas Assembleias Gerais, através da utilização recíproca do poder de voto da outra, inerente à participação detida — funcionando nesta medida como um meio de iludir ou perverter a divisão de competências legais entre administradores e sócios, imperativamente fixada na lei" (1993:316).

19. A formação da vontade social é prerrogativa dos sócios que, enquanto titulares de parcela do capital social, podem dispor sobre as diversas questões relevantes para a sociedade. Tanto é assim que a Lei 6.404/76 ao estabelecer a competência da Assembléia Geral, dispõe em seu art. 121 que esta "... tem poderes para decidir todos os negócios relativos ao objeto da companhia e tomar as resoluções que julgar convenientes à sua defesa e desenvolvimento".

Além dessa competência genérica atribuída à Assembléia Geral, a Lei das S.A. elenca ainda uma série de matérias em que a competência da Assembléia é privativa (art. 122), estabelecendo, também, mecanismos garantidores da legitimidade das deliberações tomadas em Assembléia (como os quóruns de instalação e de deliberação, por exemplo, constantes dos art. 125 e 129).

As deliberações das Assembléias Gerais são sujeitas ao princípio majoritário, cujos fundamentos gerais, aplicáveis às sociedades anônimas como às sociedades por quotas, são esclarecidos por Egberto Lacerda Teixeira da seguinte maneira: "A prevalência do princípio majoritário nos corpos legislativos e nas organizações colegiais assenta em sólidas razões de ordem doutrinária e de política aplicada. As entidades públicas ou privadas devem manifestar sua vontade própria e atuar na esfera

ção entre a capitalização das sociedades comerciais e as garantias dos credores, inclusive tendo em vista as tendências que vêm norteando a mais recente produção legislativa sobre a matéria, cf. Easterbrook e Fischel, 1991:59 e ss.

jurídica como um todo coeso e íntegro. A *vontade* do ente moral tem de ser, contudo, ditada pela maioria no pressuposto lógico de que o interesse dessa maioria se confunde com o da própria entidade. Seria impraticável nas sociedades mercantis modernas exigir que as deliberações coletivas fossem tomadas sempre por unanimidade de votos" (1956:149).[14]

20. A competência decisória dos órgãos de administração da sociedade, por sua vez, é limitada ao necessário para o exercício das funções gerenciais. Apenas é interessante apontar que, nos casos em que a sociedade anônima tem Conselho de Administração, este recebe, por ser eminentemente um órgão de deliberação colegiada (art. 138, § 1º. da Lei 6.404/76), algumas competências residuais, estabelecidas pelo art. 142 da Lei das S.A.

É natural que ante o desenvolvimento do chamado controle gerencial tendam a surgir conflitos entre os administradores da sociedade — que podem tentar defender interesses próprios ou meramente divergir dos sócios na interpretação dos problemas da empresa e nas vias escolhidas para a solução destes problemas — e os sócios, sendo de se ressaltar, porém, que, a rigor, o direito de decidir sobre as questões centrais da vida social deve caber sempre a estes últimos.

21. Os mesmos pressupostos válidos para a formação da vontade social nas sociedades anônimas valem para as sociedade por quotas, ressalvada a maior simplicidade que usualmente reveste as estruturas decisórias e executórias destas últimas (o que, porém, não chega a ser uma regra).

Assim, também nas sociedades por quotas o poder decisório cabe prevalentemente aos quotistas reunidos em Assembléia Geral, valendo o princípio majoritário para a tomada de decisões. Aliás, merece destaque o fato de que a capacidade decisória dos quotistas é fortalecida, em detrimento de qualquer outra instância de poder social, pela própria proximidade existente entre as sociedades por quotas e as sociedades de pessoas.

Parece-nos então que, a despeito das diferenças estruturais existentes entre as sociedades anônimas e as sociedades por quotas, impõe-se também no campo da tutela da veracidade e legitimidade das decisões assembleares, a utilização de garantias comuns para os dois tipos societários.

IX — CONCLUSÕES

22. Em resumo, temos que:

(i) as sociedades por quotas, tipo misto e de grande flexibilidade no direito brasileiro, são largamente utilizadas na prática comercial, não se restringindo apenas às atividades de menor vulto econômico, sendo regradas subsidiariamente e no quanto lhes seja aplicável pela Lei 6.404/76;

(ii) as tendências atuais de concentração empresarial, em especial por meio dos chamados "grupos de fato", exigem uma

14. Um interessante quadro do desenvolvimento do princípio majoritário, mostrando seus fundamentos sociais e econômicos relacionados ao movimento, historicamente situado, de autonomização do direito mercantil, é traçado por Francesco Galgano, de acordo com o qual, em seu surgimento, tal princípio alterou as concepções então vigentes de autonomia privada, pertencentes à esfera do direito civil. Como esclarece o citado autor, "è stato recentemente dimostrato che alcuni dei principi del diritto delle obligazioni cedono il posto ad altri principi nell'àmbito di quello che viene definito il diritto dell'impresa. Il fenomeno, che costituisce l'ultima manifestazione di quella autonomia del diritto commerciale rispetto al diritto civile che la recente unificazione dei codici di diritto privato non è riuscita a soprimere, ha origini lontane. È noto, infatti, che, se il nome de diritto dell'impresa è di adozione recente, antica, invece, è la formazione d'un diritto proprio delle attività commerciali" (Galgano, 1960: 78). Quanto aos mecanismos de defesa do princípio majoritário e às limitações ao mesmo no sistema da *Common Law*, que muito tem influenciado os recentes desenvolvimentos de tais matérias no Brasil e em outros países dentro de uma certa tendência à uniformização internacional da legislação mercantil (Lamy Filho e Bulhões Pedreira, 1997:93 e ss.), merecem destaque as percucientes análises de Frank H. Easterbrook e Daniel R. Fischel (1991:63 e ss.) e Tom Hadden (1972:82 e ss.).

disciplina legal que as regulamente, garantindo a subsistência dos princípios sobre os quais se estabelecem as relações econômicas em sociedade e da certeza e segurança necessárias para o pleno desenvolvimento das mesmas, sendo tal disciplina fornecida, no presente momento, pela Lei 6.404/76; e

(iii) os riscos de malefícios decorrentes da concentração econômica, incidentes, em princípio, sobre as minorias societárias, os credores e consumidores de modo geral, manifestam-se também e talvez até com maior freqüência nas sociedades por quotas, dadas as suas peculiaridades estruturais (uma maior maleabilidade formal e menores controles externos e internos a que se submetem tais sociedades, por exemplo) e a sua já referida utilização maciça na prática negocial.

23. Vai daí que a vedação às participações cruzadas responde a necessidades não apenas das sociedades anônimas, mas também das sociedades por quotas, devendo ser aplicada também aos grupos formados por estas últimas, em linhas gerais e tomando em conta as diferenças estruturais eventualmente existentes (parece-nos, por exemplo, que a norma constante do § 5º do art. 244 não é de todo aplicável, visto que fala em *relatórios e demonstrações financeiras*), a despeito mesmo da formulação aparentemente restritiva do art. 244 da Lei das S.A.

X — BIBLIOGRAFIA

ALVAREZ QUELQUEJEU, Luis Camilo, *La Sociedad de Responsabilidad Limitada como Instrumento de la Concentración de Empresas*, Valladolid, Universidad de Valladolid, 1958.

ASCARELLI, Tullio, *Problemas das Sociedades Anônimas e Direito Comparado*, São Paulo, Saraiva, 1969.

_______. *Sociedades e Asociaciones Comerciales*, Buenos Aires, Ediar S.A. Editores, 1947.

BROSETA PONT, Manuel, *Manual de Derecho Mercantil*, Madrid, Tecnos, 1994.

COMPARATO, Fábio Konder, "Os Grupos Societários na Nova Lei de Sociedades por Ações", in *Ensaios e Pareceres de Direito Empresarial*, Rio de Janeiro, Forense, 1978.

EASTERBROOK, Frank H. e FISCHEL, Daniel R, *The Economic Structure of Corporate Law*, Cambridge, Harvard University Press, 1991.

ENGRÁCIA ANTUNES, José A. *Os Grupos de Sociedades — Estrutura e Organização Jurídica da Empresa Plurissocietária*, Coimbra, Almedina, 1993.

GALGANO, Francesco, *Diritto Privato*, Padova, CEDAM, 1981.

_______. *Il Principio di Maggioranza nelle Società Personali*, Padova, CEDAM, 1960.

GOMES, Orlando, "Subsídios para a Interpretação da Nova Lei das Sociedades Anônimas", in *Direito Econômico*, São Paulo, Saraiva, 1977.

HADDEN, Tom, *Company Law and Capitalism*, Londres, Weidenfeld and Nicolson, 1972.

JOAQUIM DA COSTA, Philomeno, *Operações da Anônima com as Ações do seu Capital*, São Paulo, Tese, 1965.

LACERDA TEIXEIRA, Egberto, *Das Sociedades por Quotas de Responsabilidade Limitada*, São Paulo, Max Limonad, 1956.

LAMY FILHO, Alfredo e BULHÕES PEDREIRA, José Luiz, *A Lei das S.A. — Pressupostos, elaboração, modificações*, v. 1, Rio de Janeiro, Renovar, 1997.

MARCONDES, Sylvio, "Direito Mercantil e Atividade Negocial no Projeto de Código Civil", in *Questões de Direito Mercantil*, São Paulo, Saraiva, 1977.

MEIRELES, Isabel, *Os Novos Institutos Societários de Direito Comunitário*, Porto, Elcla Editora, 1992.

RENNER, Karl, *Gli Istituti del Diritto Privato e la loro Funzione Sociale*, Bologna, Il Mulino, 1981.

SALANDRA, Vittorio, *Il Diritto delle Unioni di Imprese (Consorzi e Gruppi)*, Padova, CEDAM, 1934.

TAVARES BORBA, José Edvaldo, *Direito Societário*, Rio de Janeiro, Freitas Bastos Editora, 1997.

Atualidades

DIREITO DA CRISE ECONÔMICA DA EMPRESA

Jorge Lobo

§ 1º. Direito da crise econômica da empresa, fruto de uma nova filosofia do Direito Concursal. § 2º. Recuperar ou liquidar a empresa produtora de bens e serviços?: I — Do Direito Falimentar ao Direito da crise econômica da empresa — II — A empresa insolvável: A) A empresa privada de interesse particular; B) A empresa privada de interesse público; C) A empresa pública — III — A empresa em estado de crise econômica: A) A empresa privada de interesse particular; B) A empresa privada de interesse público e a empresa pública. § 3º. Meios para reorganizar as empresas em crise. § 4º. Processos e procedimentos de reorganização da empresa: I — Classificação dos processos e procedimentos de reorganização — II — Procedimentos parafalimentares — III — Procedimentos pré-concursais: A) Acordo pré-concursal: a) Síntese histórica; b) Direito comparado; c) Características; d) Pressupostos; e) Finalidades; f) Aplicação prática; B) Prevenção das dificuldades; C) Regulamento amigável — IV — Processos pré-falimentares: A) Sistema francês: a) A abertura do processo; b) O período de observação; c) A fase definitiva; d) Conclusões; B) Sistema italiano: a) Legislação em vigor em matéria de recuperação econômica da empresa; b) Natureza jurídica da administração controlada; c) Finalidade da administração controlada; d) Pressupostos subjetivos da administração controlada; e) Pressupostos objetivos da administração controlada; f) Impedidos de requerer a administração controlada; g) Foro competente; h) Prazo de duração da administração controlada; i) Competência do tribunal; j) Competência do juiz delegado; l) Competência do comissário judicial; m) Efeitos da administração controlada para o devedor; n) Efeitos para os credores; o) Comissão de credores; p) Gestão da empresa pelo comissário judicial; q) Revogação da administração controlada; r) Pedido de concordata preventiva; s) Da administração controlada e sua utilização; C) Sistema americano: a) Introdução; b) Conceito de reorganização; c) Legitimação para o requerimento de reorganização; d) Juizo competente; e) Documentos que devem instruir o pedido; f) "Automatic stay"; g) Plano de reorganização da empresa; h) "Disclosure statement"; i) Efeitos da reorganização para o devedor; j) Nomeação do síndico; l) Da conversão da reorganização em outros procedimentos; m) Proibição da discriminação; n) Da implementação do plano de reorganização; o) Cronograma da reorganização — V — Processos pós-falimentares.

"É bem sabido que os textos legais aplicáveis à crise econômica do empresário não só são arcaicos nas soluções técnicas que oferecem, senão também obsoletos nos princípios de política legislativa em que se fundamentam." (*Adrián Piera Jiménez*)

§ 1º. DIREITO DA CRISE ECONÔMICA DA EMPRESA, FRUTO DE UMA NOVA FILOSOFIA DO DIREITO CONCURSAL

Em 1988, Giuseppe Baveta, Professor Associado na Universidade de Palermo, no excelente estudo "Il Diritto dell'impresa in crisi", publicado na revista *Il Diritto Fallimentare* (Milão, Casa Editrice Dott, v. LXIII, pp. 351-364), advertiu aos amantes do vetusto Direito Falimentar que, da pena criativa e ousada dos doutos, apesar de extraordinários percalços e incompreensões, começava a despontar uma complexa e desafiadora disciplina jurídica, diversa, por sua natureza, fundamentos, pressupostos, conteúdo e finalidades, do arcaico Direito de Quebra, cuja denominação, propôs, poderia ser "Direito da Empresa em Crise", inspirada, nas palavras sábias de Angel Rojo Fernandes-Rio,[1] numa "nova filosofia do Direito Concursal", que pretende garantir não apenas (a) os direitos e interesses do devedor e (b) os direitos e interesses dos credores, mas também, quiçá sobretudo, (c) os superiores direitos e interesses da empresa, dos seus empregados e da comunidade em que ela atua, pois as dificuldades econômicas, financeiras, técnicas, tecnológicas e gerenciais da empresa não preocupam somente ao devedor e a seus credores, porém, por igual, ao Poder Público e à coletividade, sendo certo que, além e acima do interesse privado de composição dos conflitos entre devedor e seus credores, há o interesse público e social da preservação, reorganização, saneamento e desenvolvimento da empresa, na esteira, aliás, do pensamento do proficiente Massaguer Fuentes, segundo o qual o Direito da Insolvência, que, nos primórdios, era destinado apenas a salvaguardar os interesses dos credores e, depois, os interesses da economia nacional, tem, hoje, sem dúvida, por finalidade precípua proteger, por todos os modos e meios possíveis, os interesses sociais.[2]

Ocorre, todavia, como constataremos no § 4º, item IV, letras A, B e C, infra, que a obra legislativa, inclusive a dos países mais prósperos, não acolheu, pelo menos por enquanto, as inovadoras idéias dos estudiosos, permanecendo as leis fiéis ao princípio de que antes e acima de tudo se deve garantir os direitos e interesses dos credores, embora a Lei francesa 85/98, timidamente, tenha pretendido erigir como um de seus importantes objetivos a manutenção do emprego.

Devido ao temor e à omissão do legislador, estatísticas confiáveis demonstram que até as leis mais avançadas, como a italiana de 1942, a americana de 1978 e a francesa de 1985, fracassaram, como verificaremos no citado § 4º, item IV, letras A, B e C, infra, fato que impõe uma profunda mudança na maneira de enfrentar os intrincados problemas da insolvabilidade[3] e da crise econômica da empresa[4] e, em última

1. "El estado de crisis económica", *in La Reforma del Derecho de Quiebra*, Madri, Ed. Civitas, 1982, p. 127.

2. *La reintegración de la massa en los procedimientos concursales*, Dir. Fall., 1988, v. I, p. 351.

3. A propósito da definição de insolvência e insolvabilidade, Walter Álvares, calcado em Provinicalli e Pontes de Miranda, ministra exemplar lição: "(a) insolvente é o que está em estado de insolvência, isto é, casos de inadimplemento; (b) insolvável é o que está em estado de insolvabilidade, isto é, inaptidão econômica é a solução da dívida" (*Direito Falimentar*, Ed. Sugestões Literárias, 6ª ed., p. 65, n. 57).

4. O conceito "crise econômica da empresa", consoante assinala Angel Rojo Fernandez-Rio, é metajurídico, aberto e cambiante. O Anteprojeto da Lei de Quebras espanhol prevê seis categorias de fatos reveladores absolutos da situação da crise econômica (sobre o tema, consulte-se a conferência "El estado de crisis económica", in *La Reforma del Derecho de Quiebra*, cit., pp. 157-162. Em nosso Anteprojeto de Lei de Reorganização da Empresa previmos, no art. 8º, que caracterizam o estado de crise econômica: a) qualquer fato ou ato que indique encontrar-se a empresa em dificuldades de natureza econômica ou financeira, que possam comprometer as suas atividades e a continuação dos seus negócios, b) a impontualidade, sem relevante razão de direito, no pagamento de obrigação líquida, constante de título que legitime a ação executiva, c) os fatos ou

análise, a magna questão: a lei deve priorizar a recuperação da empresa produtora de bens e serviços ou ocupar-se tão-só da sua liquidação?

§ 2º. RECUPERAR OU LIQUIDAR A EMPRESA PRODUTORA DE BENS E SERVIÇOS?

I — Do Direito Falimentar ao Direito da crise econômica da empresa

O processo falimentar, concebido pelo gênio prolífico dos juristas medievais e aperfeiçoado no decorrer dos séculos, é, no final do II Milênio, ainda, imprescindível para disciplinar a ruína e a destruição da empresa unipessoal, unifamiliar ou coletiva.

Entretanto, além do fenômeno patológico da insolvabilidade da empresa, que conduz, as mais das vezes, à sua dissolução, liquidação e extinção, há outro, menos corriqueiro, mas, sem dúvida, muito mais importante sob todos os pontos de vista, que, de há muito, reclama dos comercialistas a elaboração de um conjunto sistemático e harmônico de normas, cuja finalidade principal deve ser a reorganização, o saneamento e a recuperação da empresa (a) econômica e financeiramente viável e/ou (b) social, política e estrategicamente importante.

Salta aos olhos que, se a empresa é econômica e financeiramente viável e/ou social, política e estrategicamente importante, ela não deve perecer, o que muitas vezes ocorre, infelizmente, por absoluta falta de instrumentos legais capazes de propiciar o seu reerguimento, o que nos leva a propor uma profunda e radical transformação na maneira de encarar e enfrentar o problema da insolvabilidade e da crise econômica da empresa privada de interesse particular, da empresa privada de interesse público e da empresa pública.

II — A empresa insolvável

A empresa, irremediavelmente insolvável, deve ser reorganizada e recuperada ou deve cessar suas atividades e ser liquidada, com a venda dos bens do ativo para pagar aos credores consoante o princípio da *pars conditio creditorum*?

A) A empresa privada de interesse particular[5]

Se se tratar de empresa privada de interesse particular não há dúvida de que a empresa infalivelmente insolvável deve ser liquidada com a máxima brevidade possível, através de um processo de cognição sumária,[6] embora preservado o direito de ampla defesa do devedor e dos credores, com o propósito de resolver dois problemas essenciais da falência, como soem ser, consoante ensino de Joaquin Bisbal Mendez,[7] a redução dos custos secundários (proceder a uma pronta relocação dos re-

atos que, no regime da Lei de Falências, caracterizam a sua falência, d) o conflito de interesses entre os sócios ou acionistas, ou entre herdeiros ou sucessores dos sócios majoritários ou acionistas controladores, e o desentendimento entre os administradores, que possa comprometer as atividades da empresa, e) a alienação de bens e direitos a preços inferiores aos praticados no mercado, ou a sua oneração em operações estranhas ao objeto social, que possam comprometer as atividades da empresa).

5. Deve-se entender por empresa privada de interesse particular a empresa, sob a forma de sociedade em nome coletivo ou de sociedade por cotas, de responsabilidade limitada ou de sociedade anônima, de interesse apenas local ou, até mesmo, regional, com reduzido número de sócios ou acionistas e de empregados, com pequeno ou médio faturamento, que desenvolva uma atividade econômica trivial.

6. Gerardo Santini sugere que a liquidação da empresa deve ser objeto do capítulo do Código de Processo Civil dedicado à "execução coletiva", ficando o instituto da reorganização para ser disciplinado em um "estatuto especial da empresa" ("Soluciones jurídicas al estado de crisis de la empresa en los sistemas de economía de mercado", in *La Reforma del Derecho de Quiebra*, cit., p. 40).

7. *La empresa en crisis y el derecho de quiebras*, Bolonha, 1986, p. 21.

cursos econômicos e financeiros) e a redução dos custos terciários (minimizar a carga decorrente da administração da Justiça).

Em alguns países, *v.g.*, Estados Unidos da América e Japão, devido (a) à mobilidade do emprego, (b) ao princípio liberal de que devem ser conservadas e estimuladas apenas as empresas competitivas e rentáveis, deixando perecer[8] as que não demonstrarem condições razoáveis de rivalizar com a concorrência num mundo globalizado, e (c) ao fato de que os bens integrantes dos ativos das empresas extintas serão adquiridos e seus clientes atendidos por outras organizações atuando no mesmo segmento, o Direito positivo, embora possua mecanismos aptos a viabilizar o saneamento da empresa privada de interesse particular, dá preferência à liquidação.[9-10]

B) A empresa privada de interesse público[11]

Se, entretanto, se cuidar de uma empresa privada de interesse público, ainda que absolutamente insolvável, a solução não pode inspirar-se no princípio jurídico que impõe a realização do ativo para solver o passivo, mas no que dá primazia ao reerguimento e à preservação da empresa, através dos meios próprios ao Direito Comercial e a benefícios e incentivos especiais, senão especialíssimos, por razões de ordem política, econômica e social, como exposto no § 3º, infra, porquanto nem a empresa privada de interesse público deve perecer, nem a empresa pública.

C) A empresa pública

Tem sabor de truísmo dizer-se que (a) o Estado liberal foi substituído pelo Estado social e (b) o Estado abstencionista pelo Estado intervencionista, bem como que não se pode confundir Estado de Direito com Estado Liberal, embora o liberalismo político, econômico e jurídico tenha ensejado a noção de Estado de Direito.

De acordo com Forsthoff, notável publicista germânico, o intervencionismo estatal processa-se por dois diferentes modos:

a) pela modificação autoritária da ordem social, e

b) pela ativa e crescente participação do Estado na vida econômica da sociedade, na função de produtor, comerciante ou distribuidor de bens.[12]

Farjat, a seu turno, professando idêntica concepção, esclarece que as novas funções do Estado conduziram a várias modificações no plano de sua atuação destacando-se, dentre elas, a que diz respeito ao surgimento do Estado-empresário.[13]

8. Além da liquidação coativa judicial, existem muitas outras formas de extinção da empresa, como, *v.g.*, a transferência de ativos através de arrendamento, cessão total ou parcial de bens, vendas particulares, fusão, incorporação, denominados na França como *restructuration del capital*, em geral em benefício dos concorrentes, que adquirem tais bens.

9. Anote-se, entretanto, que nos EUA, lei especial permite, desde o momento inicial, a liberação do devedor de todas as suas dívidas através de *discharge*, quando os bens do devedor são colocados à disposição de seus credores liberando-se o devedor, que então não é eliminado do sistema, daí ser duplo o objeto da quebra nos EUA: (1) garantir ao devedor a sua liberação, através de um *fresh start*, e (2) permitir uma justa divisão dos bens do devedor entre seus credores da mesma categoria, peculiaridade que distingue o direito americano dos demais, pois, nos EUA, a lei deve prever um *fresh start* para os devedores.

10. Apesar de privilegiar a liquidação, os EUA, quando interessa à coletividade, socorre, com auxílio financeiro especial, as grandes empresas, como aconteceu com a Chrysler e a PAN-AM.

11. Deve-se entender por empresa privada de interesse público a "entidade industrial, comercial, financeira e de prestação de serviços que, por sua decisiva importância para a economia nacional ou regional ou pelo elevado número de empregados, transcende à mera significação de empresa privada" (cf. Angel José Rojo Fernandez-Rio, "El estado de crisis económica", in *La reforma del Derecho de Quiebra*, Madri, Ed. Civitas, 1982, p. 135).

12. *Traité de Droit Administratif Allemand*, trad. de Michel Fromont, Bruxelas, 1969, p. 131.

13. "Le Droit Économique", apud Orlando Gomes, in *Esquema da Nova Experiência Jurídica*, Direito Econômico, Saraiva, 1977, p. 186.

Enquanto ocorriam profundas modificações no campo econômico, no jurídico também se observavam grandes transformações, fruto do empenho dos países industrializados de procurar uma fórmula de conciliar o direito, estratificado nas leis, com as abruptas e gigantescas modificações na economia, o que fez Orlando Gomes ponderar: "A subordinação da regra do direito com imperativos da economia passou a ser o primeiro mandamento da política legislativa, tornando-se tão apertada essa dependência que um escritor francês chegou a afirmar que a lei não se condiciona mais a uma idéia de justiça, pois se mede por sua utilidade como instrumento de promoção dos objetivos do desenvolvimento econômico".[14]

Em verdade, hoje pode-se dizer que o homem vive para o desenvolvimento econômico e pelo desenvolvimento econômico, fato tão importante que foi erigido a uma das finalidades da Constituição de 1988, tendo Orlando Gomes acentuado, a propósito do tema, que "nesta perspectiva, o mais importante fator dessa transformação é, para o jurista, a intervenção do Estado nas relações econômicas".[15]

A intervenção do Estado no domínio das relações econômicas ou no domínio econômico faz-se através:

"a) da utilização da lei como instrumento da programação econômica;

"b) da substituição de princípios jurídicos e de estruturas jurídicas; e

"c) da introdução de novas técnicas ou mudança de função de institutos tradicionais".[16]

Dentre as técnicas utilizadas pelo Estado para intervir no domínio econômico, incluem-se as entidades paraestatais.

As entidades paraestatais são pessoas jurídicas de direito privado, criadas ou autorizadas a funcionar por lei especial para o desempenho de certas funções de interesse coletivo e de determinadas atividades de interesse público, daí porque os atos de seus dirigentes, se contrários à lei, se sujeitam ao mandado de segurança e à ação popular.

Tão forte é o interesse público e coletivo que a paraestatal visa a atingir que, durante largo tempo, ela foi confundida com a autarquia, hoje não mais havendo dúvida de que a autarquia é o próprio Estado, enquanto a paraestatal é um ente "de caráter quase público",[17] podendo gozar até mesmo de privilégios estatais (imunidade tributária, foro privativo, prazos judiciais dilatados), bem como de prerrogativas estatais (arrecadação e taxas ou contribuições parafiscais), caso a lei de sua criação os preveja.[18]

Entre as entidades paraestatais, tem lugar de destaque a empresa pública, cujo capital social é formado exclusivamente pelo Estado, daí Hely Lopes Meirelles afirmar que a empresa pública "é a empresa estatal por excelência, constituída e dirigida pelo Estado,[19] razão pela qual os alemães a reputam como o Estado atuando na qualidade de empresário, ombro a ombro com os particulares.

A respeito da empresa pública, e da importante função que desempenha, nunca é demais repetir parte do relatório da conferência promovida pela Associação Internacional de Ciências Jurídicas: "A empresa pública autônoma é uma criação do Estado. Submete-se, portanto, a estatuto definido pelo Estado. Sua existência depende do Estado, que a institui. Precisamente, porém, em virtude dessa instituição, o Estado introduz no setor de economia pública uma estrutura descentralizada. A con-

14. Estudo citado, ob. cit., p. 186.

15. Artigo "Desenvolvimento Econômico e Evolução Jurídica", ob. cit., p. 30, n. 2.

16. Orlando Gomes, estudo citado, ob. cit., p. 31.

17. Rui de Souza, "Serviços de Estado e seu regime jurídico", *RDA* 28/10.

18. A propósito, consulte-se Hely Lopes Meirelles, *Direito Administrativo Brasileiro*, Ed. RT, 2ª ed., pp. 295 e ss.

19. Ob. cit., p. 307.

servação dessa descentralização supõe o respeito à autonomia da empresa pública. Exige que não seja colocada sob a autoridade hierárquica de órgãos ou agentes do Estado (ministros, por exemplo). Dentro dos limites de sua carta constitucional a empresa deve decidir livremente. A autonomia da empresa subsiste se o Estado definir as obrigações das unidades do setor econômico sob a forma de planos gerais. Não é incompatível com uma participação do Estado, limitada e fixada pelo estatuto da empresa, na gestão. Atrai a si diferentes formas de controle pelo Estado, administrativo, financeiro, jurisdicional, parlamentar. Esses controles têm como finalidade verificar se a empresa está sendo gerida convenientemente. Permitem corrigir uma administração infeliz ou irregular".[20]

Por esses e outros ponderáveis fundamentos, admitir-se a falência da empresa pública é reconhecer a falência do Estado, além de pôr-se uma pá de cal em uma entidade criada por lei especial para atender aos mais diversos interesses coletivos e públicos.

III — A empresa em estado de crise econômica

A) A empresa privada de interesse particular

Se a empresa privada de interesse particular passar por dificuldades, mas for econômica e financeiramente viável, deve-se evitar, ao máximo, a sua quebra e conseqüente liquidação e, através de procedimentos extrajudiciais e judiciais e dos meios comuns ao Direito Comercial, deve-se lutar pela sua preservação, observados os seguintes princípios básicos:

1º) lei especial (como acentuado, diferente, por sua natureza, fundamentos, pressupostos, conteúdo e finalidades, da lei de falências ou de liquidação) deve prever um processo judicial de reorganização e um procedimento extrajudicial de reorganização;[21]

2º) os conflitos de direitos e interesses entre os personagens do drama da insolvência, inerentes ao processo judicial, devem ser dirimidos pelo Poder Judiciário, cometendo-se ao Juízo Arbitral o deslinde das controvérsias e decorrentes do procedimento extrajudicial;

3º) as normas, reguladoras do reerguimento, devem, quando se tratar de processo judicial, ter caráter jurídico-processual e também econômico, e, quando se cuidar de procedimento extrajudicial, caráter apenas econômico;

4º) para liderar a reorganização judicial, deve-se preparar uma "magistratura econômica", proba e capaz, consciente de seus deveres e responsabilidades, e, para assessorá-la, criar órgãos de supervisão do processo judicial, formados por credores (comitê de credores) e por empregados (comitê de empregados); na reorganização extrajudicial, o procedimento deve ser capitaneado por uma " empresa saneadora",[22]

20. "Relatório Final da Conferência da Associação Internacional de Ciências Jurídicas", realizada em Praga, de 24 de setembro a 1º de outubro de 1958, item III, conclusão XXIV, in *RDA* 57/492 apud Hely Lopes Meirelles, ob. cit., pp. 307-308.

21. Entre outros, o chamado acordo pré-concursal. Sobre o tema, leia-se o § 4º, item III, letra A, infra.

22. Como em geral os maiores prejudicados financeiramente com a concordata ou a falência da empresa são as instituições financeiras públicas e privadas, pensamos que se poderia imaginar a criação de uma sociedade anônima, em que o capital social seria dividido exclusivamente entre os bancos na proporção de sua participação no mercado. Constituída a empresa saneadora, com profissionais especializados no órgão diretivo, confiado o conselho de administração a representantes dos acionistas, com *pro labore* meramente simbólico ou apenas por sessão do órgão a que comparecessem, ela ficaria encarregada de acudir as empresas econômica e financeiramente viáveis pré-insolventes ou já em estado de insolvência. A primeira providência da empresa saneadora seria mandar realizar uma auditoria na empresa deficitária, ao mesmo tempo em que ela própria ficaria encarregada de preparar um estudo sobre o mercado em que atua a empresa deficitária. Concluída a auditoria e a pesquisa de mercado, a

assistida pelos comitês de credores e empregados;

5º) os interesses das partes envolvidas[23] devem ser disciplinados e compostos segundo os cânones da Justiça cumutativa e

6º) a lei especial de reorganização deve fixar, como meios de recuperação, os comuns ao Direito Comercial.

B) A empresa privada de interesse público e a empresa pública

Em título próprio, a lei especial de reorganização deve cuidar da recuperação da empresa privada de interesse público e da empresa pública, alicerçada nos seguintes fundamentos:

1º) a reorganização econômica, financeira, técnica, tecnológica e gerencial deve gozar de prioridade absoluta, ainda que em detrimento de direitos, privilégios e preferências do devedor e de seus credores;

2º) as soluções para os problemas da empresa devem ser presididas por razões de ordem econômica e social e não jurídico-processual;

3º) as normas reguladoras da reorganização devem inspirar-se nos cânones da Justiça Distributiva e do Direito Público;

4º) deve-se fixar como meios de recuperação os comuns ao Direito Comercial e medidas diversas de administração pública da economia, como veremos no § 3º infra, e,

5º) deve-se prever procedimentos administrativos, procedimentos extrajudiciais e processos judiciais, conforme a solução alvitrada para solver a crise da empresa, como veremos no § 4º infra.

§ 3º. MEIOS PARA REORGANIZAR AS EMPRESAS EM CRISE

De acordo com Joaquin Bisbal Mendez,[24] durante largo tempo o único mecanismo para solucionar a crise da empresa era a quebra, sobrevindo, em data não precisada, "procedimentos para tratamento da iliquidez", que, ao lado da falência, forma o sistema concursal tradicional acentuando que, modernamente, surgiram outros procedimentos concursais, cujo objetivo primordial é a salvação das empresas em crise.

Como ocorreu essa mudança; pergunta o eminente Professor?

Após a 1ª Guerra Mundial, verificou-se que era necessário salvar algumas instituições financeiras e, posteriormente, em outras épocas, salvar instituições de grande porte, ainda que fosse necessário criar privilégios para beneficiar megaempresas nacionais e multinacionais, partindo do fato

empresa saneadora prepararia um plano de reorganização da empresa deficitária, baseado, principalmente: a) na aquisição do controle acionário da empresa deficitária; b) na substituição dos administradores por pessoas selecionadas no mercado; c) na composição amigável com fornecedores, financeiras e empregados, de forma a alongar o perfil da dívida; d) na formação de estoques e captação de novos clientes. O plano de reorganização poderia prever também: 1) aumento do capital social, inclusive capitalização de créditos; 2) cessão da empresa, total ou parcial, inclusive para sociedade constituída pelos credores; 3) associação, fusão, incorporação e cisão da empresa deficitária; 4) cessão, pemuta, locação ou extinção de estabelecimentos; 5) venda, locação ou permuta de bens ou direitos; 6) demissão, licença ou redução da jornada de trabalho de empregados. O plano de reorganização deveria estabelecer prazo para sua execução, prorrogável por deliberação dos membros do conselho de administração da empresa saneadora, findo o qual, recuperada a empresa, suas ações seriam vendidas no mercado. Poder-se-ia também pensar na participação da empresa saneadora apenas como uma prestadora de serviços, quando ficaria responsável pela auditoria e elaboração do plano, a par de um refinanciamento, ficando o devedor responsável pela composição amigável com os credores.

23. A própria empresa, os acionistas empresários ou controladores, os acionistas rendeiros, os acionistas especuladores, os empregados, os fornecedores, os financiadores, os prestadores de serviços, os consumidores, as empresas controladoras, controladas, coligadas ou associadas (como no caso de *joint venture*), o Poder Público e a coletividade.

24. *La empresa en crisis y el derecho de quiebras*, Bolonha, 1986, pp. 35-38.

de que elas interessam à coletividade de trabalhadores e de consumidores e à economia (o custo de implantação de um complexo industrial), ainda que socializando perdas.

Os procedimentos de conservação, anota, inscrevem-se em um panorama mais geral em que se priorizam instrumentos como (a) a direta gestão do Estado, (b) a concessão de créditos oficiais especiais e (c) programas especiais e medidas excepcionais para determinadas empresas, no que se convencionou chamar de Direito Público da Economia que se realiza no âmbito do "espaço jurídico da contratação privada".

Em verdade, podemos aduzir, no final do milênio, devido à complexidade das modernas empresas nacionais e multinacionais, a prática exigiu que, além das corriqueiras soluções da moratória e da concordata preventiva da falência, fossem pensados novos mecanismos de reorganização e saneamento.

Quando uma empresa não mais tem condições de se autofinanciar, quer pelo aporte de recursos dos próprios sócio, quer pela capitalização através de novas ações ou debêntures; quando uma empresa não mais consegue financiamento bancário, por representar um grande risco para o mutuante; quando uma empresa passa por dificuldades gerenciais, em virtude da sucessão do controlador ou de incompatibilidade ou improbidade dos controladores e administradores, as técnicas de aquisição e fusão, respectivamente, *acquisition e merger* (em inglês) ou, ainda, a *joint-venture* (em inglês, literalmente, "união de risco"), podem ser a saída para a crise.

Através das técnicas de aquisição e fusão, uma empresa compra outra após complexíssimo processo de verificação da situação financeira, operacional, de produção, de mercado e da estrutura organizacional da empresa a ser adquirida, formalizando-se o negócio mediante um contrato *pro-forma*, "base para a negociação final", seguindo-se, então, a execução de um "plano de transição",[25] findo o qual a empresa adquirida ou fusionada passará à condição de novo membro do grupo econômico.

Quanto à técnica de *joint-venture*, ela visa à associação, muitas vezes estimulada pelos governos, de duas empresas com o objetivo de unir forças para o desenvolvimento e execução de um projeto específico.

Além das técnicas de aquisição, *merger* e *joint-venture*, outros meios existem para socorrer a empresa, econômica e financeiramente viável, que se encontre em temporária situação de crise, conforme dão conta os eminentes Professores Gerardo Santini[26] e Angel José Rojo Fernandez-Rio,[27] ao esclarecerem que, na Alemanha Federal, na Holanda, na Inglaterra, até 1971, por exemplo, instituições públicas concedem linhas de crédito a médio e longo prazos para as empresas em dificuldades financeiras com o propósito de dar-lhes condições de se recuperarem.

Além do financiamento estatal, outra forma de intervenção do Poder Público tem sido muito eficaz: trata-se de garantias concedidas pelo Estado aos bancos particulares, para que estes financiem as empresas deficitárias, formando-se um consórcio entre os bancos e o Estado.

Ainda é o estado quem acode as empresas insolventes nos casos de estatização, quando a empresa se torna pública, e de promulgação de leis especiais de auxílio, quando a empresa se transforma no único fornecedor dos órgãos públicos.

O mais eficaz meio extrajudicial de reorganização e recuperação da empresa tem sido, todavia, o realizado por órgãos

25. W. Ramussen, *Aquisições, Fusões e Incorporações Empresariais*, Ed. Aduaneira, 1989, pp. 51-144.

26. "Soluciones jurídicas al estado de crisis de la empresa en los sistemas de economia de mercado", in *La Reforma del Derecho de Quiebra*, cit., pp. 41-54.

27. "El estado de crisis económica", in *La Reforma del Derecho de Quiebras*, cit., pp. 136 e ss.

públicos, criados para adquirir o controle da empresa, saneá-la e finalmente revender as ações ao investidor do mercado, de que são exemplos marcantes o *IRI* (Istituto per la Ricostruzione Industriale) da Itália; o *NEB* (National Enterprise Board) da Inglaterra; o *Societé Nationale d'Investissement* da Bélgica; o *FIDG* (Financieringsmasstschpyy Industrieel Garantie Fond) da Holanda; o *Foir Teorant* da Irlanda; as *holdings* industriais da Alemanha; o *IDF* (Institut pour le Développement Industriel), os *CIASI* (Comités Interministériel pour l'Aménagement des Structures Industrielles) e os *CODEF* (Comités Departementaux pour le Financement) da França.

Em nosso anteprojeto de Lei de Reorganização da Empresa, previmos, no art. 80, os seguintes meios de reorganização da empresa:

I – Aumento do capital social, inclusive mediante capitalização de créditos;

II — Cessão compulsória, total ou parcial, de quotas ou ações dos sócios ou acionistas;

III — Cessão da empresa, total ou parcial, inclusive para sociedade constituída pelos credores;

IV — Cessão, permuta, locação ou extinção de estabelecimentos;

V — Venda, permuta ou locação de bens ou direitos;

VI — Moratória, com correção monetária mitigada;

VII — Remissão parcial de dívidas;

VIII — Substituição, temporária ou definitiva, de um ou mais administradores;

IX — Associação, incorporação, fusão ou cisão da empresa;

X — Suspensão ou rescisão de contratos de trabalho, assegurados os direitos dos empregados;

XI — Novos empréstimos e financiamentos e manutenção dos fornecimentos, mediante concessão de privilégios especiais;

XII — Benefícios fiscais e creditícios, oriundos da União Federal, Estado e Municípios, e empréstimos e financiamentos especiais a médio e longo prazos, oriundos de sociedades de economia mista ou empresas públicas, já existentes ou especialmente criadas por lei para esse fim, mediante garantia real de quotas ou ações que compõem o capital social e, se necessário, garantia fidejussória e real de outros bens dos sócios majoritários ou acionistas controladores ou de terceiros;

XIII — Alienação do controle da empresa para órgão, entidade ou empresa já existente ou especialmente criado com a finalidade de reorganizar as empresas em estado de crise econômica e, depois de saneadas, vendê-las em público leilão.

Será utópico[28] ou audacioso[29] pensar-se em financiamentos estatais ou em con-

28. "De las que ahora se inician esperamos un único resultado: que contribuyan a la determinación de una nueva filosofía del Derecho de la crisis económica de la empresa. Esta nueva filosofía, estos nuevos principios, aún no resultan evidentes y claros. Los que tenemos no nos satisfacen, pero en el horizonte aún no han aparecido los perfiles nítidos del Derecho del mañana inmediato. En esta materia — como en tantas otras — el hombre contemporáneo vive en una profunda inseguridad. No tiene dudas acerca de la caducidad de la mayoría de los valores en que se fundamentaban los pilares de la ley; pero, al mismo tiempo, vacila a la hora de la sustitución, temeroso de introducir en el derecho proyectado elementos que carezcan de la suficiente fortaleza para soportar el peso de la nueva normativa. Sólo cuenta con instituciones. Y es ciertamente arriesgado operar com arreglo a ellas" (Adrian Piera Jiménez, "Conferência introdutória", in *La Reforma del Derecho de Quiebra*, cit., p. 26).

29. "Sin duda alguna, la tarea a realizar por la reforma exige parejas dosis de audacia y prudencia. La audacia es necesaria para proceder al câmbio qualitativo del Derecho de la crisis. Un derecho anclado en una visión estática del fenómeno de la insolvencia, y cuya operatividad tiene como presupuesto una economía de unidades de reducidas dimensiones en la que el comerciante tradicional es protagonista principal. Un derecho que desconece a la gran empresa, y en el que están ausentes los intereses público y sociales que el legislador siempre debe proteger, pero más intensamente en los estados críticos. Un derecho impregnado de una concepción primitiva de la insolvencia, en la que el hombre y la empresa quedan

cessão de benefícios e incentivos especiais, como meios aptos, quiçá únicos, de viabilizar a recuperação da empresa privada de interesse público e da empresa pública?

Não, categoricamente não, pois, em nosso país, essa prática acontece amiúde, de que é exemplo marcante, que deve servir de inspiração ao legislador, o socorro do Governo Federal à EMBRAER: como amplamente noticiado pela imprensa comum, a EMBRAER, por duas vezes, obteve dois aportes de recursos da ordem de US$ 400 milhões cada um, o que permitiu a sua restruturação e posterior privatização em 1994, através da alienação de seu controle acionário para o Banco Bozano Simonsen e os fundos de pensão Previ e Sistel, dando conta os relatórios da administração que a EMBRAER: (a) fechará o ano de 1997 com faturamento de R$ 780 milhões, dos quais R$ 600 milhões resultarão de exportações; (b) criará mais de 2.000 postos de trabalho; (c) investirá R$ 500 milhões entre 1998 e 2003; e (d) fará oferta pública de compra de ações ordinárias nominativas aos minoritários, oferecendo-lhes R$ 91,40 por lote de mil ações, quando o preço médio em novembro de 1997, também por lote de mil ações, era R$ 8,41.

Ainda no Brasil, a experiência com o PROES-Programa de Incentivo à Redução Estadual na Atividade Bancária e o PROER-Programa de Estímulo à Reestruturação e ao Fortalecimento do Sistema Financeiro Nacional, só este com recursos da ordem de R$ 20,8 bilhões, demonstra quão útil pode ser o auxílio estatal a empresas em dificuldades.

No exterior, para ficarmos nos exemplos mais recentes, a Coréia do Sul injetou US$ 7,45 bilhões no sistema financeiro para resolver o problema da baixa liquidez, devendo transferir outros US$ 36 bilhões para os bancos cobrirem empréstimos irrecuperáveis, enquanto o Japão, segunda maior economia do mundo, planeja uma mega-emissão de US$ 76,5 bilhões em títulos garantidos por ações de empresas estatais para sanear o sistema bancário, havendo o governo elaborado um projeto de lei que institui um pacote de socorro aos bancos no valor de 30 trilhões de iens ou US$ 238 bilhões, tendo, ainda, o primeiro-ministro Ryutaro Hashimoto anunciado que colocará US$ 200 bilhões à disposição de empresas de pequeno e médio portes por meio de novos programas de concessão de créditos do governo.

Relembre-se, por fim, a atuação do FMI que, nos três últimos meses de 1997, realizou operações de socorro financeiro para a Coréia do Sul, Indonésia e Tailândia no valor de US$ 114 bilhões (US$ 57 bilhões para a Coréia do Sul, US$ 40 bilhões para a Indonésia e US$ 17 bilhões para a Tailândia).

Anote-se, todavia, como assinalou Gerardo Santini, que "todas as medidas hacen surgir naturalmente problemas de planificación y de correcto gasto del dinero público; y si en el plano político y económico puden surgir escándalos, en el jurídico se originan problemas de encaje conceptual, de identificación del sistema, de concreta aplicación de normas que tienen que coexistir, en um mismo ordenamiento, con una legislación preexistente, redactada para tutelar otros interesses. Y puesto que en la base de todo se encuentra um correcto planteamiento del fenómeno económico, resul-

sujetos a le misma suerte. Pero también — decimo — es necesaria la prudencia. Una prudencia que el legislador debe extremar por el hecho de que la nomativa va a incidir sobre entes económicos enfermos o agonizante. Una prudencia que se acentua al considera que la reforma exige modificar preceptos fundamentales del Código Civil y del Código de Comercio, y derogar partes importantes de la legislación procesal, así como un buen número de leyes especiales y de preceptos aislados dispersos en los más variados textos. Una prudencia, en fin, que es propia de toda valoración de intereses en conflicto, en el que algunos deben ser preferidos a otros. Precisamente, en esa valoración resulta fundamental un análisis en términos de costes económicos y sociales de las soluciones técnicas que se arbitren, puesto que, en definitiva, la mejor normativa posible es aquella que menor coste económico y social comporta para la colectividad" (Adrián Piera Jiménez, Conferência cit., e ob. cit., pp. 27-28).

ta necesario partid de éste para intentar una exposición sistemática del modo en que hoy se afronta en los países occidentales la crisis de la gran empresa",[30] fatos, entretanto, que não devem inibir o legislador, mas preveni-lo de forma a regular, de maneira minuciosa e completa, a concessão desses benefícios, incentivos e financiamentos especiais.

§ 4º. PROCESSOS E PROCEDIMENTOS DE REORGANIZAÇÃO DA EMPRESA

I — Classificação dos processos e procedimentos de reorganização

A tradicional dicotomia dos processos falimentares — concordata e falência — deu lugar a uma série complexa e sofisticada de mecanismos concebidos para reorganizar e recuperar a empresa econômica e financeiramente viável, conforme ensino de Gerardo Santini na conferência "Soluciones jurídicas al estado de crisis de la empresa en los sistemas de economia de mercado", in *La Reforma del Derecho de Quiebra*, cit., pp. 35 e ss.

Esses processos e procedimentos podem ser classificados em:

a) parafalimentares;

b) pré-concursais;

c) pré-falimentares; e

d) pós-falimentares.

II — Procedimentos parafalimentares

Os procedimentos parafalimentares são administrativos e extrajudiciais, têm uma ativa e decisiva participação da autoridade pública no seu desenvolvimento e visam a criar condições de a empresa potencialmente importante para o Estado reerguer-se, partindo da idéia de que, para obviar as crises das empresas, em particular das grandes empresas, é indispensável prover a sua refinanciação, o que, as mais das vezes, só é possível fazer-se através do Poder Público, pois é curial que, entrando em dificuldades, a empresa fique sem meios de obter empréstimos e financiamentos e até mesmo de comprar a crédito.

O socorro do Estado às empresas em crise vem através de medidas especiais de salvamento e de leis especiais, como vimos no § 3º supra.

São exemplos de procedimentos parafalimentares na Itália o Decreto-lei 602, de 5.10.1978, e a Lei 95, de 3.4.1979, modificada em 1980 e 1982, e, no Brasil, a Lei 6.024, de 13.3.1974, e o Decreto-lei 2.321, de 25.2.1987.

De acordo com as leis italianas, em especial a lei "sobre a administração extraordinária das grandes empresas" (Lei n. 95, de 1979), procura-se salvar as empresas importantes para a economia do país que já receberam créditos especiais do governo e facilitar o seu financiamento, ficando a cargo do Ministro da Indústria nomear um "supercomissário", como substituto dos órgãos sociais, incumbido de reestruturar a empresa e apresentar um plano de reorganização, para ser submetido à autoridade administrativa encarregada do procedimento. O plano deve prever as garantias estatais para as dívidas contraídas pelo comissário, o modo e o prazo de pagamento aos credores.

No Brasil, pela Lei n. 6.024, de 1974, as instituições financeiras estão sujeitas à intervenção extrajudicial (art. 1º), dela podendo sair se: (a) os interessados, apresentando ao Banco Central as necessárias garantias, tomarem a si o prosseguimento das atividades empresariais ou (b) quando a critério do Banco Central, a situação da entidade se houver normalizado (art. 7º).

Ex vi do Decreto-lei n. 2.321, de 1987, o Banco Central pode decretar, em defesa das finanças públicas, o regime de administração especial temporária de instituições

30. Conferência cit., ob. cit., pp. 41-42.

financeiras privadas e públicas não federais, sem prejuízo do curso regular dos negócios da entidade e de seu funcionamento normal, embora sejam afastados de imediato os administradores e membros do conselho fiscal, nomeando-se um conselho diretor com plenos poderes de gestão, cessando a intervenção (a) se a União Federal assumir o controle da instituição, (b) nos casos de fusão, incorporação, transformação, cisão ou transferência do controle acionário e (c) quando, a critério do Banco Central, a situação se houver normalizado (art. 14).

III — Procedimentos pré-concursais

A) Acordo pré-concursal

a) Síntese histórica

Como escrevemos alhures,[31] o acordo pré-concursal tem suas raízes no direito estatutário, embora haja quem identifique no *pactum et minus solvatur* sua origem mais remota, constituindo-se, desde então, em uma solução econômica, simples e rápida para os problemas do devedor em dificuldades financeiras, merecendo especial referência à disciplina, tanto da concordata judicial, quanto da concordata extrajudicial, na República de Veneza, berço do movimento, que se expandiu e chegou aos dias de hoje, de tutelar os direitos do devedor, ao contrário do sistema até então adotado de proteger-se apenas os direitos do credor, pois se via o falido como um *fugitivus*.

Nas demais cidades, como anota Frascaroli Santi, embora não regulado em lei, o acordo pré-concursal era muito utilizado na prática mercantil, sem o controle e sem a intervenção do magistrado.

Durante os séculos XVI e XVII, foram comuns os acordos entre devedor e seus credores, com o fim de alongar os prazos de pagamento e/ou obter o devedor remissão parcial dos débitos, sendo que a Ordenança Francesa de 1673, no artigo 6º, previa a realização da assembléia geral de credores para discussão e deliberação sobre a proposta ao devedor, considerando-se aprovada se contasse com votos de três-quartos dos credores.

Na Itália, o Código de Comércio de 1882, no artigo 825 e ss., estabelecia regeras sobre o acordo extrajudicial na moratória e na quebra, tendo a Lei 197, de 24.5.1903, suprimido a moratória posterior à quebra, não havendo o Decreto-lei 267, de 16.3.1942, ainda em vigor, cuidado do assunto, o que levou Satta a afirmar que o devedor não pode ser declarado falido se todos os credores concordarem em conceder-lhe moratória e Petrucci a doutrinar que o acordo pré-concursal, mesmo durante o regime da Lei 197/1903, teve uma rica elaboração dogmática e jurisprudencial, informada, sobretudo, pelas normas da concordata amigável da falência, logrando-se, com o tempo, formular uma "teoria geral da concordata extrajudicial".

b) Direito comparado

A Lei de Falências do Chile, de 2.7.1931, nos artigos 138 a 141, prevê o convênio extrajudicial, estabelecendo que ele deve ser aprovado pela unanimidade dos credores e que o devedor deve apresentar um minucioso relatório sobre a situação dos negócios, instruído com o balanço patrimonial.

A Lei de Falências do Peru, de 2.8.1932, admite o convênio extrajudicial, que tem por fim facilitar a liquidação da empresa, mas não evitar a declaração de falência.

Na Colômbia, o Decreto 350, de 16.2.1989, no capítulo 11, disciplina o acordo privado concordatário, celebrado entre devedor e seus credores, para impedir a declaração da falência, dentro de um procedimento judicial.

No Uruguai, por força da Lei 5.392, de 25.1.1916, há a concordata preventiva

31. *Direito Concursal*, Forense, 1996, pp. 33-41, e o *Moderno Direito Concursal*, Dinigraf, 1996, pp. 24-29.

extrajudicial e a concordata privada, tendo a Lei 8.045, de 11.11.1936, reformulado a concordata preventiva, tornando-a mais liberal que a extrajudicial.

Na Argentina, a Lei 22.917, que reformou a Lei 19.551, criou o "acordo pré-concursal", com vistas a fazer desaparecer o estado de dificuldades econômico-financeiras ou cessar a inadimplência do devedor, sem o recurso ao Poder Judiciário.

Nos demais países latino-americanos, porque seguiram a orientação do direito francês, só há a concordata judicial, para evitar a falência ou para suspendê-la.

Na Europa, inúmeros países, quer através de novas leis, quer de projetos recentes, quer em virtude da prática mercantil, têm prestigiado o acordo pré-concursal.

Na Inglaterra, a Lei de Insolvência de 1986 prevê "com o objetivo de reduzir o número de quebras, que sejam facilitados os acordos voluntários entre devedores e seus credores".

Na Bélgica, há um projeto que pretende instituir o regime de prevenção e assistência às empresas em dificuldades, que permite a adoção de medidas destinadas a descobri-las a tempo e saneá-las, quando possível.

Na Noruega, pela Lei de 8.6.84, devedor e credores podem negociar as dívidas, para evitar a quebra; se não obtiverem êxito nas negociações, o devedor pode ajuizar a concordata preventiva judicial.

Na Suécia, a legislação oferece três tipos de solução: a concordata extrajudicial, sem a participação do juízo, que deve contar com o acordo unânime dos credores; a concordata judicial, com a participação de um curador nomeado pelo juiz, que depende da concordância de todos os credores; a concordata pública, que apenas requer a aprovação da maioria dos credores.

Na Itália e na Alemanha embora sem previsão legal, é comum o acordo pré-concursal, com fundamento no princípio da liberdade contratual.

Na América do Norte desde o Chandler Act de 1938 até a Lei 1978, é corriqueira a solução preventiva do saneamento da empresa em dificuldades.

No Japão, na esteira do direito norte-americano, é freqüente a utilização de medidas extrajudiciais para a crise da empresa, porque lá a falência é um acontecimento escandaloso, que atinge não só a pessoa do falido, como a de sua família, seus descendentes e até mesmo os colaterais.

O acordo pré-concursal é um contrato inominado, celebrado entre o devedor e seus credores, com a finalidade de evitar a falência e de criar condições de reerguimento da empresa em estado de crise econômica.

c) Características

O acordo pré-concursal tem natureza contratual, pois se aperfeiçoa pelo mútuo consenso das partes, não os impulsionando qualquer coação estatal, mas tão-somente o propósito de compor, da melhor maneira possível para todos, o conflito real ou potencial de interesse entre o devedor e seus credores e, até mesmo de credores entre si, preservando-se, ademais, o interesse social, através da manutenção das atividades empresariais.

É extrajudicial, porque celebrado sem a participação ou interferência do Poder Judiciário.

É consensual, porque se conclui pela simples manifestação de vontade das partes, prescindindo de qualquer formalismo.

É oneroso, porque há vantagens recíprocas para os contratantes; para o devedor, eventual redução das dívidas, dilação de prazos ou medidas outras que lhe atenuem as obrigações, possibilitando-lhe continuar a desenvolver as suas atividades; para os credores, o robustecimento de suas respectivas posições, de forma a incrementar as possibilidades de efetivo recebimento dos seus créditos.

É informal, porque às partes é facultado regular seus interesses da maneira que lhes aprouver.

É preventivo, porque visa prevenir a falência.

É individual, porque só obriga os signatários, em função do princípio da relatividade, segundo o qual os efeitos dos contratos se circunscrevem, afora expressa disposição legal, às partes que o celebram.

É aberto, porque os credores não signatários podem a ele aderir quando quiserem.

d) Pressupostos

São pressupostos do acordo pré-concursal:

a) um devedor em estado de crise econômica;

b) credores que aceitem, no todo ou em parte, a proposta de composição formulada pelo devedor para superar as dificuldades em que se encontrava;

c) um plano de reorganização, que demonstre ser econômica e financeiramente viável a recuperação.

e) Finalidades

O acordo pré-concursal tem por objetivo evitar a declaração da falência e criar condições de o devedor reorganizar-se e recuperar-se, como diz Rocco, "de forma privada e amigável, sem dispêndio, sem demora e, especialmente, sem a embaraçante publicidade de um procedimento judicial".

f) Aplicação prática

Para a sua aplicação prática, permitimo-nos sugerir a discussão da seguintes idéias básicas:

1ª) Ser extrajudicial, com a finalidade de obter-se economia de custo e tempo; preventivo, para evitar a declaração de quebra, mesmo depois de ter havido protesto; informal, com plena liberdade de as partes convencionarem o que melhor lhes aprouver, consoante os princípios da soberania dos sujeitos privados, da autonomia da vontade das partes e da disponibilidade dos direitos patrimoniais; individual, para só obrigar os signatários, e aberto para possibilitar futuras adesões.

2ª) Antes de propor o acordo a seus credores, a empresa deve:

a) elaborar demonstrações financeiras, que exprimam com clareza a sua situação patrimonial, submetendo-as a auditor independente;

b) elaborar relatório sobre os negócios sociais e os principais fatos administrativos dos três últimos exercícios;

c) elaborar lista nominativa de todos os credores, inclusive fiscais e parafiscais, especificando as respectivas garantias, se houver, e reavaliar as contas do ativo permanente e

d) pela maioria de seus sócios, reunidos em assembléia geral, aprovar a proposta de acordo.

3ª) A proposta de acordo, a ser submetida aos credores, deve especificar:

a) a natureza das dificuldades e os meios e modos de superar a crise;

b) se o ativo é superior ao passivo exigível;

c) se oferecerá garantias reais;

d) se pretende obter apenas moratória ou também remissão parcial das dívidas, especificando as condições e prazo de pagamento e se a proposta compreende as dívidas vencidas ou também vincendas, podendo a proposta abranger outras medidas de reorganização, como, *v.g.*, aumento do capital social mediante capitalização de créditos; cessão da empresa, total ou parcial; cessão, permuta, locação ou extinção de estabelecimentos; venda, permuta ou locação de bens ou direitos;

e) se concorda que os credores nomeiem um profissional de reconhecida idoneidade moral e financeira e capacidade técnica para assistir à direção da empresa;

f) se o objetivo é a reorganização e saneamento da empresa ou apenas liquidar o passivo exigível.

4ª) Cumpridas essas três etapas, a empresa deve convocar os credores, por carta, com aviso de recebimento, para se reunirem em assembléia geral, em local, dia e hora designados com antecedência de, pelo menos, dez dias.

5ª) Reunidos em assembléia geral, os credores deliberarão, por maioria de dois-terços, sobre a proposta de acordo da empresa, lavrando-se a respectiva ata.

6ª) Ao deliberarem em assembléia geral, os credores decidirão também a respeito da suspensão das ações e execuções contra a empresa e da continuação dos fornecimentos e financiamentos.

7ª) A ata da assembléia geral de credores e a ata da assembléia dos sócios serão arquivadas no Registro do Comércio.

B) Prevenção das dificuldades

A Lei 84-148, de 1.3.84, trata, na França, da prevenção das dificuldades das empresas, através (a) de informações sobre as atividades empresariais e (b) da concessão de financiamentos.

A prática tem demonstrado que grande parte dos problemas enfrentados pelas empresas poderiam ser eliminados caso houvesse informações suficientes sobre a sua situação econômica e financeira, daí porque a lei buscou melhorar a informação já existente, (1) prevendo a obrigatoriedade, nos grupos de sociedade, da publicação, em documento único, das contas de todas as empresas do grupo, (2) garantindo maior independência do *comissaire aux comptes* encarregado da auditoria nas contas da empresa e (3) estabelecendo a obrigatoriedade de depositar as contas anuais da sociedade em cartório, garantindo maior publicidade à informação.

Porém, não se ateve o legislador francês à previsão de informações voltadas para o passado, pois criou dispositivos que permitem aos interessados tomar conhecimento de dados atualizados sobre a situação financeira da sociedade, que, projetados, permitem uma avaliação segura sobre as perspectivas futuras.

A grande inovação da Lei 84-148 consiste no caráter preventivo das informações, dadas a conhecer ao *comissaire aux comptes,* a um representante dos empregados e ao conselho de vigilância (*conseil de surveillance*), que têm o dever de sobre elas manter sigilo, para evitar quaisquer tipos de abalo à credibilidade da empresa. Estas informações consubstanciam-se (1) em demonstrativos do ativo realizável e disponível e do passivo exigível (terminologia criticada pela doutrina francesa, porquanto não há que se falar em passivo exigível sem cessação de pagamentos, nem se compreende o que o legislador quis dizer com ativo realizável (cf. Yves Guyon, *Droit des Affaires*, Ed. Economica, 3ª ed., 1991, p. 49), (2) em um quadro de financiamento contendo os recursos disponíveis e (3) nos gastos realizados no exercício anterior, além da divulgação de um plano de financiamento, quando houver. Para garantir o sigilo, tais informações preventivas somente são reveladas aos acionistas por ocasião das assembléias gerais (do contrário, nas companhias que contarem com um número grande de acionistas, poderia haver a divulgação precipitada de informações que porventura aumentasse as dificuldades existentes). É certo que, divulgados os dados na assembléia geral, não mais se pode falar em sigilo, posto que o universo de pessoas abrangidas inviabiliza qualquer pretensão neste sentido.

A existência deste tipo de contabilidade preventiva é obrigatória nas empresas ditas importantes (que tenham movimentação anual superior a 120 milhões de francos ou empreguem mais de 300 trabalhadores) e facultada às demais, que podem, inclusive, aderir a grupos de prevenção encarregados da análise, juntamente com a Banque de France, das dificuldades encontradas.

A Lei 84-148 instituiu, também, um especial procedimento de aumento de capital, para reforço dos fundos das empresas, notadamente com a criação de novos valores mobiliários, como os ditos compostos ou inominados, mesclando as características de outros títulos (direito de voto, direito a dividendos prioritários etc.), cuja emissão recebe incentivos fiscais ou certificados de investimento, conferindo prerrogativas pecuniárias ao acionista sem direito a voto.

Ademais, previu a lei a convocação de assembléia geral extraordinária quando for verificado que o ativo realmente disponível é inferior à metade do capital social, deliberando-se, então, se haverá dissolução ou continuação da sociedade. Optando-se pela continuação, a Lei 84-148 concede dois anos de prazo para novos aportes de capital, até o ativo atingir a metade do capital social. A reforma promovida pela recente Lei 94-475 acentuou a importância da prevenção, tornando-a a *pièce maîtresse* capaz de representar verdadeira alternativa à recuperação judicial.[32]

C) Regulamento amigável

Cuidou, ademais, a Lei francesa 84-148 do "Regulamento Amigável", de eficácia limitada, porquanto necessita de acordo entre o devedor e seus credores para ter sucesso.

A par das mencionadas iniciativas de caráter individual, a Lei 84-148 instituiu um procedimento coletivo extrajudicial — o regulamento amigável — em que se requer ao Presidente do Tribunal do Comércio a designação de um conciliador, para, nas hipóteses de empresas cujas necessidades de curto prazo não possam ser satisfeitas por financiamentos, sendo, todavia, suscetíveis de se recuperar, negociar condições mais favoráveis de pagamento com os principais credores.

Não se faz necessária a participação de todos os credores no regulamento amigável, tampouco são os mesmos forçados a aceitar as condições propostas. No entanto, para que a iniciativa seja bem-sucedida, é mister a colaboração dos principais credores; do contrário o regulamento amigável seria apenas uma forma de prolongar a agonia da empresa antes da instauração do procedimento em juízo.

O acordo deve ser homologado pelo Presidente do Tribunal, como estabelecido pela Lei 94-475, que reintroduziu a possibilidade de suspensão provisória das demandas judicias contra a empresa, mediante requerimento feito pelo conciliador ao Presidente do Tribunal do Comércio. Essa iniciativa, implantada em 1967, havia desaparecido com as Leis 84-148 e 85-98, ressurgindo com a reforma de 1994.

Por fim, o não-cumprimento dos encargos financeiros do regulamento amigável enseja a instauração do processo judicial de recuperação.

IV — Processos pré-falimentares

A) Sistema francês

a) A abertura do processo

A Lei 85-98 manteve o critério da interrupção dos pagamentos, fato caracterizador da abertura do processo de recuperação judicial do devedor.

Qualquer pessoa, física ou jurídica, de direito privado está a ele sujeita, excluindo-se apenas as sociedades ditas ocultas e as sociedades de fato, nas quais o processo é aberto em relação a seus sócios.

As pessoas físicas podem ser submetidas à recuperação judicial como conseqüência de outro processo, nas hipóteses

32. Alain Couret, *La réforme du droit des entreprises en difficultés*, Ed. Montechrestien, 1995, p. 13.

de responsabilidade solidária dos diretores, quando verificar a obtenção de vantagens pessoais em detrimento da empresa ou de haverem sido condenadas a cobrir o passivo, sempre que não executarem espontaneamente a condenação.

Ademais, a Lei Neiertz, de 31.12.89, criou a possibilidade de particulares requererem o benefício de um regulamento amigável civil (em hipóteses tão comuns no dia-a-dia, como a impossibilidade de honrar crediários etc.), o qual, caso descumpridos seus encargos, dará origem à recuperação judicial.

Apenas os profissionais liberais não se incluem nestas hipóteses, pois os procedimentos coletivos não se aplicam às suas dívidas profissionais, exceção esta cuja razão de existir a doutrina francesa ainda não conseguiu vislumbrar.

O artigo 4º da Lei 85-98 foi expresso ao estabelecer que dívidas de qualquer natureza (civil ou comercial) ensejam a recuperação judicial, bastando a efetiva comprovação da interrupção dos pagamentos. Hipótese interessante é aquela contemplada pela jurisprudência francesa, reconhecendo a possibilidade de se iniciar o processo de recuperação sempre que os pagamentos estiverem sendo mantidos em dia de modo artificial, ruinoso ou fraudulento, visto que estaria configurada na verdade, uma interrupção de pagamentos disfarçada.

Têm legitimidade para requerer a recuperação 1) o devedor, mediante o depósito do balanço em cartório, detalhando a real situação jurídica, financeira e social da empresa, no prazo de quinze dias da interrupção dos pagamentos, e 2) o credor, não importando a natureza do crédito ou a existência de benefício de ordem, sendo necessário apenas que a dívida seja líquida, certa e exigível.

Tem, por igual, legitimidade, em casos excepcionais, o Ministério Público, prevendo-se, também, dentro da idéia de formação de uma magistratura econômica, capaz de bem analisar e compreender o funcionamento das grandes empresas, a possibilidade de abertura do processo por determinação *ex officio* do Tribunal do Comércio.

Almejando evitar custos demasiado altos para os processos de menor vulto, envolvendo pequenas empresas e pessoas físicas, foi previsto um procedimento simplificado, contrapondo-se ao regime geral, aplicável às empresas cujo número de empregados não exceda cinqüenta e, cumulativamente, tenham um volume de negócios inferior a 20 milhões de francos. Nele, os prazos são mais curtos e não há a necessidade de um número grande de pessoas envolvidas no processo. Há, outrossim, a possibilidade de conversão do procedimento simplificado em comum, sempre que se entender que tal ato virá a favorecer a recuperação do devedor.

Após a oitiva obrigatória do devedor, do representante dos trabalhadores e, quando anteriormente houver existido um regulamento amigável, do conciliador, o Tribunal, com base em elementos econômicos (perspectivas de recuperação, garantia dos empregos etc.), e nas informações de que dispuser, decide pela continuação, cessão ou liquidação da empresa.

A sentença estabelece o período suspeito, fixando a data da interrupção dos pagamentos (no prazo máximo de 18 meses da data do início do processo), e o procedimento a ser seguido.

Nessa ocasião, são nomeados os órgãos que atuarão na recuperação, como o juiz-comissário, o administrador judicial, o representante dos credores e o perito, assegurando-se aos empregados a indicação de seu representante.

Destaca-se a figura do juiz-comissário, considerado o verdadeiro "maestro do novo processo"[33] pela amplitude das suas funções, que vão desde zelar pela rapidez

33. Derrida, Godfé et Sortais, *Redressement et Liquidation Judiciaire des enterprises*, 3ª ed., Dalloz, 1991, p. 25.

do processo e pela proteção dos interesses envolvidos até a fiscalização do administrador e do representante dos credores e a participação, junto com os mesmos, na elaboração do balanço econômico e social da empresa.

b) O período de observação

É a grande inovação da lei francesa de 25 de janeiro de 1985.

É durante o seu desenrolar que, através da elaboração de um balanço econômico e social, se extrairão elementos concludentes acerca da real possibilidade de recuperação da empresa.

A duração do período de observação, prevista inicialmente no art. 8º da Lei 85-98, foi alterada com a recente reforma promovida pela Lei 94-475, de 10 de junho de 1994. A nova redação do citado artigo 8º estabeleceu que a fixação do prazo será feita mediante decreto do *Conseil d'État*.

O Decreto 94-910, de 21 de outubro de 1994, veio fixar o prazo, mantendo a duração inicial de 6 meses, no regime geral, prorrogável por mais 6 meses mediante requerimento do devedor, do administrador, do MP ou do ofício pelo Tribunal. A mudança levou à fixação de um prazo máximo de 8 meses para a hipótese de uma segunda prorrogação, a pedido da Procuradoria da República, sendo, portanto, de 20 meses o tempo máximo de que se dispõe para a elaboração do plano de recuperação da empresa.

Para que ocorram as prorrogações, o Decreto 95-910 estabeleceu a necessidade de designação, pelo Presidente do Tribunal do Comércio, de uma audiência, no máximo até 10 dias antes do prazo fatal, convocando-se o devedor, os representantes de empregados e credores e dando-se ciência à Procuradoria da República.

Já no procedimento simplificado, foi mantido o prazo máximo de 8 meses de duração previsto pela Lei 85-98. A grande mudança foi a supressão do período de pesquisa, que, inicialmente, precedia a abertura do período de observação, unificando-se o procedimento.

O grande objetivo desta fase do processo é a elaboração de um plano de recuperação da empresa, a cargo do administrador judicial designado pelo Tribunal. Para tanto, o administrador elabora, de início, um balanço na maioria das vezes acompanhado de um perito, que deve, além de abranger a questão econômica (contábil e financeira), enfocar o lado social, indicando a situação do emprego, e jurídico, dando notícia da existência de litígios e da validade dos contratos.

Finalmente, traçada com fidelidade a situação da empresa, deve o administrador apontar precisamente onde considera estar a origem das dificuldades enfrentadas e, só então, partir para as soluções possíveis, a serem expostas no plano de recuperação.

O administrador funciona como um verdadeiro negociador, sua missão consistindo, nas palavras de Yves Guyon, em "susciter les bonnes volontés" do devedor, principalmente nos casos de continuação da empresa, dos credores, persuadindo-os a aceitar os sacrifícios que o Tribunal não lhes pode impelir, e de terceiros, principalmente daqueles que financiarão a recuperação.

Dessas negociações surge o plano de recuperação, estabelecendo (a) os prazos para pagamento dos credores, sem limite fixado pela lei; (b) as dívidas eventualmente perdoadas (não se pode impor a remissão aos credores, esta deve resultar de acordo); (c) as garantias dadas pelo devedor à execução do plano (ex. previsão de aumentos de capital etc.) e (d) a venda de elementos do ativo. Devem ser explicitadas, também, as medidas para a reorganização estrutural da empresa, nelas incluídas possíveis demissões de empregados, em casos excepcionais.

Durante todo o período de observação, a exploração da atividade empresarial continua, seja sob o comando do próprio devedor ou dos diretores da empresa, seja com o administrador judicial à sua frente, nos moldes fixados pela sentença de abertura desta fase processual. No procedimento simplificado, não há designação de administrador judicial, ficando, portanto, a gestão a cargo do devedor ou dos diretores da empresa.

Quanto aos credores, devem habilitar seus créditos no prazo máximo de 2 meses, contados da publicação da sentença de abertura, sob pena de serem declarados extintos. Somente na hipótese de dívidas com o Tesouro ou a Seguridade Social, ainda não conhecidas, e em caso de se optar pela liquidação da empresa, se admite uma dilação desse prazo. A Lei 85-98 prevê, ainda, a suspensão dos processos individuais e a inexigibilidade dos juros sobre o valor dos créditos após a declaração de abertura do processo de recuperação.

Durante todo o desenrolar do período de observação, o Tribunal, verificando a impossibilidade de recuperação, pode decidir por seu encerramento e pelo início imediato da liquidação da empresa.

c) A fase definitiva

Ao final do período de observação, o Tribunal profere nova sentença, devendo decidir, com base no relatório do administrador, (a) pela adoção do plano de recuperação, quando, então, oficializará as propostas nele contidas, podendo mesmo modificá-las, dilatando, p. ex., os prazos previstos para pagamento dos credores, ou, caso verifique a inviabilidade da atividade empresarial, (b) pela liquidação judicial.

Feita a opção pela liquidação, constatando-se o fracasso de todo o processo, cujo objetivo precípuo é a salvaguarda da empresa, o Tribunal nomeia um liquidante, que normalmente é o representante dos credores. Excepcionalmente, pode-se autorizar o prosseguimento da atividade empresarial, para assegurar o cumprimento dos contratos e esgotamento dos estoques, cumprindo ressaltar que a liquidação pode ser decidida no início do processo, caso haja provas cabais de que a situação de degradação é irreversível e a empresa irrecuperável, visando, assim, evitar maiores prejuízos.

Caso prossiga a recuperação, o Tribunal estabelecerá se a empresa deve permanecer sob a gestão de seus diretores ou se deve ser cedida a terceiros, nomeando, também, um comissário encarregado da execução do plano.

Além do destino a ser dado à empresa, a sentença deve fixar a forma como o passivo será apurado e os credores resssarcidos, cabendo ao Tribunal fixar os prazos de pagamento, homologar as eventuais remissões concedidas pelos credores, incluindo-se a Fazenda e a Seguridade Social, e oficializar as medidas previstas no plano de recuperação da empresa.

Na hipótese de liquidação, a Lei 85-98 confere uma maior liberdade de procedimento a cargo do liquidante, particularmente quanto à venda dos bens em hasta pública, autorizando-o a ceder algumas unidades de produção rentáveis, mediante apuração da melhor oferta, ou até mesmo optar pela venda de bens isolados, fazendo-se a alienação judicial apenas em último caso, tudo no intuito de assegurar uma maior rapidez ao processo.

d) Conclusões

A Lei 85-98 rompeu com o sistema tradicional das falências e concordatas, com o escopo de minimizar os prejuízos sofridos pelos credores, pois veio estabelecer normas que visam principalmente a assegurar a sobrevida das empresas.

Para tanto, prevê um período de observação — e esta é a sua maior contribuição ao moderno Direito Concursal — que possibilita realizar uma real avaliação das condições da empresa.

Outros institutos polêmicos, como a declaração de extinção dos créditos não-habilitados tempestivamente ou a não-fixação de um prazo-limite para o pagamento dos créditos, podem soar como verdadeira heresia aos ouvidos daqueles que se preocupam somente com o imediatismo, não percebendo que a total satisfação dos créditos, seguida da quebra da empresa, traz conseqüências bem mais graves, podendo afetar os próprios credores ressarcidos e atingir toda a coletividade.

Por esta razão, deve-se considerar a lei francesa de 1985 como um real avanço, publicizando institutos anteriormente considerados apenas sob a ótica privada, sempre objetivando a manutenção da atividade empresarial e do nível de empregos.

A reforma operada pela Lei 94-475, oito anos após a edição da Lei 85-98, ocorreu em função da constatação de que, malgrado seu espírito inovador, a Lei 85-98 não atingiu plenamente seus objetivos, demonstrando as estatísticas que 95% dos processos terminaram em liquidação judicial, enquanto a porcentagem de créditos quirografários recuperados não passou dos 5%. Estes dados permitem concluir que o novo direito dos procedimentos coletivos não conseguiu reduzir o número de falências na economia francesa, duramente afetada pela crise econômica internacional, sobrelevando notar que algumas mudanças trazidas pela reforma de 1994, limitando os sacrifícios impostos aos credores, podem mesmo inviabilizar a recuperação de muitas empresas, tornando mais fácil a liquidação judicial.

Contudo, e isso é o que efetivamente importa, o objetivo de reorganizar, sanear e recuperar a empresa permanece inalterado. No entanto, para atingi-lo, faz-se necessária uma mudança da atuação dos magistrados, que devem passar a analisar a matéria sob um enfoque econômico, em detrimento das filigranas jurídicas. Também o Estado há de ter um papel ativo no processo, concedendo incentivos, empréstimos e remissão de dívidas, assim como os credores, que devem preocupar-se menos com o ressarcimento total e imediato de seus créditos, privilegiando soluções de médio e longo prazos, que permitam a continuidade do devedor e, em conseqüência, de seu cliente, o que só será possível mediante a comunhão de esforços de todos os envolvidos no processo.

B) Sistema italiano

a) Legislação em vigor em matéria de recuperação econômica da empresa

A Itália, em plena Segunda Grande Guerra, além de unificar, em um único Código, a legislação civil e a comercial, promulgou, também, um novo Código de Processo Civil e deu um novo tratamento ao Direito falimentar, através da RD n. 267, de 16 de março de 1942, em vigor desde 21 de abril de 1942, revogando, destarte, o Livro 3º do Código Comercial e fazendo surgir a figura da administração controlada, conforme se verifica dos artigos 187 a 193.

O artigo 187 estabelece que "o empresário que se encontra em temporária dificuldade de adimplir suas obrigações, recorrendo à condição prevista no art. 160, nos ns. 1, 2 e 3 do § 1º, e comprovando possibilidade de saneamento da empresa, pode requerer ao Tribunal o controle da gestão de sua empresa e da administração de seus bens a fim de garantir os interesses de seus credores por um período não superior a 2 anos. O requerimento obedece à forma estabelecida no art. 161".

Segundo Ferri, o legislador de 1942 impôs ao empresário uma condição objetiva de admissibilidade do processo de administração controlada, ao limitar a utilização do instituto exclusivamente à hipótese de ele encontrar-se em temporária dificuldade de adimplir as suas obrigações, esclarecendo, mais, que o novo instituto não pode beneficiar o empresário que demonstre estar em situação de irremediável e definitiva insolvência, daí tirando a conclusão de que o processo de administração controlada se contrapõe ao de insolvência.[34]

34. Ferri, Giuseppe, *Manuale di Diritto Commerciale*, Roma, Ed. Utet, 5ª ed.

Ferrara, a sua vez, distingue a falência da administração controlada e da concordata porque, na administração controlada, assim como na concordata, o objetivo é tornar possível o adimplemento do devedor; naquela, fixando um período de espera de no máximo dois anos, mantidos os débitos originários; nesta, diminuindo os débitos, com novas datas de vencimento; a falência, ao contrário, apenas tem em vista a realização dos direitos dos credores, mediante a realização do ativo e do pagamento do passivo, através da liquidação do patrimônio da empresa.

Distingue, ainda, Ferrara a administração controlada da concordata preventiva porque: "... a primeira propõe-se à reconstrução da solvência do empresário por meio do afluxo de novos bens ao seu patrimônio, afluxo este que se prevê provável e próximo; e a segunda propõe-se ao contrário a pagar todos os credores".[35]

O artigo 188, à sua vez, dispõe que "o Tribunal, se presentes as condições estabelecidas na lei e se o empresário merecer o benefício, admite-o ao procedimento da administração controlada através de despacho não sujeito a recurso. No despacho, o Tribunal: (1) nomeia um juiz para o processo; (2) ordena a convocação dos credores no prazo de 30 dias, fixando o seu término; (3) nomeia um comissário judicial de acordo com as disposições dos artigos 27, 28 e 29; (4) limita a 8 dias o prazo para o requerente depositar as custas processuais. O despacho é publicado de acordo com a norma do artigo 166 e produz os efeitos previstos nos artigos 167 e 168. São aplicáveis as disposições dos arts. 164, 165, 170 e 173".

Assinale-se que o comissário deverá ser escolhido entre os inscritos nas listas de advogados, procuradores, doutores comerciais e contadores, somente em casos especiais, mediante despacho motivado, poderão ser nomeadas pessoas não inscritas.

O artigo 189, a seu turno, estatui: "Assembléia de Credores — à deliberação dos credores se aplicam as disposições dos arts. 174, 175, 176, 1º parágrafo, 177, 4º parágrafo, 178, parágrafos 1º, 2º e 3º. Admite-se, para todos os efeitos, os votos dados por carta ou telegrama, contanto que cheguem antes do encerramento da assembléia. A proposta do devedor é aprovada quando recebe voto favorável da maioria dos credores que representem a maioria dos créditos, excluídos os credores com direito de preferência sobre os bens do devedor. Se a maioria não for alcançada, cessam os efeitos do decreto de admissão ao procedimento".

O artigo 190, sob o título "providências do juiz delegado", determina que, "se a maioria prescrita é alcançada, o juiz delegado, levando em conta o parecer dos credores que compareceram à assembléia, nomeia uma comissão de 3 a 5 credores para assistir ao comissário judicial. Contra decisão do juiz delegado admite-se reclamação da parte de qualquer interessado, no prazo de 10 dias. O Tribunal decide em Câmara de Conselho por decisão não sujeita a recurso".

O artigo 191, sob a epígrafe "poderes e gestão do comissário judicial", esclarece que, "durante o procedimento, o Tribunal, a pedido de qualquer interessado ou de ofício e ouvida a comissão de credores, pode, por decisão não sujeita a reclamação, entregar ao comissário judicial — no todo ou em parte — a gestão da empresa e a administração dos bens do devedor, fixando-lhe os poderes. A decisão é publicada na forma do artigo 166. Em tal caso, o comissário, ao fim de seu trabalho, deve apresentar relatório de sua administração, na forma do art. 116".

O artigo 192 prevê que, além do relatório mencionado no artigo 191, "o comissário judicial apresentará a cada 2 meses relatório ao juiz delegado sobre o andamento da empresa. O comissário judicial e a comissão de credores devem denunciar ao juiz delegado os fatos que autorizam a revogação da administração controlada. Se em qualquer momento ficar demonstrado que a administração controlada não pode levar a

35. Ferrara, Francesco, *Il Fallimento*, Milão, Ed. Giuffrè, 1974, 3ª ed., p. 223.

empresa a bom termo, o juiz delegado submete ao Tribunal a declaração de falência, assegurado ao empresário o direito de requerer concordata preventiva de acordo com as disposições do título precedente".

O artigo 193 cuida do encerramento do procedimento da administração controlada, ao dizer que "o devedor, que demonstrar ter condições de adimplir com suas obrigações, pode requerer ao Tribunal, antes do término do prazo estabelecido para a administração controlada, a cessação do procedimento. Neste caso o Tribunal decide com o decreto publicado de acordo com a norma do art. 17.

"Se ao término da administração controlada resultar que a empresa não tem condições de adimplir regularmente com suas obrigações, se aplica o 3º parágrafo do artigo precedente."

b) Natureza jurídica da administração controlada

Segundo opinião dominante, trata-se de um procedimento judicial civil de caráter concursal, de natureza cautelar, que o legislador põe à disposição do empresário quando se verificar ser iminente a declaração de falência da empresa em virtude de temporária dificuldade financeira, que a impossibilita adimplir compromissos com vencimento certo.

Outra corrente sustenta a tese de tratar-se de um procedimento de jurisdição voluntária.[36]

Outras, absolutamente minoritárias, entendem que se trata de "seqüestro convencionado do patrimônio do empresário",[37] "inspeção judicial sobre o patrimônio do empresário",[38] "contrato judicial de transação"[39] e "processo executivo especial".[40]

36. Pazzwglia, *L'Amministrazione Controllata*, pp. 23 e ss.

37. Azzolina, III, pp. 1.677 e ss.

38. Candian, t. 56, p. 157.

39. Ferrara, p. 153.

40. Pajardi, pp. 782 e ss.

c) Finalidade da administração controlada

A função da administração controlada é o saneamento da empresa, para que ao final do procedimento judicial ela volte a ser uma empresa viável com capacidade de cumprir as suas obrigações. Por tal razão é que como condição de admissibilidade ao procedimento a crise econômica deve ser temporária, e não caracterizada pela insolvência total do devedor, não havendo possibilidade de reerguimento.

Gambino afirma que "o procedimento da administração controlada revela-se como o mais idôneo para realizar a não utópica finalidade da conservação em vida do complexo empresarial com o seu nível ocupacional, sem a traumática dissolução feita pelo bloqueio falimentar da atividade da empresa".

d) Pressupostos subjetivos da administração controlada

São pressupostos subjetivos da administração controlada: (a) estar a empresa regularmente registrada; (b) estar com a contabilidade regular; (c) ter o devedor "capacidade técnico-produtiva", que lhe permita pagar aos credores.

e) Pressupostos objetivos da administração controlada

São pressupostos objetivos da administração controlada: (a) a temporalidade da dificuldade (a temporária dificuldade e o estado de insolvência são duas gradações do mesmo fenômeno, se distinguindo pela possibilidade , no primeiro, de saneamento); (b) apresentação, pelo empresário, de um plano de saneamento.

f) Impedidos de requerer a administração controlada

Não podem requerer a administração controlada: (a) bancos e empresas de crédito em geral; (b) as empresas em liquidação, pois a administração controlada pressupõe a normal existência da empresa; (c) sociedades irregulares; (d) sociedades públicas, com exceção daquelas que, apesar da participação acionária de um ente público, conservam natureza privada; (e) sociedades de responsabilidade ilimitada; (f) empresários mortos ou impedidos e (g) pequenas empresas.

g) Foro competente

É competente o foro do lugar onde a empresa exerce suas principais atividades, mesmo que não coincida com a sede legal.

h) Prazo de duração
da administração controlada

O prazo de duração da administração controlada é de 1 a 2 anos, não se admitindo a prorrogação do prazo máximo.

i) Competência do Tribunal

O Tribunal é competente: (a) para decidir o mérito da admissão ao processo; (b) nomear e destituir o comissário judicial; (c) nomear um juiz para o processo; (d) estabelecer as condições para convocação dos credores; (e) fixar o valor das custas; (f) dispor sobre as atribuições do comissário e as possíveis contestações sobre o relatório deste; (g) julgar os recursos cabíveis; (h) revogar a administração controlada e (i) declarar a falência.

Observe-se que: (a) o despacho de admissão no procedimento tem que ser fundamentado quanto às condições objetivas e subjetivas; (b) o despacho é impugnável pelos credores no prazo de 60 dias, *ex vi* art. 111; (c) a cassação do despacho tem efeito *ex nunc*; (d) justamente porque a temporária dificuldade e a insolvência são duas gradações do mesmo fenômeno econômico, o Tribunal, rejeitando o procedimento, pode declarar a falência, embora não esteja obrigado a isso, porque, se presentes os pressupostos, o empresário pode requerer concordata preventiva e (e) o decreto da rejeição é impugnável, de acordo com o art. 111.

j) Competência do juiz delegado

Ao juiz delegado incumbe: (a) dirigir a administração do patrimônio da empresa e autorizar os atos de administração extraordinária do artigo 167 (a administração ordinária continua a cargo do empresário, devendo entender-se por administração ordinária a prática dos atos de rotina indispensáveis ao regular funcionamento da empresa. Os atos de administração extraordinária não autorizados não têm efeito para os credores, embora sejam válidos entre as partes); (b) averbar o despacho de concessão do procedimento de administração controlada na escritura contábil; (c) promover a declaração de falência; (d) presidir a assembléia de credores; (e) admitir provisoriamente os créditos contestados e formalizar o processo verbal; (f) nomear a comissão de credores e (g) examinar o relatório e a denúncia do comissário judicial e da comissão de credores e promover a declaração de falência, quando for o caso.

l) Competência do comissário judicial

Ao comissário judicial compete: (a) fiscalizar a administração do patrimônio do devedor e a gestão da empresa; (b) verificar as listas de credores e devedores; (c) comunicar aos credores a data da convocação e a proposta do devedor; (d) redigir o inventário e a relação de que trata o art. 172; (e) informar ao juiz delegado sobre o andamento da empresa e (f) denunciar os fatos que autorizam a revogação da administração controlada.

m) Efeitos da administração
controlada para o devedor

O empresário conserva a administração da empresa com as limitações previstas no art. 167, embora sob a superintendência do juiz delegado e a fiscalização do comissário judicial, bem como conserva sua plena capacidade processual ativa e passiva.

n) Efeitos para os credores

O depósito na secretaria do Tribunal da decisão de admissão do procedimento de administração controlada produz efeitos para todos aqueles que, na data do depósito, eram credores da empresa.

Os credores por título posterior ao despacho de admissão podem propor ações executivas sobre o patrimônio do devedor e adquirir direito de preferência. Os pagamentos voluntários feitos a estes são plenamente eficazes.

Na administração controlada os créditos hipotecários ou pignoratícios não podem ser executados.

A administração controlada não impede o seqüestro judicial sobre os bens do empresário, mas impede o seqüestro conservativo.

Na administração controlada não é proibido aos credores a propositura de ação de declaração e de condenação, pois a questão de existência e quantitativa do crédito deve ser resolvida por um juízo competente de acordo com o valor.

Com a admissão do devedor na administração controlada, os juízos de conhecimento em curso não se interrompem. A ação de rescisão não é admitida mesmo que o inadimplemento haja ocorrido antes da administração controlada.

A ação ordinária revocatória é possível para os credores singulares contra atos de disposição posteriores à proposta.

o) Comissão de credores

A comissão de credores tem exclusivamente funções consultivas, devendo assistir ao comissário judicial na vigilância e administração da empresa.

p) Gestão da empresa pelo comissário judicial

A gestão da empresa pode ser delegada ao comissário judicial, com vistas a evitar a insolvência do devedor, realizando assim a função cautelar da administração controlada.

q) Revogação da administração controlada

Ex vi do disposto no art. 192 do Código Comercial de 1942, a denúncia, de que trata o segundo parágrafo do citado art. 192, se refere a qualquer fato ou circunstância que caracterize a atividade fraudulenta ou negligente do devedor.

A denúncia constitui um poder-dever do comissário judicial e da comissão de credores, mas não é indispensável para que o tribunal possa revogar a administração controlada e declarar a falência.

A impossibilidade de continuidade útil do procedimento constitui uma das causas de revogação. Essa impossibilidade pode ser valorizada independentemente do comportamento do empresário, sendo suficiente que a impossibilidade de adimplemento se configure permanente e irreversível.

A revogação pode ser declarada a qualquer tempo.

r) Pedido de concordata preventiva

O devedor pode requerer concordata preventiva a qualquer tempo.

O Tribunal não é obrigado, antes de declarar a falência, a interpelar o devedor sobre sua intenção de requerer a concordata preventiva.

s) Da administração controlada e sua utilização

O instituto da administração controlada vem sendo duramente criticado pelos doutrinadores italianos. Parte da doutrina calca suas argumentações pela pesquisa executada por Papeschi,[41] que demonstrou que, durante o período de 1947 até 1971, foram declaradas 17.000 falências no Tribunal de Milão, contra um total de 132 processos de administração controlada, dos quais apenas 32 atingiram o objetivo colimado, 56 terminaram em falência, 12 em concordata preventiva com garantia e 32 em concordata preventiva com cessão de bens.

Segundo Satta,[42] a administração controlada "saiu do ingênuo cérebro do legislador como um instituto destinado a curar os pequenos distúrbios sazonais e subitamente vista na prática como um instrumento de altíssima cirurgia, se não mesmo de magia, que consistia operar o coração do paciente, anestesiando os credores".

De Martini[43] considera que "a causa da impopularidade permanece na compreensível relutância de pôr a própria empresa, se ainda não destruída, sob o controle e a direção de outros; a gestão de uma empresa é uma parte no máximo delicada, centrada principalmente na atividade pessoal do gestor e a ingerência de estranhos, mesmo de órgãos públicos, necessariamente pesa e objeta as iniciativas. E ainda mais, quando, como costuma acontecer, o comissário é incompetente na matéria de gestão de empresas comerciais.

Mazzoco-Domenico,[44] a propósito do tema, declara que "parece muito fora da realidade econômica, de cujas leis não podem por certo superar os achados legislativos (freqüentemente piorando a economia), pensar que uma empresa já concretamente em crise, privada, portanto, de um substancioso suporte econômico e financeiro, e com organização empresarial que já revelou as suas deficiências, possa reencontrar saúde completa, com uma moratória que, sem eliminar ou reduzir o débito, a faça reencontrar o seu caminho por mais ou menos breve tempo, e com um controle de órgão não só penetrante mas também não especializado!"

Para Jaeger,[45] a realidade hodierna postula, em relação aos interesses dos credores, uma prioritária e autônoma consideração ao interesse dos trabalhadores ocupados na empresa, que sob o perfil sócio-econômico não podem mais ser confundidos com todos os outros credores, mesmo e como categoria de credores particularmente qualificados.

Ferrara,[46] à sua vez, embora considerando que o instituto tem sido mal utilizado, declara que ele deve ser mantido com algumas alterações:

1) O instituto deveria chamar-se de saneamento da empresa, mas não em modo negativo como é atualmente, deixando livre o empresário para fazer o que quiser no período da moratória, mas sobre a base de um projeto articulado proposto pelo devedor sobre o qual o comissário judicial deve exprimir seu parecer e que após a aprovação do tribunal deve vincular o empresário;

2) O projeto não deve ser uma subtração aos direitos dos credores e os juros, mesmo nos limites da taxa legal, devem continuar a correr.

Mas isso deve constar de um plano ou amortização do passivo em um período, que pode ser de dois ou três anos no máximo;

3) Deve ser consentida a oposição da aprovação do plano da parte dos credores privilegiados ou que representem pelo menos 10% do passivo;

41. "Il concordato preventivo e L'amministrazione Controllata alla prova di fati", in *Diritto Fallimentare*, 1952, parte I, pp. 77 e ss., e na *Lei Falimentar, Atas do Congresso de Monza*, Milano, Giuffrè, 1975, pp. 1.051 e ss.

42. *Instituzione*, p. 422, nota 671.

43. "Esperienza pratiche e profili teoria dell'amministrazione controllata", in *Diritto Falimentare*, 1947, parte I, p. 5.

44. *Manuale di Diritto Falimentare*, 1980, Nápoles, Jovene Editore.

45. "Relazione di sintesi", in *La Legge Falimentare*, cit., II, pp. 1.158 e ss.

46. Ferrara, ob. cit., Prefácio, p. XXI.

4) Se o plano não é aprovado pelo tribunal ou se o devedor tornar-se inadimplente, deve ser declarado o estado de insolvência; e

5) O novo instituto, que poderia chamar-se "processo para o saneamento da empresa", deveria ser limitado às empresas, cujo desaparecimento poderia causar danos à economia nacional ou regional.

C) Sistema americano

a) Introdução

A legislação falimentar norte-americana data de 1978, sendo a primeira lei federal de concursos que não foi fruto de um período de tensão econômica, como o foi, por exemplo, a de 1867, promulgada em plena Guerra da Secessão.

O denominado Código da Bancarrota de 1978 divide-se em diversos capítulos, tratando da bancarrota em geral os capítulos: os provimentos gerais (cap. 1), a administração judicial (cap. 3), credores, devedores e o Estado (cap. 5), cuidando dos procedimentos específicos os capítulos 7 (Liquidação), 9 (Reajuste dos débitos com o Município), 11 (Reorganização), 12 (Reajuste dos débitos de uma família fazendeira com renda anual regular) e 13 (Reajuste dos débitos de uma pessoa de renda regular).

O Capítulo 11 disciplina a Reorganização, que é o procedimento através do qual a empresa americana de médio e grande portes tem preferido postular em juízo, quando se encontra em situação de insolvência, pois, não obstante os Capítulos 7, 12 e 13 tenham ensejado maior número de pedidos, os requerimentos calcados no Capítulo 11 envolvem valores sempre muito mais expressivos.

b) Conceito de reorganização

Na reorganização, presume-se que a empresa, uma vez obtido temporário alívio no que diz respeito ao pagamento de seus débitos e aos processos de execução, será capaz de se reestruturar gradativamente, satisfazendo aos seus credores, pelo menos parcialmente, livrando-se da bancarrota e retornando à sua primitiva condição de empresa viável.

c) Legitimação para o requerimento de reorganização

A reorganização pode ser requerida, a princípio, por qualquer tipo de empresa, como, por exemplo, firmas individuais, sociedades anônimas, associações etc., não estando, porém, habilitados os corretores de ações, de mercadorias e o município.

Pode ocorrer também o denominado requerimento involuntário, que é uma maneira de forçar o devedor a entrar em bancarrota. Isto acontece, normalmente, quando existe por parte do credor o temor do devedor tornar-se insolvente, impossibilitando, assim, o cumprimento de suas obrigações, diante de situações como a do devedor estar liquidando seus bens, ou, então, estar realizando um grande pagamento a um só credor.

Com o requerimento da bancarrota involuntária, qualquer pagamento realizado nos 90 dias anteriores à sua distribuição pode ser anulado, devendo o credor restituir o que recebeu.

Em geral, os credores evitam valer-se do requerimento involuntário devido ao seu alto custo, preferindo suportar o mal negócio. Ademais, para ajuizar o requerimento involuntário de reorganização, são necessários três ou mais credores, com no mínimo 5.000 dólares de dívidas. Se forem menos de doze os credores da empresa, apenas um credor pode tomar a iniciativa do requerimento, sempre com o mínimo de 5.000 dólares.

É, também, possível o uso do requerimento involuntário sempre que os sócios de uma sociedade não cheguem a um consenso quanto à adoção da reorganização.

O juiz deferirá o pedido se verificar que a empresa não vem pagando suas dívidas nos respectivos vencimentos, sendo facultado ao devedor fazer prova em contrário e requerer a extinção do processo, devendo os requerentes o ressarcir das despesas do processo e dos honorários de advogado.

d) Juízo competente

O devedor, à sua livre escolha, pode distribuir o pedido de reorganização no juízo federal de um dos seguintes locais:

1) onde a empresa tiver seu principal estabelecimento, ou

2) onde o devedor tiver domicílio ou residência ou

3) onde estiverem seus principais bens.

e) Documentos que devem instruir o pedido

O devedor deverá juntar na petição inicial um rol dos credores e respectivos endereços, cumprindo ao devedor em 15 dias juntar uma lista dos bens e de seus débitos, denominada de "Lista da Bancarrota". Além disso, deverá juntar o balanço da sociedade em estado falencial, renda corrente e despesas.

f) "Automatic stay"

Com a distribuição do pedido, instaura-se o denominado *automatic stay*, que é a suspensão temporária dos pagamentos das dívidas e das ações de execução, que, posteriormente, serão liquidadas de acordo com o plano de reorganização.

g) Plano de reorganização da empresa

O devedor deverá apresentar um plano de reorganização, onde serão classificados os créditos e realizados os pagamentos, disciplinando o § 1.123 o conteúdo do plano.

A apresentação do plano é um direito exclusivo do devedor durante os 120 dias imediatamente subseqüentes à distribuição do pedido de reorganização. Tal plano deverá ser aprovado em 180 dias; caso contrário, qualquer titular de direito ou parte interessada poderá fazê-lo. O prazo de apresentação poderá ser prorrogado caso a empresa demonstre necessidade.

h) "Disclosure statement"

Acompanhando o plano de reorganização, o devedor deverá juntar o denominado *Disclosure Statement*, que é o documento que esclarece aos credores sobre o conteúdo do plano, permitindo que estes exerçam fundamentalmente o seu direito de voto.

Em geral, este documento contém uma folha de balanço, uma pequena explicação da causa que motivou o requerimento da bancarrota, as razões do plano e um sumário deste.

Antes que a Corte da Bancarrota o examine e o confirme, o plano deverá ser aceito pela maioria dos credores e dos que têm interesses financeiros na situação do devedor. A Corte, por sua vez, só poderá confirmá-lo se estiverem preenchidas as condições do § 1.129 do Capítulo 11.

i) Efeitos da reorganização para o devedor

O devedor no processo de reorganização chama-se "devedor possuidor", permanecendo com todos os poderes de gestão e representação da empresa.

A Corte, após a confirmação do plano, raramente irá interferir na administração da empresa, só o fazendo para verificar a implementação do plano. O devedor só terá que pedir autorização da Corte para obtenção de crédito (após a distribuição da bancarrota), assumir ou interromper locações não terminadas, contratar advogados, contadores, avaliadores e outros profissionais durante a bancarrota, vender, alugar ou usar propriedades da massa falida fora do curso ordinário da bancarrota.

j) Nomeação do síndico

A Corte pode excepcionalmente nomear um síndico no caso de fraude, desonestidade, incompetência, má administração por parte do diretor, ou outras causas. A figura do síndico poderá ser preenchida por uma pessoa ou por uma associação. Tal síndico poderá ser do "U.S. Trustee", que é um órgão governamental, constituído por equipes de economistas, assistentes de síndico etc., ou um síndico privado, que não precisa, necessariamente, ser um advogado, podendo ser, por exemplo, um contador, que poderá contratar um advogado para auxiliá-lo.

l) Da conversão da reorganização em outros procedimentos

O procedimento de reorganização poderá, a pedido do próprio devedor ou do síndico, se nomeado, ser convertido em outro procedimento, previsto em outros capítulos, tendo a experiência demonstrado que apenas dez por cento dos que começam a reorganização chegam ao estágio de confirmação do plano, daí considerar-se a empresa que tem seu plano confirmado como já tendo conseguido superar a fase da bancarrota.

m) Proibição da discriminação

Outro dado peculiar da legislação norte-americana é a proibição da discriminação do empresário que está em bancarrota. O § 525, intitulado "Proteção contra tratamento discriminatório", proíbe à administração pública suspender, revogar ou recusar a emissão de licença ou permissão, apenas porque a empresa entrou em bancarrota. A licença, que está ligada à atividade comercial da empresa, não pode ser revogada apenas porque foi decretada a bancarrota, mas sim por outros motivos.

n) Da implementação do plano de reorganização

Fica encarregada a Corte onde se processa a reorganização do efetivo implemento do plano. Desta forma, movida pelo interesse das partes ou de ofício, a Corte poderá, conforme o caso, converter o procedimento da reorganização para o da liquidação do Capítulo 7 ou encerrar o caso, sempre tendo como fim último o atendimento dos interesses dos credores e do Estado, motivando suas decisões. Com esse propósito, o § 1.112 do Capítulo 11 dispõe que, caso se configure a incapacidade de realização do plano, a incapacidade de consumar substancialmente um plano confirmado, o inadimplemento relevante do devedor com relação ao plano confirmado, a rescisão do plano (devido à ocorrência de circunstância especificada no plano), o Tribunal, mediante solicitação da parte interessada ou após notificação e audiência, poderá converter o processo de reorganização em processo de liquidação, só não podendo fazê-lo se o devedor for um agricultor ou uma sociedade civil, salvo se o próprio devedor pleitear a conversão.

Como a enumeração é apenas exemplificativa, a Corte poderá considerar outros fatores à medida que apareçam, utilizando seu poder jurisdicional para chegar a um adequado resultado nos casos individuais. As atividades do devedor, após a confirmação do plano, não são protegidas pelas normas da legislação da bancarrota, pois, como ressalta a doutrina e têm decidido os tribunais americanos, se a empresa incorre em novo débito depois do plano ter sido confirmado e não consegue pagá-lo, ao credor é assegurada a faculdade de propor a competente ação de cobrança, bem como os bens, móveis ou imóveis, corpóreos ou incorpóreos, adquiridos após a confirmação do plano, podem ser dados em garantia real como se nunca tivesse havido um processo de bancarrota.

Os débitos anteriores à confirmação só poderão ser pagos de acordo com o plano de reorganização. Apenas a Corte da bancarrota tem autoridade para interpretar e executar o plano de reorganização.

o) Cronograma da reorganização

Para um melhor entendimento de como se desenvolve o processo de reorganização, transcrevemos um cronograma organizado por Summers[47] do que normalmente ocorre:

A bancarrota (voluntária ou involuntária) é distribuída.

O *automatic stay* instaura-se.

O devedor continua gerenciando seus negócios.

O devedor procura obter a permissão para o financiamento.

O escrevente da Corte notifica os credores da bancarrota.

O devedor faz a lista dos bens e dos débitos.

Os credores organizam o seu 1º encontro.

Os credores habilitam-se.

O comitê dos credores é formado.

O comitê dos acionistas é formado.

Pedidos são autorizados ou não.

A Corte nomeia o síndico ou o examinador, se o devedor é incompetente ou se houver fraude.

O documento de divulgação do balanço é distribuído (*Disclosure Statement*).

O devedor (ou os credores) apresentam o plano de reorganização.

Os credores decidem se vão aceitar ou não o documento de divulgação do balanço e/ou o plano de reorganização.

A Corte aprova ou não o documento de divulgação do balanço.

Credores e acionistas votam o plano de reorganização.

A Corte confirma ou denega o plano.

Caso a Corte confirme o plano, o controle da empresa só será feito com o objetivo de verificar a sua implementação.

A Corte encerra o caso.

V — Processos pós-falimentares

Além dos procedimentos acima citados, que visam a recuperação da empresa, temos, ainda, mesmo após decretada a falência, na lei brasileira, por exemplo:

a) a concordata suspensiva (art. 177 da Lei de Falências) e

b) a organização de sociedade para continuação de negócio do falido (art. 123, § 1º, da Lei de Falências).

47. Summers, Mark Steven, *Bankruptcy Explained*, Nova York, John Wiley & Sons Ed., 1989.

Atualidades

CONSENTIMENTO INFORMADO E O PROJETO DE CÓDIGO CIVIL

RACHEL SZTAJN

O consentimento informado, um dos pilares da bioética, tem sido objeto de muitas discussões e críticas, sob o argumento de que, no Brasil, não se encontra apoio na legislação para insistir da modificação da relação médico-paciente, ou, mais genericamente, na relação profissional de saúde-usuário.

Uma tal tomada de posição, porém, deve ser avaliada considerando, não simplisticamente o Código Civil sob o aspecto formal, mas sim, de modo amplo, que leve em conta institutos como a autonomia privada e a capacidade, em confronto com os efeitos da manifestação da vontade em face de outras relações privadas, fora do âmbito da saúde.

Contrato de características especialíssimas, por exigir formação determinada, a prestação tem caráter personalíssimo quando o usuário pode, livremente, escolher o profissional a ser contratado. Porém essa característica não é uniforme já que, em algumas outras situações como nos casos de urgência (atendimento em pronto socorro), hospitais universitários, postos de saúde e ambulatório, por exemplo, em que o profissional será aquele de plantão ou quem primeiro acorrer, impedindo-se qualquer escolha, parece tornar a prestação, de alguma forma, quase fungível. Isso, todavia, não desobriga o profissional no que concerne ao dever de informar, de respeitar a autonomia do paciente ou usuário do serviço.

Autonomia, do grego *auto* e *nomos* significa a atividade e o poder de dar a si um regramento definindo os próprios interesses e relações. Autonomia é, portanto, poder exercido com absoluta independência pelo sujeito. As regras que as pessoas escolhem para disciplinar seus interesses nas relações recíprocas, ou seja, o autoregramento é que consiste no que se denomina autonomia privada.

O reconhecimento da autonomia privada funda-se no reconhecimento de que a cooperação entre as pessoas é decisiva para o desenvolvimento social e atende a necessidades da dinâmica da vida social.

O que põe em evidência a questão da autonomia é a vontade, que, na visão kantiana é autônoma por determinar-se em razão da própria essência. Daí a ligação entre vontade e autonomia. Trata-se, aqui, da esfera jurídica do sujeito, da liberdade, gozo e exercício de direitos subjetivos, exercício de poder e de cumprimento de deveres em face de outros sujeitos.

Autonomia privada é a denominação dada ao poder de autodeterminação que têm os particulares para exercer direitos e faculdades, configurando, conformando ou modelando relações jurídicas em que intervêm. A idéia de autonomia privada está estreitamente ligada à liberdade, aos direitos das pessoas, e parece indicar a liberdade de fazer, ou não, de prometer e obrigar-se, em que não há qualquer intervenção do Estado.[1]

1. Castro y Bravo, Federico, *El Negocio Jurídico,* Edictorial Civitas, Madri, 1985, p. 12.

Castro y Bravo distingue a autonomia privada em sentido amplo — o poder atribuído à vontade quanto à criação, modificação ou extinção de relações jurídicas (liberdade contrastando com subordinação ou heteronomia), e em sentido estrito — o poder dessa vontade referido ao uso, gozo e disposição de poderes, faculdades e direitos subjetivos.[2]

Verifica-se, historicamente que a idéia de autonomia privada pode ser ligada à conjuntura política e social dominante, vigente, em cada momento histórico. No período feudal a palavra dada solenemente justificava a rede de direitos e obrigações e constituía reação ao direito dos imperadores e reis.

Quando se passa a encarar essa trama como impeditiva do progresso econômico e social, e se parte do princípio da igualdade entre todos os homens, imagina-se que o direito emanado do Estado servirá apenas para servir à vontade individual, complementá-la ou supri-la. Daí a regra *voluntas facit legem* que muitos ainda vêem na idéia expressa na frase *o contrato faz lei entre as partes*.

O século XIX faz da autonomia privada dogma científico, pois a humanidade evolui do *status* para o contrato. Porém, o crescimento das operações econômicas, que "mercantiliza o direito privado" acaba por transformar a autonomia privada em instrumento para o desenvolvimento do comércio.[3]

O que se sugere é que as regras convencionais, resultantes da autonomia privada, estejam fora do controle do Estado. Os negócios abstratos e tipificados reforçam a tendência de excluir elementos estranhos à vontade declarada e a supremacia da autonomia da vontade privada é afirmada ilimitadamente.[4] Limites à autonomia privada são considerações de ordem social e moral, como a boa-fé, a punição da fraude e do abuso de direito ou de poder, bem assim a cláusula *rebus sic stantibus*, que constituem freios às manifestações da vontade.

A vontade tem, portanto, papel fundamental na discussão do exercício da autonomia. Mas, a vontade está, de alguma forma, presa à idéia de capacidade. A noção de capacidade é variada, a palavra é plurívoca. Do latim *capere* e do adjetivo *capax,* busca-se, tanto em linguagem vulgar quanto técnica, uniformizar a diversidade de sentidos em que a palavra é empregada. *Capax* é o que contém; *capere* significa pegar, compreender, conter. A idéia de continência traz consigo a de quantidade e, portanto a de mensuração, de graduação.

Se tais significados são fáceis de aceitar no caso de ciências como a física — capacidade térmica, elétrica —, a química — capacidade de saturação, de reação —, medicina — capacidade vital, intelectual, regenerativa —, no plano do direito essa tarefa é mais complexa.

Para o direito a capacidade jurídica e a capacidade de agir, cada uma com suas peculiaridades, alcançam todos os fenômenos jurídicos.

Capacidade jurídica indica a posição geral do sujeito enquanto destinatário dos efeitos jurídicos que resultam de comportamentos. Os comportamentos previstos em lei ou autorizam ou obrigam o sujeito àquela conduta ou comportamento.

As condutas são regradas por diferentes atividades e cada atividade deve ser exercida por um agente, ou seja, a pessoa natural, o ser humano é o ponto de ligação do sistema normativo. Nos ordenamentos modernos, baseados na igualdade dos seres humanos, sem discriminação de sexo, cor, credo, ou família, o ser humano é titular de um conjunto de direitos e garantias que se prendem, imediatamente à sua personalidade.

Isso não implica que cada ser humano, em qualquer fase de sua vida, possa

2. Ob. cit., p. 13.
3. Castro y Bravo, ob. cit., pp. 14- 15.
4. Castro y Bravo, ob. cit., p. 16.

exercer todos os direitos previstos no ordenamento e que baste um só ato de vontade para que os mecanismos de tutela jurídica atuem em face do interesse visado. O princípio de igualdade está fundado na idéia de liberdade e coexistência das pessoas.

Os homens, a cada momento da vida, fazem escolhas que, por vezes, são irreversíveis, mas que devem resultar de manifestação livre da vontade. No plano da validade e/ou da eficácia de negócios jurídicos, a vontade viciada, seja por falsidade, por coação, por falta de informação ou por informação insuficiente, não produz os efeitos que a norma jurídica prevê para aquela dada manifestação que não venha viciada. Os vícios do consentimento são matéria importante nas discussões jurídicas.

Ao lado da idéia de capacidade jurídica, que recai sobre todo ser humano, está a capacidade de agir que exprime momento outro da subjetividade. Capaz de agir é o sujeito ao qual o direito reconhece a possibilidade de se manifestar e, no plano do direito, fazer valer seus interesses. O que significa que o direito reconhece que a pessoa pode, com seu comportamento, determinar a incidência de normas de que resulta a aplicação de efeitos por elas predispostos.

Capacidade de agir significa, portanto, capacidade para o exercício de direitos, enquanto capacidade jurídica significa capacidade de gozo de direitos. Mas a capacidade para agir está sujeita às condições que a lei prevê e pode ser distinta para cada setor da atividade humana. Fala-se em capacidade negocial, política, processual, penal etc. Por isso, referir a capacidade de agir a certos comportamentos do sujeito permite questionar se todas as pessoas são, em cada caso concreto, capazes.

O Direito admite que algumas pessoas são, por si sós, incapazes de válida e eficazmente manifestarem sua vontade. É o caso dos menores, dos loucos, dos pródigos quanto a negócios de conteúdo patrimonial, por exemplo. A capacidade de agir por refletir os interesses do agente, fica subordinada à maioridade, nos termos do art. 9º, do Código Civil, e é adquirida aos 21 anos.

Resulta evidente, portanto, que idade é elemento que influi sobre a capacidade de agir.

Mas a idade, como limitante da capacidade de agir está, parece, baseada nas "máximas da experiência". Quer dizer, pessoas de pouca idade refletem menos sobre as conseqüências que podem resultar de seus atos, e por isso devem ser "protegidas" de sorte a se evitar que sejam prejudicadas por sua imaturidade. Daí porque se diz que os menores entre 16 e 21 anos têm capacidade relativa ou são relativamente incapazes para agir.

Já os menores de 16 anos, os loucos de todo gênero, os surdos-mudos que não possam exprimir sua vontade, são, nos termos do art. 5º do Código Civil, absolutamente incapazes de, pessoalmente, exercerem atos da vida civil. Portanto a capacidade de agir é adquirida, pode ser perdida ou limitada. É comum falar-se ainda em capacidade legal, ao lado da capacidade natural. A capacidade natural para agir pode ser afetada por problemas psíquicos como é o caso dos loucos de todo gênero, ou por problemas fisiátricos, como é o caso dos surdos-mudos. Em ambos os casos a capacidade natural tem como espelho a capacidade legal.

Mais, ainda, para valer, os atos praticados pelas pessoas exigem agente capaz (art. 82 CC) e, como dessa capacidade podem resultar erros ou decorrer de ignorância, os atos praticados serão nulos ou anuláveis. Igualmente são anuláveis os atos em que haja coação — quando se leva em conta sexo, idade, saúde, temperamento do paciente, e outras circunstâncias que possam influir na manifestação de vontade.

Constata-se, portanto, que a vontade e a capacidade mantêm estreita ligação, do que decorre que também a autonomia fica presa à capacidade porque cada vez que a manifestação do agente, autônoma por implicar regramento dos próprios interesses, for de agente incapaz, natural ou legalmente, ou relativamente incapaz, não estará apta a produzir os efeitos previstos.

Também, conforme já se apontou, a ignorância, a coação, o erro, podem acarretar seja a nulidade seja a anulabilidade da manifestação, logo influem sobre a autonomia.

No plano da bioética, o consentimento informado repousa sobre autonomia, poder de ditar regras para dispor sobre os próprios interesses e da capacidade, natural e legal. Se a autonomia privada se manifesta na escolha do profissional de saúde, a capacidade se manifesta na aceitação ou rejeição das medidas terapêuticas propostas, pois a falta de informação do médico ao paciente pode levar à declaração baseada em ignorância; o exercício do poder de convencimento do profissional de saúde sobre o paciente, por sua vez, pode ser considerado, em algumas circunstâncias, forma de coação.

O consentimento informado, aquele que resulta de declaração do paciente após ter recebido do profissional de saúde esclarecimentos quanto à moléstia, prognóstico, terapias recomendadas e efeitos colaterais constitui, assim, especialização, no campo da saúde, do que a doutrina jurídica tem discutido, há muito tempo, em face das manifestações de vontade e dos vícios do consentimento no plano dos negócios jurídicos e da autonomia privada.

A especialidade da relação profissional de saúde-paciente não é tal que afaste todas as regras já consolidadas para negócios outros, que envolvam a pessoa e interesses dos seres humanos a ponto de evitar sua aplicação a contratos livremente celebrados, ou mesmo àqueles em que a liberdade é, por vezes, parcial ou inexistente como já se anotou antes.

Nessa linha é que surpreende o art. 15 do Projeto de Código Civil, recém-aprovado pelo Senado Federal. Unificando o direito privado o Projeto incorpora e regra muitas das matérias que têm sido objeto de debates e trabalhos doutrinários.

O capítulo II do Projeto, que dispõe sobre direito da personalidade, no art. 11 diz: "Com exceção dos casos previstos em lei, os direitos da personalidade são intransferíveis e irrenunciáveis, não podendo o seu exercício sofrer limitação voluntária". O art. 13 por sua vez, diz: "Salvo exigência médica, os atos de disposição do próprio corpo são defesos quando importarem diminuição permanente da integridade física, ou contrariarem os bons costumes". Nos dois artigos o legislador parece dar às pessoas poder para resguardar sua integridade física e moral. Merece, porém, sério reparo aquele dispositivo antes referido, cuja redação é: "Ninguém pode ser constrangido a submeter-se, com risco de vida, a tratamento médico ou a intervenção cirúrgica". (negrito meu). Interpretação a *contrario sensu*, porém, evidencia que, qualquer pessoa pode ser constrangida a submeter-se a tratamento médico ou intervenção cirúrgica, desde que não haja risco de vida.

Admitida a autonomia do paciente, e sendo ele capaz, não se pode aceitar que possa ser submetido, contra sua vontade, a tratamento médico que não cause redução .... pois isto siginifica, em verdade, reduzir-lhe a vontade. Limitação da vontade atinge, de modo inaceitável, todo o avanço que se vislumbra no que concerne o tratamento dado ao direito de personalidade.

Seria de supor que uma tal matéria levasse em conta capacidade, qualidade de vida, interesse pessoal do "paciente" e não ficasse presa a idéia de que a vida "pertence" não a pessoa, mas a Deus ou à sociedade.

Dizer que a vida pertence a Deus implica entendê-la sacralizada e, portanto, que cada vez que alguém adoece, estar-se-á diante da hipótese de que, se Ele desejar, haverá cura, caso contrário o resultado será nefasto, ou, ainda que os profissionais de saúde exercendo mister divino podem, baseados em, remota quanto possa ser, alegação de "perigo de vida", praticar todo tipo de intervenção curativa, invadindo a esfera privada das pessoas contra a vontade dos pacientes. Se, de outro lado, a vida pertence à sociedade, dar-se-á a qualquer um o poder de dispor das vidas de seus semelhantes, validando pena de morte e até a morte por "interesse social", quando, por exemplo, o tratamento de saúde for oneroso e não houver probabilidade de recuperação da saúde do enfermo.

Se, porém, a vida pertence ao indivíduo, cabe a ele, livremente, como direito da personalidade, decidir se deseja ou não submeter-se a qualquer tipo de tratamento de saúde. E, principalmente, decidir se deseja submeter-se, ou não, a tratamento médico ou a cirurgia. É decisão que cabe única e exclusivamente ao interessado, com ou sem risco de vida.

O que permite concluir que, quer na disciplina jurídica atualmente vigente, quanto na proposta, o consentimento informado fica no plano da aspiração, devendo ser conquistado como parte que é do direito de personalidade.

Atualidades

A DISSOLUÇÃO PARCIAL DE SOCIEDADE "HOLDING"

JOÃO LUIZ COELHO DA ROCHA

É comum, bem comum, a utilização, pelos controladores de uma certa sociedade anônima, e até dos detentores de controle de um grupo societário, do amálgama de suas díspares participações acionárias, levando-as ao capital de uma sociedade (outra anônima, ou uma limitada) das quais se tornam os únicos sócios.

Nesse desenho paragônico fica aquela limitada (ou aquela outra companhia), como *holding*, controladora formal da sociedade anônima e tanta vez controladora esta das demais integrantes do grupo societário.

Aqueles que seriam os detentores finais do controle social se tornando então cotistas (ou acionistas se a *holding* for companhia) da limitada, nas proporções cabíveis, exercem seu controle através da voz e da atuação dessa *holding*, cuja existência em regra se destina unicamente a este mero exercício associado, aglutinado, daquele controle.

Tal é a característica própria da sociedade *holding*. A sua qualidade toda particular de ter sua existência não voltada a um desiderato operacional independente, mas a realizar a função de *condottieri* majoritária (nem sempre), dos destinos de uma sociedade anônima, dotada, esta sim, de persecução de objetivos próprios, não lhe retira a submissão a princípios pontuais do direito societário, como a possível dissolução, parcial, com a realidade de sócios descontentes.

Esses princípios, de dissolução parcial à causa de dissenso, no que se reportam à generalidade das sociedades por cotas, hoje se consolidam indisputadamente na jurisprudência dos tribunais.

"Tratando-se de sociedades por tempo indeterminado, a lei assegura a qualquer sócio o direito de se liberar das obrigações e vínculos jurídicos decorrentes de sua condição, afastando-se da sociedade comercial, o que se dá por meio da chamada dissolução parcial, que é imposta judicialmente tão-só quando necessário vencer a resistência daqueles que voluntariamente devem reconhecer e satisfazer o direito daquele que opta por seu afastamento da sociedade" (TJSP, ac. un. da 9ª Câm. Cív., julg. em 3.2.94, Ap. 218.032-2/8, Ribeirão Preto, rel. Des. Aldo Magalhães).

Sempre se preservando a continuidade social de toda forma: "Tratando-se de dissolução parcial de sociedade, deve-se agir como se de dissolução total se tratasse, embora apenas em relação ao sócio que sai, porque, para esse, o vínculo social se extingue, continuando, assim, normalmente a sociedade. A dissolução, portanto, não implica a perda do objeto da sociedade e não enseja a sua dissolução total, pois compete aos sócios remanescentes tocar o negócio" (TJSP, ac. un. da 16ª Câm. Cív., julg. em 3.5.94, Ap. 226.149-2/5, São José dos Campos, rel. Des. Pires de Araújo).

E até se ensejando a saída do sócio e a continuação social mesmo na sociedade binária: "Há possibilidade da dissolução parcial de uma sociedade por cotas de responsabilidade limitada entre duas pessoas, condicionada, é claro, a sua continuação a evento com admissão de novo sócio ou com a transformação da sociedade por cotas em empresa unipessoal prevalecendo o interesse social na preservação da empresa, como entidade socioeconômica, capaz de gerar emprego e fazer circular a riqueza" (TJRJ, ac. un. do 1º Gr. de Câms., reg. em 9.1.96, Ebs. 157/95 na Ap. Cív. 6.743/94, Capital, rel. Des. Capanema Amorim, in *ADCOAS* 8151714).

Nesta mesma *Revista de Direito Mercantil* 105, em sua nova fase (pp. 203 e ss.) reporta-se e comenta-se acórdão da 16ª Câmara do TJSP de 28.4.92, onde também em uma sociedade por cotas constituída de dois sócios, concedeu-se a dissolução parcial, deferindo-se ao sócio retirante o direito de receber seus haveres — patrimônio líquido a ele cabível — "com base num balanço real, levantado no momento do arbitramento".

Verdade é que estamos cuidando aí, nessas decisões, só de sociedades por cotas, não de sociedades anônimas, mas o arco jurisprudencial é amplo, contemplando a porta de saída da dissolução parcial desde a demonstração da inexistência da *affectio societatis*, aquele vínculo psico-social inerente a associações humanas, até o simples exercício do direito do sócio denunciar a continuação daquela sociedade por tempo indeterminado, pelo menos a continuação com ele ali agregado.

O princípio matricial que enseja a simples denúncia unilateral se assenta no velho Código Comercial, ao qual não se reportam de toda forma as companhias, daí porque excluídas elas desta específica oportunidade de retirada de sócios.

Para as sociedades anônimas e seus acionistas descontentes sobraria nessa hipótese a radical demonstração do fim do objeto societário.

Sobre a *affectio*, conceitua-se ela em termos como os bens lançados por Énrico Soprano (*Tratado Teórico Prático das Sociedades Comerciais*, 1934, v. I, p. 111):

"O desejo dos sócios de operar como membros da coletividade social, aderindo um ao outro, com o propósito de explorar o objeto social num mesmo caminho".

O clássico Rui Carneiro Guimarães (*Sociedade Por Ações*, Forense, Rio, p. 224) observa o rompimento da *affectio societatis*, quando o sócio (acionista) que detém a vantagem de uma pequena maioria domina a sociedade e a dirige na conformidade de seus particulares interesses.

Hipótese extremamente comum no panorama brasileiro, por certo, e que até por sua óbvia relevância merece uma solução justa e adequada da ordem jurídica, evitando-se que o(s) minoritário(s) fiquem como que seqüestrados pela ação da maioria social.

Artigo de nossa autoria publicada nesta *RDM* 102, p. 38, já advertia para a situação menos albergada dos minoritários nas anônimas, que, ao contrário de suas contrapartes em sociedades por cotas, não dispõem da regra mais ampla de pedir a dissolução imotivada se o prazo social é incerto, mas ficarão na dependência bem contida (a) ou do direito de recesso (casos estritos), com retirada (b) ou das ações indenizatórias contra diretores e controladores, ou, parece-nos, hoje, o direito de pedir a dissolução parcial se atestada a inexistência ou o desaparecimento da *affectio*.

O renomado especialista Luiz Leonardo Cantidiano, em obra bem apurada (*Direito Societário & Mercado de Capitais*, Ed. Renovar, 1996) esquadrinhando o alcance do art. 138 da Lei 6.404, já encontra ali embutida na expressão legal "provado (que a sociedade) não pode preencher o seu fim", a admissão de que, se os acionistas minoritários detendo 5% ou mais do capital (patamar mínimo expresso na lei) evidenciarem que inexiste mais o senso de agregação societária, a *affectio* em seu sentido jurídico, estarão provando a impossibilidade de consecução dos objetos sociais.

Veja-se o autor (p. 76): Dentre as situações referidas pela doutrina, assim como pela Jurisprudência, determinantes da impossibilidade de a companhia atingir os seus objetivos, temos aquela relativa ao término da *affectio societatis*, isto é, a existência de uma insuperável divergência entre dois grupos de acionistas. Tal divergência, mormente nas sociedades fechadas e familiares, é motivo bastante para impedir que a sociedade possa preencher os seus fins".

O caso das sociedades "holding"

Concebe-se e entende-se as sociedades *holding* como aquelas associações de interesses societários nos destinos de uma ou mais empresas, e que se juntam sob a forma e o conteúdo jurídico de sociedades outras, para, sob a voz destas, manifestarem seus determinados interesses.

Dentre elas, as mais comuns, as que se destinam exclusivamente ao controle de outra(s) empresa(s), direta e indiretamente, sem atos operacionais próprios, são as *holdings* puras, no conceito de José Edvaldo Tavares Borba (*Direito Societário*, Ed. Renovar, Rio, 1997, p. 145).

Se aglutinados tais interesses de controle em uma sociedade por cotas fazendo esta a vez da *holding*, havemos que tal sociedade estará sob o pêndulo da dissolução social nos motivos mais amplos deferidos a tal forma societária, por isso que não haverá precisão da prova do desaparecimento da *affectio* se acertada a empresa por prazo indeterminado. O mero desejo do minoritário (ou do majoritário, *for that matter*) vai bastar.

Se houver a conformação da *holding* no modelo de uma companhia, demanda-se, na esteira do art. 206 da Lei 6.404, que 5% dos acionistas comprovem o fim da *affectio*, entre outros motivos que evidenciam a impossibilidade da persecução dos objetos sociais.

Voltamos ao excelente trabalho de Luiz Cantidiano (ob. cit., p. 78): "Os princípios acima indicados, aplicáveis no exame de situação que envolva qualquer desentendimento intransponível entre sócios da companhia, com muito mais razão devem ser considerados quando a inafastável incompatibilidade entre os grupos de acionistas existe na sociedade *holding*.

"Com efeito, como antes referido, a sociedade *holding* não passa de uma técnica jurídica de organização de uma determinada participação societária que, por variados motivos, é aglutinada numa entidade com personalidade jurídica própria."

Sobre o tema, cabe transcrever trecho de importante trabalho de ilustre advogada da CVM-Comissão de Valores Mobiliários, Luiza Rangel de Moraes Rego Monteiro, do seguinte teor: "Dentre as técnicas institucionais de consolidação de controle acionário está a *holding*, um aperfeiçoamento da comunhão acionária e do *voting trust* (instituto americano inexistente no nosso ordenamento jurídico). Recorrendo a este processo, os membros do grupo controlador transferem o conjunto das ações votantes que lhes assegura o controle de determinada companhia para a nova sociedade, *constituída para o fim de estabilizar o exercício do poder*" (in *Revista da CVM* 1, n. 1, p. 33).

Mas justamente pela sua qualidade especial, pela sua natureza toda familiar de uma sociedade sem um objeto operacional próprio, ou cujo objeto é tão-somente participar ou gerir uma outra sociedade, é que encaramos aí uma hipótese muito específica de determinação desse *modus solvendi*.

Falar-se em dissolução parcial de uma sociedade é falar-se em apuração do patrimônio líquido da mesma, e no cálculo, para pagamento, da parcela daquele atribuível ao(s) sócio(s) que se retira(m).

Neste ponto queremos nos reportar a trabalho nosso publicado nesta *RDM* (n. 90 fls. 38) sobre os padrões avaliatórios dessa porção do patrimônio líquido atribuível aos que se retiram na dissolução parcial, correspondente ao mesmo critério de satisfação dos haveres do acionista que exerce o direito de recesso.

Admite-se hoje como mais sedimentado ainda, o conceito de apuração real (não puramente contábil) do patrimônio líquido da sociedade àquela data, no caso de uma limitada, idéia já assente na rotina das "apurações de haveres" sendo no caso das companhias norma agora reforçada pela nova redação do art. 45, § 1º, da Lei 6.404 (Lei 9.457/97).

Se temos à nossa frente um supermercado, um banco, uma fábrica, fica nítido o modo de cumprimento do padrão legal que dita se apure a quota-parte do retirante: Avalia-se ativo, deduz-se o passivo exigível e tem-se o patrimônio líquido em números, que é "propriedade" dos sócios. A fração dele cabível ao sócio que se afasta é matéria de simples aritmética elementar e ele receberá da empresa em dinheiro, o montante calculado em troca de suas ações/quotas.

Mas, se, ao invés de um supermercado, que opera compra e venda de mercadorias, ou de uma fábrica, que as industraliza, tivermos como objeto da dissolução parcial, uma empresa "*holding* pura", que só existe para deter 10% das ações do supermercado ou da fábrica, como proceder?

Sim, o cálculo do valor da quota-parte patrimonial líquida cabível ao retirante é de ser apurado da mesma forma. Contudo, o sócio/acionista da "*holding* pura" não tem exatamente o mesmo interesse social do sócio/acionista de uma fábrica, de um supermercado, ou de um banco.

A *holding* tem peculiariedades tão flagrantes e tão relevantes que hão por influenciar o modo de satisfação de sócios seus que se retiram.

Fábio Konder Comparato se sustenta no clássico Vivante para enunciar que: "a sociedade *holding* representa mera duplicação do mesmo patrimônio, nada mais sendo, portanto, que uma sociedade fictícia" (*Ensaios e Pareceres de Direito Empresarial*, Forense, 1991, p. 130).

Não tem a *holding* assim, aquela sociedade que só existe e se constitui para deter ações ou quotas de outra, um objeto próprio, fora da vida e do objeto de sua controlada ou subsidiária.

É pensando e objetivando esta última seu alcance, seus projetos, seu patrimônio, que os sócios da *holding* se juntaram. Daí porque o mesmo Comparato (ob. cit., p. 123) chama a *holding* de "negócio jurídico indireto".

Ao se dissolver parcialmente a *holding*, cabe aos retirantes receber sua "quota/ parte ideal" não em dinheiro, mas em ações (ou quotas) correspondentes da sociedade detida, pois é nesta que se acha o seu real interesse societário.

Ainda Luiz Cantidiano (ob. cit., p. 84): "Surgindo grave e insuperável divergência entre os acionistas de sociedade anônima *holding*, que possa inviabilizar o prosseguimento das atividades das empresas operativas, sustentamos ser cabível, com fundamento no disposto no art. 206, II, "b", da Lei n. 6.404/76, a propositura de ação de dissolução judicial da sociedade de comando, de modo a fazer com que as participações societárias que ela (sociedade *holding*) detém possam ser transferidas aos seus titulares finais, exatamente aqueles que, objetivando estruturar o exercício conjunto do poder de controle, as transferiram à propriedade da sociedade comum de participação.

Nesta mesma linha entendemos nós por certo, garantindo àquele sócio (acionista) da *holding* pura, insatisfeito, confrontado com a má condução da atuação daquela controladora por seus majoritários, receber, na dissolução parcial, a sua quota-parte, a sua fração do patrimônio líquido, não em dinheiro, mas em ações/quotas correspondentes da sociedade controlada, cuja existência — e portanto cuja participação no seu capital — é a única razão de ser da *holding* e de cada um dos sócios desta enquanto tais.

Atualidades

NOVA REGULAMENTAÇÃO DO MERCADO DE BALCÃO ORGANIZADO

EDUARDO SALOMÃO NETO

Introdução e características gerais. Títulos negociáveis. Impossibilidade de negociação em Bolsa. Formadores de mercado. Outros participantes do mercado. Responsabilidade contratual. Tributação. Regulamentação aplicável. Conclusão.

Introdução e características gerais

O mercado de balcão abrange operações realizadas com a participação de instituições financeiras e demais sociedades que tenham por objeto distribuir emissão de valores mobiliários como agentes da companhia emissora ou por conta própria, de sociedades que tenham por objeto a compra de valores mobiliários no mercado para revenda por conta própria e de sociedades e agentes autônomos que exerçam a atividade de mediação nas negociações de valores mobiliários, segundo os artigos 15 e 21, § 4º da Lei n. 6.385, de 7 de dezembro de 1976.[1]

Em vista de tal definição, o mercado de balcão como definido em lei prescinde de organização normativa para existir, bastando a negociação de valores mobiliários pelas instituições que o compõem, mesmo que por conta própria. Tradicionalmente foi esta a configuração mais comum do mercado de balcão no país desde a reforma da Lei das Sociedades Anônimas.

Isso não significa entretanto que a existência de um mercado de balcão organizado por regras estáveis seja inútil. Tal mercado teria o potencial de se tornar uma alternativa à bolsa de valores, abrindo possibilidades de captação de recursos por empresas que não teriam normalmente acesso às bolsas, principalmente devido aos altos custos envolvidos.

A existência e regulamentação de um mercado assim é favorecida nos dias que correm pelo desenvolvimento de sistemas de informática, que possibilitam a criação de um verdadeiro espaço virtual de negociações e contraposição de ofertas de compra e venda, sem a necessidade da presença física dos ofertantes. Esse espaço virtual borra a distinção tradicional entre bolsa e mercado de balcão, tornando possível também no último os leilões de ofertas.[2]

1. Segundo doutrina muito bem representada por Nelson Eizirik, são fundamentais à noção de mercado de balcão quatro elementos: "1. negociação *fora* das Bolsas; 2. com valores mobiliários (ações, debêntures e direitos referentes a tais títulos); 3. emitidos por companhias registradas na CVM; e 4. com a intermediação de Sociedade Corretora, Distribuidora, Banco de Investimento ou Agente Autônomo" (*Questões de Direito Societário e Mercado de Capitais*, Rio de Janeiro, Editora Forense, 1987, pp. 261 e 262).

2. A distinção tradicional reflete-se bem no seguinte texto de Louis Loss: "There are several

Em vista de tais considerações, a Comissão de Valores Mobiliários (CVM) baixou a Instrução n. 243, de 1º de março de 1996 (a "Instrução"), dando regras para o funcionamento dos mercados de balcão organizado. A regulamentação permite a constituição de entidades para o desenvolvimento de negociação de títulos e valores mobiliários de renda variável, sob a forma de sociedade civil ou comercial (artigo 1º da Instrução). A Regulamentação do assunto não é nova, visto que já abordada pela Instrução CVM n. 93, de 26 de dezembro de 1988, agora revogada. As novas regras, entretanto, trazem regime mais liberal e adaptado a experiências bem-sucedidas no exterior, prevendo a figura dos formadores de mercado e dispensando a constituição de fundo de garantia.

Com base em tal regulamentação mais liberal e adequada, as Bolsas de Valores do Paraná, Rio de Janeiro, Santos, Minas-Espírito Santo-Brasília, Bahia-Sergipe-Alagoas e de Pernambuco-Paraíba uniram-se à Associação Nacional dos Bancos de Investimentos (ANBID), à Associação Brasileira das Companhias Abertas (ABRASCA) e à BNDES Participações S/A, criando a Sociedade Operadora do Mercado de Acesso S/C Ltda. (SOMA). A SOMA já conta com autorização para funcionar da CVM, como exigido pelo artigo 2º da Instrução. Conta também com regulamento operacional, cujas regras nos serão úteis para a análise das características gerais do mercado de balcão organizado. A SOMA contratou a Bolsa de Valores do Rio de Janeiro para fornecer o sistema de registro de operações, bem como os serviços de processamento de dados necessários a suas atividades.

Nisso se diferencia ela de outra instituição criada sob a égide da Bolsa de Valores de São Paulo, chamada de Mercado Brasileiro de Balcão, que ao final de 1997 aguardava ainda registro na CVM, e de cuja fusão com a SOMA presentemente se cogita, de forma a se conferir maior liquidez ao mercado.[3]

Embora tenham caráter incipiente no Brasil, os mercados de balcão organizado existem em outros países. Exemplo clássico, ao que tudo indica inspirador de vários dos pontos da regulamentação brasileira, é o sistema operado nos Estados Unidos da América pela National Association of Securities Dealers (NASD), chamado de National Association of Securities Dealers Automated Quotations (NASDAQ), inaugurado em 1971.[4]

Títulos negociáveis

A Instrução determina em seu artigo 10 que os seguintes papéis de renda variável são passíveis de negociação no mercado de balcão organizado: (a) os valores mobiliários registrados na CVM para negociação em balcão; (b) os valores mobiliários emitidos por sociedades beneficiárias de recursos oriundos de incentivos fiscais registrados na CVM; (c) os certificados de investimentos em obras audiovisuais; (d) as quotas de fundos de investimento fechados, que tenham sido objeto de distribuição pública; (e) outros títulos e valores mobiliários autorizados pela CVM à negociação neste mercado; (f) os direitos e índices relativos aos títulos acima.

Segundo regra geral do artigo 21, § 1º da Lei n. 6.385/76 somente valores mobiliários emitidos por companhia registrada jun-

important differences between the stock exchanges and the OTC market. First and most obvious, each stock exchange provides a central place for trading where all customers' buy and sell orders meet and the highest buy order is matched against the lower sell order in an auction type process; the OTC market, on the other hand, is a descentralized market in which transactions are negotiated among broker-dealers and between broker-dealers and their customers" (*Fundamentals of Securities Regulations*, Boston and Toronto, Little, Brown and Company, sem data, pp. 675 e 676).

3. "Mercado de balcão busca ações da teles", in *Gazeta Mercantil*, 27.11.97, p. C-1.

4. Louis Loss, *Fundamentals of Securities Regulations*, cit., p. 675.

to à CVM podem ser objeto de negociação no mercado de balcão.[5] O registro relativo à negociação em bolsa serve como registro para o mercado de balcão, mas o inverso não é verdadeiro (artigo 21, § 3º da Lei n. 6.385/76). O artigo 10 não deixa claro se o registro necessário é o específico para o mercado de balcão, ou se além dele também serão aceitos títulos beneficiados pelo registro genérico relativo à negociação em bolsa. Entretanto, a última regra deve prevalecer, porque o artigo 21, § 3º é específico na regra que contém, não deixando à CVM espaço para discricionariedade.

Essa poderá não ser a posição da CVM sobre o assunto, na medida em que parece implicitamente exigir que a sociedade emissora dos títulos tenha seu registro alterado, de bolsa para mercado de balcão. De fato, segundo o artigo 16 da Instrução, a alteração de registro só será permitida com a concordância de acionistas representando 51% no mínimo do capital total da companhia,[6] e na falta de oposição de acionistas minoritários em número superior a 100 que representem mais do que 5% das ações em circulação no mercado na mesma data. Adotando tal posição, terá a CVM se afastado da legalidade, tornando-se na melhor das hipóteses responsável por entraves burocráticos ao acesso ao mercado, e na pior sujeitando-se a contestações judiciais de sua posição.

Não é este o único ponto em que a regulamentação parece se desviar da legalidade. A CVM tem poderes para definir "as espécies de operação autorizadas na Bolsa e no mercado de balcão" nos termos do artigo 18, inciso II, letra "a" da Lei n. 6.385/76, mas tal poder encontra por limite, em nosso entender, a regra anteriormente enunciada de que só valores mobiliários emitidos por companhia, a qual deve ser registrada junto à CVM, podem ser objeto de negociação no mercado de balcão. Ao prever como negociáveis no mercado de balcão outros títulos, alguns deles sequer passíveis de emissão por sociedade que se possa registrar na CVM como companhia aberta, como os fundos de investimento, parece-nos que a CVM exorbitou de seus poderes. Ainda que no caso concreto não decorra disso prejuízo a investidores ou ao mercado, deve-se ter em mente que representa sempre prejuízo à segurança jurídica do mercado, abrindo além disso precedente para excessos em situações em que o prejuízo a terceiros exista.

Impossibilidade de negociação em Bolsa

A negociação fora dos mercados de balcão organizado de títulos e valores neles admitidos só poderá ocorrer em caso de distribuição pública, durante o período respectivo, e quando se tratar de negociação privada (artigo 11 da Instrução).[7] Tal regra é merecedora de interpretação cuidadosa, porque exclui a possibilidade de negociação em bolsa de títulos admitidos no mercado de balcão, salvo durante a fase de distribuição pública.

Ocorre que o artigo 12 da Instrução permite que valores mobiliários sejam registrados para negociação no mercado de balcão à revelia da companhia emissora, por iniciativa de participante ou intermediário do mercado. Isso levaria à possibilidade de sociedade registrada para negociação em bolsa, e conseqüentemente também no mercado de balcão, tornar-se impedida de negociar seus títulos em bolsa à sua revelia. Em vista disso, é nosso entendimento que a companhia emissora detentora de registro para negociação em bolsa cujas ações

5. Tal registro é regulado pela Instrução n. 202, de 6.12.93, da CVM.

6. Não se entende porque o apego cabalístico a 51%, quando em boa matemática 50% mais uma ação constituiria maioria absoluta.

7. Note-se que a regra análoga existe em sentido inverso para títulos negociados em bolsa de valores, cuja negociação no mercado de balcão fora do período de distribuição é proibido (artigo 36 da Resolução n. 1.656, de 26.10.89, do Banco Central do Brasil).

tenham sido listadas à sua revelia no mercado de balcão organizado poderá a qualquer momento suspender tal listagem, por manifestação dirigida à entidade, desde que comprovadamente tencione ter seus títulos negociados em bolsa. Isso decorre do fato de que na sistemática do mercado de capitais brasileiro é atribuído às companhias o direito de decidir pela abertura de seu capital e pelo ambiente em que serão listados os seus papéis, o que se comprova pelo sistema de duplicidade de registros, para bolsa e balcão, facultado pelo artigo 21 da Lei n. 6.385/76.

Formadores de mercado

A Instrução previu em seu artigo 13 a possibilidade de cadastramento junto às entidades do mercado de balcão organizado de pessoas jurídicas chamadas formadores de mercado. A Instrução não define claramente seu papel, tarefa que deixa em seus expressos termos para as entidades do mercado de balcão, as quais devem entretanto submeter as regras relativas a responsabilidades, direitos e deveres dos formadores de mercado à aprovação da CVM, que será considerada concedida em caso de ausência de manifestação em 60 dias.

A regulamentação em vigor procura evitar que os formadores de mercado se coloquem em posição de conflito de interesses, proibindo o recebimento por eles de remuneração ou empréstimo provenientes do emissor dos títulos ou valores mobiliários em que se especializem, bem como dos acionistas controladores da companhia ou de empresas coligadas e controladas (artigo 4º da Instrução n. 244, de 1º de março de 1996, da CVM). Isso porque qualquer uma de tais transações poderia comprometer seu julgamento ou se prestar a manipulação indireta de cotações pela companhia emissora ou seus controladores, usando o formador de mercado como intermediário.

Na falta de definição regulamentar, servem como modelo do papel dos formadores de mercado as atribuições a eles conferidas pela SOMA, no artigo 14, § 4º do Regulamento Operacional aprovado pela Resolução n. 001/96-CA, de seu Conselho de Administração, que abaixo transcrevemos: "Artigo 14. (...)

"§ 4º. Para o fechamento de negócios deverão ser observados, em relação ao preço, os seguintes parâmetros básicos:

"I — no caso de haver formador de mercado credenciado, o preço deverá estar no intervalo entre a melhor oferta de compra e a melhor oferta de venda, inclusive dentre todas as ofertas propostas pelos formadores de mercado;

"II — no caso de não haver formador de mercado credenciado, o preço deverá estar no intervalo entre a melhor oferta de compra e a melhor oferta de venda, inclusive dentre todas as existentes no sistema no momento da operação."

Assim os formadores de mercado são usados como referência para as cotações dos títulos, contribuindo para sua estabilidade ao evitar que sejam distorcidas por preços de participantes do mercado menos experientes ou menos isentos.

No sistema da SOMA, não há restrição a que participantes do mercado que não sejam formadores de mercado fechem diretamente operações entre si, sem a participação dos formadores de mercado credenciados. Na prática, entretanto, isso dificilmente ocorrerá, na medida em que só as cotações dos formadores de mercado terão disseminação pela rede. Assim, a tendência será a negociação entre um formador de mercado e um participante do mercado sem tal qualificação, ou entre dois formadores de mercado. Para os títulos em relação aos quais não haja formadores de mercado credenciados, o sistema processará e comparará todas as ofertas recebidas.

Outros participantes do mercado

O artigo 7º da Instrução remete à regulamentação específica de cada entidade a definição dos demais participantes do mercado organizado, regulamentação esta que deverá ser apresentada à CVM juntamente com o pedido de autorização prévia de funcionamento da entidade.

No caso da SOMA, só são admitidos como participantes do mercado aptos a comprar e vender títulos instituições do sistema de distribuição de títulos e valores mobiliários regularmente autorizados pelas autoridades competentes,[8] sendo que dentre estas só sociedades corretoras, sociedades distribuidoras e bancos de investimento podem realizar operações por conta e ordem de clientes, ficando as demais limitadas a operações por conta própria.[9]

Responsabilidade contratual

Os intermediários e os formadores de mercado autorizados a operar no mercado de balcão organizado são responsáveis perante seus clientes, outros intermediários e contrapartes de suas operações pela boa liquidação delas, pela legitimidade formal e material dos títulos e valores mobiliários entregues e pela autenticidade dos endossos e de quaisquer documentos apresentados (artigo 14 da Instrução).

Isso significa que em termos legais cada compra e venda de títulos é efetuada entre os agentes do mercado como partes, que por ela se responsabilizam. Não existe portanto a interposição da própria entidade do mercado ou de órgão a ela ligado encarregado da liquidação das operações, como comprador e vendedor universal, ao contrário do que ocorre em certas operações liquidadas na Bolsa Mercantil e de Futuros.[10]

8. Mesmo na falta de tais regras, norma semelhante decorreria dos artigos 15 e 21, § 4º da Lei n. 6.385/76.

9. Conforme artigo 4º e parágrafo único de seu Regulamento Operacional aprovado pela Resolução n. 001/96-CA, de seu Conselho de Administração.

10. Comunicado Externo da Bolsa Mercantil e de Futuros n. 079/96-SG, datado de 10.10.96.

Mais do que isso, fica claro também que os agentes do mercado contratam em nome próprio e como tais se responsabilizam pelo pagamento do preço e entrega dos títulos negociados em perfeito estado. São portanto comissários, e não mandatários, conforme prevê o artigo 166 do Código Comercial Brasileiro: "Art. 166. O comissário, contratando em seu próprio nome, ou no nome de sua firma ou razão social, fica diretamente obrigado às pessoas com quem contratar, sem que estas tenham ação contra o comitente, nem este contra elas; salvo se o comissário fizer cessão dos seus direitos a favor de uma das partes".

Tributação

Nos termos da lei tributária vigente, sujeitam-se a tributação em separado em regime mensal, os ganhos auferidos por pessoas físicas e jurídicas em operações realizadas em bolsas de valores (artigo 818 do Regulamento do Imposto de Renda aprovado pelo Decreto n. 1.041, de 11 de janeiro de 1994 — RIR/94). A tributação é exclusiva na fonte para pessoas físicas, tendo caráter de antecipação do tributo devido na declaração em caso de pessoa jurídica tributada com base no lucro real, presumido ou arbitrado (artigo 76 da Lei n. 8.981, de 20 de janeiro de 1995). A alíquota aplicável é de 10% (artigo 72, § 1º da Lei n. 8.981/95).

Uma outra restrição aplicável às operações em bolsa é que, em caso de prejuízo, só serão as perdas dedutíveis em um dado exercício até o limite de ganhos auferidos em bolsa pelo mesmo contribuinte pessoa jurídica. As perdas adicionais, deverão ser transferidas para exercícios subseqüentes e só então compensadas contra resultados positivos apurados em bolsa nos referidos exercícios subseqüentes, e sempre até o limite dos ganhos de renda variável em tais exercícios (artigo 76, §§ 4º e 5º da Lei n. 8.981/95).

O mercado de balcão organizado, em tudo semelhante às bolsas de valores, permitindo mesmo leilão de cotações, subordina-se a regime fiscal mais brando em relação às pessoas jurídicas. De fato, os ganhos nele apurados escapam a essas regras de antecipação e sujeitam-se apenas a tributação no balanço da pessoa jurídica. Não se aplicam também à compensação de prejuízos acima noticiadas.

Quanto às pessoas físicas, entretanto, o regime tributário aplicável às operações no mercado de balcão é mais severo do que o aplicável às operações em bolsa. De fato, sujeitam-se elas a tributação de 15% sobre o ganho de capital auferido, nos termos dos artigos 798 a 817 do RIR/94. Por outro lado, as pessoas físicas não podem compensar suas perdas em operações no mercado de balcão contra ganhos nos mesmos mercados ou em operações em bolsa, uma possibilidade que lhes é facultada em relação a ganhos e perdas de operações em bolsa entre si (artigo 72 e § 4º da Lei n. 8.981/95).

Regulamentação aplicável

Aplicam-se ao mercado de balcão organizado, por expressa disposição do artigo 8º da Instrução, as regras da CVM relativas a: (a) criação de condições artificiais de demanda (Instrução n. 8, de 8 de outubro de 1979); (b) operações com opções (Instrução n. 14, de 17 de outubro de 1980); (c) mercados a futuro, a termo e opções (Instrução n. 36, de 8 de agosto de 1984, Instrução n. 77, de 11 de maio de 1988 e Instrução n. 120, de 6 de junho de 1990); (d) fluxo de informações relevantes (Instrução n. 179, de 13 de fevereiro de 1992); (e) limites de posições no mercado de futuro de índices (Instrução n. 180, de 13 de fevereiro de 1992) e (f) regras e procedimentos diversos a serem observados nas operações (Instrução n. 220, de 15 de setembro de 1994).

Conclusão

De todo o exposto, conclui-se que o mercado de balcão organizado, na forma regulamentada pela CVM, constitui excelente opção para levantamento de fundos por companhias no mercado de capitais, propiciando a transferência de experiência bem-sucedida em outros países para o Brasil. Parece-nos, pendente o teste definitivo da prática, particularmente feliz a adoção da figura dos formadores de mercado, que dificultam manipulações ou distorções de preços ao permitir controle centralizado de ofertas.

Adicionam-se a isso as vantagens tributárias para o investidor facultadas pela legislação para operações nos referidos mercados, em comparação com as operações em bolsas de valores.

Como ponto negativo da nova regulamentação, não podemos entretanto deixar de citar as eventuais infringências de regras legais quanto a efeitos do registro como companhia aberta apontados no texto, bem como a imprecisão quanto aos efeitos de registro para mercado de balcão feito à revelia da companhia emissora.

Março de 1998

Atualidades

ALCANCE E LIMITES DOS ACORDOS DE ACIONISTAS: A TEORIA DA VONTADE FRENTE À INDISPONIBILIDADE E COGÊNCIA DA LEGISLAÇÃO ORGANICISTA BRASILEIRA EM MATÉRIA DE SOCIEDADES ANÔNIMAS*

ALEXANDRE SADDY CHADE

Apresentação. Parte I — Caso "Polienka S.A." — A soberania do acordo de acionistas. Parte II — Caso "Família Ometto" — O efeito "cascata" do acordo de acionistas. Parte III — Fundamentos da construção organiscista (em oposição à contratualista) do direito das sociedades anônimas n Brasil 1. Das teorias sobre a natureza jurídica das sociedades anônimas. 2. Dos fundamentos de adoção, pelo Direito brasileiro, da teoria organiscista e suas conseqüências. Parte IV — Conclusões.

APRESENTAÇÃO

O objetivo do presente trabalho é, a partir de casos práticos, discorrer sobre a natureza dos Acordos de Acionistas, conforme qualificada a partir da legislação nacional.

Isto porque, a partir desta qualificação jurídica, e somente com ela, será possível criticar os acórdãos apresentados, definindo-se com maior clareza e precisão os limites legais da manifestação da vontade dos acionistas relativamente à administração da Companhia.

Afinal, sobre o que pode ou não versar o Acordo de Acionistas? Até que ponto a soberania da Assembléia Geral, onde operam-se os efeitos dos Acordos, está ameaçada e relativizada?

Juristas da mais alta qualidade já se debruçaram sobre este tema. Portanto, não pode ser objetivo deste trabalho inovar na matéria, mas ao resumir o posicionamento da doutrina autorizada, pretende-se lançar algumas questões sobre a deficiência prática do sistema jurídico societário, conforme positivado e interpretado pela maioria dos autores.

Não é mais possível, e isto tem sido extremamente prejudicial às empresas e à economia nacional, que ainda nos dias atuais paire sobre nossas cabeças a lâmina da incerteza e da imprecisão em uma matéria tão básica como é a do Acordo de Acionistas. Incerteza esta decorrente, com certeza, da completa dissociação existente entre a regulamentação positivada, e a realidade empresarial. Não raras vezes nossas

* Trabalho apresentado no curso de Pós-Graduação da Faculdade de Direito da Universidade de São Paulo, em 1997, na disciplina "Administração das Sociedades Mercantis em Direito Comercial Comparado II" (DCO 842), ministrada pelo Prof. Mauro Rodrigues Penteado.

cortes, pouco afetas às peculiaridades societárias, desconsideram a letra da lei, ou por falta de conhecimento, ou por uma coerência íntima decorrente de uma lógica perfeitamente aceitável.

É o que veremos a seguir.

PARTE I — CASO "POLIENKA S.A." — A SOBERANIA DO ACORDO DE ACIONISTAS

O caso a seguir ementado foi retirado da *Revista de Direito Mercantil* (*RDM*) n. 96, pp. 97 e ss. Em anexo a íntegra do acórdão, juntamente com comentários do ilustre jurista Haroldo Malheiros Duclerc Verçosa.

No nosso entender, tanto a decisão judicial como o parecer que a segue vêm eivadas de incompreensão, senão ilegalidade, demonstrando mais uma vez um caso em que a lógica do mundo real conflita com a lógica do sistema jurídico nacional.

Basicamente, o caso versa a validade de Acordo de Acionistas celebrado para condicionar a forma de preenchimento de casos de administração de sociedade anônima fechada. O referido Acordo dava aos Acionistas a faculdade de nomear os diretores da Cia. diretamente, sujeitando o Conselho de Administração à sua decisão e, assim, usurpando um dever deste conselho que é justamente a eleição da diretoria.

Contrariamente à posição dominante na doutrina, o acórdão e o parecer de Haroldo Malheiros são unânimes na soberania absoluta do Acordo sobre os demais órgãos sociais, sujeitando estes àquele, segundo os seguintes termos (vide Anexo I — Caso Polienka S.A.):

"Sociedade Anônima - Companhia fechada - Eleição de Diretoria - Derrogação das normas contidas em acordo de acionistas para preenchimento de cargos de administração - Inadmissibilidade - Pacto elaborado na forma da lei, quando da constituição da sociedade - Ratificação quando da modificação da Lei de S.A. sendo respeitado pelos acionistas.

"Ementa oficial: Sendo a empresa, companhia fechada, é perfeitamente válido acordo de acionistas que indique a forma como serão preenchidos os cargos de administração, desde que tenha sido elaborado quando de sua constituição e arquivado na sede da empresa com a publicidade do ato.

"Assim sendo, o acordo de acionistas pactuado entre as partes, na forma prevista em lei, quando da formação da sociedade, ratificado quando da modificação da lei das sociedades anônimas, não há direito líquido e certo a ser amparado consistente em derrogar normas contidas no acordo para eleição da diretoria da empresa.

"Acórdão: Vistos, relatados (...)

"Trata-se de ação cautelar inominada, objetivando a condução e manutenção do autor Dov Orni, no cargo de Diretor Administrativo Financeiro da Polienka S.A., em respeito ao acordo de acionistas vigente (...)

"(...) apelam as vencidas alegando que... o grupo majoritário pode se opor à eleição de pessoa a quem falte qualidades profissionais ou a que tenham interesses contra a companhia; o autor é desprovido de qualidades para exercer o cargo, não estando os membros do Conselho de Administração obrigados a respeitar a decisão (do Acordo de Acionistas).

"É o relatório.

"No mérito, conforme restou assente, no MS 159.915-1/5, desta 6ª C., ao examinar a questão controvertida, com trânsito em julgado:

"'Efetivamente, sendo a empresa Polienka S/A companhia fechada, é perfeitamente válido acordo de acionistas que indique a forma como serão preenchidos os cargos de administração, desde que tenha sido elaborado quando de sua constituição e arquivado na sede da empresa com a publicidade do ato.

"'Na esteira do ensinamento doutrinário de Modesto Carvalhosa as companhias fechadas são aquelas que obtém recursos de capital mediante subscrição de ações pelos próprios acionistas ou por um grupo restrito de pessoas, mediante o exercício do direito de preferência dos acionistas ou de contrato de participação acionária, celebrado com terceiros subscritores, previamente conhecidos (que) podem tutelar seus interesses no próprio âmbito contratual, dispensada a tutela pública'(...)

"Em resumo: tendo o acordo de acionistas pactuado pelas partes na forma prevista em lei, quando da formação da sociedade, ratificado quando da modificação da lei das sociedades anônimas, sendo respeitado pelos acionistas, não ha direito líquido e certo a ser amparado consistente em derrogar as normas contidas no acordo para eleição da diretoria da empresa. (...)

"O Acordo de Acionistas deve, pois, ser efetivamente cumprido. (...)

"Por outro lado, não há que se ignorar o fato de que o Conselho de Administração da Polienka S/A *não é uma entidade autônoma*, possuindo forças próprias para ignorar o acordo de acionistas, especificamente em razão da própria natureza que lastreia a Companhia e circunstâncias que envolvem a empresa e seus próprios acionistas. Em conseqüência, o Conselho de Administração da empresa recorrida *não possui o direito autônomo oponível aos direitos dos sócios minoritários* com força para vulnerar o acordo de acionistas. Dito Conselho não é mesmo parte da relação jurídica material que liga os acionistas convenientes e, por esta razão não poderia ser parte na presente relação jurídica processual. (...)

"Isto posto, nega-se provimento ao recurso.

"O julgamento teve a participação dos Des. Costa Manso (pres. sem voto), Almeida Ribeiro, e Reis Kuntz, com votos vencedores. São Paulo, 3 de fevereiro de 1994, Melo Colombi — relator."

Na seqüência, a *Revista de Direito Mercantil* traz parecer da lavra do eminente jurista Haroldo Malheiros D. Verçosa que, aderindo por completo os termos, justificativa e votos vencedores do acórdão colacionado, assim manifesta sua integral concordância: "... O grupo majoritário, esteja ou não representado pelo Conselho de Administração não pode invadir a esfera interna das decisões dos participantes do acordo de acionistas, muito menos para decidir quem tem ou quem não tem condições para o preenchimento de cargos da diretoria.

"O Conselho de Administração é órgão da sociedade e não tem poderes para representá-la em juízo, o que compete somente à diretoria (art. 144).

"Dessa maneira, o acórdão ora comentado aplicou corretamente a legislação pertinente...".

Em suma, e o chegando ao quanto realmente importa ao presente estudo: O acórdão, com apoio de Haroldo Malheiros, decreta a *mais absoluta prevalência da vontade das partes, enquanto acionistas, sobre a vontade da sociedade controlada, prevalecendo o acordo de acionistas sobre eventual competência deliberativa do Conselho de Administração, o qual deve sujeitar-se ao acordo.*

Conforme veremos mais adiante, esta conclusão, apesar de lógica e razoável, não se coaduna com o quanto disposto em nossa legislação societária vigente.

Antes, porém, analisemos outro caso, que aparentemente segue as mesmas conclusões do acórdão supramencionado, indo ainda mais além, reconhecendo a supremacia do Acordo não só no âmbito da sociedade controlada pelos signatários daquele, como prevalecendo e vinculando as sociedades por esta controladas, em primeiro, segundo e terceiro graus, no que será denominado *efeito cascata.*

PARTE II — CASO "FAMÍLIA OMETTO" — O EFEITO "CASCATA" DO ACORDO DE ACIONISTAS

Imagine-se a seguinte situação: Terceira geração de empresa familiar. Primos disputando o poder a partir de uma *holding*, que controla outra *holding*, que controla diversas empresas entre operacionais (usinas de açúcar e álcool), e agrícolas (concentrando quase 1/4 das áreas produtivas do Estado de São Paulo). Pare de imaginar e conheça o intrincado caso da família Ometto.

Trata-se de uma das mais polêmicas e acirradas disputas societárias em empresas familiares. A agressividade das partes certamente teve grande peso nas decisões judiciais, consideradas extremamente arrojadas e inesperadas. Diversos os advogados e juristas que atuaram e opinaram, através de artigos e pareceres sobre o caso e suas intrépidas decisões.

Antes porém de adentrarmos os acórdãos prolatados no caso, é necessário um breve histórico societário, acompanhado de um organograma societário para facilitar a compreensão do leitor.

Um ramo da família Ometto controla uma *holding* familiar chamada Celisa Administração e Participações S.A. ("Celisa S.A."), detendo 99,74% do capital social desta empresa, totalmente representado por ações ordinárias. Para facilitar a compreensão, denominamos este grupo (mãe e filhos) de Grupo Celisa.

De outro lado, um outro ramo da família controla uma empresa "espelho" da Celisa S.A., chamada Primavera Administração e Participações S.A. ("Primavera S.A."), grupo este que denominaremos Grupo Primavera.

A Celisa S.A. e Primavera S.A. são *holdings* puras. Não têm nada em seus respectivos ativos a não ser participações *minoritárias* na sociedade Aguassanta Ltda.

A Aguassanta Ltda., por sua vez, outra *holding*, controla a Pedro Ometto S.A. (POSA S.A.) — mais uma *holding*.

A POSA S.A. é controladora da Dabarra S.A. — mais uma *holding* — e das Usinas Costa Pinto Açúcar e Álcool S.A. (Costa Pinto S.A.) e Usina da Barra S.A. — estas, usinas operacionais largamente conhecidas como duas das maiores do mundo.

POSA S.A. e Dabarra S.A., por sua vez, conjuntamente, controlam diversas sociedades agrícolas, como a sociedade Santa Bárbara Agrícola S.A., e a conhecida Fazenda Bodoquena S.A., tida como uma das maiores do país, além de outras sociedades que não têm relevância para a presente exposição.

Colocando este emaranhado societário em outras palavras, pode-se dizer que a Aguassanta Ltda. através de sua participação direta em POSA S.A., e indireta em Dabarra S.A., controla a Usina Costa Pinto S.A., a Usina da Barra S.A. e a empresa Santa Bárbara Agrícola S.A., além de algumas outras empresas.

Importante notar nesta exposição que, não obstante a referência a diversas empresas, quase todas *holdings* (empresas de papel), *somente a Usina Costa Pinto S.A. e a Usina da Barra (além das empresas agrícolas) desempenham atividades operacionais, têm diretoria ativa, funcionários, produção, receita, caixa etc., apesar de, há algum tempo encontrarem-se em complexa.*

Após anos de brigas e disputas judiciais no âmbito da tradicional família Ometto, os acionistas da Aguassanta Ltda. elaboraram um conjunto de Acordos de acionistas ("Acordos") pelos quais dividiram o "poder do mando" das empresas controladas por Aguassanta Ltda. entre as principais sócias desta: Celisa S.A e Primavera S.A., respectivamente controladas pelo Grupo Celisa e pelo Grupo Primavera.

Através destes acordos, os Grupos Celisa e Primavera repartiram entre si o direito de indicação dos órgãos de administração das empresas controladas por Aguassanta Ltda. *Assim, em decorrência destes Acordos, cabe à Celisa S.A. (mesmo sendo minoritária em Aguassanta Ltda.) eleger a diretoria e conselhos (administrativo e fiscal) de algumas destas empresas, e à Primavera S.A. a indicação dos diretores e conselheiros das demais.*

Esta partilha de poder pode ser facilmente vislumbrada no organograma a seguir, que identifica as empresas postas sob o "mando" da Celisa S.A. ("empresas geridas a partir de Celisa S.A.") e aquelas sob o comando da Primavera S.A., além daquelas sujeitas a controle comum:

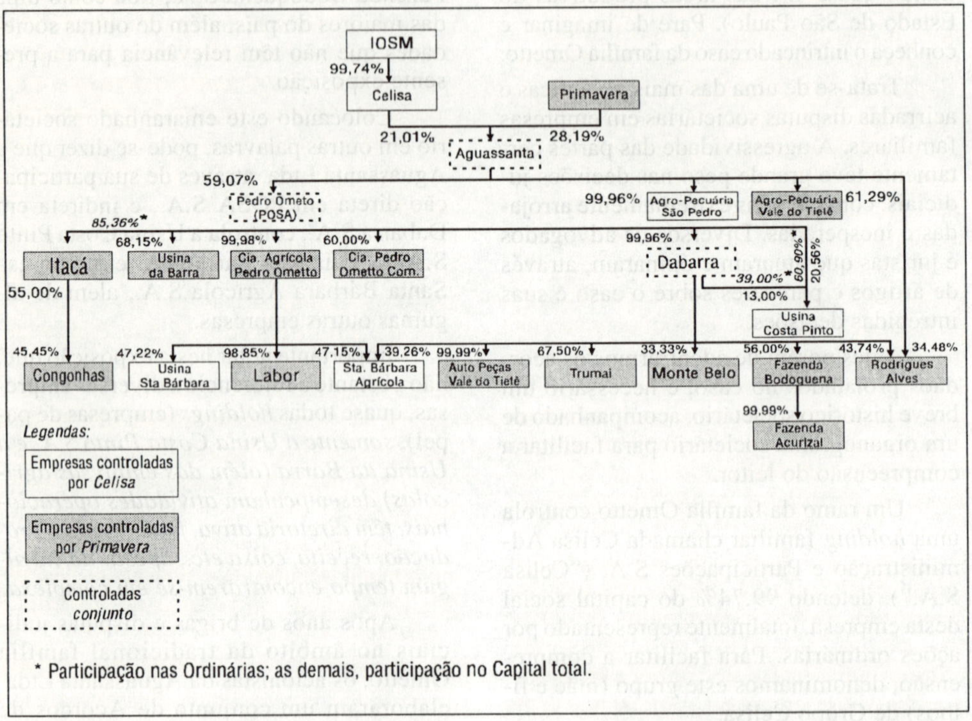

Como se percebe, *todo poder emana da Aguassanta Ltda*. Assim, pelos acordos, o presidente da Celisa S.A. representa-a na Aguassanta Ltda. e indica o Gerente-delegado desta última encarregado de defender os interesses da Celisa S.A. nas empresas que foram colocadas sob a tutela do Grupo Celisa.

De forma siamesa, o presidente de Primavera S.A. representa-a na Aguassanta Ltda. e indica o Gerente-delegado desta última encarregado de defender os interesses da Primavera S.A. nas empresas que foram colocadas sob a tutela do Grupo Primavera.

Ocorre que, nos acordos, além da partilha entre Celisa S.A. e Primavera S.A., foi inserta uma cláusula que posteriormente veio a tornar-se o cerne de diversas disputas familiares. Trata-se de uma disposição que dizia que o Conselho de Gerentes da Aguassanta Ltda. (verdadeiro órgão de representação e gestão desta empresa) seria presidido por Sérgio Simões Ometto (controlador e presidente da Primavera S.A.) *e, na ausência deste, por Rubens Ometto Silveira Mello ("Rubens")*.

Com base nesta cláusula, Rubens julgou-se no direito ("direito personalíssimo") de perpetuar-se como Gerente-delegado da Aguassanta Ltda. indicado por Celisa S.A., assumindo, assim, o comando de fato de todas as empresas geridas a partir de Celisa S.A. *Tudo sob o argumento da prevalência do Acordo de Acionistas sobre a vontade dos órgãos sociais da Celisa S.A. e mesmo de todas as empresas controladas por Celisa S.A., e seus respectivos órgãos societários.*

Por motivos que não importam ao caso, houve por bem o Grupo Primavera questionar a validade deste verdadeiro "castelo de cartas" societário. O argumento fundamental centrava-se na independência das empresas entre si, e especialmente, na autonomia deliberativa de cada um dos órgãos das diversas sociedades envolvidas, os quais, se sujeitos aos Acordos de Acionistas antes citados, estariam completamente desfraldados de suas capacidades e poderes deliberativos. Em outras palavras, pretendia o Grupo Primavera que fosse reconhecido que os acionistas do Grupo Celisa e do Grupo Primavera, em foro de Acordos de Acionistas, somente poderiam deliberar e contratar *enquanto e na qualidade de acionistas respectivamente de Celisa S.A. e Primavera S.A.*, não podendo usurpar, por Acordo de Acionistas, poderes reservados a outros órgãos deliberativos destas companhias (como o Conselho de Administração e a Diretoria), e muito menos dispor e impor comportamentos sobre empresas coligadas e controladas e seus respectivos órgãos de decisão.

Colocando de outra forma, os acionistas do Grupo Primavera defendiam o que adiante chamaremos de teoria "organicista", que advoga a independência de competência dos órgãos de administração de uma Companhia, dadas suas respectivas responsabilidades, e a não intervenção de um órgão, como a Assembléia Geral (orientada por Acordo de Acionistas) sobre outro órgão, como a Diretoria ou o Conselho de Administração.

Esta posição, como veremos mais adiante, que segue a corrente doutrinária massivamente dominante, foi massacrada pelos acórdãos em anexo, exarados pelo Egrégio Tribunal de Justiça de São Paulo, os quais, tendo por relator o Des. Ney de Mello Almada, e seguindo a teoria "Contratualista" também vitoriosa no caso Polienka S.A. antes versado, *decretaram a validade, soberania e supremacia dos Acordos de Acionistas entre os Grupos Celisa e Primavera, prevalecendo tais contratos parassociais, sobre as vontades dos órgãos deliberativos de Celisa S.A. e Primavera S.A. e sobre todas as demais sociedades controladas, incluindo, obviamente, seus respectivos órgãos.*

São estes os fundamentos destes acórdãos (Anexos 2 e 3):

"Agravo de Instrumento n. 128.957-SP (...) Aos acordos de acionistas vinculam-se estes últimos e as 'holdings', na eleição de administradores das empresas abrangidas em seu âmbito de eficácia, valendo reiterar que tal estado de coisas perdurará até que eventualmente sofram tais negócios jurídicos regular desconstituição, por força de decisão transitada em julgado...".

Opinião esta igualmente esposada pelo novamente relator Desembargador Ney de Mello Almada, em recurso de Apelação: "Apelação Cível n. 161.344-1-SP (...) A execução dos pactos parassociais, portanto, há de ser feita de modo indivisível, pois a indivisibilidade lhes é inerente. Ocorre, necessariamente, o chamado *efeito cascata*...".

Em suma, mais uma vez, a exemplo do caso Polienka S.A. antes analisado, também neste caso da família Ometto, a *Vontade das Partes Acionistas das Holdings controladoras sobrepõem-se aos órgãos de administração das empresas das quais participam os signatários dos acordos, como também sobrepõem-se sobre as sociedades por estas controladas* (dentre as quais inclui-se uma Sociedade Anônima de Capital Aberto, como é o caso da Usina Costa Pinto S.A.).

Mas será mesmo que estas decisões encontram amparo em nossa legislação societária?

Parece-nos que não, como procuraremos demonstrar a seguir...

PARTE III — FUNDAMENTOS DA CONSTRUÇÃO ORGANICISTA (EM OPOSIÇÃO À CONTRATUALISTA) DO DIREITO DAS SOCIEDADES ANÔNIMAS NO BRASIL

Para que as decisões acima pudessem ser suportadas, seria necessário que o direito nacional tivesse abraçado integralmente a chamada teoria Contratualista, a qual deixa às partes total liberdade para dispor de seus direitos patrimoniais.

Segundo nosso entendimento, e na esteira da mais autorizada doutrina, não foi esta a opção do legislador nacional que, afastando-se do contratualismo norte-americano, positivou o direito societário mais nos moldes germânicos, adotando a teoria "organicista". Por esta estrutura, os acionistas somente podem contratar e deliberar enquanto acionistas, sendo-lhes defeso, portanto, usurpar de poderes dos demais órgãos da sociedade anônima, como o Conselho de Administração e a Diretoria.

Antes, porém, de tirarmos conclusões apressadas, vejamos o conteúdo sobre as principais teorias sobre a natureza da sociedade anônima.

1. Das teorias sobre a natureza jurídica das sociedades anônimas

Eis, pois, as principais teorias hoje reconhecidas, e suas características essenciais:

A) Teoria Contratualista

• A relação entre administração e sociedade é de natureza nitidamente convencional, com base no direito privado, sendo expressa por mandato ou por locação de serviços. Tanto a função de gestão como o poder de representação da sociedade são efetivados pelo mandato.

• Os poderes dos administradores são delegados e não próprios. E por não serem próprios, agem sempre em nome e por conta dos acionistas.

• Para o direito inglês os administradores são mandatários nomeados pela própria pessoa jurídica e não pelos acionistas.

Críticas

• Não é possível se falar em mandato quando há imperatividade da existência de administradores. (Quem representa o mandante na outorga do mandato?)

• Os acionistas não detêm poderes de gestão, não podendo, portanto, delegar o que não possuem.

• A relação de mandato exige ao menos dois sujeitos de direito, o que não existe no âmbito interno da Pessoa Jurídica (é uma pessoa só).

B) Teoria Institucionalista

• A sociedade anônima é uma instituição de *direito privado*,[1] onde cada órgão social tem uma função determinada, da qual não pode a companhia ser privada e à qual não pode, conseqüentemente, renunciar.

• As funções de gestão e de representação são exercidas pelos administradores.

• São reconhecidas a divisão e a indelegabilidade de funções dos órgãos societários.

Crítica

• Não há relação jurídica entre a administração e a própria sociedade.

C) Teoria Organicista

• Ao contrário da teoria Institucionalista, os subsídios doutrinários são buscados no *direito público*.

• Os órgãos de administração têm atribuições derivadas da lei e não da assembléia geral (mandato), ou de uma instituição privada permanente.

1. Pessoas reunidas em torno de uma idéia, por meio de uma organização permanente.

• O poder da administração societária tem origem na lei e, com isso, seus membros coletivamente ou individualmente estão investidos de poder legal.

• Os órgãos têm atribuições legais e seus titulares deveres e responsabilidades ao exercerem suas funções no quadro das atribuições daqueles. A lei não determina, seja no direito público ou no societário, deveres aos órgãos. Os órgãos societários constituem, por força das funções que lhes empresta a lei, instrumentos capazes de produzir relações jurídicas. E na consecução dessas atribuições os titulares ou ocupantes exercem coletiva ou individualmente os respectivos encargos.

D) Outras teorias

D.1 Teoria do "trust"

• O *trust* é uma obrigação assumida por uma pessoa de administrar o patrimônio de terceiro, que lhe é transmitido fiduciariamente. Operando certa forma semelhante ao fideicomisso, este instituto originado da *common law* não foi acolhido pelo direito civil e neste não encontra correspondente exato.

Críticas

• Nas sociedades anônimas a propriedade social não é transferida aos administradores, como ocorre no caso do *trust.*

• Nas sociedades anônimas os terceiros sabem que os administradores agem em nome da sociedade, da qual são meros representantes.

D.2 Teoria da relação fiduciária

• Contém elementos do mandato e do *trust.*

• As regras do mandato são aplicadas aos administradores quando da representação da sociedade perante terceiros, e as regras do *trust* aplicam-se nas relações com os acionistas.

• Esta duplicidade de funções, externas e internas, é conceituada como *fiduciary relationship*. Os administradores são fiduciários, tendo o controle da propriedade de terceiros, e têm deveres perante a própria companhia.

• Os poderes do Conselho não são dados especificamente pela companhia, mas advêm da lei, dos estatutos e dos costumes. (aproximação da concepção organicista)

• Os membros do Conselho de Administração não são *trustees* na realidade, pois não têm a propriedade da companhia.

• "Directors are not the servant of the majority shareholders", segundo Ballantine.

2. *Dos fundamentos da adoção, pelo Direito brasileiro, da Teoria Organicista e suas conseqüências*

Os dispositivos da Lei 6.404/76, por estabelecerem claramente funções específicas, poderes específicos e especialmente responsabilidades específicas para cada um dos órgãos de administração da sociedade anônima.

Assim sendo, determinada a absoluta cogência das normas societárias, fica afastada a disponibilidade das mesmas por acordo privado, pois a lei prevalece sobre a vontade das partes.

Desta forma, se, por exemplo, o Conselho de Administração tem suas atribuições especificadas na lei, e especialmente, pelo fato dos Conselheiros responderem pessoalmente pelo não cumprimento, abuso ou mau uso destas atribuições, não podem estes terem suas funções tolhidas pela vontade dos acionistas, pois é aos Conselheiros que a lei imputa e cobra determinados atos. Mesmo se praticados por mando da Assembléia Geral, serão os conselheiros responsabilizados pela prática dos atos que lhes são exclusivos por lei. De igual maneira procede-se com relação à Diretoria e seus membros.

As funções, portanto, dos órgãos de administração da Companhia são indelegáveis, decorrendo os seguintes fundamentos e princípios a suportarem esta posição:

A) Transposição do princípio constitucional da separação de Poderes para o Direito Societário

• Absorção do princípio da indelegabilidade do direito constitucional pelo direito societário com vistas a estabelecer os pesos e contrapesos que permitem instituir o controle da legitimidade do exercício de competência de seus órgãos.

• Atribuição de soberania à Assembléia Geral que seria tanto um poder constituinte permanente como um controlador da legitimidade das funções exercidas pelos órgãos da administração.

B) Competências indelegáveis dos órgãos societários

• Diferença de competência e funções entre os órgãos da companhia. As atribuições são estabelecidas por Lei, e somente a Lei poderá modificá-las, nunca a vontade das partes.

• Atribuição ao Conselho de Administração de poderes deliberativos no âmbito da administração e controle corporativo sobre os atos praticados pelos diretores.

• Atribuição à Diretoria de poderes de observância das normas e orientações emanadas do Conselho de Administração, devendo, também, apresentar para a aprovação deste os relatórios sobre a execução dos atos de administração.

• Atribuição ao Conselho Fiscal do controle das contas da Diretoria e do movimento de disponibilidade por ela operados, bem como o julgamento destas contas e do movimento financeiro, como também das peças de demonstrações financeiras e demais documentos e relatórios respectivos.

• Atribuição à Assembléia Geral de poderes institucionais, podendo, a qualquer tempo, alterar o estatuto social. Tem também deveres de observância dos pactos societários celebrados entre grupos de acionistas (art. 118).

C) Caráter institucional da indelegabilidade

• A indelegabilidade garante a legitimidade das competências tanto dos órgãos como dos atos praticados pelos seus respectivos membros. Os poderes e respectivas reservas de competência advêm da lei e não da vontade dos acionistas.

• Os órgãos são expressões da vontade social nos limites da competência de cada um.

• Os órgãos são impostos pela lei, prevalecendo sobre a vontade dos acionistas.

• A indelegabilidade de competência manifesta-se na eleição dos membros que compõem os diversos órgãos.

D) Vontade social — Sempre orgânica

• A vontade social é sempre manifestada pelos órgãos, jamais tendo o acionista a possibilidade de expressá-la eficazmente de outra forma.

E) Relatividade da soberania da Assembléia

• O conceito de soberania aplicado à Assembléia Geral é relativo, em face do institucionalismo que caracteriza a sociedade anônima atual. Pode, portanto, o Conselho de Administração recusar-se a cumprir determinação da Assembléia Geral, sempre que esta estiver invadindo as atribuições legalmente delegadas ao Conselho;

F) Indelegabilidade de poderes ao Conselho de Administração

• Não é permitido ao Conselho de Administração assumir provisoriamente poderes de execução administrativa e de representação da companhia, posto serem funções/atribuições exclusivas da Diretoria;

G) A diretoria exerce as funções do Conselho de Administração

• Segundo o art. 150, no caso de vacância de todos os cargos do Conselho de Administração, fica a cargo dos diretores exercer as funções da administração da companhia. Trata-se de delegação *legal*, em vigor inclusive em decorrência do caráter acessório do Conselho de Administração que, ao contrário da Diretoria, não é obrigatório por Lei, a não ser em casos especiais.

H) Indelegabilidade orgânica e impedimentos pessoais

• A lei, ao determinar a indelegabilidade de atribuições e poderes, referiu-se aos órgãos societários e não a pessoas que, eventualmente, participem como membros de um ou mais deles.

I) Indelegabilidade orgânica e delegação interna

• O princípio da não-delegação de poderes entre órgãos da companhia não deve ser confundido nem afetar negativamente a possibilidade de delegação de poderes de determinado órgão a determinados membros desse mesmo órgão, a comitês ou mesmo a terceiros, denominada a *delegação interna*.

J) Delegação e mandato

• O mandatário não é delegado de um órgão da administração da companhia, mas procurador da própria sociedade. Quem outorga a procuração é a sociedade, ao passo que, na delegação de atribuições, quem transfere funções é o próprio órgão. Com isso, a representação da sociedade pelas pessoas elegadas do Conselho de Administração é orgânica, enquanto que a representação social por mandatário é convencional.

L) Princípio da especialização

• É o princípio que rege o mandamento legal de estrita divisão de poderes e funções no âmbito societário.

• A idéia de institucionalização vem substituir a da hierarquização de poderes que prevalecia na concepção contratualista da sociedade anônima.

• Decorre deste princípio o de separação de poderes, consubstanciado em órgãos necessários que, por isso, não podem ser suprimidos pelo estatuto.

PARTE IV — CONCLUSÕES

De tudo o quanto exposto acima, conclui que, no sistema jurídico nacional a estrutura de poderes, competências, funções e representatividade da sociedade anônima *decorre da lei* e não da vontade livre dos sócios, que apenas podem dispor sobre a matéria nos limites estritos dos mandamentos legais.

Assim, se as partes (acionistas) não podem derrogar a lei, e a lei adotou a teoria organicista no Brasil, especificando poderes, competências e especialmente responsabilidades para cada um dos órgãos de administração da sociedade anônima, não podem os acionistas, através de Acordos de Acionistas, vincular os atos dos demais órgãos societários (Conselhos e Diretoria), nas matérias legalmente a estes atribuídas.

Por conseguinte, nos dois casos práticos apresentados, os ilustres julgadores, com todo respeito que merecem, e provavelmente porque mais afetos às questões contratuais que corporativas (societárias), procederam equivocadamente ao decretarem a supremacia do Acordo de Acionistas sobre todos os demais órgãos da Companhia, e mesmo sobre outras sociedades controladas.

Tal conclusão somente seria aceitável se nosso sistema legal societário tivesse acolhido a teoria contratualista, deixando às partes a faculdade de dispor das normas legais em prol da livre manifestação de suas vontades.

Não é, como visto e reiterado, esta a posição do ordenamento nacional que, julgando a Sociedade Anônima como sendo um instrumento de captação de investimentos e promoção da economia em geral, atribuiu à regulamentação que a informa um caráter *cogente, indisponível que prevalece sobre a vontade das partes exposta em Acordos de Acionistas.*

Muito provavelmente, esta limitação legal da vontade das partes tenha visado exclusivamente as Sociedades Anônimas de Capital Aberto, mas pelo lamentável fato de que as Sociedades Anônimas de Capital Fechado (como especialmente as familiares) não tiveram um tratamento particularizado como mereceriam, também estas estão sujeitas aos rigores da lei.

Esta lacuna legal subtrai das partes contratantes um importante instrumento de composição de interesses, poderes e propriedades, como seria a possibilidade de um Acordo de Acionistas mais amplo, que passasse ao largo de qualquer restrição legal, no puro interesse das partes — acionistas de companhias de capital fechado —, sem qualquer prejuízo ao mercado de capitais.

Anexo 1 — Caso Polienka

Jurisprudência

Sociedade Anônima - Companhia fechada - Eleição de diretoria - Derrogação das normas contidas em acordo de acionistas para preenchimento de cargos de administração - Inadmissibilidade - Pacto elaborado na forma da lei, quando da constituição da sociedade - Ratificação quando da modificação da Lei das S/A sendo respeitado pelos acionistas.

Ementa oficial: Sendo a empresa, companhia fechada é perfeitamente válido acordo de acionistas que indique a forma como serão preenchidos os cargos de administração, desde que tenha sido elaborado quando de sua constituição e arquivado na sede da empresa com a publicidade do ato.

Assim sendo, o acordo de acionistas pactuado entre as partes, na forma prevista em lei, quando da formação da sociedade, ratificado quando da modificação da lei das sociedades anônimas, não há direito líquido e certo a ser amparado consistente em derrogar normas contidas no acordo para eleição da diretoria da empresa.

Ap. 219.618-1/6, 6ª C., j. 3.2.94, rel. Des. Melo Colombi, *RT* 706/84.

Acordão: Vistos, relatados e discutidos estes autos de apelação cível 219.618-1/6, da comarca de Americana, em que são apelantes Polienka S/A e outra, sendo apelados Dov Orni e outro: Acordam em 6ª Câmara Cível do Tribunal de Justiça do Estado de São Paulo, por votação unânime, negar provimento ao recurso.

Trata-se de ação cautelar inominada, objetivando a condução e manutenção do autor Dov Orni, no cargo de Diretor Administrativo Financeiro da Polienka S.A., em respeito ao acordo de acionistas existente.

A r. sentença, cujo relatório se adota (fls.), complementada pelo acolhimento dos embargos de declaração opostos (fls.), julgou procedente a ação, tornando definitiva a liminar concedida, a fim de que cumprisse as rés o acordo de acionistas e conduzido, por formal eleição, o autor ao cargo de Diretor Administrativo Financeiro da Polienka S/A, na próxima reunião do Conselho de Administração a se realizar a partir desta data, em atenção à indicação feita pelo grupo minoritário de acionistas.

Irresignadas, apelam as vencidas, ratificando, em suma, suas posições anteriores, aduzindo que: a decisão, ao tornar definitiva a liminar, estendeu-a indevidamente; o acordo de acionistas não obriga seus signatários; o grupo minoritário poderia indicar terceiras pessoas mas não os próprios acionistas para o cargo de direção; o grupo majoritário pode se opor à eleição de pessoa a quem falte qualidades profissionais ou a que tenham interesses contra a Companhia; o autor é desprovido de qualidades para exercer o cargo, não estando os membros do Conselho de Administração obrigados a respeitar a decisão.

Recurso bem processado e respondido.

É o relatório.

Observa-se, preliminarmente, que o pedido de condução do recorrido ao cargo de Diretor Administrativo Financeiro foi formulado expressamente na ação cautelar e na ação principal, julgadas procedentes, inclusive com medida liminar concedida. Em conseqüência, a parte dispositiva da sentença está correta, nos limites do pedido.

No mérito, conforme restou assente, no MS 159.915-1/5, desta c. 6ª C., ao examinar a questão controvertida, com trânsito em julgado:

"Efetivamente, sendo a empresa Polienka S/A companhia fechada, é perfeitamente válido acordo de acionistas que indique a forma como serão preenchidos os cargos de administração, desde que tenha sido elaborado quando de sua constituição e arquivado na sede da empresa com a publicidade do ato.

Na esteira do ensinamento doutrinário de Modesto Barros Carvalhosa (reproduzida a fls.) as companhias fechadas são aquelas que obtém recursos de capital mediante subscrição de ações pelos próprios acionistas ou por um grupo restrito de pessoas, mediante o exercício do direito de preferência dos acionistas ou de contrato de participação acionária, celebrado com terceiros subscritores, previamente conhecidos. Assim, nos casos de financiamento da companhia pelos próprios acionistas ou por um grupo previamente conhecido de terceiros subscritores, estes podem tutelar seus interesses no próprio âmbito contratual, dispensada a tutela pública.

À hipótese, se enquadra perfeitamente o caso em tela, uma vez que a impetrante Polienka S/A é companhia de capital fechado, tendo no ato de sua constituição os acionistas que a compuseram elaborado pacto, que vem sendo respeitado pelos envolvidos até pouco tempo atrás, ratificando na edição da Lei 6.404/76 e cuja validade ou nulidade não pode ser argüida, em face da regra inserida no art. 118, da referida norma.

Na forma consignada (fls.): Ademais, e valendo-nos da lição de André Martins de Andrade (in *Anotações à Lei das Sociedades Anônimas*, Atlas, 1977, p. 130), os acordos de acionistas — o *voting trust* do direito norte-americano ou "sindicatos de voto" do direito continental europeu, foram acolhidos pela nova legislação societária dada a sua utilidade nas *joint ventures* ou como instrumento capaz de prevenir os males do controle preconstituído. A execução específica que lhe é atribuída permite que se exija da sociedade a execução do que estava previsto no acordo, ainda que os demais signatários tenham mudado de idéia a respeito da matéria objeto do acordo.

Em resumo: tendo o acordo de acionistas pactuado pelas partes, na forma prevista em lei, quando da formação da sociedade, ratificando quando da modificação da lei das sociedades anônimas, sendo respeitado pelos acionistas, não há direito líquido e certo a ser amparado consistente em derrogar as normas contidas no acordo para eleição da diretoria da empresa.

Ademais, não foram indicados os prejuízos irreparáveis à gestão da empresa, com a eventual eleição de um dos membros do grupo Feldon-Orni, ou mesmo, concretamente qual o tumulto da condução dos negócios sociais."

O acordo de acionistas, deve, pois, ser efetivamente cumprido.

Não há, outrossim, nenhuma proibição legal, no sentido de que o próprio acionista Dov Orni possa ser indicado para exercer o cargo de Diretor Administrativo Financeiro. Além de acionista, observa-se que dito cidadão é fundador da Companhia, não havendo qualquer prova que demonstre inexperiência, incapacidade, improbidade ou qualquer conduta ameaçadora de eventual lesão patrimonial.

Por outro lado, não há como se ignorar o fato que o Conselho de Administração da Polienka S/A não é uma entidade autônoma, possuindo forças próprias para ignorar o acordo de acionistas, especificamente em razão da própria natureza que lastreia a Companhia e circunstâncias que envolvem a empresa e seus próprios acionistas. Em conseqüência, o Conselho de Administração da empresa recorrida não possui o direito autônomo oponível aos direitos dos sócios minoritários com força para vulnerar o acordo de acionistas. Dito Conselho não é mesmo parte da relação jurídica material que liga os acionistas convenientes e, por essa razão não poderia ser parte na presente relação jurídica processual, aliás, conforme ressaltado na resposta ao recurso.

Não sendo pois, bise-se, o Conselho de Administração da Polienka S/A uma entidade autônoma com poderes para descumprir o acordo de acionistas; não tendo o mesmo Conselho, direito autônomo oponível aos acionistas; não sendo o mesmo Conselho parte na relação jurídica material objeto desta ação — é conseqüência inarredável que dito Conselho não poderia ser parte na presente relação jurídica processual. Destarte, ainda que se pudesse ter o Conselho de Administração de Polienka S/A como um terceiro com interesse a ser atingido pela sentença, ainda assim sofreria os efeitos reflexos da decisão, sem poder a ela se opor, salientando-se o fato de serem cientificados dos termos da ação (fls. — ação principal).

Isto posto, nega-se provimento ao recurso.

O julgamento teve a participação dos Des. Costa Manso (pres. sem voto), Almeida Ribeiro, e Reis Kuntz, com votos vencedores.

São Paulo, 3 de fevereiro de 1994, Melo Colombi, relator.

Comentário

Haroldo Malheiros Duclerc Verçosa

Trata-se de decisão onde se discute a validade de acordo de acionistas celebrado para condicionar a forma de preenchimento de cargos de administração de sociedade anônima fechada.

Como se sabe, o acordo de acionistas é previsto no art. 118 da Lei das Sociedades Anônimas com as seguintes características: a) Quanto ao objeto — Destinados a regular entre os signatários a compra e venda de suas ações, a preferência para adquiri-las, ou o exercício do direito de voto; b) Quanto à forma — Para que possam atingir certos efeitos legais, adiante enumerados, é preciso que os acordos vertentes sejam averbados nos livros de registro e nos certificados das ações dos participantes, se emitidos; c) Quanto aos efeitos — Uma vez averbados na forma acima, referidos acordos serão oponíveis a terceiros e comportarão execução específica, ficando, no caso das companhias abertas, proibida a venda das ações correspondentes em bolsa ou no mercado de balcão.

Como se sabe, esse instituto não era previsto na antiga legislação societária (Dec.-lei 2.627/40), mas era conhecido do nosso direito e nele utilizado em vista da permissão constitucional da liberdade das convenções, discutindo-se, todavia, sobre a possibilidade de se conseguir alcançar judicialmente a sua execução específica.

No caso em tela, verifica-se que o acordo de acionistas objeto da controvérsia ali noticiado havia sido celebrado no regime da lei acionária anterior e ratificado ao tempo da edição do texto atual, tendo sido arquivado na sede da empresa.

A recepção do acordo de acionistas de que se fala pelo novo texto legal seria juridicamente aceitável desde que ele se enquadrasse nas exigências ali estabelecidas. A esse respeito o aresto sob comento não é claro, pois somente diz que o documento correspondente havia sido arquivado na sede da empresa. Um simples "arquivamento" não teria sido suficiente para o fim em tela, pois a exigência da lei, ao tempo da ratificação feita pelos acionistas signatários, os deveria levar a providenciar, caso isso não tivesse sido feito, a sua averbação nos livros sociais adequados e nos certificados das ações que tivessem sido emitidos.

Tenha-se em conta, por outro lado, como já lembrado acima, que a lei diferencia entre as companhias abertas e as fechadas no tratamento desse instituto, apenas para proibir a venda dos títulos no caso destas últimas.

Assim sendo, a ementa do acórdão estaria induzindo o leitor em erro, pois ali se lê que, "sendo a empresa companhia fechada, é perfeitamente válido acordo de acionistas que indique como serão preenchidos os cargos de administração...". Como visto, é indiferente para a validade do acordo seja a sociedade aberta ou fechada: o tratamento para ambas é idêntico. Por esse motivo, era inteiramente desnecessário, como fez o acórdão, referir-se aos ensinamentos doutrinários de Modesto Carvalhosa sobre a natureza das companhias fechadas e a forma pela qual levantam recursos para a realização do seu objeto social.

A decisão rechaçou corretamente as absurdas pretensões do grupo controlador, o qual alegou em apelação que: o acordo não obrigaria os seus signatários (entendendo-se que ele teria preenchido efetivamente as regras formais aplicáveis); o grupo minoritário poderia indicar terceiras pessoas, mas não os próprios acionistas para o cargo de direção: o grupo majoritário, através do Conselho de Administração, poderia se opor à eleição de pessoas a quem julgasse faltar qualidades profissionais ou que tivessem interesses contra a sociedade, sendo esse, segundo alegado, o caso do autor.

Como já lembrado, o acordo obriga os signatários e dá ensejo à execução específica, desde que preenchidas as formalidades previstas na legislação.

A lei é clara no art. 146, *caput*, sobre o fato de poder ser eleita para a diretoria pessoa que seja ou não acionista.

O grupo majoritário, esteja ou não representado pelo Conselho de Administração não pode invadir a esfera interna das decisões dos participantes do acordo de acionistas, muito menos para decidir quem tem ou quem não tem condições para o preenchimento de cargos da diretoria.

O Conselho de Administração é órgão da sociedade e não tem poderes para representá-la em juízo, o que compete somente à diretoria (art. 144).

Dessa maneira, o acórdão ora comentado aplicou corretamente a legislação pertinente, com as ressalvas acima efetuadas.

São Paulo, dezembro de 1994.

Anexo 2

Agravo de Instrumento n. 128.957-1-SP

Vistos, relatados e discutidos estes autos de Agravo de Instrumento n. 128.957-1, da comarca de São Paulo, em que são agravantes Rubens Ometto Silveira Mello e outros, sendo agravados o espólio de Orlando Chesini Ometto, representado por sua inventariante e outros:

Acordam, em Quarta Câmara Civil do Tribunal de Justiça, por votação unânime, rejeitar as preliminares e dar provimento ao recurso.

Cuida-se de agravo tirado de declaratória intentada pelos recorrentes, basicamente para assegurar a eficácia de acordos de acionistas celebrados pelos acionistas de "Participações Celisa S.A." e "Primavera Participações S.A.", além de outros efeitos, salientando, de logo, os agravantes integrarem o "Grupo Pedro Ometto", que congrega empresas atuantes no setor agrícola, do açúcar e do álcool. As administrações das empresas compreendidas no mencionado Grupo foram confiadas a Orlando Chesini Ometto, falecido, e Isaltina Ometto Silveira Mello, descendentes de Pedro Ometto, também já falecido, sendo certo que Orlando e filhos, e, de outro lado, Isaltina e seus filhos varões, vincularam-se em termos de dois acordos de acionistas recíprocos, cuja eficácia projetou-se na atuação dos signatários em *holdings* controladoras. Assim, ambas as famílias rateavam entre si a administração das empresas.

Informam, em seguida, que as empresas acima aludidas têm como acionistas, a "Primavera Participações S.A.", Orlando, em vida, e seus filhos Pedro, Renata e Sérgio, integrando maioria, ao passo que Isaltina e seus filhos Rubens e Celso, formando minoria, situação, todavia, invertida no tocante à composição acionária da "Participações Celisa S.A.". Aquela empresa representa os interesses de Orlando e filhos na execução dos acordos de acionistas; a segunda, faz desempenho análogo função relativamente a Isaltina e filhos.

"Primavera S.A." conta, a seu lado, com a subsidiária "O.C.O. Participações S/A Ltda.", aderente aos acordos aludidos, sendo ambas, em conjunto com "Celisa S.A.", cotistas em maioria de outra empresa, denominada "Administração e Participações Aguassanta S/A Ltda.". Esta é acionista controladora de "Agro Pecuária S. Pedro S.A.", de "Companhia Agrícola Rodrigues Alves" e, ainda, da "Agro Pecuária Vale do Tietê S.A.", e finalmente, de "Pedro Ometto S.A., Administrações e Participações", empresa que, a seu turno, controla, direta ou indiretamente, as demais empresas do Grupo.

Aduzem os agravantes que, com o óbito do acionista Orlando Chesini Ometto, os respectivos sucessores, não revéis aos acordos referidos, permitiram fosse guindado à presidência da Diretoria da *holding* Pedro Ometto S.A. Administração e Participações, o acionista e herdeiro Sérgio. Foi, então, convocada AGE dessa controladora, por iniciativa de acionista minoritária, a "Empreendimentos e Representações Artemis Ltda.", no escopo de apurar irregularidades acaso existentes na administração da controlada "Usina Costa Pinto S.A.", e, realizada referida assembléia geral, seguiu-se a iniciativa da "Usina Costa Pinto S.A." no sentido de convocar também uma AGE, a fim de autorizar a prática de auditoria externa para que as denúncias deduzidas pela acionista minoritária viessem a ser apuradas. Isaltina e filhos anuíram em tal propósito, tudo culminando na realização da assembléia, em que foi, à unanimidade, autorizada aquela auditoria.

Sucedeu, porém, que, antes mesmo de ser recebido e divulgado o resultado da auditoria e o laudo contábil, a "Costa Pinto" convocou AGE, em cujo decurso tais peças técnicas vieram a ser ofertadas, ficando, então, deliberado, por maioria, fosse proposta ação de responsabilidade civil contra os administradores, no mesmo ensejo substituídos. Afastados *ex abrupto* de seus cargos no Conselho de Administração da referida Usina, os agravantes não tiveram oportunidade de defesa, em momento algum, além de concretizar-se flagrante lesão aos acordos de acionistas, pois o grupo de Isaltina não pode indicar os substitutos, como ali lhe é inconcussamente assegurado.

Temendo novas iniciativas em contravenção a esse negócio jurídico básico no relacionamento das empresas, os agravantes, além da ação declaratória já mencionada, ajuizaram, incidentalmente, ação cautelar, objetivando provimento antecipado no sentido de ser garantido o cumprimento das disposições enunciadas nos acordos de acionistas nas assembléias gerais das empresas a eles submetidas, tanto as já realizadas quanto aquelas que viessem a ser convocadas. Contudo, inobtiveram a liminar pleiteada, donde o presente agravo, pelo qual, ressaltando o cabimento do processo cautelar em paralelo à declaratória, pretendem cercear a execução das deliberações que redundaram no afastamento de administradores indicados por "Celisa S.A.", conforme assembléias referidas no item 89 da minuta do agravo, bem assim serem mantidos os mesmos administradores até o julgamento da declaratória ou de demanda que tenha por objeto desconstituir os acordos de acionistas. Defendendo a prerrogativa de indicação dos substitutos dos administradores, pleiteiam a sustação da execução do que ficou deliberado na AGE da "Costa Pinto", ao eleger pessoas não indicadas por "Celisa S.A.".

Colhidas as contraminutas de fls. 764/781 e 783/800 (esta formulando duas preliminares), foi mantido o decisório impugnado, subindo os autos para julgamento do agravo.

Nada mais a relatar.

As preliminares ambas desmerecem acolhida.

No tocante à primeira, levantada pelas recorridas Dabarra S/A e outras, a fl. 784, diz respeito ao não conhecimento do recurso, à causa de revestir-se a decisão hostilizada de índole terminativa. Bem presente no regime do revogado diploma processual, reconhece-se, ainda na sistemática do CPC vigente, a dicotomia das decisões terminativas e definitivas, restritas à primeira à extinção processual por razão antecedente ao juízo de mérito, ao qual, no entanto, prende-se a segunda. A distinção entre tais categorias foi bem delineada por Buzaid, em sua monografia *Do Agravo Petição*, p. 132 e ss. Ora, é irrecusável que o despacho que aprecia pedido de liminar em feito cautelar não exaure as definições judiciais possíveis quanto ao mérito da lide não-principal. Cinge-se, antes, a um provimento antecipado, o que lhe averba a qualificação de decisão interlocutória, bem diferenciada da terminativa e, *a fortiori*, da definitiva. Assim, justifica-se plenamente a incidência do aludido diploma, art. 522.

Relativamente à segunda questão argüida, expressa o repúdio à instauração de litisconsórcio, que pretendem as agravantes. Salienta a contraminuta que algumas empresas, fixadas no ângulo passivo da relação processual, estariam, *verbis*, "em substância", "representadas pelas requerentes". Contudo, não se trata de matéria conhecível no agravo, diante do qual é impertinente, concernindo, isto sim, à ordem processual em segmento discrepante dos demais, aqui postos em relevo, sob o impulso recursal.

Em reforço da preliminar de não conhecimento, Dabarra Participações S/A e Outras, em 13 do corrente, apresentaram reprodução reprográfica de despacho judicial, pondo termo ao feito cautelar. Além da possibilidade de sua impugnação pela parte adversa, tal despacho é desenganadamente ilegal, ferindo o dispositivo do CPC, art. 809, que é impositivo, como doutrina Pontes de Miranda ao comentá-lo (*Com. ao CPC*, t. XII, p. 94). Com efeito, o processo cautelar depende do principal, e, com ou sem liminar, há que merecer julgamento conjunto (José Frederico Marques, *Manual*, cit., v. 4, p. 365).

Além desses argumentos, resta acrescer que, tendo sido interposto agravo da decisão ora questionada, o feito cautelar não pode ser extinto, até que a Instância de Segundo Grau venha a decidir o recurso, como aqui é feito.

O citado Humberto Theodoro Júnior adverte para a instrução e o julgamento da cautelar concomitantemente com a demanda de fundo, em "evidente economia processual" e sendo "nenhum o prejuízo para as partes", apoiado em Pestana de Aguiar ("Síntese Informativa do Processo Cautelar", in *RF* 247/51).

Passando-se, em seguida, ao enfoque do tema dos autos, logo de início cumpre observar que, na dicção do CPC, art. 801, além da menção à "lide e seu fundamento", exige que a inicial da cautelar proveja "a exposição sumária do direito ameaçado e o receio da lesão". A doutrina resume a inteligência deste último preceito (inc. IV) através de duplo requisito: aparência de bom direito e perigo da mora. Segundo disserta Humberto Theodoro Júnior, "O primeiro é situado no campo da possibilidade jurídica e o segundo no do interesse" (*Processo Cautelar*, p. 72).

Prosseguindo, ressalta o renomado processualista o que designa como "requisitos específicos da tutela cautelar", aludindo a "Um *dano potencial*, um risco que corre o processo principal de não ser útil ao interesse demonstrado pela parte, em razão do *periculum in mora*, risco esse que deve ser objetivamente apurável", e, ato contínuo, à "*plausibilidade do direito substancial* invocado por quem pretenda segurança: *fumus boni juris*".

Sucede, quanto a essa condição, não ser "possível o exame pleno do direito material do interessado, mesmo porque isto é objeto do processo principal e não do processo cautelar", aduz o escritor, insistindo em que, para a tutela cautelar, é suficiente "a provável existência de um direito", nisto consistindo o *fumus boni juris*, isto é, "juízo de probabilidade e verossimilhança do direito cautelar a ser acertado e o provável perigo em face do dano ao possível direito pedido no processo principal" (p. 73).

A seu turno, José Frederico Marques doutrina que no "art. 798 está implícito esse pressuposto, uma vez que ali se fala em causar lesão ao *direito* de uma das partes", parecendo, pois, "evidente que sem a provável existência desse direito, não há que falar em lesão que lhe seja causada".

O professor paulista aduz, no que diz respeito ao *periculum in mora*, que, "No art. 798, o Código de Processo Civil dá os contornos desse pressuposto do processo cautelar, ao referir-se ao "fundado receio de que uma parte, antes do julgamento da lide, cause ao direito de outra lesão grave e de difícil reparação", expressão esta última em que, pontua, consiste o perigo da mora (*Manual de Direito Processual Civil*, 4º/335).

Feitos esses assentamentos fundamentais, resta atender à argumentação dos agravantes, da qual desponta a evidenciação dos requisitos da cautelar, pleiteada *initio litis*.

É que, no centro nuclear de todo o debate aqui travado, radica a vigência de dois acordos de acionistas, a cuja força o *jus eligendi* da administração das empresas, sujeitas ao controle da *holdings* decorrente daqueles negócios, cabe privativamente a essa controladora, deslegitimando-se os acionistas, singularmente encarados, para proceder, como fizeram, à destituição dos administradores, tachados de improbos, e subseqüente eleição dos respectivos sucessores.

Necessária se torna, ainda que sumária, uma análise dessa categoria negocial, a que expressamente alude a Lei das Sociedades Anônimas, em seu art. 118. Conforme doutrina Fran Martins, "Ocorre acordo de acionistas quando, extra-estatutariamente, dois ou mais acionistas convencionam adotar, dentro de uma orientação comum, certas normas para o exercício de direitos que possuem em relação à sociedade" (*Comentários à Lei das S.A.*, v. 2, t. 1, p. 119), acentuando, em seguida, que "A novidade da lei brasileira foi dar obrigatoriedade à companhia à observação desse acordo, desde que o mesmo a ela seja comunicado, sendo tais acordos oponíveis a terceiros desde que averbado nos livros da sociedade e nos certificados das ações, quando emitidos". Por fim, enfatiza que "o acordo de acionistas pode ser feito visando ao exercício do direito de voto", na realidade — complementa — "a finalidade maior desses acordos, pois com eles se procura constituir uma maioria entre acionistas, de modo a terem o comando da sociedade" (p. 124), à qual compete "verificar o conteúdo do mesmo acordo, observando, no que for aplicável, as normas contidas nos arts. 115, 116 e 117, relativas ao abuso do direito de voto e aos deveres e responsabilidades do acionista controlador (§ 2º)" (p. 125).

Para Rubens Requião, o acordo, não passando de um "contrato entre acionistas", de perfil parassocial, "há de se extinguir ou se revogar pelos modos comuns de extinção dos contratos" (*Curso de Direito Comercial*, 2/137).

Por outro lado, submissos, como são, os contratos ao princípio da obrigatoriedade, consagrado no C. Civil, art. 928, lícito não é a qualquer das partes unilateralmente, arvorando-se em juiz em causa própria, desconsiderar o pactuado. Impõem-se seja feita a resolução contratual em pleito judicial, como, avisadamente, preconiza Orlando Gomes (*Contratos*, p. 199). Admitindo-se, pois, em tese haja uma causa resolutiva do duplo acordo de acionistas, a resolução haveria de fazer mediante demanda, pois somente o magistrado — órgão que, despido de interesse, coloca-se *super partes*— pode dirimir o litígio (Darcy Bessone, *Do Contrato*, p. 258).

Procedimento inverso — como aquele registrado na espécie, e objeto da presente cautelar — compromete a segurança jurídica, geradora e avalista do indispensável equilíbrio que deve presidir às relações negociais. Basta, pois, que na vigência dos acordos mencionados, uma das partes, como aqui se observa, negue obediência à vontade contratualmente neles vinculada, em prática ilícita, inteiramente à revelia das conseqüências desencadeadas em dano da contraparte.

Apreende-se dos autos que os acordos de acionistas se acham em pleno vigor, negócios perfeitos e acabados, que só se expõem à extinção ou por vontade das partes, sem discrepância, ou por via judicial. Houve arquivamento regular de tais negócios, além do que vinham eles sendo objeto de cumprimento espontâneo pelos contraentes, prova inconcussa de seu vigor. Um adicional argumento reforça a afirmativa ora expendida: é o de que não consta decreto judicial desconstitutivo, sendo precisa a colocação de que, se algum pleito já foi com tal objetivo ajuizado, dele não consta julgamento, ainda que pendente de recurso, em abalo da vigência dos citados acordos.

Sua vigência, por outro prisma, independe da qualidade, técnica ou ética, do desempenho dos administradores nomeados pela *holding*, e depois irregularmente destituídos, até porque a responsabilidade de tais agentes delineia-se como de âmbito pessoal, a reclamar apuração pelos veículos jurisdicionais hábeis, como, aliás, já informado nos autos, através da notícia de que teria sido proposta a competente ação, ainda não decidida. É improcedente, assim, pretender-se que os acordos resolveram-se automaticamente, somente à vista de laudos, ainda não placitados pelo juiz, em que estaria estampada a improbidade de conduta. A este respeito, mais do que claro parece a indispensabilidade da apuração judicial de responsabilidade, porque ela repousa sobre imputação de comportamento ilícito, que não se presume, exigindo provas e rigorosa observância do contraditório e da plenitude de defesa dos acusados.

De resto, na unilateral e extrajudicial postergação dos acordos de acionistas residem os pressupostos da cautelar, afigurando-se evidente que a simples demora na solução do litígio principal — de inteira probabilidade, sendo notório o consumo de tempo de um pleito de conhecimento — já responda pela causação potencial de danos, ou pelo seu agravamento, às empresas convenentes.

"O admitido desrespeito às convenções parassociais, de parte dos agravados, deve ser proscrito, restaurando-se o estado anterior de coisas, vale dizer, cassando-se, de imediato, o mandato conferido aos atuais administradores por órgão a tanto deslegitimado — de vez que a legitimidade para elegê-los é privativa da *holding* —, e, ao mesmo tempo, devolvendo-se a administração aos depostos", com ressalva, às controladoras, de solução diferente, a ser tomada após o referido reempossamento dos administradores, bem assim a desconstituição dos acordos de acionistas por força de veredicto jurisdicional.

Estriba-se tal provimento na evidenciada aparência de bom direito e no perigo da mora, dimensionados tais pressupostos pela própria autoridade e eficácia dos acordos, cuja violação traz, ínsito, o prejuízo dos agravantes.

Nem se insista no insustentável óbice da incompatibilidade entre a liminar, ora deferida, e o pleito declarativo. Nenhuma interdição legal se põe no caminho, a tolher um provimento desse conteúdo. Mais do que isto, e ao que é dado depreender-se dos termos do pedido formulado na ação principal, o efeito, visado pelas demandantes, não se atém singelamente a uma declaração, a ele somando-se um efeito tipicamente desconstitutivo, que é a cassação dos mandatos conferidos sem legitimidade eletiva, com preterição dos órgãos legitimados. Claramente se infere, pois, que o pedido é, ao menos em parte, constitutivo, o que repele a discussão sobre o sugerido dissídio entre liminar cautelar e a ação declaratória, debate que, quanto ao mais, pode prosseguir no bojo da demanda de fundo.

São aliás, em extremo comuns cautelares referidas a declaratória de negação de dívida cambiária.

Aos acordos de acionistas vinculam-se estes últimos e as *holdings*, na eleição de administradores das empresas abrangidas em seu âmbito de eficácia, valendo reiterar que tal estado de coisas perdurará até que eventualmente sofram tais negócios jurídicos regular desconstituição, por força de decisão transitada em julgado.

Ante o exposto, dão provimento ao agravo, rejeitadas as preliminares.

Custas, na forma regular.

O julgamento teve a participação dos Desembargadores Freitas Camargo (Presidente, sem voto), Olavo Silveira e Cunha de Abreu, com votos vencedores.

São Paulo, 28 de dezembro de 1989.

Ney Almada, relator.

TJSP-NP

Anexo 3

Apelação Cível n. 161.344-1-SP

Vistos, relatados e discutidos estes autos de Apelação Cível n. 161.344-1/9, da comarca de São Paulo, em que são apelantes e reciprocamente apelados Rubens Ometto Silveira Mello e Outros, Dabarra Participações S/A e Outras, Inajá Agropecuária Ltda. e Outras, Espólio de Orlando Chesini Ometto, representado por seu inventariante e Outros e Primavera Participações S/A:

Acordam, em Quarta Câmara Civil do Tribunal de Justiça, por votação unânime, rejeitadas as preliminares, dar provimento ao recurso dos autores e, em parte, ao da ré Primavera, negando-o aos demais recursos, de conformidade com o voto do Relator, que fica fazendo parte integrante do presente julgado.

O julgamento teve a participação dos Desembargadores Olavo Silveira (Presidente) e Cunha de Abreu, com votos vencedores.

São Paulo, 26 de novembro de 1992.

Ney Almada, relator.

Voto do Relator

Ação ordinária intentada por pessoas, físicas e jurídicas, contra entidades de iguais conotações, visando a prevalecer acordos de acionistas, celebrados entre Participações Celisa S/A e Primavera Participações, em termos de presença e voto em assembléias gerais ou reuniões levadas a efeito nas sociedades vinculadas, bem assim à abstenção de atos que, traduzidos embora por omissão, impliquem seus descumprimentos.

Reconvenção dos demandados, objetivando se declarem inexistentes tais acordos, à falta de manifestação de vontade, deles não tendo participado entes jurídicos perante os quais destinam-se a surtir efeitos. Declaração, outrossim, pretendida no sentido da inexistência de obrigatoriedade das convenções, pela falta de registro e de averbação em livros apropriados.

Em apenso, autos de ação cautelar, tendo a r. sentença, proferida nos autos com relatório que ao presente se incorpora, julgado essa demanda e a de conhecimento em um só ato judicante, para declarar os pedidos em parte procedentes, no que diz respeito às pessoas subscritoras de tais negócios, e relativamente, ainda, à Primavera, OCO Participações, Celisa e Administração de Participações Aguassanta S/C Ltda. No que tange à cautelar, os autores foram condenados em 2/3 das custas, correndo à responsabilidade da contraparte o restante, favorecidos os réus, ainda, com honorária de Cr$ 3.000.000,00, sendo destinada a quantia de Cr$ 1.000.000,00 àquele, com correção iniciada no momento da sentença.

Averbando de omisso tal julgado, Rubens O. Silveira Mello e outros embargaram-no de declaração, o mesmo tendo sido feito por Primavera, pleiteando sanções a algumas demandadas, a título de má-fé, e, paralelamente, exclusão da posição das demandadas, para efeito de partilha de honorários. Embargos recebidos em parte pelo douto Juízo, irreconhecido, entretanto, dano processual indenizável. Não foram recebidos os da Primavera.

Apelaram, em seguida, Rubens e outros (fls. 943/962). Colimam integral procedência do *petitum* e da liminar em cautelar. Louvando-se na premissa de que os susoditos acordos, no âmbito da Celisa, Primavera e OCO, concentram-se no controle do poder, por expressão majoritária, da empresa Aguassanta, e consectariamente, de todo o Grupo Ometto, os recorrentes salientam, mais, que o decisório deveria ter anuído em que a eficácia dos pactos se direciona ao universo pleno das empresas integrantes do mesmo Grupo.

Acentuam, em seguida, inexistir previsão legal tornando obrigatório o arquivamento dos acordos na sede da empresa, pois a finalidade de tal ato consiste em dar ciência de seu conteúdo, que é vinculante em relação à empresa. Demais, prosseguem, sempre que a pessoa física do participante do acordo se confundir com a do administrador da sociedade, perante a qual os negócios devam operar, mostra-se automática a comunicação de que foram eles lavrados. A sentença, destacam, deveria ter-se cingido ao anterior acórdão desta 4ª Câmara Civil, que acolhera a regularidade do arquivamento, superando tal tema.

Enfatizam, depois, que as entidades, referidas nos acordos, a estes deram cabal cumprimento, sendo de notar-se distinção entre atos de arquivamento e atos de averbação. Ato contínuo, negam a condição de terceiro a qualquer das empresas do referido Grupo, pois têm sido administradas pelos signatários dos pactos. Assim, o dispositivo sentencial denota incongruência ao negar o universal alcance dos acordos, ora reclamado.

Concernentemente à cautelar, postulam sua integral procedência, mantida, então, a liminar concedida em Segundo Grau, reclamando, por fim, a atribuição, por inteiro, da carga sucumbencial aos vencidos.

Registra-se, em seqüência, apelo interposto por Dabarra Participações S.A., e outros (fls. 987/1.014). Argúi-se, preliminarmente, impedimento do signatário do presente, porque teria exaurido sua convicção judicante ao redigir, como relator, o acórdão pertinente à cautelar. Insurgem-se, também, contra o decidido em embargos declaratórios, no tocante ao estado de coisas, encarecendo, depois, a renúncia dos autores — fato superveniente, a ser estimado —, dando, então, destaque à incoerência do julgado monocrático, que não poderia ter estendido efeitos dos acordos às empresas, por falta de arquivamento e averbação.

Prosseguindo, relevam que, na Aguassanta, além de falta de registro, as pessoas físicas não tinham quotas, impedidas, pois, de assumir obrigações que pudesse ocasionar vinculação. Segundo os apelantes, os acordos não podem ter eficácia, de modo que tal empresa é terceira em relação a eles, além do que não se fazem adequados a sociedade por quotas, nada havendo, no contrato da Aguassanta, a eles concernente. Acrescentam haver pleito criminal contra os demandantes, sujeitos, ainda, a demanda ressarcitória. Acusam-nos de responsabilidade pela concordata da Usina Costa Pinto, o que se traduz no impedimento da Lei das Sociedades Anônimas, art. 159, §§ 2º e 5º.

Não foi assinado instrumento de adesão (fl. 14 dos acordos), diante do óbito de Orlando Ometto, o que dá lugar a condição não verificada, e, frisando, mais, a litigância de má-fé, já referida, culminam os apelantes.

Outro recurso, ainda, é da Primavera (fls. 112/1.125), por semelhante modo enfatizando a ausência de registro dos pactos e na inépcia da inicial. Querem invertido o resultado do julgamento, com preliminar de infringência do julgado fora de sede jurisdicional, por ocasião dos embargos declaratórios, sendo, a seu ver, nula sentença. Demais, ao recursar-se o Juiz ao enfoque dos embargos de fls. 935 e ss., negou prestação jurisdicional, o que realça a nulidade.

Prosseguindo, anotam que foram ajustadas ao pólo passivo do processo empresas que os próprios autores controlavam, a par de algumas pessoas físicas, como se contra todas a pretensão fosse endereçada, caracterizando-se, assim, lide aparente. Em tópico subseqüente, acentuam que o decidido nos embargos declaratórios, quanto ao momento de eficácia dos acordos, infringe o CPC, art. 463, reiterando o acima constante, com vista à atitude do Juiz ao rejeitá-los liminarmente. Apodam o julgado de inconseqüente, culminando com impugnação do rateio da sucumbência.

Registra-se igualmente recurso do Espólio de Orlando C. Ometto e outros (fls. 1.053/1.099). Preliminarmente, aos apelantes argúem a impossibilidade jurídica do pedido, sendo inviável a declaração nele perspectivada. Propugnam, pois, pela carência da demanda, também, ancorados na tese da falta de registro dos acordos, e sua decorrente inoponibilidade às partes. Acusam de inépcia a inicial, impugnando, demais, o litisconsórcio observado nos autos. Por fim, trazem a debate questão sobre a ilegitimidade ativa da Celisa e, em geral, dos que não assinaram os pactos, alegando, outrossim, descabimento da cautelar frente a postulação declaratória.

Sustentam, ainda, ser infundado o pedido, vindicando seja fixada penalidade em repressão à simulação de lide e à má-fé, ambas, segundo eles, configuradas na hipótese.

Apelo, ainda, de Inajá-Agropecuária Ltda. e outros (fls. 1.045/1.015), em síntese, tendo por finalidade contrapor-se à imputação de má-fé, que lhes foi dirigida.

A aprazimento dos litigantes, em dois momentos distintos ocorreu a suspensão do processo, sob alegação de possível acordo, entretanto não consumado.

Foram encartadas respostas aos vários recursos, cabendo ainda acentuar que, em uma delas, a Primavera levantou preliminar de não conhecimento do apelo de Inajá, acentuando, mais que a sentença reconhece que praticaram simulação, porquanto, não incluídas no elenco passivo, pretensamente foram concordes com os demandantes. Também vincam a proposição de lide aparente.

Preliminar, por igual, de não conhecimento do apelo da Usina Costa Pinto, pela cassação do mandato antes conferido aos causídicos que o subscrevem (fl. 1.145).

É o relatório.

Em pauta, inicialmente, as questões preambulares.

Aquela pertinente ao suposto impedimento é rejeitada. Houve, anteriormente, exceção, rejeitada, unanimemente, pelo E. Plenário, sendo de consignar-se que o acórdão, proferido no agravo, possui fundamentos concentrados especificamente no cabimento da liminar, que se questionava. O alegado princípio da previsibilidade, em que se estribam os argüentes, não depara com albergue no sistema positivo, sucumbindo por inteiro em confronto com o CPC, art. 469. A teor deste, não fazem coisa julgada os motivos da decisão. Ressalte-se, no mesmo plano, que a alegação conflita com o princípio da persuasão racional, de que é sede consacratória o art. 131, do referido estatuto. Assim, nada obsta à cognição, neste ensejo, das proposições, fáticas e jurídicas, enfeixadas na lide *sub examine*.

Outra preliminar, da inépcia da inicial, por ineficácia dos acordos (fls. 995 e ss.), constitui por igual tema improcedente. Com efeito, responder se os pactos encerram ou não virtude obrigacional representa, manifestamente, o centro lógico de toda a matéria litigiosa dos autos, matéria, por conseguinte, inserida na área do mérito da causa. Ora, o exame formal do libelo para logo denuncia que ele se afeiçoa aos requisitos alinhados nos incisos do CPC, art. 282, o que rebate o imaginado caráter de inépcia.

Vem, em seguida, a alegação de impropriedade da liminar em declaratória. Tal entendimento negativo mostra-se, à evidência, desarrazoado, o que induziu à sua rejeição no agravo e na sentença, não militando óbice algum a que sofra novo veto neste momento, como, efetivamente, vem a sofrer.

A propósito, é de ver-se que nenhum ditame legal robora a cogitada (e inexistente) incompatibilidade. Inversamente, tem incidência sobre a espécie o princípio da legalidade, dado que exegese genérica justifica-se defronte ao CPC, art. 796. Nele reside precisamente o permissivo para que possa ser instaurado o processo cautelar, antes ou depois do processo principal, e, conforme noção elementar, deste sempre dependente. Vale acentuar mais que restrição nenhuma consta dos normativos processuais pátrios, particularmente no ilógico sentido de reduzir o cabimento da ação de cautela aos processos constitutivos e condenatórios. Tratar-se-ia de uma restrição de direito, como tal insuscetível a raciocínio escorado em singela e insubsistente presunção, de que se valem os apelantes. Exigiria proibição legalmente enunciada, porquanto, sendo de amplo espectro, o princípio da inafastabilidade da tutela jurisdicional assim o preconiza.

Ao processo cautelar é atribuída identidade autônoma (Romeu Pires de Campos Barros, "Processo Cautelar", in *Revista de Processo* 1/138), malgrado sua acessoriedade em relação ao processo principal. Cabível, por conseguinte, a cautelar sempre que haja fundado receio de dano irreparável ou de difícil reparação. Reitere-se: nada importa sua petição entrosada a pedido declaratório, como aliás iterativamente vem sendo decidido (*RTFR* 134/15, 157/233, 158/97; *RJTJESP* 106/319; *JTA* 99/33). Na doutrina, além dos mencionados nos autos, o magistério, por todos, de Vicente Grecco Filho (*Direito Processual Civil*, 3º/160). Advirta-se que nunca se pode perder de vista que a cautelar, antecipada ou não, mobiliza-se no intuito de preservar um bem jurídico, na espécie bem estampado.

O pedido declaratório faz parte do processo de conhecimento. Improcede, pois, a preliminar em apreço, anotando-se, em remate, a irrelevância de ser interpretado o pedido inaugural, no caso, como declaratório ou como constitutivo, de vez que — e isto foi ressaltado pelo Juiz —, mesmo na primeira alternativa, irradiaria ele efeitos iguais aos efeitos constitutivos.

Outra preliminar tende a cassar o provimento liminar, ao argumento de que, observada renúncia dos demandantes, disto resultaria um fato superveniente, amoldado ao CPC, art. 462. Nada menos adequado, porém. Oportuno é referir que o tema já havia sido objetivado no agravo de instrumento, oportunidade em que a Turma Julgadora acentuou sua irrelevância. De resto, ao r. despacho de fl. 1.120 tal particular não transitou despercebido, vindo a propósito agora tão-só aduzir que a abdicação do exercício de um cargo empresarial, por um ou mais de um dos autores, absolutamente não pode implicar contraposição, e, menos ainda, resolução de acordos de acionistas muito antes subscritos. Estes configuram matéria de todo em todo distinta, nada portanto em comum com os imaginados efeitos da (inexistente) renúncia, delatados, em evidente impropriedade jurídica, pelos demandados.

Indo-se adiante no enfoque das questões prévias, outra preliminar fere a impossibilidade jurídica (fls. 1.054 e ss.), acometendo-se, todavia, de patente improcedência. Importa aqui ter presente que, sob nenhum aspecto, a postulação, consubstanciada na inicial, injuria o sistema atinente, que consta do CPC, art. 282. Ao contrário, a possibilidade jurídica da pretensão ajuizada ostenta-se bem evidenciada na hipótese, sendo de fácil percepção que, vista em tese, a inépcia da peça preambular remete à ausência dos pressupostos de válida constituição do processo, ou não, como erroneamente se alega, a uma condição da ação, como é a possibilidade jurídica.

Nada obstante, de inépcia não haveria de cogitar-se sob qualquer outro prisma, porquanto o libelo orienta-se pelos módulos gizados no CPC, art. 282. Quanto à alegada insuficiência probatória da inicial (fls. 1.601 e ss.), trata-se de proposta desnuda de substância jurídica, tanto quanto as anteriormente formuladas. Claro está que o esteio probatório da *res in judicio deducts* reside nos acordos de acionistas, que se projetam, no caso, como prova literal, ofertadas *ab initio*.

Refutada também deve ser a preliminar seguinte, de carência da ação, inferida pelos recorrentes da falta de registro dos acordos mencionados. Matéria, indubitavelmente, ligada ao fundo da relação jurídica materialmente encarada, pelo que não se caracteriza lacuna de uma condição da ação. Também esta argüição fica repelida (fls. 1.058 e ss.).

Em outro dos recursos (fls. 1.062 e ss.), afirmou-se, em linha de preliminar, ser injurídico o litisconsórcio passivo, que implicaria conluio entre algumas das partes envolvidas no caso. Sucede que, na inicial, os autores porfiam num pólo da relação substancial, nuima qualidade que lhes é inerente, ao passo que, para habilitar outras empresas nos autos, por eles administradas, em distinta condição vieram a conferir mandato a advogado. Inferè-se, pois, que não se constata confusão alguma, improcedendo a preliminar.

Demais, na resposta de fl. 1.189, são acusados os recorrentes de fls. 1.045 de pleitearem efeito mais gravoso do que o que a sentença lhes destinou, razão que, ao ver dos alegantes, o recurso não mereceria conhecimento. Contudo, o objeto recursal cinge-se, como já dito, a eliminar a pecha de litigantes de má-fé, para o que bastaria simplesmente interesse moral dos apelantes. Havendo, pois, interesse recursal, a tornar admissível o apelo, rejeita-se mais esta preliminar.

O colimado não conhecimento dos recursos por não terem esses recorrentes e os autores identificado cumpridamente as partes é proposta também inaceitável. Na expressão e *outros*, ficam sinteticamente compreendidas as partes, até porque já dos autos constavam, devidamente nomeadas e qualificadas.

Por igual modo, o não conhecimento do recurso de Celisa, por alegado alheamento aos acordos tem-se como destituído de fomento jurídico. Essa litigante atuou em todo o processo, certo, ainda, que a preliminar em debate entrosa-se com o mérito, por dizer com o alcance de tais convenções.

Por outro lado, de nenhuma nulidade padece a sentença. O digno Magistrado, ao apreciar embargos declaratórios, assentou a vigência da liminar, cautelarmente deferida. Não se vê como possa ter ele desbordado para, como se imagina, incorrer em inexaustão jurisdicional, até porque contrariamente ao argumentado, veio ele a acolher os embargos. Deixe-se bem claro que, a qualquer momento, a liminar pode ser judicialmente reavaliada (CPC, art. 807). Cuida-se de provimento que só se cristaliza ante julgamento da demanda de fundo, se o *decisum* vier a encampá-la, como na hipótese sucede.

Ainda outra preliminar propugna pela ilegitimidade ativa da Celisa, mas é fora de dúvida que, como sublinhado, na sentença, a eficácia dos acordos a ela diretamente aponta, de sorte que também neste tópico impõe-se juízo de rejeição.

Merecem, a esta altura, analisadas as conseqüências postuladas tocantemente ao efeito peculiar da denúncia criminal, formulada contra Rubens e Celso. Inexistindo até o momento veredicto criminal, e, como se exigiria, coberto pela *res judicata,* segue-se que a alegação surge inteiramente impertinente, não guardando nenhum elo em confronto com o presente feito civil.

Derradeira argüição formal consta da resposta ofertada pelos demandantes aos recursos, traduzindo-se ela em termos de caducidade do mandato conferido aos advogados da Usina Costa Pinto. Improcede, tendo a bloqueá-la a falta de comprovação do fato alegado, ficando, por conseguinte, repelida.

Superadas, como ficaram, todas as preliminares, passa-se à avaliação do mérito recursal.

A sujeição da Aguassanta aos acordos foi corretamente admitida pela sentença, ressalvada adição extensiva, de que mais abaixo se cogitará. Procedentemente, o Dr. Juiz de Direito sobrelevou que não há "como a sociedade deixar de acatar a decisão dessa maioria, até mesmo que se tratasse de pacto informal". Acordos de acionistas, remata o decisório, "firmados por quem detém a qualidade de acionista (totalidade do capital social votante, cláusula 1, fl. 45) ou maioria das quotas (Aguassanta, fl. 75)".

A alegada privação de eficácia dos acordos em relação a tal empresa não tem sentido jurídico, certa a sentença, ainda, ao proclamar a inexistência de preceito especial sobre o pacto de quotistas. Exibem-se com plena validade, portanto, sendo, as obrigações inseridas nos acordos, hábeis a serem executadas na esfera da Aguassanta. Digna de ser sancionada, a propósito, a asserção sentencial de que o conjunto obrigacional dos acordos far-se-iam válidos mesmo na hipótese de formalização menos rígida.

Não se perca de perspectiva que os acordos ambos foram subscritos pelas pessoas físicas mencionadas nos autos, tocando-lhes a maioria absoluta das quotas da sociedade civil referida. Assim, obtém-se a composição majoritária nas deliberações em assembléias e reuniões de quotistas.

Por outro lado, inquestionável é que os acordos foram arquivados, para voto nas reuniões da Aguassanta. De insignificante acepção o título atribuído aos pactos parassociais no que respeita à sociedade civil, importando, antes, enunciar sua sujeição ao cumprimento deles, que livremente veio a ser acordada.

Válidas as ponderações do parecer do Prof. Barros Leães, in *RT* 601/43, realçando o jurista que o "pacto parassocial, conforme a sua causa, pode ou não influir no contrato social, dependendo tenha ou não a função de implementar destinadas cláusulas". E prossegue, linhas adiante, escrevendo que "Daí distinguir Modesto Carvalhosa, na esteira de Oppo, os contratos acessórios *stricto sensu* dos contratos acessórios *lato sensu,* ou simplesmente dependentes".

Explica, então, o consagrado comercialista que "Estes são negócios que restringem seus efeitos e sua ação aos próprios sócios estipulantes, tendo, eventualmente, para a sociedade, uma repercussão meramente fática", mas, aduz, criam "dependência recíproca entre os dois negócios, cumprindo o pacto parassocial a função de implementar cláusulas estatutárias, no âmbito da sociedade".

Considera, mais, que a causa do negócio, elemento objetivo e razão determinante de sua própria realização, confere ao pacto social sua tipicidade, diferençando-o do contrato social, como contrato autônomo.

Ganha respaldo doutrinário, pois, a conclusão, grafada no decisório monocrático, de que os efeitos dos acordos de acionistas estendem-se à Aguassanta. Têm, efetivamente, reflexos sobre tal empresa, estabelecendo nexo de dependência com o contrato social e aparelhando a função de, pela maioria deliberativa que mantêm, permitiram a implementação das cláusulas estatutárias na indigitada sociedade.

Valendo-se ainda uma vez, do magistério invocado, é de assentar-se que os acordos de sócios configuram *collateral agreements,* convenções paralelas, de modo a vigorar uma coligação entre as normas societárias e os pactos parassociais. Permanecem as convenções entre os sócios *a latere* do contrato da sociedade, malgrado terem existência dele independente. Lembra o parecerista, apoiado em Oppo e em Vivante, que comporta "distinguir a declaração de vontade e a obrigação do sócio como membro da sociedade e a declaração e a obrigação pessoal do sócio como titular de seu patrimônio".

A coibir a vigência do acordo de acionistas em sociedade por quotas inexiste qualquer óbice de ordem pública. Assim, as obrigações avençadas pelos sócios, em paralelo com o contrato social, adquirem validade e eficácia. Socorre tal afirmativa o Decreto n. 3.708/19, art. 18, que, quanto às sociedades por quotas de responsabilidade limitada, prescreve devam aplicar-se as disposições da Lei das Sociedades Anônimas, no que não estiver regulado no estatuto social.

Presente a Lei n. 6.404/76, conclui-se ter ocorrido a recepção dos pactos parassociais em nosso direito positivo como negócios autônomos, ainda que interdependentes, com dupla objetividade: regular o direito de voto e a compra e venda de ações, ou preferência para a respectiva aquisição.

Descabe, assim, restringir tais pactos ao âmbito exclusivo das sociedades anônimas, escrevendo Leães, a respeito, que a inserção do instituto na lei societária não deve levar a inferir que o mesmo esteja insulado no universo societário, mostrando-se irrisório, por conseguinte, falar-se de "tipificação legal", algo que, como diz Fábio Comparato, ninguém duvida que remanesce no âmbito da autonomia da vontade, sendo grande a variedade de acordos acionários no efetivo comércio jurídico. Note-se, em adição, que tais pactos geram derivações obrigacionais, de modo que guardam relacionamento direto com o Direito das Obrigações.

É o que, com justeza, definiu a E. 5ª Câmara desta Corte (Ap. n. 63.785-1, rel. Des. Jorge Tannus), encarecendo-se, então, que a Lei n. 6.404/76, art. 118, tem incidência sobre as sociedades por quotas, à conta da autorização contida no art. 18 do Decreto 3.018/19, a ponto de, no plano formal, usufruir de execução específica (art. 118, § 3º).

Num ponto, todavia, houve-se com desacerto o julgado, ora revisto. Indevidamente, limitou a expansão da eficácia dos acordos de acionistas, que, anteriormente ao presente pleito, eram aceitos, sem restrição, por todas as unidades componentes do grupo empresarial. Ora, assim deve prosseguir o estado de coisas, conforme o defendem a inicial e o recurso dos autores. Vinculam-se à Celisa algumas firmas, como a Usina Costa Pinto, a Santa Bárbara e outras mais, ao passo que à Primavera também estão vinculadas empresas como a Usina da Barra, a Cia. Agrícola Pedro Ometto e demais, aludidas nos autos. Inegavelmente, ficam sujeitos aos pactos, sem os cerceios injustificadamente estipulados no decisório de primeiro grau.

A execução dos pactos parassociais, portanto, há de ser feita de modo indivisível, pois a indivisibilidade lhes é inerente. Ocorre, necessariamente, o chamado *efeito cascata.*

De notar-se, mais ainda, que a sentença, ao aludir a um importante segmento dos acordos, acrescentou, por sua conta, a expressão *vice-versa,* deles, entretanto, não constante.

Com efeito, a cláusula décima reza que, "nas reuniões de quotistas de Administração de Participações "Aguassanta" S/C Ltda., o representante de Primavera Participações S/A votará de acordo com o representante de Participações Celisa S/A, de forma a manter sempre a maioria deliberativa em tais reuniões". Ora, ao introduzir a indevida adição do *vice-versa,* o decisório transcendeu dos lindes da presente controvérsia, arrogando-se o digno prolator, sem pedido algum formulado nos autos, à condição de intérprete de cláusula contratual;

ora, é indisputável que a pretensão, quer a deduzida pelos autores, quer a dos reconvintes, nem implicitamente ao menos, se delineia em tal sentido. Tal cláusula, pois, deixou de ser controvertida nos autos, de modo que o digno subscritor da decisão não tinha a prerrogativa de estimá-la, como acabou por fazer.

Resta, finalmente, o problema da discutiva ilicitude processual, pretendendo as partes, como já acima ficou anotado, ter havido lide aparente e simulação processual, a justificar sanções de cunho reparativo.

Caracterizou-se, de fato, reconhecimento do pedido pelas rés a fls. 915 e ss., mas tal postura decorre do princípio dispositivo, de plena validade em sede processual. Não se conota como ilícita. No fundo, é perceptível que, por parte dos demandantes, houve uma superfetação no agir, pois lhes era possível poupar aquelas rés da presente demanda. De qualquer modo, falecem os contornos típicos da alegada figura do abuso processual.

Acertadamente, o douto Magistrado, em complemento de seu raciocínio, negou a indenização a esse título, e de outra sorte não poderia ter-se comportado, visto que nenhum prejuízo coincidente ocasionou às partes, cuja defesa, produzida com amplitude, não se viu, em instante algum, acometida de alguma restrição funcional. Por tal razão, o julgado jamais poderia ser apodado de nulo, sendo indevida, de fato, a indenização, por inexistente qualquer *deficit* provindo daquele posicionamento.

Relativamente ao cabimento ou não de embargos declaratórios contra decisão que haja apreciado antes idêntico recurso, o tema alça-se acima do alvo jurisdicional, traduzindo, em verdade uma *quaestio juris,* de que não é cabível cogitar-se no caso, sem abstrair sua total irrelevância. Não se apura nos autos a oposição de semelhante recurso contra o despacho, que traduziu o entendimento negativo. Houve, sobretudo, preclusão, plenamente tipificada.

O critério da partição dos ônus da sucumbência reclama reparos, visto que, por força da sentença, os réus foram vencidos na reconvenção e em considerável segmento da demanda. Agora com nova disposição da matéria, constante do presente julgado, imperioso é carregar-se-lhes integralmente tal ônus, fixada a honorária em Cr$ 50.000.000,00 (cinqüenta milhões de cruzeiros). Justifica-se esse *quantum,* tendo-se presentes a complexidade das causas, o tempo de duração dos feitos e circunstâncias adjacentes, legalmente inculcadas para arbitrar-se a remuneração do profissional. A atualização flui a partir da data da sentença — momento constitutivo de tal direito processual.

Quanto à vigência da liminar, trata-se de matéria integralmente vencida. Impende ter em mente que o *decisum* proferido no cognitivo necessariamente a encampa e a consolida, convertendo-a, ademais, em provimento definitivo, tipicamente ajustado aos efeitos do decisório proferido na demanda de fundo, nos termos do presente julgado.

Finalmente, ao recurso da Primavera dá-se acolhida para extirpar-se a expressão *vice-versa,* como acima constou.

Ante o exposto, rejeitadas as preliminares, dão provimento ao recurso dos autores e, em parte, ao da Primavera, negando-o aos demais. Custas, na forma regular.

Ney Almada, relator.

Relatório

Ação ordinária intentada por pessoas, físicas e jurídicas, contra entes de iguais conotações, visando a prevalecer acordos de acionistas, celebrados entre Participações Celisa S/A e Primavera Participações em termos de presença e voto em assembléias gerais ou reuniões levadas a efeito nas sociedades vinculadas, bem assim à abstenção de atos que, mesmo por omissão, impliquem descumprimento dos mencionados pactos.

Reconvenção dos demandados, objetivando declaração de inexistência dos acordos, por faltar-lhes manifestação de vontade, deles não participando entes jurídicos perante os quais possam surtir efeitos. Declaração, outrossim, de inexistência de obrigatoriedade de respeito ao convencionado, pela falta de registro e averbações em livros apropriados.

Correu em apenso ação cautelar, havendo a r. sentença julgado esta e a demanda de conhecimento em um só ato, para *declarar os pedidos em parte procedentes,* no que diz respeito às pessoas físicas que firmaram tais negócios, e relativamente a Primavera Participações S/A, OCO Participações S/A, Participações Celisa S/A e Administração de Participações Aguassanta S/C Ltda., "tendo como corolário a submissão dessas pessoas físicas e jurídicas aos termos dos aludidos pactos, exceto quanto à prática de atos societários nas e pelas empresas não constantes desse rol". No que tange ao pedido cautelar, foi julgado em termos também de procedência da parte, procedendo o digno Magistrado quanto à sucumbência, por forma a que os autores respondam por 2/3 das custas, e os réus pelo restante, favorecidos estes, outrossim, com honorária de três milhões de cruzeiros, ao passo que os demandantes em um milhão de cruzeiros, corrigíveis a partir da data do sentenciamento. Finalmente, em relação ao pedido reconvencional, a procedência foi enunciada com exclusão das empresas Primavera, Celisa e Aguassanta dos benefícios consignados no *petitum.*

Opuseram *embargos declaratórios* Rubens Ometto Silveira Mello e outro, averbando o julgado de omisso, visto não haver precisado o termo final da liminar, antes deferida por acórdão desta Câmara, se correspondente, ou não, ao trânsito em julgado da sentença embargada, postulando, demais disto, declarado fosse se a verba advocatícia pertinente à parte adversa seria rateável entre os distintos advogados que funcionam nos autos.

A seu turno, embargos também foram opostos pela Primavera Participações S/A, pleiteando a aplicação de sanções processuais a algumas demandadas, havidas como atuantes em má-fé, e, paralelamente, a exclusão da posição das demandadas para efeito de partilha da honorária.

Embargos recebidos em parte, sem que se reconhecesse o dano processual suscetível de indenização.

Outros embargos vieram a ser opostos por Primavera Participações S/A, tendo o douto Magistrado deixado de os receber.

Seguiu-se, então, apelo de Rubens e outros (fls. 943/962), colimando integral procedência do *petitum* da liminar. Louvando-se na premissa de que os acordos de acionistas, no âmbito da Celisa, Primavera e OCO, concentram-se no controle do poder, por expressão majoritária, da empresa Aguassanta, e, consectariamente, de todo o Grupo Pedro Ometto, os apelantes salientam que o decisório deveria ter aquiescido em que a eficácia dos pactos se direciona ao universo pleno das empresas do referido Grupo. Argumentam que regularam entre eles o comando de tais unidades empresariais, na dependência de que os respectivos termos viessem a ser obedecidos pelas firmas controladas.

Prosseguindo, dizem inexistente previsão legal obrigando procedimento para o arquivamento dos acordos na sede da empresa, pois a finalidade de tal ato consiste em dar ciência de seu conteúdo vinculante à companhia. Demais, sempre que a pessoa física do participante dos acordos se confundir com a individualidade do administrador da sociedade, perante a qual os negócios devam operar, mostra-se automática a comunicação de que foram lavrados. Aduzem que a sentença discrepou do acórdão da 4ª Câmara, que havia admitido a regularidade do arquivamento.

Enfatizam, depois, que as entidades referidas nos acordos deram a estes cumprimento, certo, ainda, serem distintos os atos de arquivamento dos atos de averbação. Negam, ato contínuo, a condição de terceiro a qualquer das empresas do Grupo, administradas que têm sido pelos signatários dos pactos, de maneira que o dispositivo sentencial denota incongruência ao negar a abrangência universal, reclamada pelos recorrentes.

Concernentemente a cautelar, pretendem seja havida como integralmente procedente, mantendo-se a liminar deferida em segundo grau, reclamando, por fim, a atribuição, por inteiro, das cargas de sucumbência aos vencidos.

Registra-se, em seguida, apelo interposto por Dabarra Participações S.A. e outros (fls. 987/1.014). Preliminarmente, argúem impedimento do Relator, inobstante repelida exceção veiculada perante o Órgão Especial, porquanto exauriu sua convicção no julgamento do já referido agravo. Insurgem-se contra a manutenção do estado de coisas até o trânsito em julgado, como decidido nos embargos de declaração, o que conflita com o CPC, art. 463. Encarecem a renúncia dos autores, fato superveniente a ser estimado pela Turma Julgadora, para então, darem destaque a que o Magistrado, ao admitir a eficácia dos acordos em relação a Aguassanta, fê-lo em desalinho com premissas nele mesmo fincadas. Os acordos poderiam valer em confronto com as pessoas físicas de acionistas de Celisa e Primavera; porém, quanto às empresas, a eficácia dependeria de arquivamento e averbação, em verdade inexistentes.

Na Aguassanta, prosseguem, além de não constarem referidos registros, sucede que as pessoas físicas não possuíam cota alguma e, por conseguinte, estavam impedidas de assumir obrigações gravando as empresas. Os acordos despossuem eficácia, pelo que tal empresa é terceira relativamente a eles, não operando eles quanto aos membros do Conselho de Administração ou aos do Conselho de Gerentes das Companhias, submetida-se a este a administração da aludida empresa. Encarecem que os acordos não se fazem ajustáveis às sociedades por cotas e, no contrato da aludida empresa nada se dispõe relativamente a eles contra os demandantes, acionados, por igual, em pleito indenizatório. Assumindo eles a administração da Usina Costa Pinto, requereram-lhe a concordata, o que força o impedimento com lastro na Lei das Sociedades Anônimas, art. 159, §§ 2º e 3º.

Esclarecem, em seqüência, não haver sido firmado instrumento de adesão, como previsto na cláusula 14 do acordo, diante do óbito de Orlando Ometto, vigorando, destarte, condição não implementada, a interceptar os efeitos do pacto. Logo após, passam a frisar a litigância de má-fé dos autores, pleiteando contra estes as cominações cabíveis.

Outro recurso é interposto por Primavera Participações S.A. (fls. 1.112/1.125), por semelhante modo calcando-se na falta de registro dos acordos e na inépcia da inicial, para que o resultado do julgamento seja de todo invertido. Preliminarmente, alega ocorrência da infringência do julgado fora de sede jurisdicional, no julgamento dos embargos declaratórios, e, conseqüentemente, nulidade do julgado de primeiro grau. Demais, ao recusar-se ao enfoque dos embargos de fls. 935 e ss., o digno juiz negou prestação jurisdicional, o que reforça a conotação de nulidade. Prossegue anotando que foram inseridas no pólo passivo do processo empresas que os autores controlavam, a par de algumas pessoas físicas, como se contra todas estivesse direcionada a pretensão ajuizada, em lide aparente. Em tópico subseqüente, acentuam que o decidido nos embargos declaratórios, quanto ao momento de eficácia dos acordos, constitui infringência do CPC, art. 643, adicionando que, ao rejeitar liminarmente outros embargos opostos, o Magistrado denegou prestação jurisdicional embora haja admitido que os acordos não se estendem a quem não os haja firmado, para, em seguida, cair em contradição ao incluir a apelante na órbita de subordinação àqueles. Impugnam, por fim, o critério de distribuição da verba advocatícia.

Registra-se igualmente recurso interposto pelo Espólio de Orlando C. Ometto e outros (fls. 1.053/1.099). Preliminarmente, sustentam ser o pedido juridicamente impossível, sendo, semelhantemente, inviável o escopo declaratório nele consubstanciado. Reivindicam a carência da ação pela falta de registro dos acordos de acionistas, e, inoponíveis que os entendem, corolariamente batem-se pela inépcia da inicial, de resto, aduzem, insuficientemente instruída. Impugnam o litisconsórcio formado nos autos. Alegam, por fim, preliminar de ilegitimidade ativa da Celisa S/A e, em geral, dos que não subscreveram ditos acordos, alegando, outrossim, descabimento de cautelar frente ao pleito declaratório.

Sustentam, quanto ao mais, a improcedência do pedido, vindicando seja fixada penalidade em repressão à simulação da lide e má-fé, observadas no caso *sub judice*.

Apelo ainda de Inajá-Agropecuária Ltda. e outros (fls. 1.045/1.015), em síntese, tendo por escopo eliminar a pecha de litigantes de má-fé, figura processual que procuram descaracterizar.

Requereram as partes suspensão do feito por 60 dias, com vista a eventual transação.

Foram encartadas respostas aos recursos, cabendo acentuar, ainda, que, em contra-razões, a Primavera Participações S.A. levanta preliminar de não conhecimento atinente ao recurso de Inajá-Agropecuária e outros, pois a sentença reconhece que eram simuladoras, porquanto, não incluídas no rol das rés, foram pretensamente concordes com os demandantes. Postula-se, na argüição prévia, apoiada pelo Espólio de Orlando Ometto e outros, reforma do julgado, e, caracterizada lide aparente, simulado como foi o litisconsórcio, caracterizam-se, na espécie, processo simulado e fraude processual.

A recíprocos aprazimentos, os litigantes renovaram súplica de sustação do processamento do recurso por 60 dias, o que foi deferido, mas tal prazo decorreu em branco.

Em resposta aos recursos, os demandantes argüiram preliminar de não conhecimento do apelo interposto por Usina Costa Pinto S/A, à vista da cassação do mandato conferido antes aos causídicos que o subscrevem (fl. 1.145).

Este, o relatório.

Proceda-se como nas hipóteses análogas.

São Paulo, 28 de agosto de 1992.

Ney Almada, relator.

TJSP-SP

Atualidades

A DOUTRINA DOS "FIDUCIARY DUTIES" NO DIREITO NORTE-AMERICANO E A TUTELA DAS SOCIEDADES E ACIONISTAS MINORITÁRIOS FRENTE AOS ADMINISTRADORES DAS SOCIEDADES ANÔNIMAS*

CARLOS KLEIN ZANINI

1. A subdivisão dos "duties of management" na doutrina norte-americano e no Direito brasileiro. Os "fiduciary duties" como espécie dos "duties of management" Os sujeitos envolvidos nos "fiduciary duties". 3. A definição dos "fiduciary duties". A irrelevância da qualificação jurídica da relação entre administradores e sociedade para a aplicação dos "fiduciary duties". 5. A "business judgement rule". 6. Casuística: alguns exemplos de quebra dos "fiduciary duties" pelos administradores e controladores.

1. A subdivisão dos "duties of management" na doutrina norte-americana e no direito brasileiro. Os "fiduciary duties" como espécie dos "duties of management"

A doutrina dos *duties of management* engloba — como a própria expressão indica — uma pluralidade de deveres impostos aos administradores.

Tais deveres, que têm como destinatários, primordialmente, os administradores da sociedade, são usualmente subdivididos pelos tratadistas norte-americanos em três deveres específicos: dever de atuar dentro do objeto social (*to act intra vires*);[1] dever de diligência (*duty of due care*); e dever de lealdade para com a companhia (*fiduciary duties*, onde se destaca o *duty of loyalty*).[2] Essa subdivisão, contudo, embora de inegável utilidade didática,[3] nem sempre se apresenta, na prática, tão definida, sendo freqüentes as ocasiões em que os tribunais referem-se, genericamente, a uma violação dos deveres do administrador (*breach of the fiduciary duties*), diante da

* Trabalho apresentado no curso de Pós-Graduação da Faculdade de Direito da Universidade de São Paulo, em 1997, na disciplina "Administração das Sociedades Mercantis em Direito Comercial Comparado II" (DCO 842), ministrada pelo Prof. Mauro Rodrigues Penteado.

1. Para uma análise do objeto social e sua relação com a administração da sociedade indica-se monografia recentemente elaborada por Elisabeta Bertacchini, *Oggeto sociale e interesse tutelato nelle società per azioni*, Milão, Giuffrè Editore, 1995.

2. Harry Henn, e Jonh Alexander, *Laws of corporations*, 3ª ed., St. Paul West, 1983, p. 611.

3. A grande maioria dos autores lança mão desta subdivisão em suas obras, a exemplo de Clark, Choper Coffeee & Morris, Cary & Eisenberg.

impossibilidade (ou dificuldade) de, no caso concreto, precisar, especificamente, qual destes deveres teria sido violado. É o que fazem notar Frank H. Easterbrook e Daniel R. Fischel: "*Ultimately, though, there is no sharp line between the duty of care and the duty of loyalty*".[4]

A dificuldade percebida pelo direito norte-americano de identificar, com exatidão, em face de uma conduta concreta do administrador, qual o dever jurídico por ele descumprido pode, também, ser encontrada no direito brasileiro. Isto porque nosso direito, a exemplo do americano, igualmente subdivide os deveres impostos aos administradores em categorias diversas, capitulando-os em diferentes artigos insertos na Lei de Sociedades por Ações. O problema lá experimentado — consistente na identificação do dever especificamente inatendido — reproduz-se, portanto, entre nós, observadas, contudo, as diferenças decorrentes da diversidade dos sistemas jurídicos, que fazem com que a identificação seja, aqui, um problema de subsunção do caso concreto à previsão normativa, e não uma tentativa de assemelhar a situação *sub examine* a outras versadas em precedentes anteriores.

É, pois, esta necessidade de subsumir a situação fática concreta à hipótese de incidência descrita na norma que reclama uma análise da subdivisão efetuada por nossa Lei de Sociedades por Ações. E, neste ponto, poder-se-á verificar quão semelhante se apresenta o nosso direito em comparação ao norte-americano.

Como já sublinhado acima, a primeira categoria em que se subdividem, no direito americano, os *duties of management*, diz respeito à obrigatoriedade imposta aos administradores de conduzir os negócios da sociedade dentro do objeto social. Esta vinculação da gestão social ao objeto, imposta pelo direito norte-americano aos administradores, é apenas uma das facetas que evidencia a acentuada importância do estudo do objeto social, o qual, no entanto, não tem sido devidamente analisado por nossos doutrinadores.[5] Não é difícil compreender, no entanto, o porquê desta autêntica vinculação dos administradores ao objeto social. Sendo o objeto social uma previsão das atividades que a companhia deve desenvolver, resta claro que os administradores desta sociedade têm o dever legal de orientar sua atuação à frente da administração de modo a conduzir a companhia para o atingimento das finalidades estatutariamente previstas. A obediência ao objeto social exigida dos administradores tutela, em última análise, os interesses dos acionistas, cuja inversão de capital pessoal na sociedade deu-se para a consecução das atividades sociais no estatuto descritas, não dispondo o administrador de autonomia suficiente para, *sponte sua*, eleger os caminhos que serão trilhados pela empresa por ele gerenciada. Neste sentido, tão importante é a delimitação do objeto social que a sua modificação, não obstante possível, mediante deliberação por *quorum* qualificado, confere ao sócio dissidente o direito de recesso, nos termos dos artigos 136, inciso VI, combinado com o artigo 137 da Lei Federal n. 6.404/76.

Tal princípio, da vinculação da gestão ao objeto social, encontra-se também previsto, como não poderia deixar de ser, em nossa Lei de Sociedades por Ações, em diversos dispositivos. Assim, quando a lei do anonimato, em seu artigo 154 reza que "O administrador deve exercer as atribuições que a lei e o estatuto lhe conferem para lograr os fins e no interesse da companhia..." está a estabelecer, claramente, o dever do

4. *The economic structure of corporate law*. Cambridge, Harvard University Press, 1991.

5. À temática do objeto social, cuja importância é da mais alta relevância para o direito societário, foram dedicadas três monografias, todas elas de excepcional qualidade: Enrico Zanelli, *La nozione di oggetto sociale*, Milão, Dott. A. Giuffrè Editore, 1962; Gianluca La Villa, *L'oggetto sociale*, Milão, Dott. A. Giuffrè Editore, 1974; Juan Carlos Saenz Garcia de Albizu, *El objeto social en la sociedad anonima*, Madri, Editorial Civitas, 1990.

administrador de agir de acordo com o objeto. Da mesma forma, o artigo 158, inciso II, quando responsabiliza o administrador, o faz desde que o mesmo tenha procedido "com violação da lei ou do estatuto"; vale dizer, excepciona a regra da não responsabilidade pessoal do administrador no caso de descumprir ele as previsões estatutárias, dentre as quais destaca-se, como já sublinhado, a enunciação do objeto social.[6]

Da mesma forma como sucedeu com o dever de atuar de acordo com o objeto social, o segundo dos deveres impostos aos administradores — o dever de diligência — também encontra-se previsto, expressamente, na lei societária brasileira. Tem-se, aqui, tanto no direito norte-americano como no brasileiro, a utilização de um padrão de conduta, lá denominado — em termo tomado de empréstimo por nós — de *standard,* como referência para avaliar, qualitativamente, os atos praticados pelo administrador na gestão da sociedade. Nas palavras de um dos mais autorizados comercialistas norte-americanos, Robert Clark, Professor da Faculdade de Direito de Harvard, "statutes and case law say that directors and officers owe their corporations a duty of care: They must exercise that degree of skill, diligence, and care that a *reasonably prudent person would exercise in similar circumstances*".[7]

Não é difícil imaginar, no entanto, todos os problemas decorrentes da utilização deste *standard of care* pelo direito norte-americano. Sua definição exata, necessária para saber em que circunstâncias concretas um administrador efetivamente desatende a este dever de diligência, vem sendo objeto de constante enfrentamento pela rica casuística americana, que, não obstante, ainda não parece haver identificado o exato alcance deste *standard* de conduta reclamado do administrador.[8]

No Direito brasileiro, por sua vez, tais dificuldades se repetem, sendo ainda agravadas em função da escassa elaboração doutrinária e, principalmente, jurisprudencial, sobre tais conceitos empregados na legislação. Desnecessário referir, neste sentido, que sabe-se muito pouco sobre a extensão e alcance do *standard* empregado por nossa lei de sociedades por ações ao regrar o dever de diligência, quando impõe ao administrador "no exercício de suas funções, o cuidado e diligência que todo homem ativo e probo costuma empregar na administração dos seus próprios negócios".[9]

Da adoção deste *standard,* necessariamente genérico, pela lei, decorre que a ocorrência de uma infração ao dever de diligência somente poderá ser aferida mediante o exame do caso concreto, quando cumprirá ao intérprete determinar se a ação — ou omissão — do administrador configura ou não um desatendimento ao padrão de conduta esperado do homem ativo e probo na administração dos seus próprios negócios. A aplicação da lei reclama, portanto, *in casu,* em primeiro lugar, a valoração jurídica do *standard* inserto na norma, i.e., do padrão de conduta esperado do "homem ativo e probo na administração de seus próprios negócios", sem o que não se poderá sequer cogitar da ocorrência ou não de uma infração ao dever de diligência.[10]

6. Aliás, a definição clara e precisa do objeto social pelo estatuto é exigência expressamente formulada pela Lei de Sociedade por Ações, em seu artigo 2º, § 2º, *verbis:* "O estatuto social definirá o objeto de modo preciso e completo".

7. Robert Clark, *Corporate law,* Boston, Little, Brown and Co., 1986, p. 123.

8. Neste sentido, merece transcrição a observação lançada por Harry G. Henn e John Alexander, ob. cit., p. 622: "The standard of care has been variously described as that of a 'reasonably prudent' person, or of an ordinarily prudent director (under similar circumstances 'in like position') or an ordinarily prudent person under similar circumstances in one's 'own affairs'".

9. Artigo 153 da Lei n. 6.404/76.

10. Sobre a necessidade da prévia valoração jurídica dos conceitos normativos para a aferição da ocorrência ou não da subsunção remete-se à obra de Karl Engisch, *Introdução ao pensamento-jurídico,* 6ª ed., Lisboa, Fundação Calouste Gulbenkian, 1983, pp. 93 e ss.

Não é propósito deste estudo, no entanto, examinar, exaustivamente, o *standard* eleito pelo legislador,[11] mas, isto sim, apenas demonstrar de que sorte o dever de diligência se insere como subespécie dentro do genérico dever imposto aos administradores, e, neste sentido, sublinhar como as semelhanças apuradas entre o tratamento dispensado por nosso direito e o norte-americano em tal matéria tornam o estudo deste (onde a casuística se afigura infinitamente mais rica) extremamente valioso para o operador brasileiro.

Finalmente, resta tecer algumas considerações sobre o último dos três deveres em que se fracionam os *duties of management* atribuídos aos administradores (e, em certa medida, também aos acionistas): os *fiduciary duties*, também denominados de *duties of loyalty*, o que justifica a tradução — não literal — e o emprego da expressão dever de lealdade.

Seguramente, é nesta última variante dos *duties of management* que encontramos, no direito norte-americano, a mais rica elaboração doutrinária e jurisprudencial, chegando alguns autores a dedicar capítulos inteiros de suas obras sobre *corporate law* à análise da matéria.[12]

Nosso direito, também aqui, enuncia o dever de lealdade dos administradores, impondo-lhes, ainda, a proibição de atuar em conflito de interesses com a companhia.

Assim, a riqueza do desenvolvimento do tema dos *fiduciary duties* no direito norte-americano, aliado à parca elaboração entre nós experimentada, justifica sua escolha para merecer exame destacado, tendo-se presente, aqui, que a existência de previsão legal dentre nós atribui à análise da matéria interesse que vai além da curiosidade acadêmica, servindo o estudo do direito comparado de instrumento para uma melhor compreensão e efetiva aplicação prática do instituto pelo operador do direito.

2. Os sujeitos envolvidos nos "fiduciary duties"

2.1 Os sujeitos passíveis de responsabilização por infração aos "fiduciary duties"

Sendo os *fiduciary duties* espécies de deveres em que se subdividem os chamados deveres gerais da administração (*duties of management*), resta evidente que os primeiros e naturais destinatários deste comando não poderiam ser outros que não os próprios administradores da sociedade. Aos administradores, portanto, devido a sua condição de gestores do patrimônio social (cuja titularidade pertence a terceiro, i.e., à sociedade), impõe-se, primordialmente, a observância dos chamados *fiduciary duties*.

No entanto, a imposição de tais deveres unicamente aos administradores, inicialmente defendida pela doutrina, logo mostrou-se injustificadamente restrita e limitada, passando-se a estender a aplicação destes deveres também aos acionistas majoritários, principalmente nas sociedades anônimas de capital fechado, onde revelou-se mais acentuada a ingerência dos titulares do capital na administração da companhia. Neste sentido, oportuno transcrever a observação lançada por Thomas J. Bamonte, em recente artigo publicado sobre o tema:

11. Para tanto seria imprescindível a regressão ao direito romano, com o que o assunto perderia o caráter incidental aqui apresentado.

12. Alguns autores, como Robert C. Clark, subdividem a análise dos *fiduciary duties* em diversos capítulos: um tratando dos conflitos de interesse (capítulo 4); outro, dos negócios pessoais com a própria companhia — *basic self-dealing* (capítulo 5); outro, da concorrência com a companhia (capítulo 6); e, um último, sobre o *insider trading*. In: *Corporate Law*, Boston, Litle, Brown and Co., 1986. William L. Cary e Melvim Aron Eisenberg, dedicam aos *fiduciary duties* três capítulos distintos. Tratam do dever de diligência e obediência ao estatuto dentro do 7º capítulo, do dever de lealdade no 8º capítulo, e do *insider trading* no 9º. *Cases and Materials on Corporations*, 7ª ed., Westbury-Nova York, The Foundation Press Inc., 1995. Adotando a mesma sistemática temos Lewis Solomon *et alii*, in: *Corporations Law and Policy Materials and Problems*, 3ª ed., St. Paul West Publishing Co., 1994.

"Shareholders generally do not owe fiduciary duties to each other or to the corporation. Increasingly, courts have crafted a different rule for socalled close corporations, small companies with few shareholders and no public market for their stock. They have analogized the close corporation to a partnership and held that shareholders owe a fiduciary duty to one another and the corporation similar to the fiduciary duty partners owe to each another".[13]

Constata-se, portanto, a clara tendência existente no direito norte-americano de alargar o âmbito de aplicação dos *fiduciary duties*, submetendo também os acionistas controladores às conseqüências jurídicas decorrentes de seu inatendimento. É o que fazem notar Henn & Alexander: "Management is the collective term used to refer to directors and officers and possibly other policy-makers — the 'technostructure' of the modern corporation. In the broad sense of the term, controlling shareholders might also be covered by such reference. In any event, controlling shareholders are subject to duties akin to the duties imposed on directors and officers".[14]

Todavia, se não restam dúvidas quanto à aplicabilidade dos *fiduciary duties* aos acionistas controladores, questão interessante se coloca com relação à possibilidade de submeter os acionistas minoritários a esta disciplina. Importaria aferir, então, se e em que medida poderiam os acionistas minoritários desatender ao padrão de conduta imposto pelos *fiduciary duties*, o que reclamaria, inicialmente, a demonstração de que, efetivamente, são também os minoritários destinatários dos deveres anunciados por este instituto. Prosseguir nesta análise, entretanto, nos desviaria do objeto proposto, conduzindo-nos para a análise do abuso da minoria.

Merece destaque, contudo, quando se cogita da possibilidade de extensão dos *fiduciary duties* aos acionistas minoritários, a opinião recolhida do artigo de Rod Acchiardo: "Mere ownership of stock does not create a fiduciary relation between a corporation and its stockholders. A fiduciary duty will be imposed when a stockholder exercises actual control overs some aspect of corporate direction or monagement. Absent such control, however, a stockholder does not stand in any fiduciary relation to his fellow shareholders, the corporation or its directors".[15]

2.2 *Os sujeitos tutelados pelos "fiduciary duties"*

Sendo os *fiduciary duties* deveres impostos, precipuamente, aos administradores da sociedade anônima,[16] resta claro que estes se destinam a tutelar, primeiramente, a própria sociedade. De fato, não há dúvida de que é a companhia que, diretamente, experimenta prejuízo na hipótese dos administradores desatenderem os deveres a eles impostos. Assim, se o administrador, violando os *fiduciary duties*, envolve a companhia em um mau negócio, com o intuito de obter vantagem pessoal, o prejuízo decorrente de seu ato atinge, diretamente, o patrimônio social.

Tem-se, pois, que a sociedade é, geralmente, o sujeito que diretamente experimenta o dano causado pelo administrador que desatende os *fiduciary duties* cuja observância lhe é exigida. Pode ocorrer, no entanto, que os prejuízos causados pelo descumprimento dos *fiduciary duties*, conquanto atinjam diretamente a sociedade, ve-

13. Thomas J. Bamonte, "Expanding the fiduciary duties of close corporation shareholders: the dilemma facing Illinois Corporate Law". *Northern Illinois University Law Review,* v. 15, n. 2, p. 257-269, 1995, p. 257.

14. Harry G. Henn e John Alexander, *Laws of corporations*, 3ª ed., St. Paul West, 1983, p. 611.

15. Rod Acchiardo, "Close corporations — International House of Talent, Inc. *v.* Alabama: directors' fiduciary duty not do compete", *Memphis State University Law Review*, v. 17, n. 1, pp. 597-607, 1986, p. 599.

16. Como visto no ponto precedente, a formulação clássica dos *fiduciary duties*, abarcava, inicialmente, apenas os administradores da sociedade, podendo-se afirmar ser bastante recente a extensão de sua aplicação aos acionistas controladores.

nham a causar, indiretamente, prejuízos a outras pessoas, notadamente acionistas e terceiros que se relacionam com a companhia. Figure-se, para tanto, a hipótese de um administrador que leva a empresa por ele gerenciada à ruína, mediante a prática de atos que lhe tragam proveito pessoal (beneficiando, por exemplo, sociedade da qual é sócio controlador em detrimento da por ele administrada). Neste caso, o prejuízo direto é causado à sociedade, mas não há como deixar de reconhecer o dano indireto causado, por exemplo, aos acionistas, empregados e fornecedores.[17] Os primeiros, perdem o capital investido; aqueles o emprego; e os últimos ficam sem a menor chance de reaver seu crédito.

Claro está, até este ponto, que a violação (*breach*) dos *fiduciary duties* acarreta danos diretos à sociedade, os quais, via de conseqüência, podem ocasionar danos indiretos a terceiros. Ocorre, no entanto, que se tem constatado no direito norte-americano um alargamento na aplicação direta dos *fiduciary duties* também no que diz respeito às pessoas por ele tuteladas.[18] Assim, passa-se a exigir, principalmente nas sociedades anônimas de capital fechado (*close corporations*), que os *fiduciary duties* sejam observados não apenas no sentido de não causar prejuízo à companhia, mas também, aos acionistas minoritários. Exemplo característico disto tem-se com o desenvolvimento da teoria da *oppression of the minorities shareholders by the majority*, a qual reconhece, servindo-se de outro conceito de excepcional importância na *common law* — o de *reasonable expectations* —, a existência de expectativas razoáveis por parte dos acionistas minoritários de uma sociedade anônima fechada que merecem ser atendidas.[19]

Pode-se dizer, assim, que a imposição aos administradores e acionistas controladores dos *fiduciary duties* tutela, diretamente, a companhia, e, indiretamente, os acionistas e demais pessoas afetadas pela atividade desenvolvida pela sociedade, como exposto acima, sendo justificável, ainda, falar-se na proteção direta dos acionistas minoritários dispensada por este instituto. É o que se recolhe do seguinte excerto da obra de Choper, Coffee & Morris: "In general, corporate managers — directors, officers (and, usually, controlling shareholders as well) may be held responsible for breach of duty to three classes of persons: creditors of the corporation, shareholders of the corporation, and the corporate entity itself".[20] Igualmente presente no curso de Henn & Alexander: "The various duties of directors, officers, and controlling shareholders are owed clearly to the corporation as an entity and sometimes to the community of corporate interests: the shareholders and, probably at least when the corporation is insolvent, the creditors, and possibly to others".[21]

3. A definição dos "fiduciary duties"

3.1 As dificuldades: a ausência de definição legal

Um dos maiores problemas experimentados quando se trabalha com os

17. A questão da legitimação destes terceiros para buscar reparação pelos danos por eles sofridos, causados pelo inatendimento dos *fiduciary duties*, é outro intrincado problema, cuja análise descabe nas lindes do presente.

18. Já foi visto que os *fiduciary duties*, no tocante aos seus destinatários diretos, também tiveram seu âmbito de abrangência dilatado, passando a ser impostos não apenas aos administradores, mas também aos sócios controladores.

19. Sobre os direitos dos acionistas minoritários é de imprescindível consulta a obra de F. Hodge O'Neal, *O'Neal's Close Corporations — Law and Pratice*, v. II, 3ª ed., Nova York, CBC-Clark Boardman Callaghan Publish., 1995. E, especificamente sobre este tema, o artigo intitulado "Opression of minority shareholders: protecting minority rights", *Cleveland State Law Review*, v. 35, ns. 1 e 2, pp. 121-146, 1986-87.

20. Choper, Jesse H., Coffee Jr., John C. e Morris Jr., C. Robert, *Cases and materials on corporations*, 3ª ed., Boston, Little, Brown and Company, 1989, p. 226.

21. Harry G. Henn e John Alexander, *Laws of corporations*, 3ª ed., St. Paul West, 1983, p. 612.

fiduciary duties impostos aos administradores e acionistas controladores é a dificuldade de precisar o exato significado e alcance deste termo. Saber quando se verifica, na prática, um desatendimento aos deveres enfeixados e reunidos sob esta expressão é, na maioria das vezes, algo que aflige os intérpretes e aplicadores do direito.

No caso, esta dificuldade de precisar a extensão dos denominados *fiduciary duties* agrava-se ainda mais diante da ausência de uma definição legal específica no direito norte-americano.[22]

De outra parte, como se não bastasse a ausência de definição normativa, há que se ter presente que a definição dos *fiduciary duties* também raramente pode ser encontrada no contrato social. Neste sentido, assinala John A. C. Hetherington que a delimitação dos *fiduciary duties*, paradoxalmente, não é feita pelas próprias partes: "Lawyers and judges interpreting the law as it applies to a particular transaction will advise the parties what their rights and obligations are or were in a partircular situation based on their analysis of the legal model. Little or no reference will be made in the processo to the ex ante expectations of the parties. The law is said do determine the existence and the extent of fiduciary obligations. (...) It was apparent then, as it is today, that fiduciary standards were set by the courts, not by the parties, and it was true then, as now, that the limits of those obligations were ill-defined. (...) *The relationship between managers and shareholders, and among shareholders involving fiduciary obligations, are the only voluntary relationships in commercial law in which the applicable legal rules inhibit party negotiation*".[23]

3.2 A evolução experimentada pelo tratamento da matéria nos Estados Unidos

Não obstante a ausência de definição legal e a imprestabilidade dos termos do contrato para auxiliar na definição do instituto, é notório o desenvolvimento que vem sendo imprimido pelo direito norte-americano à doutrina dos *fiduciary duties*, impulsionado, fundamentalmente, pelos casos submetidos à apreciação dos Tribunais.

Dentre estes, merece ser destacado o caso *Meinhard v. Salmon*, cuja importância deve-se, principalmente, em função do célebre voto proferido por Cardozo. A questão fática retratada neste julgado era a de uma *joint venture* constituída para explorar propriedades imobiliárias, onde um dos sócios expande o negócio em áreas adjacentes às anteriormente exploradas pela sociedade sem ofertar a oportunidade ao outro. Decidiu-se, então, em voto conduzido por Cardozo, que os *fiduciary duties* impostos aos administradores os impediriam de iniciar a exploração pessoal de área adjacente sem antes ofertar a oportunidade à sociedade e aos seus sócios. A conduta do administrador foi considerada, portanto, como violadora dos *fiduciary duties*, por ter usurpado oportunidade comercial cujo direito de exploração pertencia, primordialmente, à sociedade.

A seguir, em 1975, surge um dos mais importantes casos onde aflorou a discussão sobre os *fiduciary duties*, o famoso *Dona-*

22. As dificuldades decorrentes da ausência de uma definição legal já foram percebidas pela doutrina. Brent Nicholson assim sublinha neste sentido, a necessidade de regulação legal dos *fiduciary duties*: "First it is a legislative resolution, and therefore made by those politically accountable. A legislative approach is consistent with the extensive statutory scheme that regulates corporations at the state and federal levels. In addition, legislation offers a more comprehensive approach to the problem, in contrast to the necessarily haphazard approach of case law. Moreover, legislation mitigates the uncertainty of which partnership characteristic will be imputed to close corporations" (Nicholson, Brent, "The fiduciary duty of close corporation shareholders: a call for legislation", *American Business Law Journal*, v. 30, pp. 513-536, 1992.

23. John A. C. Hetherington, "Defining the scope of controlling shareholders fiduciary responsabilities", *Canada-United States Law Journal*, v. 13, pp. 103-135, 1988.

hue v. Rodd Electrotype Inc. Sua destacada importância reside, precisamente, no fato de que se reconheceu neste julgado a aplicabilidade dos *fiduciary duties* nas companhias fechadas não apenas na relação existente entre administrador e sociedade, mas, também, entre os próprios sócios. É o que se extrai da decisão "...shareholders in a close corporation owe one another the same fiduciary duty of utmost good faith and loyalty as partners owe one another".[24]

A repercussão desse caso particular, ao qual se seguiram outros, como *Wilkes v. Springfield* e *Good v. Ryan*, deu início à construção de uma sólida doutrina sobre a extensão da aplicabilidade dos *fiduciary duties* também aos acionistas da sociedade, notadamente nas companhias fechadas.

3.3 A necessidade de análise diferenciada dos "fiduciary duties" nas companhias abertas e fechadas

Assentada a inegável expansão que teve a doutrina dos *fiduciary duties* nas sociedades anônimas fechadas, há que se analisar, agora, se efetivamente encontra justificativa a aplicação diferenciada deste instituto conforme se esteja diante de uma sociedade de capital aberto ou fechado.[25]

Neste sentido, importa advertir, de início, que o próprio direito norte-americano apresenta-se não muito seguro no tratamento dispensado à matéria, conforme se pode observar do recente artigo elaborado por Thomas J. Bamonte, que retrata, exatamente, o dilema enfrentado pelas Cortes dos Estados Unidos.[26]

A despeito de posicionamento como o da Suprema Corte de Delaware, retratado no artigo de Bamonte, tudo indica que o direito norte-americano vem reconhecendo a necessidade de estender e aplicar com maior rigor os fiduciary duties nas companhias de capital fechado. É o que se observa de um dos melhores trabalhos escritos sobre os fiduciary duties nas closely-held corporations, da lavra de Gary C. Ivey, onde o autor demonstra que as diferenças existentes entre as companhias fechadas e as abertas justificam e reclamam tratamento diferenciado também no que diz com os deveres impostos aos administradores e controladores: "From this perspective, the close corporate enterprise is more than a typical investment for a shareholder. It is a commitment of time, energy, and capital, and the source from which most of all of the investor's income will derive. Most close corporation shareholders derive their income from wages and salaries. In contrast, public corporation shareholders commit little time or energy to the entity, and derive their income from dividends and capital gains. Finally close corporations share are not generally traded on a securities market. On the contrary, shareholders normally restrict stock transfers to maintain individual control and preserve personal relationships with the other shareholders".[27] E prossegue, criticando a posição da jurisprudência: "Despite these differences, courts continue to apply traditional corporate fiduciary standards to close corporations. Such standards allow corporate directors and majority shareholders wide latitude in conducting business affairs — even where that conduct threatens minority interests — and leave little room for judicial inquiry into the propriety of the majority's conduct". Ao final, conclui, sustentando a necessidade de estabelecer normas diferentes para situações diversas: "In formulating

24. *1986 Annual Survey of Massachussetts Law*, Boston College Law School, p. 33.

25. A ausência de um regime jurídico diferenciado para as sociedades de capital aberto e fechado é, seguramente, um dos vícios de que se ressente nossa legislação sobre sociedades por ações.

26. Thomas J. Bamonte, "Expanding the *fiduciary duties* of close corporation shareholders: the dilemma facing Ilinois Corporate Law", *Northern Illinois University Law Review*, v. 15, n. 2, pp. 257-269, 1995.

27. Gary C. Ivey, "Standards of management conduct in close corporations: a transactional approach", *Stanford Law Review*, v. 33, pp. 1.141-1.160, 1980-1.

standards of management conduct in close corporations, legislatures should avoid the general standards derived from public corporation and partnership law. They should recognize that the distinctive characteristics of close corporations give minority shareholders distinctive needs".

Sem dúvida, afigura-se-nos absolutamente correta a linha decisória adotada pelo direito norte-americano. Se se reconhece — o que parece indiscutível — a existência de profundas diferenças entre as sociedades anônimas de capital aberto e as fechadas, mormente no que diz respeito à natureza da relação estabelecida entre sócios minoritários e sociedade, não há como deixar de dispensar tratamento jurídico diverso a situações não assemelhadas.

Na sociedade anônima fechada, aqui caracterizada não apenas como aquela onde inexiste um mercado onde se encontrem admitidas à negociação suas ações, mas, isto sim, onde a circulação dos títulos afigura-se impossível, os sócios — principalmente os minoritários — têm na sua participação na companhia, muitas vezes, não apenas um investimento considerável, mas a quase totalidade de seu patrimônio. Nada mais justo, portanto, nestes casos, que impor aos administradores e controladores, de maneira ainda mais rígida, o atendimento aos deveres enunciados nos *fiduciary duties*. Este, exatamente, o ensinamento de Lawrence Mitchell: "While in the public issue corporation we still might talk about the best interests of the corporation, if for no other reason than as a shorthand for the lowest common denominator of shareholder interest, in the paradigmatic close corporation no discernable corporate interest exists aprat from the individual interests of the shareholders at any given point in time. In the absence of any regularoty mechanism, internal disagreements degenerate into power struggles".[28]

28. Lawrence E. Mitchell, "The death of fiduciary duty in close corporations", *University of Pennsylvania Law Review*, v. 138, n. 4, pp. 1.675-1.731, 1990.

Compreende-se, assim, o perfeito cabimento do recurso do direito norte-americano à aplicação analógica dos princípios que orientam as *parterships* para justificar a aplicação dos *fiduciary duties* nas companhias fechadas. Nestas, assim como naquelas, a posição ocupada pelos membros da empresa é muito semelhante, como observa Rod Acchiardo: "in order to analyze corporate law as applied in the present case, it is necessary to distinguish the close corporation from the publicly-held corporation. The caracterization of a close corporation generally includes such factors as illiquidity of corporate stock, a small group of stockholders, and an integration of majority stockholders into the management and the operations of the corporation. In cases involving two-and-three-man corporations, many courts have noted the resemblance between such corporations and partnerships. Therefore, unlike the stockholders in a publicy-held corporation, those in a close corporation owe one another essentially the same strict standard owed by partners, that of utmost good faith and loyalty".[29]

4. A irrelevância da qualificação jurídica da relação entre administradores e sociedade para a aplicação dos "fiduciary duties"

Demonstrada a necessidade de conferir tratamento diverso às sociedades anônimas conforme sejam elas abertas ou fechadas, impõe-se, agora, considerar se a natureza da relação jurídica entre administrador e sociedade afeta, de alguma forma, a extensão e alcance dos *fiduciary duties* impostos aos administradores.

A análise é relevante quando se tem em mente a controvérsia ainda hoje defini-

29. Rod Acchiardo, "Close corporations — International House of Talent, Inc. *v.* Alabama: directors' fiduciary duty not to compete", *Memphis State University Law Review*, v. 17, n. 1, pp. 597-607, 1986.

tivamente não dirimida[30] acerca da qualificação jurídica do *status* do administrador, onde se destacam as teorias do mandato e do órgão.[31]

Parece-nos, contudo, que a definição da extensão e alcance dos *fiduciary duties* devidos pelos administradores independe de sua tão debatida qualificação jurídica. Assim, quer se qualifique o administrador como órgão da companhia ou como mandatário, os deveres a ele impostos (enunciados no conceito de *fiduciary duties*) não seriam afetados diante da natureza jurídica que lhe fosse atribuída. Este, aliás, o ensinamento que se colhe do direito norte-americano, onde também se controverte acerca da qualificação do administrador, como demonstram Henn & Alexander: "Analogies are frequently drawn to agents, mandatories, trustees, managing partners, but can be misleading. The duties of directors are the same, whether the directors are called directors, trustees, managers or governors in the particular business corporation".[32]

Evidentemente, a afirmação aqui lançada — de que a definição da natureza jurídica do administrador não altera os deveres que lhe são impostos — não significa se esteja aqui a questionar a utilidade da qualificação jurídica do administrador, amplamente debatida nos meios jurídicos.[33] Se é certo que no ponto particular desenvolvido neste trabalho tal qualificação não produz alterações, há de se notar, por outro lado, que, em inúmeros outros aspectos, a definição da natureza jurídica do administrador num sentido ou noutro acarreta conseqüências práticas importantes. É o que se verifica, por exemplo, no campo da responsabilidade da sociedade perante terceiros.

Não há, pois, como se procurou demonstrar, qualquer interferência da qualificação jurídica do administrador no campo explorado neste escrito. E isto porque os deveres impostos aos administradores — dentre os quais se destacam os *fiduciary duties* — são devidos em virtude das peculiares características da função por eles desempenhadas, onde se destaca o fato de que são gestores de patrimônio alheio. Dentro desta linha de raciocínio, anota Lawrence Mitchell: "Fiduciary principles are based on the assumption that the power holder can put aside any personal interests in a given situation and adopt a course of conduct designed exclusively to serve the best interests of the dependent".[34]

5. *A "business judgement rule"*

A *business judgment rule* foi, durante muito tempo, a principal defesa empregada pelos administradores na tentativa de se eximirem de responsabilidade pelo descumprimento dos *fiduciary duties* que lhes são impostos. Referida regra, que recebeu, no início, amplo acolhimento pelas Cortes Norte-Americanas,[35] amparava-se no argumento de que somente os acionistas — por terem sido eles os eleitores dos administradores — seriam competentes e capazes de julgar os atos praticados pela administração, sendo indevida e indesejável qualquer interferência do Poder Judiciário nas atividades internas da sociedade. Argumenta-

30. A análise das teorias existentes acerca da natureza jurídica pode ser encontrada no excelente artigo do Prof. Waldirio Bulgarelli, "Apontamentos sobre a responsabilidade dos administradores das companhias", *Revista de Direito Mercantil* 50, abr. 83, pp. 75-105.

31. Para uma resenha das teorias sobre a qualificação jurídica do administrador pode-se consultar a obra de Jean-Pierre Berdah, *Fonctions et responsabilité des dirigeants de sociétés par actions*, Paris, Librairie Sirey, 1974.

32. Harry G. Henn *et* John Alexander, *Laws of corporations*, 3ª ed., St. Paul West, 1983, p. 611.

33. Em matéria de qualificação jurídica impende ter sempre presente a advertência de Genaro Carrió, *Notas sobre derecho y lenguaje*, Buenos Aires, Abeledo-Perrot, 1990.

34. Mitchell, Lawrence E., "The death of fiduciary duty in close corporations", *University of Pennsylvania Law Review*, v. 138, n. 4, pp. 1.675-1.731, 1990.

35. Dentre os julgados que aplicaram a *business judgment rule* merece destaque o precedente de City Bank Farmers Trust Co. *v.* Hewitt Realty Co., 257 NY 62, 177 NE 309 (1931).

va-se, neste sentido, que os juizes não teriam condições de aferir o descumprimento dos *fiduciary duties*, pois isto reclamaria, na maioria das vezes, um conhecimento técnico de que não disporiam.[36]

A aplicação de tal regra pelos tribunais vem, no entanto, sendo progressivamente abandonada. Até mesmo autores como Easterbrook & Fischel, partidários da análise econômica do direito, que costuma dispensar maior liberdade de atuação às sociedades, manifestam-se francamente contrários à possibilidade de emprego da *business judgement rule* como meio de defesa pelos administradores. É o que se constata de sua coletânea de trabalhos sobre a estrutura econômica da companhia, recentemente publicada nos Estados Unidos: "The standard justifications are that judges lack competence in making business decisions and that the fear of personal liability will cause corporate managers to be more cautious and also result in fewer talented people being willing to serve as directors. These are helpful but not sufficient. They do not explain why the same judges who decide whether engineers have designed the compressors on jet engines proprely, whether the farmer delivered pomegranates conforminhg to the industry's specifications, and whether the prison system adversely affects the mental states of prisoners cannot decide whether a manager negligently failed to sack a subordinate who made improvident loans. Nor do the standard explanations tell us why leading corporate managers to exercise caution is not beneficial in the same manner that threatening automobile drivers with liability (thus encouraging them to be more careful) is beneficial".[37]

Além destes argumentos expostos por Easterbrook & Fischel, parece-nos haver ainda outro que não recomendaria a aplicação da *business judgement rule*. Trata-se da situação de completo abandono a que seriam relegados os acionistas minoritários, sujeitos que estariam, sempre, à vontade dos controladores. Ora, a *business judgement rule* parte da premissa de que os administradores foram eleitos pelos acionistas, e de que, em virtude disso, somente estes acionistas teriam legitimidade para julgar os atos de sua administração. Não atenta, no entanto, para o fato de que a eleição dos administradores pode ser, e seguidamente o é, decidida pelos controladores em oposição à vontade dos sócios minoritários, que, neste caso, ficariam à mercê dos controladores e dos administradores por eles eleitos.

De mais a mais, importa ainda considerar que a aplicação da *business judgement rule* conduz, em última instância, a uma supressão da competência do Poder Judiciário, o que, entre nós, esbarraria na clara dicção do Texto Constitucional que proíbe a exclusão de qualquer matéria de apreciação pelo Poder Judiciário.

6. Casuística: alguns exemplos de quebra dos "fiduciary duties" pelos administradores e controladores

Conforme já demonstrado no curso deste trabalho (ponto n. 2), a violação dos *fiduciary duties* pode ser praticada tanto pelos administradores da sociedade como pelos controladores, lesando, direta e mais comumente, à própria sociedade. Nada impede, no entanto, como já visto, que sejam os sócios minoritários diretamente prejudicados pelo descumprimento dos *fiduciary duties*.

Nossa proposição, para finalizar este breve trabalho, é apontar algumas das situações típicas que podem caracterizar a violação aos *fiduciary duties*, a iniciar por aquelas onde o prejuízo é diretamente causado à sociedade.

Com efeito, pode-se dizer que o direito norte-americano, em sua rica experiência jurisprudencial — própria do *case law*

36. Henry F. Johnson, "Strict fiduciary duty in close corporations: a concept in search of adoption", *California Western Law Review*, v. 18, n. 1, pp. 1-27, 1981.

37. *The economic structute of corporate law*, Cambridge, Harvard University Press, 1991.

— geralmente indica três espécies de violação dos *fiduciary duties* que atingem, diretamente, a companhia. São elas a usurpação de oportunidade comercial, a concorrência com a sociedade e o conflito de interesses (Henn).[38]

É, todavia, no campo dos direitos dos acionistas minoritários que a casuística norte-americana tem se mostrado ainda mais notável, devido, em boa parte, à expansão e a um maior rigorismo da aplicação da doutrina dos *fiduciary duties* nas sociedades anônimas de capital fechado.

Assim, dentre os recentes casos que abordaram a matéria merece destaque o de *Wilkes v. Springside Nursing Home Inc.*,[39] onde se entendeu que os acionistas minoritários de uma companhia fechada possuem um justo direito de integrar sua administração. Considerou-se, no caso, que a demissão injustificada de um sócio minoritário que ocupava a administração da sociedade caracterizava nítida opressão dos acionistas majoritários (*oppression of the minority shareholder*), frustrando, assim, as razoáveis expectativas (*reassonable expectations*) detidas pelo sócio minoritário diante da companhia e dos demais acionistas.[40]

Evidentemente, há ainda muitas outras situações no direito norte-americano onde os tribunais lançaram mão dos *fiduciary duties* não só para punir os infratores,[41] mas, o que é mais importante (e original), para oferecer soluções aos acionistas minoritários. Não é nosso propósito, contudo, examinar, exaustivamente, todas estas situações já lá analisadas.

Nosso intuito restringe-se, aqui, a demonstrar como o estudo do direito comparado, especificamente do norte-americano, pode ser útil nos apresentando um novo enfoque sob o qual possamos encarar e tutelar os direitos dos acionistas minoritários, tendo presente, sempre, os ensinamentos de Tullio Ascarelli: "Non si tratta, ripeto, di argomentare in un determinato diritto dalla soluzione raggiunta in un altro diritto; si tratta invece di studiare nella loro portata storica diritti stranieri e diritto nazionale per arrichire l'esperienza del giurista e renderlo così più atto a risolvere i problemi del proprio diritto, rendendolo cosciente della portata delle categorie alle quali fa ricorso".[42]

Bibliografia

1986 Annual Survey of Massachussetts Law, Boston, College Law School.

ACCHIARDO, Rod, "Close corporations — International House of Talent, Inc. v. Alabama: directors' fiduciary duty not to compete", *Memphis State University Law Review*, v. 17, n. 1, pp. 597-607, 1986.

ALBIZU, Juan Carlos Saenz Garcia de, *El objeto social en la sociedad anonima*, Madri, Editorial Civitas, 1990.

ASCARELLI, Tullio, *Saggi di diritto commerciale*, Milano, Dott. A. Giuffrè, 1953.

BAMONTE, Thomas J., "Expanding the fiduciary duties of close corporation shareholders: the dilemma facing Illinois Corporate Law", *Northern Illinois University Law Review*, v. 15, n. 2, pp. 257-269, 1995.

38. O *insider trading* também é referido por Henn e Alexander como situação que configura violação aos *fiduciary duties*. Todavia, no caso do *insider trading* os prejuízos dele decorrentes costumam não atingir diretamente a sociedade, mas sim o próprio mercado.

39. in Henry F. Johnson, "Strict fiduciary duty in close corporations: a concept in search of adoption", *California Western Law Review*, v. 18, n. 1, pp. 1-27, 1981, p. 16.

40. Para um exame específico da aplicação dos *fiduciary duties* com relação aos acionistas minoritários administradores consulte-se artigo de Daniel Herron, "Emerging fiduciary duties owed to minority shareholder-employees", *Labor Law Journal*, v. 45, n. 11, pp. 687-698, nov./94.

41. O Prof. Mauro Rodrigues Penteado também faz notar, na mais completa monografia dedicada ao tema do aumento do capital nas sociedades anônimas, de que sorte pode ser este empregado pela maioria de modo abusivo, visando a diluição da participação no capital social de alguns sócios, o que igualmente configura uma quebra aos *fiduciary duties*. *Aumento de capital das sociedades anônimas,* São Paulo, Saraiva, 1988, pp. 261 e ss.

42. Tullio Ascarelli, *Saggi di diritto commerciale,* Milão, Dott. A. Giuffrè, 1953, p. 511.

BERDAH, Jean-Pierre, *Fonctions et responsabilité des dirigeants de sociétés par actions*, Paris, Librairie Sirey, 1974.

BERTACCHINI, Elisabeta, *Oggeto sociale e interesse tutelato nelle société per azioni*, Milão, Giuffrè Editore, 1995.

BULGARELLI, Waldirio, "Apontamentos sobre a responsabilidade dos administradores das companhias", *Revista de Direito Mercantil* 50, abr. 83, pp. 75-105.

CARRIÓ, Genaro, *Notas sobre derecho y lenguaje*, Buenos Aires, Abeledo-Perrot, 1990.

CARY, William L. e EISENBERG, Melvin Aron, *Cases and Materials on Corporations*, 7ª ed., Westbury-Nova York, The Foundation Press Inc., 1995.

CHOPER, Jesse H., COFFEE Jr., John C., e Morris Jr., C. Robert, *Cases and materials on corporations*, 3ª ed., Boston, Little, Brown and Co., 1989.

CLARK, Robert, *Corporate law*, Boston, Little, Brown and Co., 1986.

EASTERBROOK, Frank H. e FISCHEL, Daniel R., *The economic structure of corporate law*, Cambridge, Harvard University Press, 1991.

ENGISCH, Karl, *Introdução ao pensamento jurídico*, 6ª ed., Lisboa, Fundação Calouste Gulbenkian, 1983.

HENN, Harry G. e ALEXANDER, John, *Laws of corporations*, 3ª ed., St. Paul West, 1983.

HERRON, Daniel, "Emerging fiduciary duties owed to minority shareholder-employees", *Labor Law Journal*, v. 45, n. 11, pp. 687-698, nov./94.

HETHERINGTON, John A. C., "Defining the scope of controlling shareholders fiduciary responsibilities", *Canada-United States Law Journal*, v. 13, pp. 103-135, 1988.

IVEY, Gary C., "Standards of management conduct in close corporations: a transactional approach", *Stanford Law Review*, v. 33, pp. 1.141-1.160, 1980-1.

JOHNSON Henry F., "Strict fiduciary duty in close corporations: a concept in search of adoption", *California Western Law Review*, v. 18, n. 1, p. 1-27, 1981.

LA VILLA, Gianluca, *L'oggetto sociale*, Milão, Dott. A. Giuffrè Editore, 1974.

MITCHELL, Lawrence E., "The death of fiduciary duty in close corporations", *University of Pennsylvania Law Review*, v. 138, n. 4, p. 1.675-1.731, 1990.

NICHOLSON, Brent, "The fiduciary duty of close corporation shareholders: a call for legislation", *American Business Law Journal*, v. 30, pp. 513-536, 1992.

O'NEAL, F. Hodge, *O'Neal's close corporations — law and practice*, v. II, 3ª ed., Nova York, CBC-Clark Boardman Callaghan Publish., 1995.

________. "Oppression of minority shareholders: protecting minority right", *Cleveland State Law Review*, v. 35, n. 1 e 2, pp. 121-146, 1986-87.

PENTEADO, Mauro Rodrigues, *Aumento de capital das sociedades anônimas*, São Paulo, Saraiva, 1988.

SOLOMON, Lewis D., SCHWARTZ, Donald E., BAUMAN, Jeffrey D., e WEISS, Elliott J., *Corporations law and policy — materials and problems*, 3ª ed., St. Paul West Publishing Co., 1994.

ZANELLI, Enrico, *La nozione di oggetto sociale*, Milão, Dott. A. Giuffrè Editore, 1962.

Jurisprudência Comentada

CONSELHO FISCAL: AUSÊNCIA DE LEGITIMAÇÃO PROCESSUAL DE ACIONISTA PARA OBTENÇÃO DE INFORMAÇÃO EM NOME DE CONSELHEIRO*

Comentários de FREDERICO SIMIONATO
ao acórdão do Tribunal de Justiça de São Paulo
na Apelação Cível n. 131.697-1

Ap. 131.697-1, 1ª C., j. 6.12.90, rel. Des. Roque Komatsu.

Sociedade Anônima - Acesso a informações e documentos pertinentes aos negócios sociais - Ação proposta por sócio em nome do conselheiro fiscal por ele indicado - Ilegitimidade ad causam - Titularidade do direito atribuída ao Conselho Fiscal e seus membros, responsáveis pelo controle e fiscalização dos órgãos da administração - Irrelevância de ter sido o conselheiro eleito por grupo de acionistas - Fato que não o confunde com a figura do mandatário ou de representante orgânico - Carência de ação mantida.

O Conselho Fiscal de sociedade anônima é órgão de controle, fiscalização e também de informação cuja atividade não se esgota na mera revisão de contas, vindo a atingir a própria fiscalização da gestão administrativa.

A legislação confere ao membro do Conselho o poder de pedir ao órgão — e este, certamente, não poderá recusar, conforme opinião generalizada da doutrina nacional — que solicite à administração esclarecimentos ou informações, assim como elaboração de demonstrações financeiras e contábeis.

Não pode o sócio exercer esta função em nome do conselheiro, como também não pode em nome deste pleitear em juízo o direito de acesso a informações e documentos, ainda que tenha sido quem o indicou para o cargo, pois o fato de o conselheiro fiscal ter sido eleito por grupo identificado de acionistas não o confunde com a figura do mandatário ou de representante orgânico.

Acórdão — Vistos, relatados e discutidos estes autos de apelação cível 131.697-1, da comarca de Santos, em que é apelante Luiz Alberto Azevedo Levy, sendo apelados Cia. Central de Armazéns Gerais (ou Cia. Central) e outros: Acordam, em 1ª Câmara Civil do Tribunal de Justiça, por votação unânime, negar provimento ao recurso.

1. Cuida-se de medida cautelar inominada, requerida por sócio, detentor de 1.522.409 ações ordinárias e nominativas da Cia. Central de Armazéns Gerais, e que deixou, em dezembro/86, o cargo que ocupava na diretoria da companhia. Pretende medidas tendentes a permitir a um conselheiro, indicado pelo autor, ter acesso a todas as informações e documentos pertinentes aos

* Trabalho apresentado no curso de Pós-Graduação da Faculdade de Direito da Universidade de São Paulo, pp. 282-283.

negócios sociais, em qualquer época e sem qualquer restrição.

A sentença julgou extinto o processo, reconhecendo o autor como carecedor da ação (fls. 80). Recurso do demandante, que pede a reforma e a confirmação da liminar (fls. 112).

2. A ré é uma sociedade anônima fechada. O autor é detentor de mais de 10% do capital social. Em dezembro/86, deixou o cargo que ocupava na diretoria da companhia. Em agosto/88, obteve ele a realização da Assembléia-Geral, na qual foi atendido o seu direito à instalação do Conselho Fiscal, com a indicação de um membro (Sr. Leonídio França) de sua confiança na composição do mesmo. Afirma-se que o citado conselheiro "teve negada, por escrito (docs. 9 e 10), a possibilidade de examinar quaisquer documentos referentes a apurações de exercício anterior (1987)". Alegando a prática de atos danosos dos administradores, o autor propôs a presente demanda, visando a que se permita ao Sr. Leonídio França, conselheiro indicado pelo autor, o acesso a todas as informações e documentos pertinentes aos negócios sociais, em qualquer época, sem nenhuma restrição (fls. 5).

O autor foi julgado carecedor da ação, em face da inexistência do *periculum in mora.* Insurge-se ele e fazendo referência principalmente à exibição de documentos e livros, pede o afastamento da reconhecida carência.

3. A carência da ação deve ser mantida, mas com outro fundamento. O autor é sócio e não é membro do Conselho Fiscal. E pretende que o conselheiro, que foi por ele indicado (indicação, e não procurador ou mandatário do autor, no Conselho) possa ter acesso a informações e documentos. E aqui no processo, também, o Conselheiro Leonídio França não é procurador do sócio demandante e também não é seu substituto processual, em face de autorização da lei.

O que o autor pretende, deve ser feito pelo Conselho Fiscal ou então pelo Conselheiro. Aquele se caracteriza como órgão de controle e fiscalização e também de informação não se esgotando na mera revisão de contas indo atingir a própria fiscalização da gestão administrativa. Enquanto, de maneira genérica, a competência geral de fiscalizar e informar é conferida ao órgão, o nosso legislador, de maneira específica, refere-se diretamente aos Membros do Conselho, especialmente ao poder de pedir ao Conselho — e este certamente não poderá recusar (opinião generalizada da doutrina nacional) que solicite aos órgãos de administração esclarecimentos ou informações, assim como a elaboração de demonstrações financeiras e contábeis. E no tocante aos deveres e responsabilidades, estão os membros sujeitos ao mesmo regime ditado para os administradores, respondendo pelos danos resultantes de omissão ou cumprimento de seus deveres e atos praticados com culpa ou dolo, ou com violação da lei ou do estatuto.

O pedido foi formulado inadequadamente. O Conselheiro, apesar de indicado pelo autor, é figura autônoma do sócio, na estrutura e organização da companhia. O fato de o Conselheiro Fiscal ter sido eleito por grupo identificado de acionistas não o confunde com a figura do mandatário ou de representante orgânico. Defende-se em seu prol a titularidade orgânica, e com a eleição passaram a declarante da vontade do todo, como órgão, vale dizer, como parte integrante do organismo.

Waldirio Bulgarelli (*O Conselho Fiscal nas Companhias Brasileiras*), em que se colheram as observações acima constantes, reconhece que existe uma ligação direta do Conselho com a minoria. E uma das conseqüências dessa ligação é propiciar à minoria, através de informações, a adoção de medidas também diretamente voltadas para a sociedade, como, p. ex., requerer a instalação da Assembléia-Geral (art. 123), pedir judicialmente a exibição de livros (art. 105) ou, ainda, desencadear a ação direta de acionista prejudicado, como previsto no § 7º do art. 159.

Aqui, não se cuida de adoção de tais medidas. Pede-se que o conselheiro tenha o direito de acesso a informações e documentos. Ele é que deveria ter formulado tal pretensão e não o autor, que não é conselheiro. E não se propôs a exibição de livros, para que o autor pudesse examiná-los.

Assim, a extinção do processo está correta. Nega-se, pois, provimento à apelação.

O julgamento teve a participação do Des. Luiz de Azevedo, pres. e Renan Lotufo, com votos vencedores. São Paulo, 6 de dezembro de 1990, Roque Komatsu, relator (*RT*-670/77).

Comentários ao acórdão

Frederico Simionato

O acórdão trata de caso no qual acionista de uma sociedade por ações fechada, detentor de pouco mais de 10% do capital social em ações ordinárias e nominativas, requereu a instalação e funcionamento do Conselho Fiscal para apuração de possíveis irregularidades na condução dos negócios sociais.

Instalado e funcionando o Conselho Fiscal, o conselheiro indicado pelo referido acionista, ou seja, o "conselheiro da minoria", teve dificuldades no exercício de seus poderes fiscalizatórios, lhe sendo obstada toda e qualquer atuação tendendo à verificação e obtenção de informações sobre a administração.

Diante desta situação, o acionista propôs medida judicial objetivando que fosse expedida uma "ordem" ou um "mandado", obrigando ao órgão administrativo da sociedade o fornecimento de todas as informações necessárias ao "seu conselheiro", para que este as examinasse, emitindo seu parecer.

Na verdade, esta pretensão é um tanto quanto extremada, em razão que o acionista, por ignorância ou não, sufoca seu próprio conselheiro, retirando-lhe atribuições legislativas, e considerando-o como simples encarregado, esquecendo dos inúmeros poderes-funções que são conferidos ao membro do Conselho Fiscal, quer sejam nos conflitos intra-societários (entre os órgãos), como na possibilidade de atuação judicial.

Entendemos, que a conduta dos membros do Conselho Fiscal se fundamenta sobre uma trilogia, representada pela atuação individual, autonomia e independência, e sequer deve-se falar em decisão majoritária como sua metodologia das decisões.

Tanto é verdade, que o artigo 163 da Lei n. 6.404/76, deve ser interpretado em consonância com estes princípios, ou seja, todas as funções por ele regulamentadas, são mesmo de competência individual do conselheiro, e não lhe pode ser colocada qualquer restrição estatutária.

Com efeito, também na anterior disciplinação revogada pela atual Lei n. 6.404/76, as funções do Conselho Fiscal eram de atribuição individual, e não de atuação coletiva do órgão.[1]

No Direito Comparado, principalmente na Itália, a estruturação do funcionamento da fiscalização societária é conceituada como órgão, que *delibera por maioria*.

Na Itália, o *collegio sindacale*, é considerado um órgão interno da sociedade, composto de membros nomeados pela Assembléia, aos quais é atribuída a função de controlar a administração da sociedade, funcionando colegialmente com deliberação em maioria, salvo algumas exceções.[2]

Vale mencionar a lição de Giuseppe Ferri, quando assinala sobre as funções do collegio sindacale, dizendo que "A tal fine la legge consente ai sindaci di procedere, anche individualmente, ad atti di

1. Egberto Lacerda Teixeira e José Alexandre T. Guerreiro, *Das sociedades Anônimas no Direito Brasileiro*, São Paulo, Bushatsky, 1979, v. 2, p. 490.

2. Francesco Galgano, *Trattato di Diritto Commerciale e di Diritto Pubblico dell'economia*, Padova, CEDAM, v. 7, 1984, p. 281.

ispezione e di chiedere notizie sull'andamento della gestione sociale o di determinati affari".[3]

Note que neste país o *sindaco* é eleito por um prazo de no mínimo três anos, somente podendo ser destituído por justa causa, e mediante homologação judicial, quando ele terá oportunidade de ser ouvido, e apresentar os esclarecimentos de sua conduta.[4]

Sendo assim, a doutrina italiana é pacífica em considerar o *collegio sindacale* como um órgão que se manifesta por deliberações majoritárias, porém, ressalta da importância da atuação individual.

Na França, o seu sistema de fiscalização é constituído pelos *commissaires aux comptes*, que são pessoas que atuam tanto individualmente, como por sociedades civis registradas.

Neste país também se discute a natureza jurídica das atribuições dos *commissaries aux comptes*, sendo que em virtude do restrito direito de informação individual dos acionistas, a lei encarrega um profissional de verificar as contas *em seu nome*.[5]

Seguindo a esteira do referido autor, pode-se afirmar, que através da Lei de 1º de março de 1984, que alterou algumas disciplinações sobre a fiscalização nas sociedades por ações francesas, colocou-se a discussão da natureza jurídica das atribuições dos *commissaires aux comptes* em nova direção. Com efeito, a partir do momento em que os empregados, o ministério público e, às vezes, a Comissão de Operações em Bolsa, podem intervir na nomeação e revogação destes *commissaires*, tornou-se impossível assimilá-los aos outros órgãos. Na verdade, os *commissaires* tendem a constituir um componente particular da empresa, *ao serviço não somente dos representantes do capital, mas também dos empregados, e também, de maneira mais atenuada, da coletividade*.[6]

No Brasil, estamos com Cunha Peixoto, que considera o Conselho Fiscal um órgão opinativo e nunca força executiva, situação que lhe retira a característica de colegial, sendo que a Assembléia pode mesmo sufragar o voto vencido, em vez daquele pronunciado pela maioria.[7]

O postulado é simples: você pode julgar e administrar por maioria, porém, fiscalizar não.

Sendo assim, andou corretamente o julgado, seguindo a boa doutrina, tanto que ressaltou a característica da atuação individual do conselheiro no cumprimento de suas atribuições.

Não há dúvidas, pela atual disciplinação legislativa, que os conselheiros devem atuar individualmente, como dever-função, não apenas nos casos expressos pela Lei, mas devem também, em decorrência do seu cargo, exercitar as funções cometidas ao órgão.[8]

Em realidade, a estruturação do Conselho Fiscal talvez seja a mais debatida em relação aos demais órgãos sociais haja vista que torna-se inegável reconhecer, mesmo que sutilmente, um resquício da teoria do mandato na sua natureza jurídica.[9]

É importante ressaltar que a relação acionista-conselheiro, quanto mais no caso do representante da minoria, possui um liame intersubjetivo muito diferente se o analisamos e comparamos junto aos demais órgãos sociais existentes na sociedade por ações.

3. *Manuale di Diritto Commerciale*, Torino, UTET, 1972, p. 344.
4. Francesco Galgano, ob. cit., pp. 282-283.
5. Yves Guyon, *Droit des Affaires*, Paris, Economica, t. 1, 1990, p. 363.

6. Ibid., p. 367.
7. Carlos Fulgêncio da Cunha Peixoto, *Sociedade por ações*, São Paulo, Saraiva, 1973, v. 4, p. 138.
8. Waldirio Bulgarelli, *O Conselho Fiscal nas Companhias brasileiras*, São Paulo, Ed. RT, 1988, p. 185.
9. Na atualidade, a teoria do mandato perdeu toda sua razão, porém vale notar as considerações feitas por Roger Granger, *La nature juridique des rapports entre actionnaires et comissaires charges du controle dans le sociétés par actions*, Paris, 1951.

O caso em questão comprova este matiz específico, e no Direito Comercial deve-se sempre observar sua manifestação fenomenológica como forma de seu desenvolvimento e evolução. Por isso, acreditamos que no julgado acaba transparecendo uma outra situação mais complexa, ou seja, a peculiaridade da utilização da forma acionária (fechada), com a permanência de uma certa postura psicológica entre os acionistas que lembra a administração em uma "sociedade de pessoas", ou mesmo por responsabilidade limitada.

É óbvio que esta situação não é capaz de suplantar os próprios princípios da sociedade por ações, na qual os órgãos administrativos, em sua atuação, são manifestações da própria empresa, possuindo atribuições, deveres e responsabilidades específicas, que não se confundem com os seus acionistas.

Esta circunstância do órgão autônomo, que na verdade teve sua origem em decorrência da evolução do conceito de personalidade jurídica (pessoa distinta de seus sócios e como técnica organizacional) também é verificável, por exemplo, na sociedade por responsabilidade limitada. Todavia, pela característica própria de cada um dos referidos tipos societários, altera-se profundamente a forma de proceder a fiscalização da conduta administrativa.

Em verdade, este caso esconde outra situação, qual seja, a planificação organizativa existente para a estruturação entre uma sociedade por ações do tipo aberta, e para a forma fechada.

Entendemos, e a fenomenologia aqui verificada nos convence cada vez mais, que muitas das sociedades por ações (fechadas) existentes atualmente no Brasil, deveriam estar constituídas sob a forma de sociedade por responsabilidade limitada.

Na verdade, a estrutura do Conselho Fiscal na atual Lei das S.A. brasileira é feita para aquela empresa com elevada dispersão acionária, na qual é impossível permitir a livre investigação da administração pelos acionistas, impondo mesmo a participação de auditorias.

Neste cenário, é importante lembrar que o artigo 290 do Código Comercial estabelece que em nenhuma associação mercantil se pode recusar aos sócios o exame de todos os livros, documentos, escrituração e correspondência, e do estado da caixa da companhia ou sociedade, sempre que o requerer, com a ressalva que o contrato social poderá estipular datas próprias para tal.

Nas sociedades coletivas e também na sociedade por quotas de responsabilidade limitada, se permite que os próprios sócios vigiem e fiscalizem *pessoalmente* a sociedade, entretanto, esta situação é diferente na sociedade por ações, quando estas podem conter centenas e milhares de acionistas.[10]

Evidentemente, em razão da escala e da sofisticada organização das companhias, é impossível entender aplicável este dispositivo às sociedades por ações, representando uma reminiscência de caráter contratual que não prevalece sob o risco da conturbação permanente das atividades da empresa.[11]

Desta feita, no caso em análise, o procedimento judicial apresentado pelo acionista minoritário confirma a tradição na qual, muitas vezes, o empresariado escolhe a forma acionária como representadora de *status* e posição social, ou também por incentivos de toda ordem.

Em realidade, neste julgado, ele (acionista) se julga como "dono da empresa", assim como se fosse sócio de uma sociedade por quotas ou coletiva (compartilhadores de algo comum), considerando o conselheiro fiscal como um reles encarregado, ali colocado para seguir suas ordens, jamais

10. Felipe de Solá Cañizares, *Tratado de Sociedades Anonimas en el Derecho Español e en el Derecho Comparado*, Barcelona, 1953, p. 285.

11. Modesto Carvalhosa e Nilton Latorraca, *Comentários à lei das sociedades anônimas*, São Paulo, Saraiva, 1997, p. 368.

consistindo um órgão completamente distinto dos acionistas.[12]

Note que no momento do embate entre os acionistas, representado pela obstação de informações, ele (acionista) já se dirige diretamente ao judiciário — e não acreditamos que seu postulante ignorasse a via judicial correta — pedindo uma "ordem" que mande o órgão social prestar as informações devidas, relegando a participação do conselheiro.

Fica claro que o acionista teve que proceder à fiscalização da administração social, a qual ele inclusive participou em determinado momento, através do órgão competente apresentado pela legislação acionária, ou seja, o Conselho Fiscal, mas, quando o seu encarregado (menos até que mandatário) encontrou dificuldades em sua atuação, a acionista não teve receio de *em nome próprio* postular algo que não lhe cabia, pelo menos na forma por ele seguida.

Portanto, competiria ao conselheiro fiscal requerer judicialmente a medida necessária para a perfeita realização de suas atribuições, as quais poderiam ser tanto a convocação da Assembléia, e promoção da ação responsabilizatória, ou mais corretamente, seguindo a lição de Cunha Peixoto, ingressar em juízo requerendo a exibição dos livros.[13]

Sustentando a atuação individual do conselheiro, José Alexandre Tavares Guerreiro, considera, por sua vez, que não cabe ao membro do Conselho Fiscal requerer a exibição judicial de livros, no caso de imposição de óbices pelos demais órgãos administrativos à sua atuação fiscalizatória. Nesta esteira, afirma o referido Professor, que em razão da atual Legislação Processual Civil, e seus "rígidos esquemas de legitimação *ad causam*", constituiriam impedimento ao exercício do Direito de Ação do membro do Conselho Fiscal.[14]

Note que o referido questionamento possui uma enorme ligação com o objeto do Acórdão.

Com efeito, seria lícito questionar sobre o caso em questão: será que o membro do Conselho Fiscal, sabedor de sua fragilidade processual, deixou que o próprio acionista agisse judicialmente em seu nome? Note, ainda, que neste caso não haveria delegação de funções do conselheiro, proibida pela nossa legislação, haja vista que se ele não pode atuar judicialmente (exibição de livros), obviamente ele não pode delegar algo que não lhe pertence?!

Ainda sobre o tema, citamos diretamente o referido autor, quando comenta: "... a inexistência, no ordenamento positivo, de regras expressas que consagrem os conselheiros fiscais *como autênticos representantes legais dos acionistas* ou que autorizem a *substituição processual* destes últimos por aqueles, pode implicar em objeções de caráter formal, inibidoras, na prática, do *ius actionis dos commissaires aux comptes*".[15]

Desta premissa, tanto seria lícito ao Conselheiro requerer judicialmente medidas a permitir sua fiscalização, como, *se ele é um representante do acionista*, também a este (acionista) seria possível requer uma "ordem judicial" que obrigasse à administração fornecer todas as informações necessárias para que o seu representante pudesse agir na fiscalização. Parece, que esta é uma conclusão vedada pelos artigos 161, § 6º e 163, § 7º da Lei n. 6.404/76, e pela própria sistematização da estrutura orgânica da sociedade por ações brasileira.

É preciso ressaltar que a relação entre acionista-conselheiro se restringe à forma de nomeação, impondo, conseqüentemen-

12. Quanto à sociedade por responsabilidade limitada, parece, que a melhor forma de fiscalizar a sua administração seria a contratação de peritos, para que agissem junto com os sócios, e não pelos sócios.

13. Ob. cit., p. 150.

14. "O Conselho Fiscal e o Direito à Informação", *Revista de Direito Mercantil, Industrial, Econômico e Financeiro* 45, ano XXI, jan-mar, 1982, Nova Série, p. 33.

15. Ibid., (grifos nossos).

te, uma atuação isolada, porém, não "a serviço daquele que o indicou".

O Conselho Fiscal é o local em que se encontram representados os vários segmentos acionários (minoria, preferencialista e controlador), sendo que a atuação fiscalizatória de cada um é volvida para a verificação de atos prejudiciais à companhia, o que redunda na sua atribuição específica, que não deve ser confundida com a sujeição àqueles mesmos segmentos.

Em virtude destas características, que são demonstradoras da complexa natureza jurídica da estrutura do Conselho Fiscal, resta considerar que, em nosso entendimento, existiriam procedimentos diferenciados a cada qual. Por conseguinte, o conselheiro teria legitimidade para propor, judicialmente, as ações que entendesse necessárias, inclusive exibição de livros,[16] com toda a responsabilização que deste ato pudesse sofrer; o acionista, já possui toda uma disciplinação específica, e deveria agir sob o princípio do Direito à informação, seja qual for a medida judicial apresentada (responsabilização dos administradores ou exibição de livros). Ainda, nos parece um tanto quanto equivocada, a permissibilidade de autorizar o acionista à agir em nome do conselheiro haja vista que sua fundamentação seria a seguinte: se o conselheiro não agir judicialmente, eu (acionista) o faço em nome dele; esta situação é de todo confusa, porque tanto a atuação do conselheiro como do acionista são diversificadas, ou seja, cabe ao conselheiro e ao acionista promoverem a medida judicial que pretenderem, porém não é correto um aguardar o outro, ou mesmo, agir em nome do representado.

A medida correta, seria: se o conselheiro não agiu contra a administração, cabe ao acionista promover a medida adequada, não em nome daquele, mas, pelo contrário, em nome próprio, quando poderá inclusive responsabilizar não só a administração como também o conselheiro que se omitiu no seu poder-função ao deixar de propor as medidas judiciais necessárias para fazer valer sua atuação fiscalizatória.

Assim tudo se esclarece, ou seja, tanto conselheiro como acionista possuem mecanismos judiciais específicos a serem colocados em movimento em dado momento; se o conselheiro (que é a pessoa incumbida nas S.A. para promover a fiscalização) não a executar corretamente (seja não informando à Assembléia ou requerendo medidas judiciais), cabe ao acionista agir por sua própria conta, responsabilizando aquele que não cumpriu seus deveres societários.

No que toca à esfera processual, poderia se questionar: não teria sido um formalismo processualista julgar pela ilegitimidade do acionista? É verdade que o Acórdão se prendeu ao conhecido princípio processual de somente julgar aquilo que foi pedido, porém, entendemos que seria mais justo e razoável que o Tribunal houvesse convertido o referido pedido, aproveitando-o como exibição de livros, para que assim se observasse aos princípios da fungibilidade e economicidade dos atos processuais, dando solução ao caso, o que, em verdade, o julgado não o fez.

16. Esta é a lição de Yves Guyon, fundamentando-se na representação do acionista pelo *commissaires aux comptes* na fiscalização da companhia, ob. cit., p. 373.

Jurisprudência Comentada

DANO MORAL. ANULAÇÃO DE ASSEMBLÉIA GERAL E EXCLUSÃO INDEVIDA DE ACIONISTAS DE SOCIEDADE COMERCIAL *

Comentário de Nelcina Conceição de Oliveira Tropardi
aos acórdãos do Tribunal de Justiça do Distrito Federal,
na Apelação Cível e nos Embargos Infringentes n. 28.828

Apelação cível n. 28.828

Apelante - Antônio Alfredo Ventura de Loiola

Apelado - King's Lanchonete S/A, Carlos Moysés Andreotti e Leonardo Antônio de Sanches

1ª Turma Cível

Sociedade Anônima. Convocação Irregular de Assembléia Geral Extraordinária. Destituição de Acionista de Cargo de Direção da empresa.

1. Nulidade do ato convocatório, que se declara, por desobediência a disposição legal e estatutária. 2. Imposição ao Sr. Diretor-Presidente da empresa, autor do ato impugnado, a pagar ao sócio destituído o que ele estaria percebendo, a título de pro-labore se em atividade estivesse. 3. Liquidação de sentença, para se apurar o quantum devido.

4. Ilegitimidade do litisconsórcio passivo — sócio substituto do cargo vago —, à ausência de prova de sua participação na prática do malsinado ato convocatório da assembléia. 5. O chamado dano moral, apesar de seu caráter subjetivo, não se apresenta, em cada caso concreto, de forma abstrata, o que permitiria, se fosse a hipótese, o simples pedido compensatório, para uma utópica dor-sentimento.

6. Se a verba honorária advocatícia foi fixada de modo criterioso, não há como alterá-la.

Recurso conhecido e desprovido.

Maioria.

Acórdão

Acordam os Senhores Desembargadores da Primeira Turma Cível do Tribunal de Justiça do Distrito Federal e Territórios (Jeronymo de Souza — Presidente, Edmundo Minervino — Relator, e Julio de Oliveira) em conhecer, improver, maioria, vencido o revisor, de acordo com a ata de julgamento e as notas taquigráficas.

Brasília, DF, 19 de abril de 1993. Desembargador Jeronymo de Souza — Presidente. Desembargador Edmundo Minervino — Relator.

Votos

O Senhor Desembargador Edmundo Minervino: Recurso cabível e tempestivo, dele conheço.

* Trabalho apresentado no curso de Pós-Graduação da Faculdade de Direito da Universidade de São Paulo em 1997, na disciplina "Administração das Sociedades Mercantis em Direito Comercial Comparado II" (DCO 842), ministrada pelo Prof. Mauro Rodrigues Penteado.

Senhor Presidente, como relatado, trata-se de pedido formulado por acionista minoritário da empresa, ré-apelada, King's Lanchonete S/A, no sentido de ver anulada decisão tomada em Assembléia Geral Extraordinária, realizada em 23.3.91, convocada pelo acionista majoritário, Leonardo Antônio de Sanches, Direito Superintendente da King's, aqui litisconsorte passivo, de que resultou a destituição dele autor-apelante do cargo de Diretor Comercial, e no qual foi investido o litisconsorte Carlos Moysés Andreotti. A decisão monocrática, ora sob exame, em acolhendo o pedido inaugural, em parte, declarou a nulidade do que decidido na questionada Assembléia Geral Extraordinária, face a irregularidade de sua convocação, bem assim, a de todos os atos decisórios praticados desde então (26.5.91), obrigando a empresa a apresentar os respectivos balanços (1990/91), sob a pena cominatória diária de 1/2 salário mínimo. Condenou o litisconsorte Leonardo Antônio de Sanches a pagar ao autor, a título de *pro-labore*, o que este deixou de receber desde 23.3.91, até o trânsito em julgado do *decisum* recorrido. Desacolheu a MM Juíza sentenciante o pedido em relação ao litisconsorte passivo Carlos Moysés Andreotti.

Afora a parte da sentença que declarou a nulidade da questionada assembléia e a procedência da ação em relação ao litisconsorte Leonardo Antônio de Sanches, o recorrente pretende ver, através da presente apelação, seja o litisconsorte excluído condenado da mesma forma que aquele contra quem o pedido logrou procedência, bem assim, que a condenação tenha valor certo, e não seja apurado em liquidação de sentença; reitera o pedido de condenação de danos morais. Por fim, diz que os honorários advocatícios devem ser fixados não sobre o valor da causa, mas sobre o da condenação.

Apreciarei por parte, cada um dos pontos questionados.

Incensurável se mostra a sentença, ao excluir da relação processual o litisconsorte Carlos Moysés Andreotti, isto porque não lhe pode ser debitada a convocação da malsinada assembléia. De outro modo, se, em razão da destituição do cargo de Diretor Comercial do apelante, mencionado litisconsorte o substituiu, esse fato deve-se a que alguém deveria exercer as funções pertinentes. Desse fato, assim considerado, nenhuma culpa (subjetiva ou objetiva) pode ser debitada ao referido litisconsorte.

Insiste o apelante que a condenação indenizatória deva ter valor certo, qual seja, o de 6 salários mínimos mensais, e isto a partir de 23.3.91, valor esse que recebia a título de *pro-labore*. Dentro dos autos não existe prova suficiente de que a quantia recebida pelo autor correspondesse àquele quantitativo que indica, razão pela qual, prudentemente, a decisão em exame remeteu a questão à liquidação de sentença.

No que concerne ao dano moral, apesar da ilustração contida nas razões de recurso condensada em exemplos doutrinários e jurisprudenciais, o apelante não fez prova dentro dos autos de que o seu afastamento do cargo de Diretor Comercial lhe trouxe qualquer reflexo profissional, impedindo-o de dedicar seus pendores empresariais em uma outra oportunidade, que assim tenha desejado. Apesar de seu subjetivismo, o dano moral se reflete de modo concreto, elemento esse indicador do critério de apuração da *pretium doloris*.

Por último, a fixação dos honorários advocatícios sobre o valor da causa, outro critério não poderia ter orientado o julgado resistido, posto que o valor da condenação não tem definição, o que será apurado em liquidação de sentença. Tanto é assim que, em face da sucumbência do autor-apelante em relação ao litisconsorte Carlos Moysés Andreotti, foi ele apelante condenado a "honorários em 10% sobre o valor da causa". Conseqüente, o mesmo critério.

O recurso da parte ré não logrou ser recebido em primeiro grau, face sua deserção.

Do exposto, nego provimento ao recurso da parte autora.

É o meu voto.

O Senhor Desembargador Jeronymo de Souza: Noticiam os autos que Leonardo Antônio de Sanches, sócio majoritário da empresa King's Lanchonete S/A, convocou de maneira ilegal e irregular assembléia extraordinária que se realizou no dia 26.5.91 e, assumindo o comando da empresa, dos destinos da empresa de maneira totalmente arbitrária, à margem da Lei das S/A, violenta e sub-repticiamente, sem o conhecimento do autor, destituiu-o do cargo de Diretor Comercial.

Esses fatos são incontroversos, admitidos que foram pela sentença de 1º Grau, e também do voto do eminente Relator, tanto que mantém essa decisão judicial, já agora protegida pela garantia da coisa julgada, posto que o réu Leonardo Antônio de Sanches, não logrou apelar da mesma tempestividade.

A mim me parece, com a devida vênia, que se existe a nulidade do ato convocatório da Assembléia Geral Extraordinária, que se reconhece sua ilegalidade e sua ilicitude, há que se dar os devidos desdobramentos a esta constatação.

Assim é que se o autor foi vítima de uma violência que atingiu o patamar da ilicitude, a ponto de ensejar indenização. Em primeiro lugar, não poderia, *data venia*, excluir da lide o co-réu Carlos Moysés Andreotti, porque este, embora seja certo que não convocou a Assembléia Geral Extraordinária, participou conscientemente de toda a trama que se lhe seguiu no sentido de afastar violenta e sub-repticiamente o autor da Diretoria Comercial. Creio que ele deva responder solidariamente com o réu Leonardo Antônio de Sanches, na indenização a que faz jus o autor.

Por isso, é que reformo a parte da sentença que exclui da relação jurídico-processual o réu Carlos Moysés Andreotti.

No tocante ao outro ponto de irresignação do apelante, que se refere à não fixação do valor da condenação em montante certo, pertinente ao que deveria receber como *pro-labore* remetendo-se tal parcela para liquidação, quando da execução do julgado, creio que neste ponto, se houve com acerto a sentença porquanto remanesce dúvida a respeito de quanto recebia o autor, a título de *pro-labore*, pelo exercício do cargo de Diretor Comercial da empresa. Neste ponto, mantenho a sentença.

No pertinente à não condenação dos requeridos não pagamentos de danos morais, entendo devidos, *data venia*, dadas as particularidades do caso.

Houve uma violência por parte dos autores que engendraram uma trama consubstanciada em nula Assembléia Geral Extraordinária que destituiu de maneira a causar não só mágoa, mas desonra ao empresário autor do cargo de Diretor Comercial.

Todos sabemos que pesa, e muito, no *curriculum* de um empresário um fato desabonador deste calibre, de maneira que é plausível a alegação do apelante-autor, no sentido de que daí lhe decorreu um dano moral a ser devidamente indenizado e por admiti-lo, fixo sua indenização num *quantum* de dois milhões de cruzeiros.

No tocante à fixação da verba honorária, creio que razão também assiste ao apelante porque se trata de sentença condenatória, havendo de incidir na espécie o § 3º do artigo 20 do CPC, fixando-se o valor da verba honorária entre 10 e 20% sobre o valor da condenação. Nesse passo, reforma a sentença para fixar a verba honorária em 10% sobre o valor da condenação. Em resumo, com a vênia do eminente Relator, dou em parte provimento à apelação do autor para reformar a sentença na parte que excluiu da lide o co-réu Carlos Moysés Andreotti, na parte que não condenou os réus ao pagamento de indenização por danos morais e na parte do dispositivo que fixou a verba honorária sobre o valor da causa e não sobre o valor da condenação, nos termos da fundamentação do voto que acabo de proferir.

O Senhor Desembargador Edmundo Minervino: Senhor Presidente, como conseqüência da exclusão do apelante do cargo de Diretor Comercial da King's Lanchonete, alguém teria que exercer tal atividade, pois que não poderia ficar a empresa acéfala, em desfavor da continuidade de suas atividades comerciais. De outro modo, não há prova nos autos que o litisconsorte Carlos Moysés Andreotti tenha contribuído para a convocação da malsinada assembléia extraordinária. Daí porque sua exclusão da relação processual no pólo passivo se apresenta correta.

O Senhor Desembargador Jeronymo de Souza: Ouvi o aparte do eminente Relator, mas como dissera no meu voto, nos autos e no contexto do episódio é inseparável a cooperação, a colaboração ativa e consciente do réu Carlos Moysés Andreotti no ato ilícito que causou danos materiais e morais ao autor. Daí porque ele ficou também como responsável na reparação do dano.

O Senhor Desembargador Edmundo Minervino: Eminente Desembargador Jeronymo de Souza, V. Exª poderia conceder a gentileza de me esclarecer o que está entendendo por gênese do ato ilícito?

O Senhor Desembargador Jeronymo de Souza: Nós não consideramos que houve um ato ilícito?

O Senhor Desembargador Edmundo Minervino: Qual?

O Senhor Desembargador Jeronymo de Souza: A convocação da Assembléia de modo irregular, à míngua da lei!

O Senhor Desembargador Edmundo Minervino: Mas este ato foi de exclusiva autoria do litisconsorte passivo Leonardo Antônio de Sanches, na qualidade de Diretor-Presidente da King's Lanchonete, sem qualquer participação de Carlos Moysés Andreotti.

O Senhor Desembargador Jeronymo de Souza: Desde que a sucessão, ou a assunção de Carlos Moysés Andreotti ao cargo de diretor comercial em substituição ao autor não se desse num contexto arbitrário, violento, desonroso, afrontoso ao autor, situação esta que, pela leitura dos autos, pareceu-me ser do pleno conhecimento de Carlos Moysés Andreotti, por isso é que...

O Senhor Desembargador Edmundo Minervino: Concordo. Até que poderia ser de seu pleno conhecimento, mas a assembléia não foi por ele convocada.

O Senhor Desembargador Jeronymo de Souza: V. Exª não acredita que isto foi uma ação engendrada de comum acordo entre Leonardo e Andreotti? Eu cheguei a essa conclusão, por isso não posso...

O Senhor Desembargador Edmundo Minervino: Preocupa-me o fato de que alguém teria que assumir o cargo que ficara vago.

O Senhor Desembargador Jeronymo de Souza: No meu entender, ele cooperou consciente e eficientemente para o fato danoso...

O Senhor Desembargador Edmundo Minervino: Senhor Presidente, permita-me, ainda, manifestar uma outra discordância com Vossa Excelência, qual seja, a que se refere ao dano moral.

O Senhor Desembargador Jeronymo de Souza: Ouço com prazer.

O Senhor Desembargador Edmundo Minervino: O dano moral, não obstante seu caráter subjetivo, não se representa por frágil suscetibilidade de quem quer que seja, de alguém que se diga magoado, sob alegação de que, por se encontrar no verdor dos anos, tinha sido "ludibriado" em seus bons propósitos, ao empreender atividade comercial, e se veja "enganado" por seus parceiros comerciais.

No presente caso, somente a prova no sentido de que, como conseqüência de sua destituição do mencionado cargo, tenha o autor suportado diminuição de seu conceito pessoal, a dificultar-lhe novos empreendimentos, é que se poderia considerar tal fato como fundamento do reclamado dano moral. Tal circunstância, entretanto, além de não alegada como causa de pedir do dano moral, não encontra a menor referência dentro da prova processual.

O autor não disse, em qualquer de seus arrazoados, qual o reflexo moral que teria suportado em sua honorabilidade, em sua credibilidade, em seu crédito bancário ou comercial. Essas são as razões, Senhor Presidente, pelas quais entendo, *data venia* de V. Exª, que o pedido de dano moral não merece prosperar.

O Senhor Desembargador Julio de Oliveira: Peço vista.

Decisão

Conhecida. Após o voto do relator negando provimento e do revisor dando provimento parcial, pediu vista o vogal, Des. Julio de Oliveira.

Pedido de Vista

O Senhor Desembargador Julio de Oliveira: No que pertine a danos morais não vislumbro, *in casu*, sua ocorrência, de modo a permitir indenização (*sic*, trecho da sentença de fls. 236/241).

Correta a sentença. Com efeito, em nenhum dos itens 18 a 23 da petição inicial, alusivos a perdas e danos, foi descrito ou indigitado pelo autor-apelante qualquer fato capaz de caracterizar dano moral. A referência a "verdadeiro trauma para a integração em qualquer outra sociedade comercial" (*sic*, fls. 09) é, no mínimo, exagerada. A destituição do recorrente da direção comercial da S/A pode ter-lhe magoado; todavia, qualquer que faça parte de uma corporação, seja ela comercial, beneficente, militar etc., há que estar sempre preparado para levar uma rasteira, seguida ou não de queda, de que, se o caso, deverá levantar-se, sacudir a poeira e seguir avante, em vez de ficar remoendo-se.

Assim, e pedindo vênia ao eminente Desembargador revisor, acompanho o ínclito Desembargador relator, em todos os pontos enfocados em seu voto, conhecendo do recurso, mas improvendo-o.

É o meu voto.

Decisão

Conhecida. Improvida, maioria, vencido o revisor.

Primeira Câmara Cível

Embargos Infringentes na Apelação Cível n. 28.828

Embargante: Antônio Alfredo Ventura de Loiola

Embargados: King's Lanchonete S/A e outros

Relator: Desembargador Vasquez Cruxên

Revisor: Desembargador Campos Amaral

Ementa: Reparação de dano moral. Exclusão de acionista de sociedade comercial indevidamente. Havendo inequívoca perturbação à reputação e à segurança psicológica do sócio de sociedade comercial excluído indevidamente da mesma, impõe-se a condenação desta na indenização reparatória, a título de dano moral.

Acórdão

Acordam os Excelentíssimos Desembargadores da Primeira Câmara Cível do Tribunal de Justiça do Distrito Federal e Territórios, Vasquez Cruxên — Relator, Campos Amaral — Revisor, Dilermando Meireles, Estevam Maia, Romão C. de Oliveira, Aparecida Fernandes e Mário Machado, sob a presidência do Desembargador José Hilário de Vasconcelos, *em conhecer e prover parcialmente os embargos, nos termos do voto do Relator, à unanimidade*, de acordo com a ata do julgamento.

Brasília-DF, 26 de outubro de 1994.

Desembargador José Hilário de Vasconcelos — Presidente. Desembargador Vasquez Cruxên — Relator.

Relatório

Antônio Alfredo Ventura de Loiola, interpõe estes Embargos Infringentes nos autos da Apelação cível n. 28.828, buscando manter o voto minoritário proferido pelo Desembargador Jeronymo de Souza (Revisor) às fls. 283/284, que transcrevo:

"Noticiam os autos que Leonardo Antônio de Sanches, sócio majoritário da empresa King's Lanchonete S/A, convocou de maneira ilegal e irregular assembléia extraordinária que se realizou no dia 26.5.91 e, assumindo o comando da empresa, nos destinos da empresa de maneira totalmente arbitrária, à margem da Lei das S/A, violenta e sub-repticiamente, sem o conhecimento do autor, destituiu-o do cargo de Diretor Comercial.

Esses fatos são incontroversos, admitidos que foram pela sentença de 1º Grau, e também no voto do eminente Relator, tanto que mantém essa decisão judicial, já agora protegida pela garantia da coisa julgada, posto que o réu Leonardo Antônio de Sanches, não logrou apelar da mesma tempestividade.

A mim me parece, com a devida vênia, que se existe a nulidade do ato convocatório da Assembléia Geral Extraordinária, que se reconhece por sua ilegalidade e sua ilicitude, há que se dar os devidos desdobramentos a esta constatação. Assim é que se o autor foi vítima de uma violência que atingiu o patamar da ilicitude, a ponto de ensejar indenização. Em primeiro lugar, não poderia, *data venia*, excluir da lide o co-réu Carlos Moysés Andreotti, porque este, embora seja certo que não convocou a Assembléia Geral Extraordinária, participou conscientemente de toda a trama que se lhe seguiu no sentido de afastar violenta e sub-repticiamente o autor da Diretoria Comercial. Creio que ele deva responder solidariamente com o réu Leonardo Antônio de Sanches, na indenização a que faz jus o autor.

Por isso, é que reformo a parte da sentença que exclui da relação jurídico-processual o réu Carlos Moysés Andreotti.

No tocante ao outro ponto de irresignação do apelante, que se refere à não fixação do valor da condenação em montante certo, pertinente ao que deveria receber como *pro-labore* remetendo-se tal parcela para liquidação, quando da execução do julgado, creio que neste ponto, se houve com acerto a sentença porquanto remanesce dúvida a respeito de quanto recebia o autor, a título de *pro-labore*, pelo exercício do cargo de Diretor Comercial da empresa. Neste ponto, mantenho a sentença.

No pertinente à não condenação dos requeridos não pagamentos de danos morais, entendo devidos, *data venia*, dadas as particularidades do caso.

Houve uma violência por parte dos autores que engendraram uma trama consubstanciada em nula Assembléia Geral Extraordinária que destituiu de maneira a causar não só mágoa, mas desonra ao empresário autor do cargo de Diretor Comercial.

Todos sabemos que pesa, e muito, no *curriculum* de um empresário um fato desabonador deste calibre, de maneira que é plausível a alegação do apelante-autor, no sentido de que daí lhe decorreu um dano moral a ser devidamente indenizado e por admiti-lo, fixo sua indenização num *quantum* de dois milhões de cruzeiros.

No tocante à fixação da verba honorária, creio que razão também assiste ao apelante porque se trata de sentença condenatória, havendo de incidir na espécie o § 3º do artigo 20 do CPC, fixando-se o valor da verba honorária entre 10 e 20% sobre o valor da condenação. Nesse passo, reformo a sentença para fixar a verba honorária em 10% sobre o valor da condenação. Em resumo, com a vênia do eminente Relator, dou em parte provimento à apelação do autor para reformar a sentença na parte que excluiu da lide o co-réu Carlos Moysés Andreotti, na parte que não condenou os réus ao pagamento de indenização por danos morais e na parte do dispositivo que fixou a verba honorária sobre o valor da causa e não sobre o valor da condenação, nos termos da fundamentação do voto que acabo de proferir."

O relatório da referida apelação encontra-se às fls. 275/276, e tem o seguinte teor:

"Antônio Alfredo Ventura de Loiola recorre da r. sentença de fls. 236/241, que acolheu em parte o pedido que deduzira na ação declaratória de nulidade cumulada com perdas e danos contra King's Lanchonete S/A, Leonardo Antônio de Sanches e Carlos Moysés Andreotti, declarando nula a Assembléia Geral Extraordinária realizada em 26.5.91, que o destituiu do cargo de Diretor Comercial da empresa, como também os atos decisórios praticados pelo Diretor Comercial então eleito, condenando-a a apresentar, no prazo fixado, os balanços relativos aos exercícios de 1990/91, com a realização de seu ativo imobilizado, e, ainda, proceder à distribuição de dividendos na eventualidade da existência de lucros líquidos. Julgou também procedente o pedido relativamente ao réu Leonardo Antônio de Sanches, condenando-o a pagar ao autor, o que este deixou de receber a título de *pro-labore*, no período compreendido de 26.03.91 até quando esta transitar em julgado, a ser apurado em liquidação de sentença, condenando os requeridos nos ônus da sucumbência, fixados estes em 10% sobre o valor da causa, julgando, outrossim, o autor carecedor do direito de ação relativamente ao réu Carlos Moysés Andreotti, sujeitando-o ao pagamento de honorários advocatícios na base de 10% sobre o valor da condenação.

A inconformidade do autor-apelante à r. decisão monocrática assenta-se nos seguintes pontos: a) exclusão da lide do réu Carlos Moysés Andreotti; b) a não fixação do valor da condenação de Leonardo Antônio de Sanches, representativa do *quantum* recebido como *pro-labore*, remetendo-o para liquidação do julgado; c) a não condenação dos requeridos ao pagamento dos danos morais então experimentados com a sua destituição do cargo de Diretor Comercial; d) a fixação da verba honorária em 10% sobre o valor da causa, quando deveria incidir sobre o valor a condenação.

Contra-razões, propugnando pelo improvimento do recurso."

O voto vencedor, proferido pelo Desembargador Edmundo Minervino (Relator) e acompanhado pelo Desembargador Júlio de Oliveira é o seguinte:

"Recurso cabível e tempestivo, dele conheço.

Senhor Presidente, como relatado, trata-se de pedido formulado por acionista minoritário da empresa ré-apelada, King's Lanchonete S/A, no sentido de ver anulada decisão tomada em Assembléia Geral Extraordinária, realizada em 23.3.91, convocada pelo acionista majoritário, Leonardo Antônio de Sanches, Diretor Superintendente da King's, aqui litisconsorte passivo, de que resultou a destituição dele autor-apelante do cargo de Diretor Comercial, e no qual foi investido o litisconsorte Carlos Moysés Andreotti. A decisão monocrática, ora sob exame, em acolhendo o pedido inaugural, em parte, declarou a nulidade do que decidido na questionada Assembléia Geral Extraordinária, face a irregularidade de sua convocação, bem assim, a de todos os atos decisórios praticados desde então (26.5.91), obrigando a empresa a apresentar os respectivos balanços (1990/91), sob a pena cominatória diária de 1/2 salário mínimo. Condenou o litisconsorte Leonardo Antônio de Sanches a pagar ao autor, a título de *pro-labore,* o que este deixou de receber desde 23.3.91, até o trânsito em julgado do *decisum* recorrido. Desacolheu a MM Juíza sentenciante o pedido em relação ao litisconsorte passivo Carlos Moysés Andreotti.

Afora a parte da sentença que declarou a nulidade da questionada assembléia e a procedência da ação em relação ao litisconsorte Leonardo Antônio de Sanches, o recorrente pretende ver, através da presente apelação, seja o litisconsorte excluído condenado da mesma forma que aquele contra quem o pedido logrou procedência, bem assim, que a condenação tenha valor certo, e não seja apurado em liquidação de sentença; reitera o pedido de condenação de danos morais. Por fim, diz que os honorários advocatícios devem ser fixados não sobre o valor da causa, mas sobre o da condenação.

Apreciarei por parte, cada um dos pontos questionados.

Incensurável se mostra a sentença, ao excluir da relação processual o litisconsorte Carlos Moysés Andreotti, isto porque não lhe pode ser debitada a convocação da malsinada assembléia. De outro modo, se, em razão da destituição do cargo de Diretor Comercial do apelante, mencionado litisconsorte o substituiu, este fato deve-se a que alguém deveria exercer as funções pertinentes. Desse fato, assim considerado, nenhuma culpa (subjetiva ou objetiva) pode ser debitada ao referido litisconsorte.

Insiste o apelante que a condenação indenizatória deva ter valor certo, qual seja, o de 6 salários mínimos mensais, e isto a partir de 23.3.91, valor esse que recebia a título de *pro-labore*. Dentro dos autos não existe prova suficiente de que a quantia recebida pelo autor correspondesse àquele quantitativo que indica, razão pela qual, prudentemente, a decisão em exame remeteu a questão à liquidação de sentença.

No que concerne ao dano moral, apesar da ilustração contida nas razões de recurso condensada em exemplos doutrinários e jurisprudenciais, o apelante não fez prova dentro dos autos de que o seu afastamento do cargo de Diretor Comercial lhe trouxe qualquer reflexo profissional, impedindo-o de dedicar seus pendores empresariais em uma outra oportunidade, que assim tenha desejado. Apesar de seu subjetivismo, o dano moral se reflete de modo concreto, elemento esse indicador do critério de apuração da *pretium doloris*.

Por último, a fixação dos honorários advocatícios sobre o valor da causa, outro critério não poderia ter orientado o julgado resistido, posto que o valor da condenação não tem definição, o que será apurado em liquidação de sentença. Tanto é assim que, em face da sucumbência do autor-apelante em relação ao litisconsorte Carlos Moysés Andreotti, foi ele apelante condenado a "honorários em 10% sobre o valor da causa". Conseqüente, o mesmo critério.

O recurso da parte ré não logrou ser recebido em primeiro grau, face sua deserção.

Do exposto, nego provimento ao recurso da parte autora."

É o relatório.

Votos

Desembargador Vasquez Cruxên (Relator): Conheço dos Embargos, presentes os seus pressupostos de admissibilidade.

Fico com o voto majoritário no que concerne à exclusão de Carlos Moysés Andreotti da lide, eis que este não foi o responsável pela prática da irregularidade e sim a Assembléia de Acionistas. Não pode o mesmo ser responsabilizado por ato a que não deu causa.

Peço vênia aos eminentes desembargadores prolatores dos votos majoritários, pois vislumbro a ocorrência de dano moral, haja vista que houve inequívoca perturbação à reputação e à segurança psicológica do embargante com a sua destituição indevida pela empresa-embargada. A indenização por dano moral deve ser aquela fixada no voto minoritário, por ser justa e de acordo com o dano sofrido.

Quanto à verba honorária, acompanho igualmente o voto minoritário, posto que, embora a ação tenha sido denominada de declaratória, contém pedido de condenação, devendo-se aplicar o disposto no artigo 20, § 3º do CPC. É irrelevante que a condenação seja apurada em liquidação.

Pelo exposto, dou provimento parcial aos Embargos, concedendo a indenização por danos morais, e fixando a verba honorária em 10% sobre o valor da condenação, nos termos do voto vencido.

É como voto.

Desembargador Campos Amaral (Revisor): Presentes os pressupostos de admissibilidade, conheço dos embargos infringentes.

A exclusão da lide do litisconsorte passivo Carlos Moysés Andreotti afigura-se-me correta sob o ponto de vista do direito processual, posto que não participou da irregularidade da convocação da Assembléia de Acionistas, e, assim, não pode responder por ato de terceiros. Nesse ponto, estou com os votos majoritários.

No concernente ao dano moral, contudo, penso que a melhor razão jurídica está com o voto minoritário. A exclusão do embargante da Diretoria Comercial, além de prejuízos patrimoniais, certamente que causou dor moral à sua pessoa física, que é subjetiva, pois, se julgando pessoa correta, sofreu espiritualmente com o ato. A respeito do tema peço vênia para reportar-me ao voto que proferi nos embargos infringentes n. 16.697, julgados por esta Eg. Primeira Câmara Cível, hipótese assemelhada à presente e que transcrevo no tópico pertinente:

"Trata-se da dor moral pura que se originou, no caso, do registro de inadimplemento de obrigação no Departamento de Proteção ao Crédito, tornando-o público e do conhecimento de terceiros, com o que o embargante se sentiu moralmente ofendido, máxime por se considerar pessoa cumpridora dos seus deveres. O equívoco confessado da embargada causou esse dano moral, que deve ser reparado independentemente de conseqüências patrimoniais decorrentes de abalo de crédito, mesmo porque, ainda que este fosse conjurado através de providências da vítima ou da autora da ofensa, remanesceria a mágoa, que é subjetiva e pode emanar da simples presunção de que terceiros tomaram ciência da falsa desídia daquela ao omitir-se no cumprimento de obrigações."

Confirmo o arbitramento do dano moral estabelecido no voto minoritário, que me parece adequado à espécie.

Relativamente aos honorários advocatícios, registro que houve condenação, sendo de aplicar-se o disposto no § 3º, do art. 20, do CP Civil, para fixá-los sobre a condenação, que se tornará certa com a liquidação. Nesse passo, também sigo o voto minoritário.

Peço respeitosa vênia aos eminentes prolatores dos votos majoritários para acompanhar, em parte, o voto minoritário.

Ante o exposto, dou provimento parcial aos embargos infringentes para reformar em parte o V. Acórdão embargado e conceder a indenização por danos morais e fixar a sucumbência, quanto aos honorários advocatícios, em 10% sobre o valor da condenação, conforme apurada em liquidação, em tudo se obedecendo o que dipôs o voto vencido.

É como voto, acompanhando o eminente Relator.

Desembargador Dilermano Meireles: Senhor Presidente, o meu voto também é no mesmo sentido do que foi proferido pelo eminente Desembargador Relator e Revisor, estabelecendo apenas que, com relação ao *quantum* do dano moral, o valor não ultrapasse a 200 salários mínimos.

Desembargador Estevam Maia: Com o Relator.

Desembargador Romão C. de Oliveira: Com o Relator.

Desembargadora Aparecida Fernandes: Com o Relator.

Desembargador Mário Machado: Com o Relator.

Decisão

Conhecido os embargos e providos parcialmente, nos termos do voto do Relator. Unânime.

Brasília-DF, 26.10.94

Comentário

Nelcina Conceição de Oliveira Tropardi

O presente trabalho pretende comentar dois acórdãos, proferidos nos autos de ação declaratória de nulidade cumulada com perdas e danos, que cuida do pedido formulado por acionista minoritário da empresa King's Lanchonete S/A, no sentido de ser anulada a Assembléia Geral Extraordinária, eis que esta foi irregularmente convocada pelo acionista majoritário. Em conseqüência, requereu-se a anulação de todos os atos decisórios praticados pela sociedade desde a ocorrência da malfadada assembléia.

Assim sendo, pretende-se comentar o acórdão proferido na Apelação Cível interposta nos referidos autos, exarado pela Primeira Turma Cível do Tribunal de Justiça do Distrito Federal e Territórios. Em seguida, procurar-se-á analisar o acórdão proferido nos Embargos Infringentes opostos nos mesmos autos, visto que este mudou o posicionamento anteriormente adotado pela referida Turma principalmente no tocante ao reconhecimento da ocorrência de dano moral no caso em questão.

Os presentes acórdãos merecem uma atenção mais demorada e minuciosa, uma vez que refletem o quão significativos têm sido os desdobramentos do amplo reconhecimento do cabimento da reparabilidade do dano moral na doutrina e jurisprudência pátrias.

Em primeiro lugar procurar-se-á analisar o sistema adotado pela nossa legislação no tocante à administração das sociedades anônimas, bem como quem tem a competência para eleger os administradores. No momento subseqüente, analisar-se-á os requisitos legais atinentes à convocação das assembléias gerais, na medida em que os presentes acórdãos versam sobre a irregularidade de convocação de assembléia geral extraordinária. Na parte final, será enfocado o dano moral, uma vez que pretendemos justificar nossa concordância com o julgamento final proferido nos embargos infringentes.

A administração das sociedades por ações no direito brasileiro é exercida por três órgãos:[1] a assembléia geral, a direção — esta composta por uma diretoria e/ou por um conselho de administração — e o conselho fiscal. A Assembléia Geral teria funções deliberativas, a Administração (Diretoria), funções executivas e o Conselho Fiscal, funções de controle. O Conselho de Administração, quando existente, teria funções deliberativas e fiscalizatória, sendo que se trata de um órgão que se insere entre a Assembléia Geral e a Diretoria.

Com relação à administração das sociedades por ações, a nossa legislação permite que as companhias podem optar por ter um conselho de administração e uma diretoria, ou por ter somente a diretoria, excetuando-se as companhias abertas, as de capital autorizado e as de economia mista, que obrigatoriamente deve adotar o conselho de administração e a diretoria.

O conselho de administração é um órgão deliberativo colegiado, restando aos diretores, privativamente, representar a sociedade, prevalecendo a indelegabilidade dos poderes conferidos tanto ao conselho de administração quanto à diretoria. O art. 140 da Lei 6.404/76 estabelece que o conselho de administração deverá ser composto por no mínimo 03 (três) membros, eleitos pela assembléia geral e por ela destituíveis a qualquer tempo, ficando a cargo do estatuto da companhia estabelecer o número de conselheiros ou o máximo e mínimo permitidos, já que a nossa lei ao fixar somente a composição mínima do conselho, abriu espaço para que o estatuto fixe um intervalo dentro do qual deve se inserir a composição do conselho de administração. Ainda de acordo com o mesmo artigo 140, o estatuto deverá prever o processo de escolha e substituição do presidente do conselho; o modo de substituição dos conselheiros; o prazo de gestão, ressalvando-se que este não poderá ser superior a três anos, permitida a reeleição; e, as normas sobre convocação, instalação e funcionamento do conselho, que deliberará por maioria de votos.

A diretoria, por sua vez, nos termos do artigo 143 da Lei 6.404/76, deverá ser composta por dois ou mais diretores, eleitos e destituíveis a qualquer tempo pelo conselho de administração, quando este exista, ou pela assembléia geral. O estatuto deverá fixar o número de diretores que a companhia terá — devendo-se respeitar o mínimo legal, ou seja, 02 (dois) diretores —, o modo pelo qual serão substituídos, o prazo de sua gestão — nunca superior a três anos —, as atribuições e poderes de cada diretor e as decisões que deverão ser objeto de deliberação coletiva, ou seja, da diretoria reunida, tudo de acordo com o mesmo artigo 143.

A Assembléia Geral, órgão de deliberação da sociedade, pode ser definida como a reunião de todos os acionistas. As assembléias gerais, como é do conhecimento de todos, dividem-se em *assembléias gerais ordinárias* e *assembléias gerais extraordinárias.* As primeiras realizam-se anualmente, nos quatro primeiros meses seguintes ao término do exercício social, para apreciar as matérias elencadas no artigo 132 da Lei 6.404/76. As segundas, por sua vez, são as demais assembléias que se realizarem, convocadas regularmente para apreciar qualquer assunto, inclusive reforma do estatuto da companhia (art. 135 da Lei 6.404/76).

1. Cf. Waldirio Bulgarelli, *Manual das Sociedades Anônimas*, ob. cit., p. 147.

A Lei 6.404/76 estabelece as formalidades que a Assembléia Geral, seja ela Ordinária ou Extraordinária, deve obrigatoriamente respeitar, tanto em relação ao procedimento a ser adotado para sua convocação, como para o mecanismo de deliberação, passando pela definição de seus poderes e atribuições. Assim sendo, conforme as palavras do Prof. Waldemar Ferreira, não é qualquer reunião de acionistas que pode ser considerada uma assembléia geral, mas somente aquela que respeita as formalidades legais previstas para caracterização de uma assembléia geral.

O artigo 122 da Lei 6.404/76 estabelece a chamada competência privativa da assembléia geral, estando neste artigo contempladas as matérias que devem ser apreciadas e decididas pela assembléia geral, a saber:

"Art. 122. Compete privativamente à assembléia geral:

"I — reformar o estatuto social;

"II — eleger ou destituir, a qualquer tempo, os administradores e fiscais da companhia, ressalvado o disposto no n. II do art. 142;

"III — tomar, anualmente, as contas dos administradores, e deliberar sobre as demonstrações financeiras por eles apresentadas;

"IV — autorizar a emissão de debêntures;

"V — suspender o exercício dos direitos do acionista (art. 120);

"VI — deliberar sobre a avaliação de bens com que o acionista concorrer para a formação do capital social;

"VII — autorizar a emissão de partes beneficiárias;

"VIII — deliberar sobre transformação, fusão, incorporação e cisão da companhia, sua dissolução e liquidação, eleger e destituir liquidantes e julgar-lhes as contas;

"IX — autorizar os administradores a confessar falência e pedir concordata."

Compete privativamente à Assembléia Geral, conforme se verifica no inciso II do supracitado art. 122, eleger ou destituir, a qualquer tempo, os administradores e fiscais da companhia. Ressalta-se a hipótese em que a sociedade tenha um Conselho de Administração, cujos membros serão eleitos pela Assembléia. Nessa hipótese, a eleição ou destituição da Diretoria passa a ser da competência exclusiva do Conselho de Administração. É o que se entende a partir da análise conjunta dos artigos 122 e 142 da Lei 6.404/76. Em regra, a eleição ou destituição de administradores e fiscais dá-se em Assembléia Geral Ordinária, mas nada impede que a Assembléia Geral Extraordinária o faça, quando necessário.

A destituição de diretores de que trata nossa legislação societária pode dar-se a qualquer tempo, isto é, os diretores de uma companhia são destituídos *ad nutum*, independente de causa justificada. Tal faculdade ampla concedida à assembléia geral não pode ser restringida, ou revogada, nem mesmo pelo estatuto. O administrador destituído não tem direito à indenização por perdas e danos,[2] pois sua eleição já foi feita com esse caráter e sob condição de revogabilidade *ad nutum*, restando ao destituído somente o direito de reclamar a remuneração que lhe é devida até a data da destituição. Em outras palavras significa dizer que se trata de um direito discricionário da assembléia, conseqüentemente, livre de controle pelo judiciário, sob a alegação de abuso de direito. O Direito Italiano,[3] por sua vez e seguindo orientação anteriormente estabelecida pela doutrina, admite que possam os diretores serem destituídos pela assembléia geral, com direito, porém, à indenização pelos danos quando não houver justa causa (Cód. Civil italiano, art. 2.383, al. 3ª). Entretanto, se a sociedade tivesse que pagar indenizações em caso de desti-

2. Cf. J. C. Sampaio de Lacerda, *Comentários à Lei das Sociedades Anônimas*, ob. cit., p. 9, v. 3.

3. Cf. J. C. Sampaio de Lacerda, *Comentários à Lei das Sociedades Anônimas*, ob. cit., p. 10, v. 3.

tuição sem justa causa, o direito conferido à assembléia geral de destituir os diretores a qualquer tempo seria seriamente limitado, o que, sem dúvida, iria se confrontar com o espírito da lei. Segundo o Prof. J. C. Sampaio de Lacerda, citando Hamel e Lagarde, o direito de revogação não deve ser exercido de maneira injuriosa, visando a causar prejuízo ao administrador destituído, devendo este, em contrapartida, ter a oportunidade de justificar-se a fim de que os acionistas possam deliberar com conhecimento de causa.

No presente caso, abordado nos acórdãos em questão, não há conselho de administração, razão pela qual a destituição do sócio do cargo de Diretor Comercial deu-se através de assembléia geral extraordinária, obedecendo-se, pois, o disposto no artigo 122 da Lei 6.404/76.

Definida, portanto, como a reunião de todos os acionistas da companhia, a assembléia geral deve ser convocada para que possa, de acordo com a lei, instalar-se regularmente. A convocação é necessária para que todos os acionistas possam comparecer no dia e lugar designados. A convocação é ainda necessária porque mesmo os acionistas sem direito a voto têm interesse na deliberações sociais que podem ser tomadas afetando seus direitos patrimoniais.

Entretanto, pretendeu-se a anulação da referida assembléia geral, visto que a mesma foi irregularmente convocada. Conforme estabelece o artigo 124 do mesmo diploma legal, as assembléias gerais devem ser convocadas através de anúncios, publicados por três vezes, no mínimo, sendo que tais anúncios devem conter o local, a data e hora da assembléia, a ordem do dia, e no caso de reforma do estatuto, a indicação da matéria, pois o acionista deve ser informado sob o objeto das deliberações a assembléia para que, antecipadamente, possa preparar-se para sua participação no evento.

A determinação dos órgãos da imprensa nos quais os anúncios deverão ser publicados é feita no artigo 289 da Lei 6.404/76, que estabelece, em linhas gerais, que a publicação deverá ser feita no órgão oficial da União ou do Estado, conforme o lugar em que esteja situada a sede da companhia, e em outro jornal de grande circulação editado na localidade em que está situada a sede da companhia. Assim, o anúncio de convocação poderá ser publicado ou no órgão oficial da União ou no do Estado em que esteja situada a sede da sociedade. Publicado no órgão oficial da União, dispensa-se por conseguinte a publicação no órgão oficial do Estado, pois o órgão oficial da União tem circulação obrigatória pelos Estados. Por outro lado, se a publicação se der no órgão oficial do Estado onde a companhia estiver sediada, é igualmente dispensável a publicação no órgão oficial da União. Entretanto, se se tratar de sociedade aberta, a publicação no órgão oficial da União far-se-á necessária, pois é provável que a sociedade tenha acionistas em diversos Estados e só por essa forma poder-se-á garantir que os acionistas tenham conhecimento da convocação da assembléia geral.

Por fim, há também a exigência de que os anúncios convocatórios sejam publicados em um jornal de grande circulação editado na localidade em que está situada a sede da companhia. Com esta exigência quis o legislador fixar o princípio da ampla publicidade que se faz necessária às assembléias gerais das sociedades anônimas, afirmação esta bastante significativa na medida que se leva em consideração que os órgãos oficiais do Estado e da União não são de leitura habitual. Referidos anúncios se consagraram na prática societária sob a designação de editais de convocação.

Podem ser feitas duas convocações, sendo que a primeira deve ser realizada com 08 (oito) dias de antecedência, no mínimo, contados da data da publicação. Oito dias de antecedência significa que, publicado o anúncio pela primeira vez em uma determinada data, não computada no prazo, a assembléia somente poderá realizar-se no oitavo dia subseqüente. É regra geral que, salvo disposição em contrário, computamse os prazos, excluindo o dia do começo e incluindo o do vencimento (Código Civil, art. 125).

Não se realizando a assembléia, será publicado novo anúncio de segunda convocação, com antecedência mínima de 05 (cinco) dias (art. 124, § 1º). Trata-se, portanto, de novo anúncio, também sujeito à publicação por três vezes. Temos então a primeira, segunda e terceira publicação do anúncio ou edital de primeira convocação, e a primeira, segunda e terceira publicação do anúncio ou edital referente à segunda convocação.

O § 3º do mesmo art. 124 traz medida de resguardo em benefício do acionista minoritário de sociedade fechada. Assim sendo, nas sociedades fechadas, sem prejuízo da regular publicação de editais pela imprensa, na forma do *caput* e do § 1º, o acionista que represente 5% (cinco por cento) ou mais do capital social poderá ser convocado por telegrama ou carta registrada, expedidos com oito ou cinco dias de antecedência, desde que o tenha solicitado à companhia (art. 124, § 2º). Trata-se de norma de proteção ao acionista minoritário que deseja ser informado da realização de qualquer assembléia, evitando a surpresa de convocações muitas vezes feitas em jornais de leitura pouco comum.

Ressalte-se, por fim, que é considerada válida a assembléia geral realizada sem convocação regular, desde que com o comparecimento de todos os acionistas (art. 124, § 4º). Ou seja, será regular a assembléia nessa hipótese, mesmo que não sejam publicados os anúncios de que trata o *caput* ou, quando publicados, mesmo que não se observe o supramencionado prazo de oito dias. O comparecimento dos acionistas deve ser completo, o que em outras palavras significa dizer que deverão estar presentes à reunião todos eles, inclusive aqueles que não têm direito de voto.

No caso ora em análise, o vício de convocação que recaiu sobre a assembléia geral extraordinária anulada jamais poderia ter sido sanado, visto que a referida assembléia realizou-se sem o comparecimento de todos os acionistas. Aliás, o autor da ação foi destituído do cargo de Diretor Comercial da sociedade não estava presente na assembléia geral que assim deliberou.

Passemos agora à análise do dano moral.

Na linguagem comum, genericamente o dano pode ser definido como o mal, ofensa que se faz a alguém. É o "mal ou ofensa pessoal; prejuízo moral. Prejuízo material causado a alguém pela deterioração ou inutilização de bens seus. Estrago, deterioração, danificação".[4] Juridicamente, dano é qualquer ato ou fato humano produtor de lesões a interesses alheios juridicamente protegidos. Em outras palavras significa dizer que o dano pode ser definido como a subtração ou diminuição de um bem jurídico, porquanto a idéia de dano surge das modificações do estado de bem-estar da pessoa, que vem em seguida à diminuição ou perda de qualquer dos seus bens originários ou derivados, extrapatrimoniais ou patrimoniais.

Há várias classes ou espécies de danos. Assim, podemos falar nos *danos puramente materiais*, que se traduzem em fatos ou atos humanos que produzem lesões em interesses alheios juridicamente protegidos, com caráter exclusivamente material, o que significa dizer que a conduta do agente afeta tão-somente a esfera dos direitos patrimoniais do lesado, sem alcançar seus interesses morais. Refere-se, portanto, à perda ou ao prejuízo praticado diretamente, a um bem patrimonial, diminuindo o seu valor. Assim, o dano meramente patrimonial estabelece-se pelo confronto entre o patrimônio realmente existente após o prejuízo e o que provavelmente existiria se a lesão não se tivesse produzido.

Em seqüência, podemos falar nos *danos materiais e morais*, que se traduzem

4. Cf. Aurélio Buarque de Holanda Ferreira, *Dicionário Aurélio Escolar da Língua Portuguesa*, ob. cit., p. 195.

em fatos ou atos humanos causadores de lesões em interesses de outrem, juridicamente protegidos, que sofrem diminuição, em razão de uma conduta de caráter material e moral.

Por fim, podemos mencionar os *danos puramente morais*, verificados através de fatos e atos humanos que conduzem a lesões em interesses alheios, juridicamente tutelados, mas que atingem apenas a reserva moral do lesado. O dano puramente moral ocorre, por exemplo, quando a vítima é caluniada, difamada ou injuriada, ou tem de qualquer maneira prejudicada a imagem que dela faz a sociedade. Para Aguiar Dias[5] o dano pode ser definido como as dores físicas ou morais que o homem experimenta em decorrência da lesão. Wilson Melo da Silva,[6] em sua clássica definição, assevera que os danos morais são lesões sofridas pelo sujeito físico ou pessoa natural de direito em seu patrimônio ideal, em contraposição a patrimônio material, o conjunto de tudo aquilo que não seja suscetível de valor econômico.

A distinção entre dano patrimonial e dano não patrimonial ou moral, no entendimento de Aguiar Dias, "ao contrário do que parece, não decorre da natureza do direito, bem ou interesse lesado, mas do efeito da lesão, do caráter da sua repercussão sobre o lesado. De forma que tanto é possível ocorrer dano patrimonial em conseqüência de lesão a um bem não patrimonial como dano moral em resultado de ofensa a bem material".[7] É exatamente isto o que se verifica na prática, visto que da lesão a um bem jurídico economicamente apreciável poderá resultar uma perda insuscetível de apreciação econômica. Por outro lado, o ataque a um bem jurídico sem apreciação pecuniária poderá gerar prejuízos de ordem material. Aliás, a ofensa a um bem jurídico poderá resultar em prejuízos de ordem moral e patrimonial, seja qual for a natureza do bem lesado, ocasião em que temos o dano material e moral, definido linhas acima.

O dano moral ocorre, portanto, quando a vítima experimenta a dor, o sofrimento, a vergonha, humilhação, em razão de um ato ilícito ou em razão de descumprimento contratual.

O dano moral, segundo assevera o Prof. Miguel Reale,[8] divide-se em dano moral objetivo e dano moral subjetivo. O primeiro se verifica quando a lesão "atinge a dimensão moral da pessoa no meio social em que vive, envolvendo o de sua imagem". Ocorre uma diminuição do valor da pessoa perante a opinião pública; a diminuição da respeitabilidade individual geralmente vem acompanhada de um sofrimento de ordem psíquica. Já o dano moral subjetivo é aquele "que se correlaciona com o mal sofrido pela pessoa em sua subjetividade, em sua intimidade psíquica, sujeita a dor ou sofrimento intransferíveis porque ligados a valores de seu ser subjetivo, que o ato ilícito veio penosamente subverter, exigindo inequívoca reparação". O dano moral subjetivo é o dano puramente moral, sendo o dano que se verifica em razão, por exemplo, da morte de um ente querido.

No tocante à reparabilidade do dano moral, hoje é pacífico na doutrina e jurisprudência nacional e alienígena que o dano moral é plenamente suscetível de reparação. Os argumentos dos que se opunham à reparabilidade do dano moral podem ser resumidos em dois tópicos: i) a reparação do dano moral traduziria inadmissível pagamento do *pretium doloris*, do sofrimento, eis que este é incomensurável e como tal irredutível a valores monetários; ii) não haveria como avaliar o dano em dinheiro, o que implicaria em se submeter a um terrível arbítrio judicial na sua fixação. Entretanto, tais argumentos foram solapados pela

5. *Da Responsabilidade Civil*, ob. cit., v. II, pp. 780.

6. *O Dano moral e sua reparação*, ob. cit., p. 11.

7. *Da Responsabilidade Civil*, ob. cit., v. II, p. 772.

8. *Temas de Direito Positivo*, ob. cit., p. 23.

doutrina, com aceitação e aplicação por parte da jurisprudência, de tal sorte que nos dias atuais não mais se discute a reparabilidade do dano moral.

Em nossa legislação, a reparação do dano moral está assegurada na Constituição Federal de 1988, no Capítulo que cuida "Dos Direitos e Deveres Individuais e Coletivos", determinando o art. 5º, inciso V, que está "assegurado o direito de resposta, proporcional ao agravo, além da indenização por dano material, moral ou à imagem". Mais adiante, o inciso X do mesmo artigo, depois de ressaltar que "são invioláveis a intimidade, a vida privada, a honra e a imagem das pessoas", assegura o direito à indenização "pelo dano material ou moral decorrente de sua violação".

A indenizabilidade do dano moral também encontra fundamento jurídico no art. 159 do Código Civil, que prescreve: "Aquele que, por ação ou omissão voluntária, negligência, ou imperícia, violar direito, ou causar prejuízo a outrem, fica obrigado a reparar o dano". Esse artigo não faz referência expressa ao dano moral, mas também não faz igual referência ao dano material, de modo que o termo "prejuízo" não pode ser relacionado apenas com o dano econômico.

Ainda há que se mencionar que são plenamente cumuláveis as indenizações por dano material e moral, havendo a Súmula n. 37 que pacificou a matéria dispondo que "são cumuláveis as indenizações por dano material e moral oriundos do mesmo fato". Assim sendo, havendo dano material e dano moral, que podem se verificar independentemente, serão devidas indenizações autônomas, a fim de que cada um dos danos provocados sejam devidamente indenizados, não se justificando o absurdo entendimento no sentido da inadmissibilidade da cumulação das indenizações.

No caso dos acórdãos ora em análise, responsabilidade pela indenização do dano moral verificado advém do fato de que houve uma violação legal, ou seja, uma lesão a um direito subjetivo, consubstanciado na prática de um ato ilícito, a convocação irregular da assembléia geral extraordinária. Em outras palavras significa dizer que se trata de um caso de responsabilidade extracontratual, delitual ou aquiliana, resultante da violação legal de um direito subjetivo, sem que haja um vínculo contratual entre o agente causador do dano e o ofendido.

O Acórdão proferido em sede de Apelação Cível não admitiu a indenização do dano moral alegado pelo autor sob a alegação de que "no que concerne ao dano moral, apesar da ilustração contida nas razões de recurso condensada em exemplos doutrinários e jurisprudenciais, o apelante não fez prova dentro dos autos de que seu afastamento do cargo de Diretor Comercial lhe trouxe qualquer reflexo profissional, impedindo-o de dedicar seus pendores empresariais em uma outra oportunidade, que assim tenha desejado. Apesar de seu subjetismo, o dano moral se reflete de modo concreto, elemento esse indicador do critério de apuração da *pretium doloris*".

Entretanto, com a devida vênia, equivocou-se o Eminente Desembargador, na medida em que se a destituição do cargo de diretor tivesse produzido reflexos profissionais capazes de inviabilizar, por parte do autor, o exercício de seus pendores empresariais em outra empresa, estaríamos diante de verdadeiro dano material e não de dano moral, ocasião em que a indenização deveria englobar não só o dano emergente, mas também os lucros cessantes. Com efeito, de acordo com De Plácido e Silva, em seu *Vocabulário Jurídico*, "o dano emergente (*damnum emergens*) é o que consiste na perda efetivamente sofrida. É o prejuízo real ou aquilo que se perdeu, em virtude do ato praticado ou do fato ocorrido".

Na conceituação do mesmo jurista, os lucros cessantes podem ser definidos como "a expressão usada para distinguir os lucros, de que fomos privados, e que deveriam vir ao nosso patrimônio, em virtude de impedimento decorrente de fato ou ato, não acontecido ou praticado por nossa vontade. São, assim, os ganhos que eram certos ou próprios ao nosso direito, que foram frustrados por ato alheio ou fato de outrem. O *lucrum cessans* é o que deveria vir. O *damnum emergens*, ao contrário, já se mostra prejuízo efetivo".

Assim sendo, verificada a ocorrência de dano moral, é o mesmo indenizável, não havendo porque demonstrar-se a produção de qualquer reflexo concreto que sirva como elemento indicador do *quantum* a ser fixado a título de indenização, até porque há vários critérios que podem ser utilizados na fixação do dano moral, sendo esse tópico da matéria bastante controverso. Como se viu linhas acima, a dor, o sofrimento, a perturbação da alma são plenamente indenizáveis.

Além disso, acreditamos que os presentes autos noticiaram a ocorrência do dano moral objetivo, eis que a destituição do autor através de uma assembléia geral irregularmente convocada, verdadeiro ato ilícito, acarretou-lhe lesões em sua imagem social. Ressalte-se novamente que essa lesão, conforme bem fundamentado no voto minoritário, adveio de ato ilícito, produzido à margem da lei.

É importante salientar que a indenização por dano moral foi concedida em razão da ilicitude do ato. Não foi a simples destituição do cargo de diretor que gerou a obrigação de indenizar pelo dano moral, mesmo porque, conforme explicitado linhas acima, a destituição em nossa legislação pode se verificar sem causa justificada, sendo esta uma faculdade ampla concedida à assembléia geral ou ao conselho de administração, dependendo do caso.

Por tudo isso acreditamos ter sido acertado o entendimento expressado pela Primeira Câmara Cível do Tribunal de Justiça do Distrito Federal e Territórios em sede de Embargos de Infringência, pois, conforme manifestação do Eminente Relator, "vislumbro a ocorrência de dano moral, haja vista que houve inequívoca perturbação à reputação e à segurança psicológica do embargante com a sua destituição indevida pela empresa-embargada".

Jurisprudência Comentada

"INSIDER TRADING"*

Comentário de Ricardo de Carvalho Aprigliano
ao acórdão do Tribunal de Justiça de São Paulo
na Apelação Cível n. 12.145-1

Acordão

Vistos, relatados e discutidos estes autos de Apelação cível n. 12.145-1, da Comarca de São Paulo, em que são apelantes Félix Urquiza Fresnadillo e outro, sendo apelado Sérgio Schimidt Neves.

Acordam, em Primeira Câmara Civil do Tribunal de Justiça do Estado de São Paulo, por maioria de votos, dar provimento à apelação:

Trata-se de ação indenizatória dos prejuízos causados pelo Réu, com a prática do *insider trading.* Como Diretor do Conselho de Administração da Servix Engenharia S/A, sociedade de capital aberto, teve conhecimento da anulação de concorrência para obras da Hidroelétrica de Itaparica. Nessas obras, a Servix tinha grande interesse, seja pelo vulto do empreendimento ou pela continuidade operacional, no mesmo setor e na mesma região. Sem divulgar aquela notícia, que refletiria na cotação, apressou-se em vender suas ações, ou parte delas. Assim, tendo acesso a informações relevantes relacionadas aos negócios e à situação da companhia, delas deslealmente se utilizou.

A Lei das Sociedades Anônimas acolheu regra de proteção ao investidor, procurando, como já se disse, proteger os que ignoram as condições do mercado contra os abusos dos que as conhecem. Veda a nova lei a utilização pelo *insider* de informação capaz de influir na cotação dos valores mobiliários, para obter vantagem mediante compra ou venda de ações. O descumprimento da proibição acarreta a responsabilidade do infrator, que indenizará o investidor prejudicado.

A participação da Servix Engenharia S/A na referida concorrência tinha, como noticiam os autos, grande possibilidade de êxito. Essa concorrência, todavia, foi anulada pela direção da CHESF em 28 de março de 1978 e essa informação foi transmitida, na mesma data, a Olympio Campos (fls. 319), da parte da Servix, informação que, na mesma oportunidade, fora dada a todas as concorrentes (fls. 468 e 1.192). Destarte, a informação oficiosa antecedeu a comunicação oficial, datada de 4 de abril de 1978. O conhecimento da anulação da concorrência, na mesma data em que fora assim decidido, é confirmado pelas providências da Servix relativas a essa concorrência (fls. 499/450), buscando modificar a decisão (fls. 442). No entanto, somente em 3 de abril, um dia antes da comunicação oficial da anulação da concorrência, o fato é levado ao conhecimento do Conselho de Administração da Bovespa (fls. 325). Induvi-

* Trabalho apresentado no curso de Pós-Graduação da Faculdade de Direito da Universidade de São Paulo em 1997, na disciplina "Administração das Sociedades Mercantis em Direito Comercial Comparado II" (DCO 842), ministrada pelo Prof. Mauro Rodrigues Penteado.

dosamente restou esclarecido o conhecimento da informação relevante; caso contrário, não teriam sido esboçadas as tentativas — todas antecedendo a comunicação à bolsa — de alterar a decisão anulatória. Antes dessa comunicação, houve a venda de lotes de ações, por parte do réu e de outros acionistas, todos cientes do fato relevante capaz de influir na sua cotação, o que realmente ocorreu. Nem se argumente não tenha o demandado vendido a totalidade de suas ações, pois não constitui requisito da prática desleal. Por igual, em nada reflete na identificação do *insider trading,* em especial para arredá-lo, não ter sido a operação realizada por interposta pessoa. Aqui e agora, não há lugar para considerações em torno das especulações no mercado imobiliário e dos escândalos amiudadas vezes noticiados.

Lembrou-se, com destacada referência ao depoimento de fls. 1.180, constituir aquela anulação probabilidade conhecida no mercado de ações há mais de um ano; essa testemunha, como diretor de uma corretora, declara ter aconselhado, com essa anterioridade, a venda de ações da Servix; contudo, está incluído no rol dos especuladores, vendendo as ações de sua propriedade após a anulação, mas obviamente antes da comunicação.

Há, pois, uma série de indícios veementes, perspícuos, formando um conjunto probatório convincente da prática do *insider trading.* Incide, destarte, a regra do artigo 155, e seus parágrafos, da Lei n. 6.404/76.

Impõem-se, nessa conformidade, o provimento do recurso, com a condenação do réu ao pagamento da quantia de Cr$ 294.700,00, juros de mora a partir da citação, correção monetária, na forma pleiteada, custas e honorários advocatícios de 20% sobre o valor da condenação.

Participou do julgamento, com voto vencido, o Sr. Desembargador Valentim Silva.

São Paulo, 27 de outubro de 1981.

Galvão Coelho, Presidente, com voto vencedor, conforme declaração em separado.

Declaração de voto vencedor

Dou provimento ao recurso para julgar a ação procedente, na forma do pedido.

Após atenta leitura dos autos, não restou em meu espírito a menor dúvida sobre a má-fé com que agiu o apelado, infringindo de maneira clara e insofismável o disposto no art. 155, § 3º, da Lei das Sociedades Anônimas.

Apesar do processo ter se espraiado por cinco alentados volumes, a questão pode ser resumida em poucas linhas. O réu, ora apelado, era Diretor-Presidente do Conselho de Administração da Servix Engenharia S/A.

Essa empresa havia construído grandes obras de engenharia em Sobradinho, no nordeste, ao que parece no Estado da Bahia, embora algumas vezes se fale como sendo no Estado de Pernambuco. Em seguida foi aberta a concorrência para construção de outra grande obra, uma usina hidroelétrica na Ilha de Itaparica. A Servix era a concorrente favorita, supondo-se nos meios ligados ao mercado de capitais que seria a vencedora, exatamente pelo fato de haver construído a obra anterior, vizinha ou pelo menos muito próxima da que se iria iniciar. Era natural que se previsse que sua proposta fosse a mais vantajosa pelo fato de já ter maquinaria e pessoal na região.

Foi exatamente por essa razão que as pessoas que investem no mercado de capitais supuseram que seria um bom negócio comprar ações da Servix, as quais subiriam de cotação.

Mas acontece que, por motivos que fogem à necessidade de análise neste processo, a concorrência foi anulada. Está claro que as ações da Servix, cujo principal sustentáculo era exatamente a possibilidade de vencer a concorrência e de vir a construir a hidroelétrica, sofreriam grande impacto negativo.

Os autores adquiriram 500.000 e 342.000 ações da Servix, no pregão da Bolsa, no dia 29 de março de 1978. Mas acontece que exatamente no dia anterior, por intermédio de seus representantes ou de pessoas credenciadas que atuavam junto à Cia. Hidroelétrica do São Francisco, o apelado e os demais Diretores da Servix e pessoas intimamente ligadas a eles, tiveram a informação de que a concorrência tinha sido anulada (vide documento de fls. 319).

Às fls. 312/324 dos autos há um ofício dando conta que nesse dia 29, Gilberto Reis, gerente financeiro da Servix, vendeu dois milhões e vinte mil ações, Haílton Carlos Bittencourt, procurador da Servix, vendeu 200.000 ações, Francisco Scalini, membro do Conselho fiscal, vendeu 1.146.000 ações por intermédio de uma corretora e quatro milhões e seiscentas mil por intermédio de outra, além de outras pessoas.

O comunicado oficial da anulação da concorrência só foi enviado à bolsa no dia 3 (fls. 325), quando as pessoas realmente bem informadas já tinham se desfeito de suas ações, as quais, como é evidente, tiveram uma queda brusca e vertiginosa.

Essas vendas, todas feitas no mesmo dia, teriam sido por simples coincidência? A resposta afirmativa repugna à mais ingênua e desavisada das criaturas.

Está claro que em casos como o de que se trata a prova há de ser indiciária. É evidente que os participantes da trama agem com o máximo de cautela, procurando deixar o mínimo possível de vestígios.

A Comissão de Valores Mobiliários, autarquia federal, que por força da lei funcionou no caso em papel equivalente ao do Ministério Público, dando parecer absolutamente neutro pois que, como bem salientado, não tinha o menor interesse no desfecho da causa, concluiu com base em meticulosa sindicância, que não havia a menor dúvida sobre ter o apelado praticado a manobra conhecida como *insider trading*. É verdade que o ora apelado, em uma ação que tramitou perante uma Vara de Justiça Federal do Rio de Janeiro, conseguiu anular a decisão administrativa proferida no inquérito (fls. 1.227). Não consta que esse feito tenha sido julgado em segunda instância. Mas de qualquer forma, a sólida argumentação constante desse processo, baseada em fatos positivos, de maneira alguma ficou abalada. Observe-se também que há outra ação idêntica à presente na qual é réu o ora apelado, foi julgada procedente (certidão de fls. 1.195/1.198).

É interessante notar que a sentença recorrida admite que os diretores da Servix receberam a notícia da anulação no referido dia 28 (fls. 1.224). Essa conclusão decorreu dos depoimentos de Elias Chama e Roberto Ary (fls. 1.177 e 1.178). Mas o MM. Juiz aceitou a explicação de que seria apenas um boato, dos muitos que circulavam. Esse raciocínio merece viva repulsa. Quem transmitiu a notícia foi Olympio Campos, que era exatamente a pessoa que representava a Servix perante a Cia. Hidroelétrica do São Francisco, o qual evidentemente não iria propalar boatos mas dar informes precisos.

E está claro que, à vista de simples boatos, não iriam o apelado e os demais Diretores da Servix desfazer-se de milhares de ações. A esse respeito, há um documento muito significativo, que está a fls. 319 dos autos. Trata-se de carta confidencial subscrita por Arnaldo Rodrigues Barbalho, Presidente da Cia. Hidroelétrica do São Francisco, confirmando que no dia 28 de março a notícia da anulação da concorrência havia sido transmitida a Olympio Campos, representante da Servix. Diante disso, como cogitar-se de simples boato?

Com muita habilidade e com muito brilho, o nobre patrono do apelado quer atribuir o prejuízo sofrido pelos apelantes a um mero golpe de azar, a que estão sujeitos os investidores de Bolsa. Assim, tratar-se-ia somente de uma especulação malsucedida.

O argumento, embora lançado com inteligência, não resiste a uma análise séria. Responde-o com nítida vantagem a própria Comissão de Valores Mobiliários que diz com muita propriedade: "Uma coisa, em suma, é o risco do negócio, corrido em bases idênticas por vendedor e comprador. Outra, que claramente penetra na área do ato ilícito, é o uso do silêncio, por parte do vendedor como forma de induzir a erro o comprador, ou vice-versa" (fls. 197).

O apelado evidentemente, usou de silêncio. A anulação da concorrência só foi comunicada à Bolsa depois que ele e seus companheiros haviam vendido suas ações.

A meu ver a ação é de manifesta procedência. O digno magistrado não julgou com felicidade, pelo que dou provimento ao apelo. Galvão Coelho.

Declaração de voto vencido

Cuidam os autos, como assinala o relatório de fls. 1.304 v., de demanda de indenização promovida por adquirentes de ações de sociedade aberta, por terem sido vítimas da deslealdade do réu, com a prática do *insider trading*, ocultando fato que determinaria a baixa das ações.

A norma positiva invocada para fundamentar o pedido é nova, mas o princípio que agasalha é multissecular.

Na verdade, afirma-se que o réu agiu de má-fé, silenciando o respeito de informação relevante obtida como Presidente de determinada sociedade anônima de capital aberto e que influiria decisivamente na cotação de suas ações na Bolsa de Valores. Estaria obrigado a indenizar o dano daí decorrente, nos termos preceituados no art. 155, § 3º, da Lei n. 6.404/76.

Em apertada síntese, o caso *sub judice* é o seguinte: Servix Engenharia S/A disputava, em concorrência pública, o contrato para a construção da Hidroelétrica de Itaparica, em Pernambuco, sob a administração da Companhia Hidroelétrica do São Francisco. As diligências do processo seletivo se arrastavam há algum tempo, veiculando-se, a seu respeito, notícias e prognósticos contraditórios, desde aqueles favoráveis à posição da Servix, que apresentava proposta do mais baixo custo, até outros que previam a anulação licitatória. Não há dúvida, porém, que se tratava de fato aleatório.

Acontece que a diretoria da CHESF, em reunião realizada às 11:00 horas do dia 28 de março de 1978, anulou a questionada concorrência. Essa informação segundo consta da inicial, foi transmitida pela secretária da Diretoria daquela identidade, ao jornalista Olympio Campos, por telefone, por volta das 17 horas, que, como informante da Servix, teria transmitido a notícia a essa empresa. No dia seguinte, o réu, que era o Presidente da Servix, vendeu aos autores 842.000 ações ao portador, ao preço unitário de Cr$ 0,98, vindo a cotação média dos títulos a cair para Cr$ 0,63 por força da divulgação da notícia da anulação da concorrência referente à construção que era disputada pela Servix.

Estaria o réu, quando determinou a venda das ações, de posse de informação obtida em razão do cargo e capaz de influir de modo ponderável na cotação daquele valor imobiliário?

Ora, a comunicação oficial do que decidira a diretoria da CHESF foi feito verbalmente a 31 de março e, depois, por escrito, a 6 de abril.

Consta, porém, que extra-oficialmente, a notícia foi transmitida ao jornalista Olympio Campos, pelo telefone, por volta das 17 horas, do dia 28 de março.

Acontece, porém, que esse jornalista não foi ouvido a fim de elucidar os pormenores de sua intervenção no caso, mas forneceu ao advogado do réu o escrito de fls. 1.040/1.042 e aí se limita a confirmar tão-só a existência de boato a respeito da anulação da concorrência.

E de qualquer modo, não há prova alguma de que a questionada informação tenha sido transmitida ao réu. A venda das ações, no dia seguinte, constituiria, quando muito, indício que tivera conhecimento do fato, mas indício remoto e insuficiente para fundamentar um juízo de certeza sobre aspecto fundamental do dissídio. A quantidade de ações alienadas era pequena em face do vulto dos interesses do vendedor na sociedade a que se referem os títulos.

Invoca-se como demonstração de que a Servix teve conhecimento da anulação no próprio dia em que ocorreu o fato a circunstância de solicitar, por telex, audiência com o Ministro Shigeaki Ueki, para tratar do assunto.

Ora, não há dúvida alguma de que os referidos telex foram transmitidos às 11:48 e 12:37 horas do dia 28 de março, muito antes mesmo da alegada divulgação da notícia pelo jornalista Olympio Campos. Não tinha havido, assim, transmissão de notícia alguma, mesmo porque, àquela altura, tudo indica que inexistia a deliberação anulatória tomada em reunião que se iniciou às 11:00 horas.

A má-fé não se presume. Há de ser provada. Tal prova não existe nos autos. Além disso, não se demonstrou ter sido a venda das ações fato isolado ou extraordinário. Trata-se de fato comum na vida das sociedades, de capital aberto.

Por esses motivos, com a devida vênia da douta maioria, meu voto negou provimento ao apelo para confirmar a sentença. Valentim Silva.

Comentário

Ricardo de Carvalho Aprigliano

I. Introdução

O acórdão analisado refere-se ao caso mais conhecido de prática do *insider trading* no direito brasileiro, e um dos poucos levados ao Poder Judiciário. Não se tem notícia de muitos julgamentos que tenham apreciado essa questão, não podendo se falar em uma posição firmada da jurisprudência brasileira a respeito do tema.

Como os próprios relatórios do acórdão e dos votos vencedores e vencidos indicam, trata-se de ação de indenização proposta por investidores do mercado mobiliário contra o Diretor Presidente da Servix Engenharia S/A, visando a reparação dos prejuízos decorrentes da utilização, por este, de informações relevantes e que não eram do conhecimento dos Autores à época da compra das ações.

O provimento do apelo, com a conseqüente procedência da ação, teve por base a interpretação de que as provas existentes nos autos eram suficientes para caracterizar o uso de informações privilegiadas por parte de administrador da companhia aberta.

Essa seria, em linhas gerais, a definição do *insider trading,* ou seja, "a utilização de informações relevantes sobre uma companhia, por parte das pessoas que, por força do exercício profissional, estão "por dentro" de seus negócios, para transacionar com suas ações antes que tais informações sejam de conhecimento do público".[1]

Instituto criado e melhor desenvolvido nos Estados Unidos, encontra-se regulado na legislação brasileira no artigo 155 e seus parágrafos da Lei n. 6.404/76 e na Instrução Normativa CVM n. 31/84. Como nos demais ordenamentos jurídicos, também no brasileiro a prática do *insider trading* é vedada, e por motivos óbvios, pois a permissão do uso de informações privilegiadas por alguns implicaria em quebrar o princípio básico de um mercado especulador e dinâmico por natureza, qual seja, a do conhecimento igual das informações por todos, integrantes ou não das companhias que têm ações negociadas em bolsa.

A credibilidade e segurança necessárias ao bom desenvolvimento do mercado mobiliário ficariam seriamente prejudicadas se tal prática fosse permitida, colocan-

1. Nélson Eizirik, "*Insider trading* e responsabilidade de administrador de companhia aberta", in *RDM* 50/42, p. 43.

do certos investidores em situação de superioridade em relação aos demais.[2]

O acórdão analisado bem considerou a prova dos autos, admitindo a prova indiciária e acolhendo a alegação de prática do *insider trading*, independente da efetiva comprovação de utilização da informação privilegiada. Assim, afastou a tese da defesa de que a anulação da concorrência seria mero boato, e que o mesmo não teria influído na decisão do Diretor Presidente e de outros membros dos órgãos de administração (Conselho Fiscal, Diretoria e Conselho de Administração) de vender suas ações.

Na fundamentação do acórdão dos Embargos Infringentes há o seguinte trecho, que bem explica o enfoque dado ao caso pelos julgados sob exame: "A coincidência, no tempo, entre a deliberação anulatória e a alienação dos títulos, não pode ser atribuída ao acaso, mesmo porque os boatos continuaram a ser os mesmos, pois não se provou que tivesse ocorrido algum outro de maior expressão, que a explicasse".

II — Responsabilidade do "insider trading"

E esse aspecto, da prova, revela-se de especial interesse, pois diz respeito à responsabilidade do administrador pela prática do *insider trading*. O Tribunal de Justiça entendeu, por maioria, que as negociações de ações após a ciência do administrador sobre informações relevantes ainda não divulgadas caracterizou a prática do *insider*, mesmo sem ter ficado totalmente provada a efetiva utilização de tais informações para proveito próprio.

Assim, afastou-se o julgamento da análise normal da presença ou não de culpa do agente para caracterização do ilícito, ensejador do dever de indenizar. Com efeito, fosse adotada a sistemática normal, necessário seria a prova do efetivo conhecimento e utilização das informações consideradas capazes de alterar a situação das ações no mercado mobiliário. Isso porque a verificação da culpa ou do dolo são requisitos essenciais para a apuração da responsabilidade subjetiva.

Dessa forma, podemos afirmar com segurança que a figura do *insider trading* prescinde da verificação da culpa, afastada, portanto, a responsabilidade subjetiva.

O festejado Professor Nelson Eizirik enquadra a responsabilidade do administrador em meio às responsabilidades objetiva e subjetiva, aplicando ao *insider* a presunção relativa de culpa, admitindo, portanto, prova da não utilização das informações privilegiadas. E isso porque as relações entre as partes no mercado mobiliário assumem características próprias, afinal, "tratando-se de operação realizada no mercado, que se caracteriza por ser absolutamente impessoal, não é necessário que o prejudicado prove que comprou ou vendeu ao *insider*. Exigir tal relação direta seria condenar o combate ao *insider trading* ao absoluto insucesso, uma vez que, dadas as características do mercado de capitais, muitas vezes é impossível "ligar" as partes contratantes. Não interessa, assim, saber de quem o *insider* comprou ou vendeu. O nexo de causalidade deve ser inferido mediante a prova de que as informações omitidas eram relevantes ou privilegiadas".[3]

Assim, pela natureza peculiar do mercado de capitais, os institutos tradicionais devem ser adaptados, amoldando-se à realidade própria daquele mercado. Correta, portanto, a interpretação dada à matéria pro-

2. O Professor Comparato, escrevendo sobre o assunto em 1971, considerava "indispensável uma regulamentação específica do assunto. Mas ela deve ser editada sem a ambição de reprimir *in totum* a prática condenável, o que a experiência estrangeira tem revelado ser impossível. Bastaria, no entanto, afastar do nosso mercado de capitais as principais manifestações do fenômeno para obter desde logo uma sensível melhoria em seus padrões de moralidade, em benefício do investidor inexperiente ou incauto", in *RDM* 02/41.

3. Eizirik, ob. cit., p. 53.

batória pelo acórdão, já que a exigência de comprovação da culpa ou do dolo seriam particularmente difíceis, pondo a perder toda a construção legislativa brasileira, além de contrariar a orientação mundial sobre o tema.

Cumpre, porém, ressaltar que os votos vencidos aplicaram à espécie a responsabilidade subjetiva do administrador, tanto que julgaram improcedente a ação indenizatória por não ter restado provada a transmissão e a utilização da informação privilegiada ao réu.

III — Operações vedadas

Outras questões, além da responsabilidade do administrador, mereceram ligeira abordagem, dada a sua importância no contexto da prática do *insider trading*. A primeira delas diz respeito aos atos ou fatos que devem ser considerados relevantes, para efeitos de caracterização de seu uso abusivo.

Como antes mencionado, a Lei 6.404/76 trata do assunto em seu artigo 155, § 1º, considerando como relevante a informação capaz de influir de modo ponderável na cotação de valores mobiliários. Por sua vez, o artigo 157, § 4º, impõe ao administrador o dever de comunicar à Bolsa de Valores deliberações internas ou fatos relevantes que possam influir, de modo ponderável, na decisão dos investidores do mercado de vender ou comprar valores mobiliários emitidos pela companhia.

São, portanto, definições dotadas de certa generalidade, que dão margem às dúvidas e possíveis impugnações, tanto no âmbito administrativo como no âmbito judicial. Ocorre que as normas sobre o *insider trading*, a par de seu caráter punitivo, possuem também um caráter repressivo, próprio das normas disciplinares, e que não é favorecido por preceitos genéricos. Ao contrário, quanto maior a lacuna da norma disciplinar, menor será o temor em infringi-la, na medida em que será possível posteriormente impugnar e questionar a sua aplicação a cada caso, diminuindo, assim, ou mesmo eliminando, a sua importância do ponto de vista preventivo.

A experiência estrangeira, notadamente a norte-americana, revela-se particularmente útil quanto à extensão das práticas que poderiam ser consideradas como *insider trading*. Inicialmente, cumpre esclarecer que os conceitos de venda e compra eram muito amplos, abrangendo o maior número de operações. "Pois a seção 3 da 1934 Act, dedicada a definições legais, conceitua a compra (*purchase*) e o ato de comprar (*buy*) como todo ato negocial que implique em transferência de domínio da coisa ou qualquer outra forma de transmissão (*include any contract to buy, purchase or otherwise acquire*), e a venda (*sale*) e o ato de vender (*sell*), como todo ato que implique em disposição ou qualquer outra forma de alienação (*include any contract to sell or otherwise dispose of*)".

Assim, e como nos informa o Professor Leães, em seu pioneiro trabalho sobre o tema, diversos julgados americanos procuraram estender o espectro das operações consideradas para a configuração do *insider trading*, tais como a permuta de ações, dação em pagamento, conversão de ações ordinárias em preferenciais ou vice-versa, bem como a conversão de debêntures em ações.

Por sua vez, a legislação brasileira, seguindo o modelo internacional, procurou também alargar o conceito de operação passível de enquadramento na figura proibida do *insider trading*. Entretanto, e até pela natureza do nosso sistema jurídico, referida ampliação ocorreu por texto legal, qual seja, a Instrução Normativa n. 31/84 da Comissão de Valores Mobiliários.

De fato, já em seu artigo 1º, a citada Instrução CVM n. 31/84 estabelece quais os fatos tidos por relevantes em 15 incisos, além de melhor especificar o conceito de

4. Leães, L. G. Paes de Barros, *Mercado de Capitais & "Insider Trading"*, 1978, p. 164.

informação que possa influir de modo ponderável no mercado, trazido nos artigos 155, § 1º e 157, § 4º da Lei 6.404/76, dividindo-o, naquela Instrução, em três itens diferentes.

Ressalte-se, ainda, que tais incisos e detalhamentos não são taxativos, especialmente em função da redação da letra p) do parágrafo único: "qualquer outro ato ou fato relevante de caráter político-administrativo, técnico, negocial ou econômico-financeiro, que possa produzir qualquer dos efeitos previstos no artigo 1º".

Assim, a generalidade e o largo espectro das operações encontram-se presentes na legislação brasileira, em decorrência da regulamentação feita pela CVM, dentro de suas atribuições legislativas previstas no inciso I do artigo 8º da Lei n. 6.385/76.

IV — Extensão subjetiva do "insider trading"

Outro aspecto relevante e não abordado pelo acórdão analisado diz respeito à extensão subjetiva da figura do *insider trading*, bem como as diferentes posições das partes em relação às obrigações com o mercado.

Afinal, quem pode ser considerado *insider trading*? A pergunta justifica-se na medida em que a Lei n. 6.404/76, em seu artigo 155, atribui ao administrador da companhia aberta o dever de guardar sigilo sobre informações relevantes ou comunicá-la imediatamente à Bolsa de Valores, não podendo, em qualquer caso, utilizar-se das mesmas para proveito próprio.

Nesse raciocínio, somente o administrador seria responsável, argumento esse, que revela-se no mínimo improdutivo. Com efeito, a utilização de informações privilegiadas para proveito próprio, antes do conhecimento do mercado em geral é vedada a toda e qualquer pessoa, independente da posição profissional e da forma de obtenção da informação.

Isso decorre, mais uma vez, das disposições da Instrução CVM 31/84, que regulou de forma pormenorizada as regras contidas na lei das sociedades por ações. Isso porque nessa lei havia somente a proibição de que o administrador da companhia aberta utilizasse tais informações, além da obrigação dele, administrador, zelar para que terceiros não tivessem acesso ou utilizassem as mesmas.

Era, portanto, caso típico de responsabilidade indireta, por ato de terceiros (os "subordinados ou terceiros de sua confiança"), na medida em que eram os administradores que se responsabilizavam, a teor do § 2º do mencionado artigo 155. Segundo o Professor Leães, "ao criar para o administrador o dever de zelar para que a utilização dessas informações não venha a ocorrer através de subordinados ou terceiros de sua confiança, a lei firma outra presunção *juris tantum* de culpa própria, para justificar a responsabilidade do administrador pelo fato de outrem...".[5]

E como não havia, até então, proibição expressa de utilização dessas informações privilegiadas por tais terceiros, a única forma possível de proibir e coibir a prática se dava através da aplicação da Instrução CVM 8/79, classificando tais atos no conceito genérico de "prática não eqüitativa".[6] A nova regulamentação também faz referência a essa figura, da prática não eqüitativa, no artigo 11.

A partir de 1984, entretanto, a proibição da prática do *insider trading* estendeu-se expressamente aos acionistas, terceiros que hajam obtido as informações em razão do exercício profissional e demais pessoas, que hajam obtido as informações por qualquer razão, mesmo sem relação profissional com a fonte das informações.

Portanto, todas as pessoas, independente da posição que ocupam em relação à

5. Idem, ob. cit., p. 188.

6. O Professor Eizirik nos chama atenção para esse dispositivo, apesar de entender que a reparação de danos na esfera judicial parece remota por ser a "prática não equitativa" um conceito próprio da CVM, útil para as sanções administrativas.

companhia, podendo inclusive ser terceiros completamente estranhos à mesma, estão proibidas de usar informações sigilosas ou ainda não divulgadas. E como antes afirmado, a extensão subjetiva dos praticantes do *insider* encontra amparo também nos ordenamentos estrangeiros, como por exemplo o direito francês, de onde se tem notícia de uma condenação pela prática do *insider trading* a um arquiteto, que, tendo ouvido determinadas informações na sala de estar de uma companhia, enquanto aguardava por uma reunião, delas fez uso e obteve vantagens ilícitas, sendo posteriormente condenado a indenizar os investidores prejudicados.

Também é assim nos Estados Unidos e na Inglaterra, que possuem preceitos genéricos, do tipo "a toda pessoa é vedado...",[7] desvinculando as relações havidas entre o *insider* e a companhia. E todos esses ordenamentos, inclusive o Brasil, preocupam-se em unir, para os efeitos da prática do *insider trading,* os cônjuges e filhos dependentes dos administradores e demais pessoas que possam ter acesso às informações, como no artigo 15 da Instrução CVM 31/84.

V — Deveres dos administradores, acionistas e terceiros

Ocorre, todavia, que tais pessoas, não obstante estarem proibidas de se valerem das informações privilegiadas, possuem diferentes deveres em relação à comunicação ou não dessas informações.

Com efeito, somente o administrador e o acionista estão obrigados, por lei, a guardar sigilo sobre atos ou fatos, até sua divulgação ao mercado. Por sua vez, o dever de comunicar atos ou fatos relevantes à Bolsa de Valores é atribuído somente ao administrador, nem mesmo ao acionista.

Assim, em termos sistemáticos, temos que ao administrador cabe: guardar sigilo sobre informações ainda não divulgadas, não utilizá-las para proveito próprio e zelar para terceiros não o façam, além de comunicar imediatamente ao mercado ato ou fato relevante sobre os negócios da companhia.

O acionista deve somente guardar sigilo das informações ainda não divulgadas e não as utilizar para fins próprios, enquanto que terceiros, subordinados ou não, ligados ou não à empresa por elos profissionais, devem somente abster-se de usar as informações em próprio proveito.

Assim, a lei não faz uma total equiparação dos deveres entre todos, imputando ao administrador um número maior de atribuições, por motivos óbvios. De todo modo, vedando a prática efetivamente lesiva, que é a prática do *insider trading,* procura a lei eliminar todos os possíveis efeitos nocivos da transmissão de informações indevidas, pois ainda que elas "vazem", o fato é que não poderão ser utilizadas.

Há somente um problema na sistemática adotada pela Instrução 31/84. Não tendo os terceiros, vinculados ou não à companhia por questões profissionais, a obrigação de guardar sigilo, poderão transmitir as informações sigilosas a terceiros, estranhos à sociedade, sem que isso implique em qualquer infração.

Nessa hipótese, caso o terceiro resolva usar as informações e negociar ações da companhia antes da divulgação da mesma, estará ele incorrendo na hipótese do parágrafo único do artigo 11. Como, todavia, condiciona a proibição do *insider* a terceiros, "sabendo que se trata de informação privilegiada ainda não divulgada no mercado", a lei na realidade remete à CVM o ônus de provar que esse terceiro era efetivamente conhecedor daquela circunstância, o que, segundo o entendimento do Professor Eizirik, é um pouco complicado na prática.

Nas demais hipóteses, não cabe à CVM provar a ciência do investidor sobre o caráter sigiloso da informação, presumin-

7. Como nos informa o Professor Leães, ob. cit., pp. 155-156.

do-se a sua utilização abusiva, exatamente como no caso do acórdão sob exame.

VI — A repressão ao "insider trading"

Por fim, quanto às sanções, vale mencionar que também irão variar conforme a posição de cada um em relação à utilização das informações não divulgadas. Assim, estando todos, administradores, acionistas, terceiros ligados ou não por questões profissionais à companhia, proibidos de utilizar informações privilegiadas, a eles se aplica a disposição do artigo 20 da Instrução CVM 31/84.

Com efeito, o citado dispositivo remete o infrator diretamente às sanções previstas na Lei 6.385/76, de natureza grave, previstas nos incisos III a VIII do § 3º do artigo 11, que vão desde a suspensão do cargo de administrador até a suspensão, pelo prazo máximo de 20 anos, do exercício profissional de determinadas atividades ou operações.

São, portanto, infrações tidas como graves, ensejadoras de punições severas, exatamente em virtude do intuito preventivo das normas, e não meramente punitivo. Ressalte-se, porém, que tais sanções situam-se ainda no âmbito administrativo, de competência da CVM.

Do ponto de vista das sanções judiciais, cabe à parte prejudicada ajuizar ação de indenização, amparado pelas regras gerais da responsabilidade por ato ilícito, à falta de norma específica. Contudo, tais ações de responsabilidade possuem a diferença antes apontada, no tocante à presunção de culpa do administrador, do acionista e de subordinados e terceiros ligados profissionalmente à companhia, aproximando-as da responsabilidade objetiva atribuída a essas pessoas.

Pela redação do parágrafo único do artigo 11 da Instrução CVM 31/84, ao terceiro que haja obtido a informação sigilosa por uma "dica" qualquer, aplica-se a responsabilidade subjetiva, cabendo à CVM provar que o mesmo era conhecedor do fato de que a informação era privilegiada.

Ressalte-se que no Brasil as sanções limitam-se aos campos disciplinar administrativo e civil, enquanto a maioria dos demais países possuem também sanções penais ao *insider trading*. Assim, tanto o direito inglês como o direito francês estabelecem a pena de prisão e de multa, além da indenização aos prejudicados.

Ainda quanto à responsabilidade do *insider trading*, necessário frisar que o entendimento jurisprudencial brasileiro oscila, como se depreende do próprio acórdão examinado. De fato, além do julgamento da Apelação ter sido por maioria, ensejando a interposição de Embargos Infringentes, também julgados por maioria, há ainda outro julgado, relativo ao mesmo caso Servix S/A, onde foi dado provimento ao recurso para julgar improcedente a ação de indenização em que foram partes Rômulo Mariano Carneiro da Cunha e Sérgio Schimidt Neves, sob o fundamento de que a efetiva utilização das informações não ficou totalmente provada.

De fato, nesse julgamento, o Tribunal entendeu que "o artigo 155, § 1º da Lei 6.404/76 equivale, no plano civil, ao art. 159 do CC. Por essa razão, não existindo prova de que o réu agiu deslealmente, nem estando comprovado o alegado prejuízo, julga-se improcedente a ação de indenização movida por acionistas".

Referida ementa encontra-se na *RT* 560/98, e dá a medida do entendimento dos Tribunais brasileiros, em contraposição à corrente doutrinária e ao entendimento estrangeiro sobre a responsabilidade dos *insiders*.

O EMPRESÁRIO*

TULLIO ASCARELLI
(Tradução de FÁBIO KONDER COMPARATO)

1.Empresário e atividade; 2. Atividade e ato.

1. O que qualifica o empresário — conceito central na sistemática da legislação italiana — é, em minha opinião, uma atividade econômica (assim como uma atividade econômica qualificava o comerciante): "é empresário", reza o art. 2.082 do Código Civil, "quem exerce profissionalmente uma *atividade* econômica organizada, dirigida à produção ou à troca de bens ou serviços".

É pois a natureza (e o exercício) da atividade que qualifica o empresário (e não, ao contrário, a qualificação do sujeito que determina a atividade) e nessa prioridade da atividade exercida para a qualificação do sujeito pode-se notar a persistência de um elemento objetivo, como critério de aplicabilidade da especial disciplina ditada para a atividade e para quem a exerce.

Importa, por isso, determo-nos na análise do conceito de atividade, mesmo se alguns dos problemas que mencionaremos sob esse aspecto serão depois retomados na ilustração ulterior da doutrina do empresário.

Isto, por um lado, porque se trata da primeira conotação do empresário, definido no art. 2.082 como aquele que exerce a atividade qualificada no mesmo artigo (econômica, organizada, dirigida à produção ou à troca de bens ou serviços). De outro lado, porque o conceito de empresário está ligado à importância da atividade, de modo geral. A doutrina jurídica tradicional, na refinada elaboração dos conceitos de ato e negócio jurídico, tem negligenciado a elaboração do conceito de atividade. Deve-se, pois, examinar quais são as categorias jurídicas do direito tradicional aplicáveis à "atividade".

Veremos como o conceito de atividade se coordena com o de probabilidade de ganho e é a esses conceitos que deveremos recorrer na avaliação jurídica dos fenômenos próprios de uma economia caracterizada pela produção industrial de massa.

2. a) A atividade não significa ato, mas uma série de atos coordenáveis entre si, em função de uma finalidade comum. O termo "ato", ao invés de ser tomado em seu alcance jurídico técnico, deve ser nesse particular entendido, ao menos para as pessoas físicas, como equivalente a "negócio" (no sentido vulgar), por sua vez resultante de um ou mais atos jurídicos, dado que, para as pessoas físicas, é uma pluralidade de "negócios", e não puramente de "atos", que pode se apresentar como coordenada a uma "atividade" e, por isso, elemento integrante desta. Essa referência serve para excluir, em minha opinião, a qualificação de empresá-

1. In *Corso di Diritto Comerciale — Introduzione e Teoria dell'Impresa*, 3ª ed., Milão, Giuffrè, 1962, pp. 145-160.

rio em razão do cumprimento de uma pluralidade de atos que tenham, de per si, mero valor instrumental, relativamente a outras operações às quais se deve remontar. Assim, a reiterada subscrição ou mesmo negociação de cambiais não representa, por si só, uma atividade empresarial, a qual ao contrário resultará das operações ulteriores, em relação às quais a emissão e a circulação de cambiais são meios instrumentais, como, por exemplo, compra e venda de mercadorias a crédito ou a própria intermediação no crédito.

Essa finalidade, para as pessoas jurídicas e coletividades organizadas, coincidirá por sua vez com o seu escopo, ou estará coordenada com este. Quando assim não seja, a atividade desenvolvida estará em contraste com o escopo do ente e dever-se-á, então, antes de mais nada, perguntar se a atividade é imputável ou não ao ente, podendo, apenas na primeira hipótese, ser invocada para a aplicação ao ente das normas pertinentes.

Tais precisões servem para dirimir vários problemas. Da proibição de uma atividade não pode derivar a sua nulidade; não deriva nem mesmo, necessariamente, a nulidade dos atos isolados, que podem permanecer válidos, embora sendo ilícita a atividade. A distinção pode ser essencial, no tocante às normas de disciplina publicista da economia, que podem fulminar a atividade (e portanto o sujeito que a exerce), sem prejudicar a validade (e, por conseguinte, em seus efeitos relativamente a terceiros) do ato singular, ou sem lhe aplicar a pena de nulidade (ao contrário, dando, por exemplo, a possibilidade de sua resolubilidade a pedido da outra parte). Se examinamos a disciplina publicista da economia, não é de fato difícil perceber como ela considera, por vezes, atos determinados; outras vezes, a possibilidade de exercício de determinada atividade ou sua localização, ou ainda o desenvolvimento da atividade, prevendo sanções (tais como a liquidação administrativa, para os estabelecimentos de crédito, empresas de seguros, cooperativas; a cessação do exercício, para empresas de venda ao público), sanções essas que dizem respeito ao exercício (ou à localização) da atividade. A disciplina privatista do ato pode, pois, permanecer independente da disciplina publicista da atividade.

b) A atividade deverá ser apreciada de modo autônomo, isto é, independentemente da apreciação dos atos singulares, individualmente considerados. Independentemente da disciplina dos atos singulares pode ser considerado ilícito o fim perseguido com a atividade, ou pode ser submetido a normas particulares do exercício da atividade.

A ilicitude da finalidade, ou do exercício, não exclui a imputabilidade da atividade, mas acarreta a aplicação de sanções.

A atividade poderá ser lícita ou ilícita, mas não poderá ser nula. As normas sobre nulidade ou anulabilidade dos atos não podem ser aplicadas à atividade, que será existente ou inexistente e, no primeiro caso, regular ou irregular, lícita ou ilícita, mas nunca nula por vícios dos atos singulares, pois o cumprimento de atos nulos e anuláveis pode vincular-se ao exercício de uma atividade.

Por outro lado, a atividade poderá ser real ou simplesmente aparente, mas não poderá ensejar a aplicação da disciplina da "simulação" dos negócios jurídicos.

A apreciação da atividade implica a de sua finalidade, a qual, por sua vez, reflete-se na coordenação dos atos singulares praticados no exercício de uma atividade, mas que permanecem estranhos à causa de cada um desses atos.

c) Por vezes vem disciplinada uma especial habilitação do sujeito ao exercício da atividade e então a falta de habilitação precluirá a titularidade da atividade, salvo no entanto o exame (segundo as normas aplicáveis) da disciplina dos atos singulares.

As normas que regem a habilitação ao cumprimento da atividade (cuja violação é sancionada pela falta de aquisição da titularidade da atividade) protegem o próprio sujeito; ao passo que as que precluem ou limitam o acesso a determinadas atividades são ditadas para proteção de um interesse diverso do do sujeito ao qual se proíbe a atividade e, por isso, sua violação acarreta a aplicação de sanções, mas não o impedimento em ver reconhecida a titularidade da atividade.

d) Sujeito da atividade (ou seja, termo de imputação jurídica da atividade) é, segundo me parece, no sistema italiano, o sujeito dos atos singulares que a formam. Pode-se, parece-me, recorrer, no sistema italiano, em linha de princípio, unicamente a esse conceito jurídico, ao passo que é impossível recorrer-se, como às vezes se afirma, a um conceito econômico, referindo-se a subjetividade da atividade a quem, economicamente, tenha a direção e o risco dela. Não seria, aliás, possível referir a subjetividade da empresa a todo aquele que, na variedade dos casos, corre economicamente o risco da atividade. A própria certeza da aplicação do direito requer a referência a características típicas, cuja relação com uma determinada função econômica não pode ocorrer senão normalmente, não podendo corresponder a uma constante e rigorosa coincidência. As características que iremos enumerando correspondem às que normalmente ocorrem naquele que, economicamente, é considerado empresário, coordenador dos fatores de produção; naquele que, correndo o risco e tendo o poder, organiza a atividade econômica e dela tira lucro. Mas o jurista não pode, em cada caso concreto, identificar aquele que, economicamente, é empresário, assim como não poderia ditar regras especiais para aquilo que, economicamente, é, em cada caso concreto, o lucro, mas deve, ao contrário, recorrer a características típicas que, normalmente, correspondem à função econômica. Na variedade dos caos concretos, aquilo que, economicamente, é "lucro" e aquele que, economicamente, é "empresário" pode assumir características diversas entre os que o jurista pode tomar em consideração, justamente porque o jurista, ao falar de risco e de iniciativa, deve defini-los em função de características típicas que possam ser objeto de um sistema normativo. Importa, porém, definir de que risco se trata e o risco relevante é, então, no nosso sistema, o da necessidade de adimplemento, perante terceiros, das obrigações assumidas no exercício da atividade, assim como, por outro lado, a iniciativa se reduz à vontade juridicamente relevante na conclusão dos vários negócios, ou na atribuição dos poderes necessários para concluí-los. Isso é confirmado pela atribuição da qualidade de empresário às pessoas jurídicas, das quais pode-se, sem dúvida, falar de uma responsabilidade jurídica e de uma imputação jurídica, mas não de uma incidência econômica do risco (que, em última análise, economicamente, incidirá sobre os sócios da sociedade), ou de uma efetiva paternidade da iniciativa (que, efetivamente, será sempre dos homens e não das pessoas jurídicas).

Eis porque me parece impossível referir a subjetividade da atividade a quem não seja sujeito dos atos dos quais resulta a mesma atividade, e sujeito (juridicamente) dos atos (dos quais resulta a atividade) é aquele que, com base nesses, adquire direitos e assume obrigações, independentemente da iniciativa (que, por exemplo, poderá vir do representante e não do representado, embora sendo o representado quem adquire direitos e assume obrigações), ou também do risco econômico (que, no caso concreto, poderá ser de outrem).

É o que nos permite entender por que, como lembrado, os sujeitos da atividade sejam também expressamente considerados pessoas jurídicas ou coletividades de pessoas, enquanto a iniciativa e o risco econômico são, necessariamente, tão-só das pessoas físicas, dado que, em contrapartida (e é o ponto de partida de todos os problemas das sociedades), os que têm a iniciativa (por meio da maioria da assembléia) e os que correm os riscos (todos os sócios) não coincidem.

e) Enquanto, porém, nas pessoas físicas a atividade não poderá ser imputada senão em razão do efetivo cumprimento dos atos pelos quais ela se desdobra (sendo, por isso, considerada como um "fato"), nas pessoas jurídicas será suficiente o escopo de realizá-la, ainda que independentemente do seu efetivo desenvolvimento. Em tais hipóteses, é pois o escopo o elemento ao qual se deve antes de tudo recorrer para a qualificação do sujeito.

Toda vez, porém, que seja desenvolvida efetivamente uma atividade em contraste com o escopo estatutário e que ela possa ser imputada (apesar do contraste com o escopo estatutário) à pessoa jurídica, dever-se-á recorrer à atividade efetivamente exercida, pois de outra forma seria violada uma disciplina imposta em razão do interesse público.

Fazendo proceder a imputação da atividade da imputação dos atos, é possível (como precedentemente observado) referir a atividade, e a sua qualificação, a uma pessoa jurídica ou a uma coletividade organizada, como também a uma pessoa física. O alcance da qualificação não é, porém, rigorosamente unívoco nas duas hipóteses, como demonstra o relevo que, para fins de qualificação, assume, na segunda hipótese, o escopo de exercer uma atividade independentemente do seu efetivo desenvolvimento, bem como a diversa posição que assumem os problemas relativos à distinção entre atividade autônoma e subordinada (atividade subordinada que, em geral, se admite possa ser própria tão-só das pessoas físicas), e ainda os problemas relativos à especificação ulterior da qualificação do empresário.

Na verdade, nas pessoas jurídicas e nas coletividades organizadas, a qualificação do empresário liga-se ao escopo (que por isso adquire relevo peculiar sob esse ponto de vista) do negócio constitutivo; fato que se relaciona com a relevância que adquirem as pessoas jurídicas e coletividades como organizações instrumentais para o exercício de uma atividade. Por sua vez, é ao negócio constitutivo da pessoa jurídica ou da coletividade organizada que se deve recorrer para determinar o patrimônio, em relação ao qual adquirem relevância as conseqüências da qualificação.

Enquanto se divisa na pessoa jurídica ou na coletividade organizada a expressão de uma peculiar disciplina, que, no entanto, sempre diz respeito a homens — refutando-se a assimilação, na realidade pré-normativa ou em virtude da ordem normativa, entre pessoa jurídica e homem — a qualificação da corporação (ou da coletividade organizada) pode referir-se também aos seus membros e as conseqüências relativas poderão dizer respeito também aos membros e nos limites de sua responsabilidade como membros.

É o que ocorre tradicionalmente, admitindo-se a extensão da falência da sociedade ao sócio ilimitadamente responsável. Esse princípio tradicional suscitou a indagação clássica sobre se o sócio ilimitadamente responsável é comerciante, indagação retomada no sistema vigente, com relação à qualificação de empresário comercial. Na realidade, é ponto pacífico que o sócio de responsabilidade ilimitada é sujeito à falência por via da extensão da falência da sociedade, mas ele, por outro lado (quando, independentemente da sua qualificação de sócio ilimitadamente responsável, não seja empresário comercial), não é sujeita à falência em razão da própria insolvência, assim como não é sujeito passivo das várias obrigações e responsabilidades do empresário.

Posta essa solução normativa indubitável, é preferível a resposta negativa à indagação acima feita. A resposta positiva poderia, sem dúvida, justificar-se com a possibilidade (que, então, diria respeito a qualquer sócio) de resolver-se a qualificação da sociedade na dos sócios (mas, aí, a qualificação já não poderia ser atribuída simultaneamente à sociedade), devendo-se, portanto, ressalvar o diferente alcance da qualificação quando aplicada diretamente à pessoa física e quando aplicada ao membro da corporação, enquanto membro desta. Esse diverso alcance é, justamente, a conseqüência da peculiar ordem normativa indicada com as expressões de "pessoa jurídica" e de "coletividade organizada"; e é esse alcance diverso que exclui a extensão da falência aos sócios ilimitadamente responsáveis, e que admite a extensão da falência social, mas não da falência em razão da própria insolvência, aos sócios de responsabilidade ilimitada. É esse alcance diverso, também, que se coordena com diferente sentido que, de modo definitivo, assume a imputação de uma atividade e sua respectiva qualificação em relação a pessoas jurídicas e coletividades organizadas, de um lado, e pessoas físicas de outro.

f) A atividade efetivamente exercida constitui, como notado, um "fato", c um fato para cuja relevância jurídica a vontade do sujeito é indiferente, não só quanto às conseqüências que legalmente dela derivam, mas quanto à sua própria subsistência.

g) A atividade se desenvolve no tempo: tem um início, um fim e uma localização, que podem ser considerados de modo autônomo, com relação aos atos singulares (por sua vez localizáveis no escopo e no tempo). Ainda a esse respeito, somos, para as pessoas físicas, reconduzidos à relevância de elementos de fato; para as pessoas jurídicas, à relevância do escopo e de suas determinações. A subsistência do escopo de uma atividade empresarial determinará, para as pessoas jurídicas, a aquisição da qualificação de empresário mesmo antes do efetivo exercício; e a persistência do escopo (e em sentido contrário, a "liquidação" conseqüente à cessação do escopo) importa a persistência da qualidade de empresário, mesmo quando cessou o exercício efetivo da atividade.

h) Enquanto o ato é considerado em relação aos seus destinatários, a atividade, como tal, não tem destinatário. No mesmo sentido, observa-se que a atividade é dirigida ao mercado ou ao consumo do próprio sujeito. Essa observação, justamente, não diz respeito à identificação de um destinatário da atividade considerada em si mesma, mas pretende ao invés indicar a destinação dos atos dos quais resulta a atividade e é sempre aos atos, e não à atividade deles distinta, que se refere a destinação.

i) Do exercício da atividade (para as pessoas físicas) ou do escopo de exercê-la (para as pessoas jurídicas) deriva uma qualificação do sujeito.

j) Essa qualificação constitui, por sua vez, o pressuposto para a aplicação ao sujeito de uma disciplina especial, ou para a aplicação de uma disciplina especial aos atos por eles praticados no exercício da atividade.

l) Essa qualificação é sempre adquirida, necessariamente, a título originário, ou seja, para o exercício da própria atividade ou com o fito de exercê-la, justamente porque uma "atividade", por si só, não pode ser transferida.

A transferência pode dizer respeito ao complexo de bens que servem de instrumento à atividade, mas não, a rigor, à própria atividade.

m) A qualificação de empresário não constitui um *status* que diga respeito à posição do sujeito num particular ordenamento jurídico e possa ser objeto de uma certificação autônoma.

n) A natureza da atividade reage sobre a qualificação do ato, como pertencente à administração ordinária ou extraordinária. Na verdade, é em relação à atividade, em função da qual é considerado, que um ato, embora mantendo as mesmas características típicas quando considerado isoladamente, será considerado de administração ordinária ou extraordinária, a não ser que seja diretamente considerado numa outra categoria. Assim, o ato de alienação de um bem, considerado de administração extraordinária em relação a uma atividade de fruição desse bem, será ao contrário de administração ordinária relativamente a uma atividade cujo exercício importa na sua venda.

o) Se examinarmos as várias atividades possíveis, não tardaremos em discernir uma grande divisão: entre atividades autônomas, de um lado, e atividades subordinadas, de outro, isto é, atividades que se exercem na dependência de outrem e cujos resultados vinculam-se a bens alheios ou serviços fornecidos por outras pessoas. As duas características ora indicadas devem concorrer para dar lugar a uma atividade subordinada, pois tanto a falta da primeira quanto a da segunda deixariam subsistir uma atividade autônoma (e pense-se — quanto à ausência da primeira — na empreitada e — quanto à inexistência da segunda — numa atividade exercida autonomamente, mas segundo diretrizes alheias).

É autônoma a atividade do empresário, assim como é autônoma a atividade do profissional autônomo e autônomas as atividades não econômicas (e também prescindindo, como é óbvio, das atividades de consumo e fruição).

É subordinada a atividade do empregado. Esta, como já notado, pode ser prestada somente por pessoas físicas, dado que em relação às pessoas jurídicas ou às coletividades organizadas, a prestação de trabalho por parte de seus membros é considerada não só como exercício de uma atividade da pessoa jurídica ou da coletividade, como também como exercício de uma atividade autônoma desta.

A atividade autônoma poderá ser diversamente qualificada, tendo em vista a diversidade de sua natureza e finalidade. Veremos que a primeira característica da atividade empresarial é a de ser uma atividade econômica, dirigida à produção e à troca, organizada (de onde distinguir-se da atividade do profissional autônomo), exercida profissionalmente.

Por outro lado, é com relação ao trabalho subordinado que se apresenta uma problemática especial, cujo surgimento constitui uma das notas mais salientes das estruturas econômicas caracterizadas pela produção em massa, em razão da maior relevância que assume nesta o trabalho subordinado e a concentração da produção.

Essa problemática encontra seu ponto de partida na relevância que a contribuição do trabalhador empresta ao exercício de uma atividade; elemento esse que, por sua vez, quando aparece em outros contratos, cria uma problemática especial — assim, por exemplo, no contrato de agência ou preposição mercantil — e que, de modo geral, é ignorado no direito tradicional, encontrando sua origem no trabalho livre e a sua importância naquela estrutura econômica mais complexa que é fruto da revolução industrial. É por isso que se põem problemas peculiares quanto à disciplina da prestação da atividade quanto o contrato é nulo; ou quanto ao simultâneo exercício de uma atividade diversa ou concorrente com a do empregador; quanto à cessação da relação, como, em geral, nos contratos de execução continuada; quanto ao período durante o qual a atividade é exercida e assim por diante. A prestação do trabalhador implica o exercício de uma atividade pessoal e essa segunda característica suscita, por sua vez, novos problemas (pense-se, no direito privado, na disciplina da conclusão do contrato e note-se a analogia com os problemas que se põem no caso da prestação de qualquer atividade pessoal). A prestação do trabalhador importa o exercício de uma atividade subordinada e colocam-se, por isso, problemas atinentes a essa subordinação, aos seus limites. A prestação do trabalhador importa o exercício de uma atividade cujos resultados imediatos pertencem ao empregador e põem-se, com isso, problemas relativos à incidência dos riscos atinentes ao desenvolvimento da atividade do empregado. A prestação do trabalhador importa o exercício de uma atividade subordinada, pessoalmente prestada, de modo geral, por vários trabalhadores para um só empresário, o que acentua a fraqueza de cada um dos primeiros em relação ao segundo e eis a problemática — que assume relevância central no mundo moderno — resolvida por meio de uma série de institutos, tais como: a organização sindical dos trabalhadores como compensação à inferioridade do indivíduo (que é, aliás, também um elemento de equilíbrio de forças na estrutura política); as contratações coletivas enquanto instrumento para compensar a inferioridade na qual se encontraria o indivíduo contratante; a disciplina das despedidas de empregados, voltada a proteger a inferioridade do indivíduo; o direito de greve como arma dos trabalhadores organizados para fazer valer, como ação concertada, interesses que cada indivíduo não poderia sustentar.

Reproduzem-se, por vezes, no direito do trabalho, fenômenos que podem talvez recordar outros próprios das primeiras origens do direito comercial, quando a nascente classe dos empresários se afirmava perante as aristocracias feudais. A associação compensa a fraqueza do indivíduo e visa a elaborar, além de uma disciplina interna, normas que regulem as prestações dos indivíduos. À obra do legislador se substitui em parte a atividade normativa por meio das convenções coletivas. A elaboração de princípios por parte das comissões internas e dos juízos arbitrais acaba por constituir um direito judiciário. Por vezes — em relação às diversas estruturas econômicas dos vários países e à diversa força das organizações dos trabalhadores — prevalece a intervenção direta do Estado e da sua disciplina; outras vezes, ao contrário, a elaboração das contratações coletivas e de órgãos especiais.

Mercado de Capitais

LEGISLAÇÃO

MERCADO DE BALCÃO — INFORMAÇÕES

Instrução CVM n. 42, 28.2.85

Regulamenta a prestação de informações relativas às negociações com ações realizadas em mercado secundário de balcão.

O Presidente da Comissão de Valores Mobiliários torna público que o Colegiado, em sessão realizada nesta data, com base no artigo 18, item II, letras "a" e "c", da Lei n. 6.385, de 7 de dezembro de 1976, resolveu baixar a seguinte Instrução:

Negociação em mercado

Art. 1º - As operações no mercado secundário de balcão com ações emitidas por companhias abertas, registradas na Comissão de Valores Mobiliários (CVM) para negociação nesse mercado, ficarão sujeitas às normas desta Instrução.

Parágrafo único - O disposto nesta Instrução aplica-se, também, às operações com boletins ou recibos de subscrição devidamente integralizados, referentes às ações negociadas no mercado secundário de balcão.

Informações sobre a negociação

Art. 2º - As sociedades integrantes do sistema de distribuição de valores mobiliários ficarão obrigadas a manter arquivadas, à disposição da CVM, as seguintes informações relativas a cada operação realizada em mercado secundário de balcão:

I - identificação do cliente;

II - natureza da operação (compra e/ou venda);

III - caracterização do ativo (ação, boletim ou recibo de subscrição);

IV - companhia emissora, espécie, classe e forma da ação, especificando os direitos declarados e ainda não exercidos (dividendos, bonificações, subscrições e outros);

V - preço de compra e/ou venda pelo intermediário;

VI - quantidade negociada;

VII - data da operação.

§ 1º - As sociedades integrantes do sistema de distribuição deverão fornecer aos investidores comprovantes de realização das operações, contendo os dados previstos neste artigo.

§ 2º - No caso do intermediário desconhecer o estado de direitos da ação (item IV), deverá especificar tal fato no comprovante citado no parágrafo anterior.

Periodicidade e forma das informações

Art. 3º - Semanalmente, as sociedades integrantes do sistema de distribuição de valores mobiliários deverão remeter à CVM demonstrativo consolidado nas negociações com ações realizadas no mercado secundário de balcão no período especificando — conforme anexo — para cada ação e para cada tipo de negociação (compra ou venda): número de negócios, preços mínimos e máximos, quantidade e volume totais negociados.

§ 1º - Quando a sociedade atuar como intermediária, recebendo corretagens, deverá, para efeito do disposto neste artigo, considerar a operação como transações independente de compra e venda, devendo o valor dessa operação ser reduzido das corretagens, no caso de compra, e acrescido das corretagens no caso de venda.

§ 2º - As informações serão remetidas à CVM, no máximo, até o segundo dia útil seguinte ao encerramento da semana objeto da comunicação.

§ 3º - A CVM poderá cominar multa às sociedades integrantes do sistema de distribuição, no valor de até 10 (dez) ORTN, por dia de atraso no cumprimento da obrigação a que se refere este artigo.

Divulgação das informações

Art. 4º - Semanalmente, e de forma consolidada, a CVM dará divulgação às informações prestadas nos termos desta Instrução.

Infração grave

Art. 5º - O descumprimento das disposições da presente Instrução configura infração grave para os fins do § 3º do artigo 11 da Lei n. 6.385/76.

Vigência

Art. 6º - Esta Instrução entra em vigor 15 (quinze) dias após a data de sua publicação.

Herculano Borges da Fonseca
Presidente

NEGÓCIOS NO MERCADO SECUNDÁRIO DE BALCÃO

INSTITUIÇÃO INFORMANTE		PERÍODO INFORMADO
CÓDIGO	RAZÃO SOCIAL	SEMANA DE / / A / /

CARACTERIZAÇÃO DOS TÍTULOS											NEGÓCIOS REALIZADOS					
CÓDIGO	NOME DA COMPANHIA	A/B	E	F	C	R	D	B	S	O	C/V	Nº de NEGÓCIOS	PREÇOS - Cr$ MÍNIMO	MÁXIMO	QUANTIDADE TOTAL	Cr$ MIL VOLUME TOTAL

NOME DO RESPONSÁVEL	DATA	ASSINATURA

Instruções para preenchimento

Instituição informante — Código: A ser preenchido pela CVM

Caracterização dos títulos:

Código: A ser preenchido pela CVM

Nome: Razão social da companhia, abreviada se necessário

A/B: Preencha "A" se a negociação envolveu ações da companhia.

Preencha "B" se a negociação envolveu Boletins ou Recibos de subscrição.

EFCR: Em "E" (espécie de ações) preencha "O" (ordinária), "P" (preferenciais).

Em "F" (forma das ações) preencha "N" (nominativas), "S" (escriturais), "E" (endossáveis) ou "P" (ao portador).

Em "C" (classe das ações) preencha com a letra que designa a classe das ações, quando for o caso.

Fazer um traço — quando não houver mais de uma classe de ações.

Em "R" (remuneração no exercício em curso) preencha "I" (dividendo integral), "P" (dividendo pró-rata) ou "N" (sem direito a dividendos).

DBS: Refere-se ao estado dos direitos das ações quanto aos últimos eventos e benefícios declarados pela companhia; neste caso, preencha "C" (com direitos) se os mesmos não tiverem sido ainda exercidos ou "E" (ex-direitos) na hipótese contrária, nas colunas "D" (dividendos), "B" (bonificações) e "S" (subscrição).

Não sendo conhecidos os direitos de determinada ação deve-se preencher "C" (com direitos) ou "E" (ex-direitos) de acordo com a situação presumida para a fixação do preço da negociação.

O: Havendo outros direitos anteriores aos mencionados no campo DBS e ainda não exercidos, preencher com * e discriminá-los à parte; caso contrário, preencher com um traço.

C/V: Preencher com "C" se os títulos foram objetos de compra por parte dos intermediários, ou um "V" se os títulos foram objeto de venda por parte dos intermediários.

Observação: Vide artigo 3º da Instrução CVM n. 42/85.

Instrução CVM n. 245, de 1.3.96

Dispõe sobre as informações a serem prestadas pelas companhias abertas com registro para negociação de seus títulos e valores mobiliários em bolsa de valores ou mercado de balcão organizado, e cujo faturamento bruto anual consolidado seja inferior a R$ 100.000.000,00 (cem milhões de reais).

O Presidente da Comissão de Valores Mobiliários-CVM torna público que o Colegiado, em reunião realizada nesta data, com fundamento no disposto nos artigos 21 e 22, parágrafo único, inciso I, da Lei n. 6.385, de 7 de dezembro de 1976, e no Voto do Conselho Monetário Nacional nº 426, de 21 de dezembro de 1978,

Resolveu:

Art. 1º - À companhia aberta com registro para negociação de seus títulos e valores mobiliários em bolsa de valores ou mercado de balcão organizado, e cujo faturamento bruto consolidado no exercício imediatamente anterior tenha sido inferior a R$ 100.000.000,00 (cem milhões de reais), aplicam-se os seguintes dispositivos:

I - Ficam dispensadas:

a) a apresentação dos documentos e informações de que tratam os incisos VI e XV do art. 7º, e II do art. 16, da Instrução CVM n. 202, de 6 de dezembro de 1993;

b) a revisão das informações trimestrais por auditor independente; e

c) a publicação das informações não ordenadas pela lei societária, requeridas pelas Instruções CVM n. 207, de 1 de fevereiro de 1994, e n. 232, de 10 de fevereiro de 1995;

II - Por ocasião do registro na CVM, as demonstrações financeiras e notas explicativas referentes aos dois últimos exercícios sociais devem ser apresentadas e elaboradas de acordo com o disposto no art. 176, da Lei n. 6.404, de 15 de dezembro de 1976, indicando-se os jornais e as datas em que foram publicadas, não sendo obrigatória a Demonstração das Mutações do Patrimônio Líquido;

III - As demonstrações financeiras consolidadas referentes ao último exercício social, ou levantadas em data posterior ao encerramento do mesmo, caso nesse período os investimentos, adicionados aos créditos de qualquer natureza em controladas, representarem mais de trinta por cento do patrimônio líquido da companhia, devem ser elaboradas contemplando apenas o balanço patrimonial e a demonstração do resultado do exercício, podendo ser apresentadas por grupo de contas, acompanhadas de parecer de auditor independente;

IV - Deve ser elaborado o relatório da administração sobre os negócios sociais e principais fatos administrativos do exercício findo (inciso I, art. 133, Lei n. 6.404, de 15 de dezembro de 1976);

V - O formulário de Informações Trimestrais-ITR deve ser enviado à CVM até sessenta dias após o término de cada trimestre do exercício social, excetuando o último trimestre, ou quando a empresa divulgar as informações para acionistas, ou terceiros, caso isto ocorra em data anterior.

Parágrafo único - A companhia aberta que ultrapassar o valor do faturamento definido no *caput* deste artigo fica submetida às disposições da Instrução CVM n. 202, de 6 de dezembro de 1993.

Art. 2º - A companhia que tiver seus valores mobiliários listados no mercado de balcão organizado por iniciativa de intermediário ou participante não se beneficiará das dispensas estabelecidas no art. 1º desta Instrução.

Art. 3º - Incluir parágrafo único no art. 1º da Instrução CVM n. 202, de 6 de dezembro de 1993, com a seguinte redação:

"Art. 1º - ...

Parágrafo único - O mercado de balcão compreende duas categorias:

a) o mercado de balcão organizado, cujos negócios são supervisionados por entidade auto-reguladora, com funcionamento autorizado pela Comissão de Valores Mobiliários, nos termos da Instrução CVM n. 243, desta data;

b) o mercado de balcão não organizado, cujos negócios não são supervisionados por entidade auto-reguladora."

Art. 4º - O art. 2º da Instrução CVM n. 202, de 6 de dezembro de 1993, passa a vigorar com a seguinte redação:

"Art. 2º - O registro de companhia para a negociação em um determinado mercado autoriza a negociação de seus títulos e valores mobiliários de renda variável exclusivamente nesse mercado."

Art. 5º - O inciso III do art. 7º da Instrução 202, de 6 de dezembro de 1993, passa a vigorar com a seguinte redação:

"III - quando se tratar de pedido de registro para negociação em Bolsa de Valores ou mercado de balcão organizado, declaração da entidade informando do deferimento do pedido de admissão à negociação do valor mobiliário da companhia, condicionado apenas à obtenção do registro na CVM;"

Art. 6º - Esta Instrução entra em vigor na data de sua publicação no *Diário Oficial da União*.

Francisco Augusto da Costa e Silva

Presidente

Mercado de Capitais

LEGISLAÇÃO

MERCADO DE BALCÃO ORGANIZADO — FUNCIONAMENTO

Instrução CVM n. 243, de 1.3.96

Disciplina o funcionamento do mercado de balcão organizado.

O Presidente da Comissão de Valores Mobiliários-CVM torna público que o Colegiado, em sessão realizada nesta data, e de acordo com o disposto no inciso II do artigo 1º, nos incisos I e II do artigo 8º e nas alíneas "a" e "c" do inciso II do artigo 18 da Lei n. 6.385, de 7 de dezembro de 1976, resolveu baixar a seguinte instrução:

Das entidades responsáveis pelo mercado de balcão organizado

Art. 1º - As entidades que pretenderem desenvolver sistema organizado de negociação de títulos e valores mobiliários de renda variável em mercado de balcão devem ser constituídas como sociedade civil ou comercial, tendo como objeto:

I - manter sistema adequado à realização de operações de compra e venda de títulos e valores mobiliários de renda variável previstos no art. 10 desta Instrução, em mercado livre e aberto, especialmente constituído e fiscalizado pela própria entidade, por intermediários e participantes e pelas autoridades competentes;

II - dotar, permanentemente, o referido sistema de todos os meios necessários à pronta e eficiente realização e visibilidade das operações;

III - estabelecer sistemas de negociação que propiciem continuidade de preços e liquidez ao mercado;

IV - criar mecanismos regulamentares e operacionais que possibilitem o atendimento, pelos intermediários e participantes, das ordens de compra e venda dos investidores;

V - efetuar o registro das operações;

VI - preservar elevados padrões éticos de negociação, estabelecendo, para esse fim, normas de comportamento para intermediários, participantes e companhias, fiscalizando sua observância e aplicando penalidades, no limite de sua competência, aos infratores;

VII - divulgar as operações realizadas com rapidez, amplitude e detalhes; e

VIII - exercer outras atividades expressamente autorizadas pela CVM.

Parágrafo único - As entidades do mercado de balcão organizado constituir-se-ão como órgãos auto-reguladores, às quais incumbe, como auxiliares da CVM, fiscalizar os seus respectivos participantes e as operações nelas realizadas.

Art. 2º - As entidades do mercado de balcão organizado funcionarão sob a supervisão e fiscalização da CVM, dependendo, para o início de suas operações, de prévia autorização da mesma, requerida mediante apresentação dos seguintes documentos e informações:

I - atos constitutivos e estatuto social;

II - demonstração da capacidade econômica, técnica e financeira;

III - descrição do funcionamento do mercado de balcão organizado, incluindo normas, regulamentos e procedimentos referentes à realização, registro, compensação e liquidação das operações; divulgação destas e das ofertas de compra e venda; qualificação de seus participantes; e, se for o caso, regulamento de mecanismo de garantia ou contrato de seguro;

IV - condições para a admissão de títulos e valores mobiliários à negociação no mercado de balcão organizado, bem como as condições para a suspensão e o cancelamento da negociação desses valores;

V - nome e qualificação dos administradores da entidade responsável pelo mercado de balcão organizado e, se for o caso, de mecanismo de garantia.

§ 1º - A CVM manifestar-se-á sobre o pedido de autorização no prazo máximo de 90 (noventa) dias, que poderá ser interrompido uma única vez, se requisitadas informações adicionais, caso em que se iniciará um novo prazo de 90 (noventa) dias.

§ 2º - Posteriores alterações nas normas e regulamentos editados pelas entidades deverão ser previamente comunicadas à CVM, acompanhadas da devida justificação, para sua manifestação, o que deverá ocorrer num prazo de 30 (trinta) dias, que poderá ser interrompido uma única vez, se requisitadas informações adicionais, caso em que se iniciará um novo prazo de 30 (trinta) dias.

Art. 3º - A CVM poderá, a qualquer tempo, determinar, por conta das entidades do mercado de balcão organizado, a realização de auditoria que julgar necessária.

Art. 4º - As entidades deverão manter, à disposição da CVM, informações sobre as negociações com títulos e valores mobiliários realizadas em seus sistemas.

Do patrimônio social
e das demonstrações financeiras

Art. 5º - O patrimônio social das entidades do mercado de balcão organizado será constituído por integralizações e contribuições dos associados e outras receitas permanentes ou eventuais, na forma estabelecida no estatuto social.

Art. 6º - Ao término de cada exercício social, o valor do patrimônio das entidades do mercado de balcão organizado deve ser atualizado com base nas demonstrações financeiras correspondentes, adotando-se os procedimentos e critérios contábeis previstos para as sociedades anônimas.

§ 1º - O exercício social coincidirá com o ano civil, sendo obrigatória, no seu encerramento, a elaboração de demonstrações financeiras auditadas por auditor independente registrado na CVM.

§ 2º - As demonstrações financeiras a que se refere o parágrafo anterior, acompanhadas do respectivo parecer de auditoria, deverão ser encaminhadas à CVM até 10 (dez) dias depois de deliberada a sua aprovação pelos sócios da entidade, reunidos para este fim, dentro dos mesmos prazos previstos para as sociedades anônimas.

Da admissão de associados
e participantes

Art. 7º - Os procedimentos e requisitos para admissão de associados, intermediários, participantes e representantes nas negociações do mercado de balcão organizado deverão ser objeto de regulamentação, a qual deverá ser apresentada à CVM em conjunto com o pedido da autorização a que se refere o artigo 2º.

Da reunião dos sócios

Art. 8º - A reunião dos sócios da entidade do mercado de balcão organizado será convocada, instalada e realizada, de acordo com o disposto no estatuto social.

Das contribuições e emolumentos

Art. 9º - Compete à entidade responsável pelo mercado de balcão organizado fixar as contribuições e emolumentos a serem pagos pelos usuários dos serviços ou sistemas.

Dos títulos e valores mobiliários negociáveis no mercado de balcão organizado

Art. 10 - São negociáveis através dos sistemas de balcão organizado sujeitos a esta Instrução os seguintes títulos e valores mobiliários de renda variável:

I - os valores mobiliários registrados na CVM para negociação em balcão;

II os valores mobiliários emitidos por sociedades beneficiárias de recursos oriundos de incentivos fiscais registrados na CVM;

III - os certificados de investimentos em obras audiovisuais;

IV - as quotas de fundos de investimento fechados, que tenham sido objeto de distribuição pública, tais como:

a) Fundos Mútuos de Investimento em Ações;

b) Fundos Mútuos de Investimento em Ações — Carteira Livre;

c) Fundos Mútuos de Investimento em Quotas de Fundos Mútuos de Investimento em Ações;

d) Fundos Mútuos de Investimento em Empresas Emergentes;

e) Fundos de Investimento Imobiliário;

f) Fundos de Investimento Cultural e Artístico;

g) Fundos de Privatização — Certificados de Privatização;

h) Fundos de Privatização — Dívida Securitizada;

i) Fundos Mútuos de Ações Incentivadas; e

j) Fundos Setoriais de Investimento em Ações do Setor de Mineração.

V - outros títulos e valores mobiliários autorizados, pela CVM, à negociação neste mercado; e

VI - os direitos e índices referentes aos valores mobiliários acima mencionados.

Parágrafo único - A negociação em qualquer modalidade, que não o mercado à vista, fica sujeita à prévia autorização da CVM, aplicando-se os mesmos prazos estabelecidos no § 1º do artigo 2º desta Instrução.

Art. 11 - A negociação fora dos mercados de balcão organizados de acordo com esta Instrução, de títulos e valores mobiliários neles admitidos, somente pode ocorrer nas seguintes hipóteses:

I - quando se tratar de distribuição pública, durante o período da respectiva distribuição; e,

II - quando se tratar de negociação privada.

Parágrafo único - A admissão à negociação em determinada entidade de balcão organizado não impede a admissão simultânea em outra entidade da mesma espécie, cujo funcionamento seja autorizado pela CVM.

Da admissão de títulos e valores mobiliários à negociação por iniciativa de intermediário ou participante do mercado

Art. 12 - As entidades poderão admitir a negociação em seus sistemas de títulos e valores mobiliários de empresas com registro para negociação em mercado de balcão por iniciativa de participante ou intermediário do mercado de balcão organizado.

Parágrafo único - A entidade de balcão organizado deverá enviar previamente, para aprovação da CVM, a regulamentação dos requisitos para a admissão à negociação prevista no *caput* deste artigo, dentre os quais deverá constar a obrigatoriedade da existência do formador de mercado para esses títulos e valores mobiliários.

Dos formadores de mercado

Art. 13 - Admitir-se-á o cadastramento de pessoas jurídicas interessadas na realização de operações destinadas a formar mercado para títulos e valores mobiliários admitidos à negociação no mercado de balcão organizado, cujas responsabilidades, direitos e deveres serão estabelecidos em normas e regulamentos pela entidade do mercado de balcão organizado.

§ 1º - As entidades deverão submeter as normas e regulamentos, referidos no *caput* deste artigo, bem como suas alterações, à prévia aprovação da CVM.

§ 2º - A ausência de manifestação da CVM no prazo de 60 (sessenta) dias corridos implicará na sua aprovação.

Da responsabilidade pelas operações

Art. 14 - Os intermediários e os formadores de mercado autorizados a operar no mercado de balcão organizado são responsáveis perante seus próprios clientes, os outros intermediários com os quais tenham operado e a sua contraparte nas operações, pela boa liquidação das mesmas, pela legitimidade formal e material dos títulos e valores mobiliários entregues, e pela autenticidade dos endossos e de quaisquer documentos apresentados para instruir sua operação.

Das sanções

Art. 15 - O descumprimento das disposições da presente Instrução configura infração grave, para os fins do § 3º do art. 11 da Lei n. 6.385/76.

Das disposições gerais

Art. 16 - A passagem do registro de empresas de bolsas de valores para o mercado de balcão, organizado ou não, somente será permitida se:

I - previamente aprovada deliberação nesse sentido pelos acionistas representantes de, no mínimo, 51% do capital da Companhia, com ou sem direito a voto, reunidos em Assembléia Geral Extraordinária especialmente convocada para esse fim; e

II - acionistas minoritários, em número superior a 100, na data da Assembléia Geral, e possuidores de mais de 5% das ações em circulação no mercado na mesma data, não se opuserem expressamente à mudança de registro. Para efeito de cálculo do número de acionistas aqui previsto, as ações de propriedade de Fundos de Investimento serão consideradas como pertencentes a um número de acionistas proporcional ao número de participantes do Fundo, na razão de 1 acionista para cada 1.000 participantes do Fundo, até o limite máximo de 50 acionistas por Fundo.

Art. 17 - As seguintes disposições baixadas pela CVM aplicam-se ao mercado de balcão organizado, no que couber:

I - Instrução n. 8, de 8 de outubro de 1979;

II - Instrução n. 14, de 17 de outubro de 1980;

III - Instrução n. 36, de 8 de agosto de 1984;

IV - Instrução n. 77, de 11 de maio de 1988;

V - Instrução n.120, de 6 de junho de 1990;

VI - Instrução n. 168, de 23 de dezembro de 1991;[1]

VII - Instrução n. 179, de 13 de fevereiro de 1992;

VIII - Instrução n. 180, de 13 de fevereiro de 1992; e

IX - Instrução n. 220, de 15 de setembro de 1994.

Art. 18 - Esta Instrução entrará em vigor na data de sua publicação, ficando

1. Inciso revogado pela Instrução CVM n. 250/86.

revogadas as Instruções CVM n. 93, de 26 de dezembro de 1988, e 196, de 26 de agosto de 1992.

Francisco Augusto da Costa e Silva

Presidente

Instrução CVM n. 244 de 1.3.96

Dispõe sobre a função de formação de mercado para títulos e valores mobiliários em Bolsas de Valores ou Mercado de Balcão Organizado e dá outras providências.

O Presidente da Comissão de Valores Mobiliários-CVM torna público que, em sessão realizada nesta data, tendo em vista o disposto no artigo 18, inciso II , alínea "a", da Lei n. 6.385, de 7 de dezembro de 1976,

Resolveu:

Art. 1º - Será admitido o cadastramento, junto às Bolsas de Valores e às Entidades de Mercado de Balcão Organizado, de pessoas jurídicas interessadas na realização de operações destinadas a formar mercado para títulos e valores mobiliários com registro para negociação.

Art. 2º - Compete às Bolsas de Valores e Entidades de Mercado de Balcão Organizado a expedição de normas e regulamentos sobre as operações destinadas a formar mercado para títulos e valores mobiliários, bem como sobre as informações a serem prestadas por seus participantes no exercício da função de formação de mercado.

§ 1º - As Bolsas e as Entidades de Mercado de Balcão Organizado deverão submeter essas normas e regulamentos, bem como posteriores alterações, à prévia aprovação da CVM, como condição para que seus participantes possam efetuar as operações de que trata esta Instrução.

§ 2º - A ausência de manifestação da CVM no prazo de 60 (sessenta) dias implicará na sua aprovação.

Art. 3º - A regulamentação da função de formação de mercado deve prever, no mínimo, o seguinte:

a) definição se o sistema utilizado admitirá o exercício da função de formação de mercado em caráter de exclusividade ou em regime competitivo;

b) critérios de seleção entre os interessados, para o exercício da função de formação de mercado;

c) definição de critérios de avaliação e desempenho dos formadores de mercado;

d) definição dos limites para colocação obrigatória de ofertas de compra ou venda de títulos e valores mobiliários, bem como definição de critérios para atendimento de ordens;

e) regras para credenciamento e descredenciamento de formadores de mercado;

f) regras sobre a divulgação ao mercado, pelos formadores de mercado, dos títulos e valores mobiliários em que são especializados.

Art. 4º - Fica vedado o recebimento, pelos formadores de mercado, a qualquer título, de remuneração ou empréstimo provenientes do emissor dos títulos e valores mobiliários em que se especializem, bem como dos acionistas controladores da companhia, ou de empresas coligadas e controladas.

Art. 5º - Esta Instrução entra em vigor na data de sua publicação no *Diário Oficial da União*, ficando revogada a Instrução CVM n. 121, de 6 de junho de 1990.

Francisco Augusto da Costa e Silva

Presidente

Mercado de Capitais

LEGISLAÇÃO

MERCADO DE BALCÃO — REGISTRO PARA NEGOCIAÇÃO

Instrução CVM n. 202, 6.12.93

Dispõe sobre o registro de companhia para negociação de seus valores mobiliários em Bolsa de Valores ou no mercado de balcão, consolidando as Instruções CVM ns. 60, de 14 de janeiro, 73, de 22 de dezembro, ambas de 1987, 118, de 7 de maio, e 127, de 26 de julho, ambas de 1990, revoga as instruções que menciona.

O Presidente da Comissão de Valores Mobiliários-CVM, torna público que o Colegiado, em reunião realizada em 30 de novembro de 1993, com fundamento no disposto nos artigos 21 e 22, parágrafo único, inciso I, da Lei n. 6.385, de 7 de dezembro de 1976,

Resolveu:

Art. 1º - A negociação de valores mobiliários, emitidos por sociedades por ações, em Bolsas de Valores ou no mercado de balcão, depende de prévio registro da companhia na Comissão de Valores Mobiliários-CVM, de acordo com as normas previstas na presente Instrução.

Art. 2º - O registro de companhia para a negociação de seus valores mobiliários no mercado de balcão não autoriza a negociação desses valores mobiliários em Bolsa de Valores.

Art. 3º - Considera-se negociação de valores mobiliários no mercado de balcão a negociação feita fora das Bolsas de Valores, com a intermediação de bancos de investimentos, bancos múltiplos com carteira de investimento, sociedades corretoras, sociedades distribuidoras e agentes autônomos credenciados por essas instituições.

Art. 4º - O pedido de registro de companhia deverá ser submetido à CVM juntamente com o pedido de distribuição pública de valores mobiliários a que se refere o artigo 19 da Lei n. 6.385, de 7 de dezembro de 1976, devendo o deferimento, se houver, abranger os dois pedidos.

§ 1º - A CVM poderá, a seu critério, dispensar a apresentação concomitante de registro de distribuição pública de valores mobiliários prevista no *caput* deste artigo.

§ 2º - As companhias abertas que já tiverem registro para negociação no mercado de balcão e que desejarem obter registro para negociar seus valores mobiliários em Bolsa de Valores enviar à CVM o documento previsto no inciso III do artigo 7º da presente Instrução.

Diretor de relações com o mercado

Art. 5º - Para a companhia ser registrada na CVM, o estatuto social ou o Conselho de Administração deve atribuir a um diretor a função de relações com o mercado, que poderá ou não ser exercida cumulativamente a outras atribuições executivas.

Art. 6º - O diretor de relações com o mercado é responsável pela prestação de informações aos investidores, à CVM e, caso a companhia tenha registro em Bolsa de Valores, às bolsas, indicadas no artigo 13, bem como manter atualizado o registro de companhia (artigos 13, 16 e 17).

Documentos necessários à obtenção do registro de companhia

Art. 7º - O pedido de registro de companhia deverá ser instruído com os seguintes documentos:

I - a ata de reunião do Conselho de Administração ou da Assembléia-Geral que houver designado o diretor de relação com o mercado (artigo 5º);

II - requerimento assinado pelo diretor de relações com o mercado, contendo informações sobre:

a) principais características da distribuição de valores mobiliários; ou

b) dispersão acionária da companhia indicando a forma pela qual suas ações foram distribuídas no mercado, anexando lista nominal dos atuais acionistas e respectivas quantidades de ações possuídas; ou

c) outras razões que justifiquem o pedido de registro.

III - quando se tratar de pedido de registro para negociação em Bolsa de Valores, declaração da Bolsa informando do deferimento do pedido de admissão à negociação dos valores mobiliários da companhia, condicionado apenas à obtenção do registro na CVM;

IV - exemplar atualizado do estatuto social;

V - demonstrações financeiras e notas explicativas previstas no artigo 176 da Lei n. 6.404, de 15 de dezembro de 1976, referentes aos três últimos exercícios sociais, indicando-se os jornais e as datas em que forem publicadas;

VI - demonstrações financeiras referentes ao último exercício social ou levantadas em data posterior ao encerramento do exercício social elaboradas em moeda de capacidade aquisitiva constante, nos termos da regulamentação emanada da CVM;

VII - relatório da administração referente ao último exercício social, elaborado de acordo com o artigo 133 da Lei n. 6.404, de 15 de dezembro de 1976, e com o Parecer de Orientação CVM n. 15, de 28 de dezembro de 1987;

VIII - parecer do auditor independente, devidamente registrado na CVM, relativo às demonstrações financeiras do último exercício social (inciso V) e relativo as demonstrações financeiras referidas no inciso VI acima;

IX - demonstrações financeiras consolidadas, elaboradas de acordo com a legislação em vigor (Lei n. 6.404/76, artigos 249 e 250, e regulamentação da CVM, e também em moeda de capacidade aquisitiva constante, acompanhadas de notas explicativas e de parecer de auditor independente, referentes ao último exercício social, ou levantadas em data posterior ao encerramento do mesmo, caso nesse período os investimentos adicionados aos créditos de qualquer natureza em controladas representem mais de trinta por cento do patrimônio líquido da companhia;

X - demonstrações financeiras e, se for o caso, demonstrações consolidadas, acompanhadas de notas explicativas e parecer de auditor independente devidamente registrado na CVM, elaboradas de acordo com as disposições da Lei n. 6.404/76 e em moeda de capacidade aquisitiva constante, levantadas em data que anteceder, no máximo, três meses o pedido de registro na CVM, quando:

a) o último exercício social for de doze meses e, na data do pedido de registro, já tiver transcorrido período igual ou superior a quarenta e cinco dias da data de encerramento do último exercício social;

b) o último exercício social compreender período superior a doze meses e a companhia ainda não tiver levantado as respectivas demonstrações financeiras;

c) o exercício social em curso compreender período superior a doze meses e, na data do pedido de registro, já tiver transcorrido período igual ou superior a doze meses.

XI - atas de todas as assembléias-gerais de acionistas, realizadas nos doze meses anteriores à data de registro na CVM;

XII - fac-símile dos certificados de todos os tipos de valores mobiliários emitidos pela companhia ou, se for o caso, cópia do contrato mantido com instituição para execução de serviço de ações escriturais;

XIII - quando se tratar de companhia em fase pré-operacional, estudo de viabilidade econômico-financeira do projeto, indicando, inclusive, os fatores de risco envolvidos no empreendimento, elaborado em data que anteceder em até três meses a entrada do pedido na CVM;

XIV - formulário de Informações Anuais-IAN (artigos 22 e 23);

XV - formulário de Demonstrações Financeiras Padronizadas-DFP apresentadas em moeda de capacidade aquisitiva constante (artigos 22 e 23);

XVI - formulário de Informações Trimestrais-ITR contendo informações sobre os três primeiros trimestres do exercício social em curso, elaboradas em moeda de capacidade aquisitiva constante, desde que transcorridos mais de quarenta e cinco dias do encerramento de cada trimestre, acompanhadas de Relatório sobre Revisão Especial, emitido por auditor independente, devidamente registrado na CVM, consoante metodologia prevista no Comunicado Técnico-CT-IBRACON n. 2, de 23 de julho de 1990, do Instituto Brasileiro de Contadores, aprovado pela Resolução CFC n. 678, de 24 de julho de 1990, do Conselho Federal de Contabilidade (artigos 22 e 23).

Documentos não obrigatórios

Art. 8º - É facultativa a apresentação de projeções empresariais, mas, quando divulgadas, deve a companhia adotar os seguintes procedimentos:

I - apresentar, com clareza, para cada um dos itens e períodos projetados, as premissas e memórias de cálculos utilizados;

II - apresentar, quando da prestação de informações trimestrais indicadas no artigo 16, inciso VIII, confronto entre as projeções elaboradas e os resultados efetivamente obtidos no trimestre, indicando com clareza e exatidão os motivos que levaram a desvios das projeções anteriormente feitas;

III - quando, a juízo dos administradores, com base em sólidos motivos, as projeções deixarem de ter validade ou forem modificadas, divulgar o fato ao mercado, de imediato, na forma prevista pelo artigo 157, § 4º, da Lei n. 6.404, de 15 de dezembro de 1976, e Instrução CVM n. 31/84, juntamente com as suas razões.

Art. 9º - É recomendável, mas não obrigatória, a prestação de informações sobre:

I - estrutura de capital; e

II - análise gerencial.

Parágrafo único - Entende-se por:

a) estrutura de capital — a relação entre recursos próprios e de terceiros, que os administradores da companhia considerem adequada e que pretendam manter a longo prazo;

b) análise gerencial, a apreciação, pelos administradores, dos principais fatos ocorridos na companhia, inclusive em seu patrimônio e resultados, com reflexos na vida social, que permita ao investidor avaliar a formação do resultado com base em fatos do conhecimento da administração e não refletidos necessariamente nas demonstrações financeiras.

Exame do registro da companhia

Art. 10 - O registro considerar-se-á automaticamente concedido se o pedido não for denegado dentro de trinta dias após a sua apresentação à CVM, mediante protocolo, com os documentos e informações exigidos.

Parágrafo único - A não apresentação de todos os documentos previstos no artigo 7º desta Instrução implicará a desconsideração do pedido e conseqüente cancelamento do protocolo na CVM.

Art. 11 - O prazo de trinta dias poderá ser interrompido uma única vez, se a CVM solicitar à companhia documentos e informações adicionais, relativos ao pedido de registro de companhia ou de distribuição pública (artigo 4º), passando a fluir novo prazo de trinta dias a partir do cumprimento das exigências.

§ 1º - Para o entendimento das eventuais exigências, será concedido prazo não superior a sessenta dias, contado do recebimento da correspondência respectiva, sob pena de ser desconsiderado o pedido de registro.

§ 2º - Caso as exigências sejam cumpridas antes de decorridos quinze dias do pedido de registro, não ocorrerá a interrupção prevista no *caput* deste artigo.

Art. 12 - Se o pedido do registro for denegado ou desconsiderado, todos os documentos que o instruíram ficarão à disposição da companhia, pelo prazo de noventa dias, contados da data de recebimento do aviso de que o pedido foi denegado ou desconsiderado, findo o qual poderão os mesmos ser inutilizados pela CVM.

Atualização do registro de companhia

Art. 13 - Concedido o registro, deverá a companhia adotar os seguintes procedimentos:

I - enviar à CVM, à bolsa em que seus valores mobiliários foram originalmente admitidos, à bolsa em que foram mais negociados no último exercício social e às outras bolsas que o solicitem informações periódicas e eventuais previstas nos artigos 16 e 17 desta Instrução nos prazos fixados; e

II - colocar as informações referidas no inciso I à disposição dos titulares de valores mobiliários, no departamento de acionistas da companhia; e

III - proceder à atualização, junto à CVM, dos seus dados cadastrais, até cinco dias após a ocorrência de qualquer alteração.

Parágrafo único - Os administradores deverão zelar pela divulgação simultânea para todo o mercado de informações relevantes, inclusive relativas aos negócios da companhia, perspectivas de rentabilidade, vendas, comportamento de custos e de despesas, veiculadas por qualquer meio de comunicação ou em reuniões de entidades de classe, de modo a garantir a sua ampla e imediata disseminação.

Art. 14 - As informações recebidas pela CVM serão colocadas à disposição do público, ressalvadas aquelas classificadas pela companhia como confidenciais.

§ 1º - Poderá ser dispensada, a critério da CVM, a apresentação de informações periódicas e/ou eventuais, quando os administradores entenderem que sua revelação porá em risco interesse legítimo da companhia, aplicando-se, no que couber, as disposições do artigo 157, § 5º, da Lei n. 6.404, de 15 de dezembro de 1976, e da Instrução CVM n. 31, de 8 de fevereiro de 1984.

§ 2º - Se os administradores decidirem não revelar a informação, deverão apresentar as razões que os levaram a considerar que a revelação coloca em risco interesse legítimo da companhia.

§ 3º - Quando as companhias remeterem à CVM informações confidenciais, deverão fazê-lo em documento apartado, enviando ao Presidente da CVM em envelope lacrado, no qual deverá constar a palavra "Confidencial".

Art. 15 - A CVM somente apreciará pedido de registro de emissão pública, ou qualquer outro pleito, de companhia que mantenha o registro atualizado, nos termos do artigo 13 desta Instrução.

Informações periódicas

Art. 16 - A companhia deverá prestar, na forma do artigo 13, desta Instrução, as seguintes informações periódicas, nos prazos especificados:

I - demonstrações financeiras e, se for o caso, demonstrações consolidadas, elaboradas de acordo com a Lei n. 6.404, de 15 de dezembro de 1976, e a regulamentação emanada da CVM para demonstrações financeiras em moeda de capacidade aquisitiva constante, acompanhadas do relatório da administração e do parecer do auditor independente:

a) até um mês antes da data marcada para a realização da assembléia-geral ordinária; ou

b) no mesmo dia de sua publicação pela imprensa, ou de sua colocação à disposição dos acionistas, se esta ocorrer em data anterior à referida letra "a".

II - formulário de Demonstrações Financeiras Padronizadas-DFP, elaboradas em moeda de capacidade aquisitiva constante, nos mesmos prazos fixados no inciso I deste artigo;

III - edital de convocação da assembléia-geral ordinária, no mesmo dia de sua publicação pela imprensa;

IV - formulário de Informações Anuais-IAN, até trinta dias após a realização da assembléia-geral ordinária;

V - sumário das decisões tomadas na assembléia-geral ordinária, no dia seguinte à sua realização;

VI - ata da assembléia-geral ordinária, até dez dias após a sua realização, com indicação das datas e jornais de sua publicação, se esta já tiver ocorrido;

VII - fac-símile dos certificados dos valores mobiliários emitidos pela companhia, se tiver havido alteração nos enviados anteriormente, até dez dias após a alteração;

VIII - formulário de Informações Trimestrais-ITR, elaboradas em moeda de capacidade aquisitiva constante, acompanhadas de Relatório de Revisão Especial (inciso XVI do artigo 7º desta Instrução) emitido por auditor independente devidamente registrado na CVM, até quarenta e cinco dias após o término de cada trimestre do exercício social, excetuando o último trimestre, ou quando a empresa divulgar as informações para acionistas, ou para terceiros, caso isso ocorra em data anterior.

§ 1º - Caso a companhia ainda esteja em fase pré-operacional deverá fornecer, juntamente com o formulário de Informações Anuais-IAN, informações atualizadas sobre o andamento do projeto apresentado à CVM por ocasião do pedido de registro.

§ 2º - Caso a companhia tenha sido declarada falida, o síndico deverá prestar informações semestrais sobre prazos fixados, etapas atingidas, bens alienados, valores arrecadados, importâncias desembolsadas e outras informações consideradas relevantes para o mercado de valores mobiliários, até quarenta e cinco dias após o término do semestre.

§ 3º - Caso a companhia entre em regime de liquidação extrajudicial as informações previstas no parágrafo anterior, deverão ser prestadas no prazo de quarenta e cinco dias após o término de cada trimestre do exercício social.

§ 4º - Configura infração ao disposto no inciso IV deste artigo a não apresentação das informações anuais, em razão de não se ter realizado assembléia-geral ordinária no prazo estabelecido no artigo 132 da Lei n. 6.404, de 15 de dezembro de 1976.

§ 5º - Na hipótese do parágrafo anterior, contar-se-ão os trinta dias fixados no inciso IV deste artigo da data do encerramento do prazo legal para a realização da assembléia-geral ordinária.

§ 6º - As companhias poderão transmitir as informações previstas nos incisos III, V e VI deste artigo por fac-símile, ou telex, no qual constem os dados cadastrais do formulário Informações Periódicas e Eventuais-IPE, encaminhando-as nos referidos formulários padronizados, observados os prazos fixados.

Informações eventuais

Art. 17 - A companhia deverá prestar, na forma do artigo 13 desta Instrução, as seguintes informações eventuais, nos prazos especificados:

I - edital de convocação de assembléia-geral extraordinária ou especial, no mesmo dia de sua publicação;

II - sumário das decisões tomadas nas assembléias-gerais extraordinária ou especial, no dia seguinte à sua realização;

III - ata de assembléia extraordinária ou especial, até 10 (dez) dias após a realização da assembléia;

IV - acordo de acionistas (artigo 118 da Lei n. 6.404, de 15 de dezembro de 1976), quando do arquivamento na companhia;

V - convenção de Grupo de Sociedades (artigo 265 da Lei n. 6.404, de 15 de dezembro de 1976), quando de sua aprovação;

VI - comunicação sobre ato ou fato relevante, nos termos do artigo 157, § 4º, da Lei n. 6.404, de 15 de dezembro de 1976, e da Instrução CVM n. 31, de 8 de fevereiro de 1984, no mesmo dia de sua divulgação pela imprensa;

VII - informação sobre pedido de concordata, seus fundamentos, demonstrações financeiras especialmente levantadas para obtenção do benefício legal e, se for o caso, situação dos debenturistas quanto ao recebimento das quantias investidas, no mesmo dia da entrada do pedido em juízo;

VIII - sentença concessiva da concordata, no mesmo dia de sua ciência pela companhia;

IX - informação sobre pedido ou confissão de falência, no mesmo dia de sua ciência pela companhia, ou do ingresso do pedido em juízo, conforme for o caso;

X - sentença declaratória de falência com indicação do síndico da massa falida, no mesmo dia de sua ciência pela companhia;

XI - outras informações solicitadas pela CVM, nos prazos que esta assinalar.

Parágrafo único - Para o encaminhamento das informações eventuais nos prazos fixados nos incisos I a XI deste artigo, aplicam-se as disposições constantes do § 6º do artigo 16.

Art. 18 - A companhia aberta que não mantiver seu registro atualizado, nos termos dos artigos 13, 16 e 17 desta Instrução, ficará sujeita à multa diária de 69,20 Unidades Fiscais de Referência Diária, sem prejuízo da responsabilidade solidária dos administradores nos termos dos artigos 9º, V, e 11 da Lei n. 6.385, de 7 de dezembro de 1976.

Art. 19 - Configura infração grave para os fins previstos no § 3º do artigo 11 da Lei n. 6.385, de 7 de dezembro de 1976, a transgressão às disposições desta Instrução e a não observância do prazo fixado no artigo 132 da Lei n. 6.404, de 15 de dezembro de 1976, para a realização da assembléia-geral ordinária.

Disposições gerais

Art. 20 - O registro na CVM não implica qualquer apreciação sobre a companhia, sendo os seus administradores responsáveis pela veracidade das informações prestadas.

Art. 21 - A companhia registrada nos termos desta Instrução deverá declarar sua condição de companhia aberta nas publicações ordenadas pela Lei de Sociedades por Ações e por outras normas legais que disponham sobre o mercado de valores mobiliários.

Art. 22 - As informações periódicas e eventuais requeridas das companhias abertas, conforme disposto nos artigos 16 e 17 da presente Instrução, deverão ser apresentadas por meio eletrônico de acordo com estrutura de banco de dados e programas fornecidos pela CVM, ou por formulários impressos padronizados.

Parágrafo único - As companhias poderão utilizar formulários contínuos desde que contenham todos os campos e configuração previstos nos formulários padronizados.

Art. 23 - Ficam aprovados os seguintes formulários anexos e programas necessários para o encaminhamento das informações por meio eletrônico:

a) Informações Anuais-IAN;

b) Informações Trimestrais-ITR;

c) Demonstrações Financeiras Padronizadas-DFP;

d) Informações Periódicas e Eventuais-IPE.

Parágrafo único - Fica autorizado o Superintendente Geral a alterar, incluir ou suprimir os formulários e programas aprovados por este artigo.

Disposições transitórias

Art. 24 - Esta Instrução entrará em vigor a partir de 1º de janeiro de 1994, ficando, a partir dessa data, revogadas as Instruções CVM ns. 60, de 14 de janeiro, 73, de 22 de dezembro de 1987, 118, de 7 de maio e 127, de 26 de julho de 1990.

Luiz Carlos Piva
Presidente

Instrução CVM n. 238, 11.10.95

Altera o artigo 19 da Instrução CVM n. 202, de 6 de dezembro de 1993.

O Presidente da Comissão de Valores Mobiliários-CVM, torna público que o Colegiado, em reunião realizada nesta data, com fundamento no disposto nos artigos 9º, § 2º, 21 e 22, parágrafo único, inciso I, da Lei n. 6.385, de 7 de dezembro de 1976 e no item II da Resolução do Conselho Monetário Nacional n. 1.657, de 26 de outubro de 1989, resolveu baixar a seguinte Instrução:

Art. 1º - O artigo 19 da Instrução CVM n. 202, de 6 de dezembro de 1993, passa a vigorar com a seguinte redação:

"Art. 19 - Constitui infração de natureza objetiva, em que será adotado rito sumário de processo administrativo, de acordo com o Regulamento Anexo à Resolução CMN n. 1.657/89, deixar de adotar, o administrador da companhia aberta, os procedimentos elencados nos incisos I a III do artigo 13, ressalvada a hipótese prevista no inciso VI do artigo 17 desta Instrução.

Parágrafo único - Configura infração grave, para os fins previstos no § 3º do artigo 11 da Lei n. 6.385, de 7 de dezembro de 1976:

I - O descumprimento do disposto no inciso VI do artigo 17 desta Instrução;

II - A não observância do prazo fixado no artigo 132 da Lei n. 6.404, de 15 de dezembro de 1976, para a realização da assembléia-geral ordinária;

III - A reincidência das infrações de natureza objetiva definidas no *caput* deste artigo."

Art. 2º - Esta Instrução entra em vigor na data de sua publicação no *Diário Oficial da União*.

Francisco Augusto da Costa e Silva
Presidente

Mercado de Capitais

LEGISLAÇÃO

MERCADO DE BALCÃO — OUTRAS NORMAS APLICÁVEIS

Instrução CVM n. 8, de 8.10.79

O Colegiado da Comissão de Valores Mobiliários torna público que, em sessão realizada nesta data, e de acordo com o disposto nos artigos 4º, V e VII e 18, II, *c* da Lei n. 6.385, de 7 de dezembro de 1976.

Resolveu:

I - É vedada aos administradores e acionistas de companhias abertas, aos intermediários e aos demais participantes do mercado de valores mobiliários, a criação de condições artificiais de demanda, oferta ou preço de valores mobiliários, a manipulação de preço, a realização de operações fraudulentas e o uso de práticas não-eqüitativas.

II - Para os efeitos desta Instrução conceitua-se como:

a) condições artificiais de demanda, oferta ou preço de valores mobiliários aquelas criadas em decorrência de negociações pelas quais seus participantes ou intermediários, por ação ou omissão dolosa provocarem, direta ou indiretamente, alterações no fluxo de ordens de compra ou venda de valores mobiliários;

b) manipulação de preços no mercado de valores mobiliários, a utilização de qualquer processo ou artifício destinado, direta ou indiretamente, a elevar, manter ou baixar a cotação de um valor mobiliário, induzindo terceiros à sua compra e venda;

c) operação fraudulenta no mercado de valores mobiliários, aquela em que se utilize ardil ou artifício destinado a induzir ou manter terceiros em erro, com a finalidade de se obter vantagem ilícita de natureza patrimonial para as partes na operação, para o intermediário ou para terceiros;

d) prática não-equitativa no mercado de valores mobiliários, aquela de que resulte, direta ou indiretamente, efetiva ou potencialidade, um tratamento para qualquer das partes, em negociações com valores mobiliários, que a coloque em uma indevida posição de desequilíbrio ou desigualdade em face dos demais participantes da operação.

III - Considera-se falta grave passível de aplicação das penalidades previstas no art. 11, Incisos I a VI da Lei n. 6.385/76, o descumprimento das disposições constantes desta Instrução.

IV - Esta Instrução entrará em vigor na data de sua publicação no *Diário Oficial*.

Roberto Teixeira da Costa

Presidente

Instrução CVM n. 14, de 17.10.80

Define as operações em Bolsas de Valores com opções de compra e venda de ações e estabelece os requisitos para sua realização.

O Colegiado da CVM torna público que, em sessão realizada em 13 de outubro de 1980, de acordo com o disposto no artigo 18, inciso II, alínea "a", da Lei n. 6.385, de 7 de dezembro de 1976, resolveu baixar a seguinte Instrução:

Art. 1º - O mercado de ações compreende as operações relativas à negociação, em pregão, de quaisquer dos direitos outorgados aos titulares de opções de compra de ações e opções de venda de ações.

Definições

Art. 2º - Considera-se, para os efeitos desta Instrução:

I - Opção de compra de ações — o direito outorgado ao titular da opção de, se o desejar, comprar ao lançador, exigindo que este lhe venda, um lote-padrão de determinada ação, a um preço por ação previamente estipulado e até uma data prefixada.

II - Opção de venda de ações — o direito outorgado ao titular da opção de, se o desejar, vender ao lançador, exigindo que este lhe compre, um lote-padrão de determinada ação, a um preço por ação previamente estipulado e até uma data prefixada

III - Ação-objeto — o valor mobiliário, de mesmas características, emitido por companhia aberta e admitido à negociação em pregão de bolsa de valores, a que se refere a opção.

IV - Lote-padrão — a quantidade de ações-objeto a que se refere necessariamente cada opção.

V - Preço de exercício — o preço por ação pelo qual o titular terá o direito de comprar ou vender a totalidade das ações-objeto da opção.

VI - Série — são opções do mesmo tipo (compra ou venda) lançadas sobre a mesma ação-objeto, tendo o mesmo mês de vencimento e o mesmo preço de exercício.

VII - Titular — aquele que detém o direito de exercer ou negociar a opção.

VIII - Lançador — aquele que outorga a opção, assumindo a obrigação de, se o titular o exercer, vender a este ou dele comprar o lote-padrão a que se refere a opção.

IX - Lançamento — operação que dá origem às opções negociadas no mercado:

a) lançamento coberto de opções de compra — aquele em que o lançador deposita a totalidade das ações-objeto em custódia segregada na bolsa de valores.

b) lançamento a descoberto de opções de compra ou de venda — aquele em que o lançador deposita títulos e/ou valores mobiliários e/ou dinheiro em custódia segregada na bolsa de valores como garantia da operação.

X - Prêmio — o preço de negociação, por ação-objeto, a que se refere a opção, em pregão de bolsa de valores.

XI - Exercício — a operação através da qual o titular da opção exerce o seu direito de comprar ou vender as ações-objeto da opção, ao preço de exercício.

Negociação

Art. 3º - Cabe à bolsa de valores determinar:

a) os valores mobiliários que poderão se constituir em ação-objeto das operações com opções;

b) a quantidade de ações do lote-padrão;

c) o preço de exercício;

d) a data de vencimento;

e) os meses de vencimento.

Garantias

Art. 4º — Para o lançamento de opções a descoberto, a bolsa de valores deverá fixar os níveis de garantia necessários ao efetivo controle do mercado de opções.

§ 1º — A bolsa de valores deverá publicar, periodicamente, a relação dos títulos e/ou valores mobiliários passíveis de integrarem as garantias, bem como o nível do depósito inicial e o nível mínimo de garantia a ser mantido até o vencimento da opção.

§ 2º - A CVM poderá alterar, a qualquer tempo e a seu inteiro critério, os níveis de garantias fixadas pela bolsa.

Habilitação

Art. 5º - A bolsa de valores deverá exigir da corretora que vier a intermediar negociações com opções a indicação, junto à CVM e à própria bolsa, de um administrador diretamente responsável por tais operações.

Parágrafo único - Para os efeitos desta Instrução, o administrador mencionado no *caput* deste artigo deve ser um diretor, sócio-gerente, ou titular de firma individual.

Art. 6º - A bolsa de valores deve promover curso de formação para os profissionais que participem das negociações com opções, bem como sistema de aferição de aproveitamento com a emissão de respectivo certificado.

Parágrafo único - Todo profissional de corretora que participe, direta ou indiretamente, de negociações de opções, bem como o administrador aludido no art. 5º desta Instrução, deve possuir o certificado de aproveitamento mencionado no *caput* deste artigo.

Comitê de regulação e avaliação do mercado de opções

Art. 7º - A bolsa de valores deve criar um comitê de regulação e avaliação do mercado de opções, composto dos seguintes membros:

a) o superintendente geral da bolsa de valores;

b) um membro do conselho de administração da bolsa, que não o superintendente geral;

c) um administrador de sociedade corretora indicado nos termos do art. 5º desta Instrução;

d) um representante de sociedade corretora na sala de negociações;

e) um representante do público investidor.

Art. 8º - O comitê de regulação e avaliação do mercado de opções será responsável:

a) pela análise da adequação das normas relativas ao mercado de opções, devendo, a qualquer tempo, propor ao conselho de administração da bolsa de valores as alterações que se fizerem necessárias;

b) pela solução de questões relativas à interpretação das normas elaboradas pela bolsa de valores e referentes ao mercado de opções;

c) pela elaboração de relatórios mensais sobre as negociações com opções durante os seis primeiros meses de existência desse tipo de operação na bolsa de valores, podendo este prazo ser alterado pela CVM;

d) pela elaboração de relatórios semestrais de acompanhamento e avaliação de desempenho das negociações com opções, compreendendo o reflexo dessas negociações sobre o mercado secundário de ações, especificamente no que se refere a profundidade, liquidez e continuidade de preços;

e) por outras atividades indicadas nas normas elaboradas pela bolsa de valores.

Parágrafo único - Os relatórios exigidos nas letras "c" e "d" deste artigo deverão ser entregues à CVM nos prazos de dez e trinta dias, respectivamente, após o término do período a que se referirem.

Sistema de controle de informação

Art. 9º - Cabe à bolsa de valores criar um sistema de controle com relação às operações com opções que possibilite, a qualquer momento, a imediata verificação do cumprimento das determinações desta Instrução, bem como de normas e regulamentos complementares que vierem a ser editados.

Art. 10 - Deve a bolsa de valores dispor de um sistema de divulgação de informações que permita aos participantes do mercado acompanhar a evolução dos negócios com opções realizados em seu recinto.

Art. 11 - A bolsa de valores deve elaborar um documento de informações sobre o mercado de opções, descrevendo os riscos que lhe são próprios, o qual deve ser submetido, previamente, à aprovação da CVM.

Contrato padrão para operações com opções

Art. 12 - A corretora só poderá operar com clientes no mercado de opções após firmar com os mesmos, contrato padrão conforme especificação da bolsa de valores e da CVM.

Parágrafo único - Quando da assinatura do contrato, mencionado no *caput* deste artigo, a corretora deverá entregar a seu cliente o documento de que trata o art. 11.

Responsabilidade

Art. 13 - A corretora é solidariamente responsável pela boa execução e liquidação das operações no mercado de ações.

Sanções

Art. 14 - O descumprimento das disposições da presente Instrução configura infração grave, para os fins do § 3º do art. 11, da Lei 6.385/76.

Disposições gerais

Art. 15 - Para admitir operações com opções em seu recinto de negociação, a bolsa de valores deverá submeter, previamente, à aprovação da CVM, normas e regulamentos referentes a tais operações.

Parágrafo único - Posteriores alterações nas normas e regulamentos editados pela bolsa de valores devem ser imediatamente comunicadas à CVM, acompanhadas da devida justificação.

Art. 16 - Esta Instrução entra em vigor na data de sua publicação no *Diário Oficial da União*.

Rio de Janeiro, 17 de outubro de 1980
Jorge Hilário Gouvêa Vieira
Presidente

Instrução CVM n. 36, 8.8.84

Dispõe sobre os mercados a futuro, a termo e de opções.

O Presidente da Comissão de Valores Mobiliários torna público que o Colegiado, em sessão realizada nesta data, e tendo em vista o disposto nos artigos 8º, 17 e 18, item II, alínea "a" da Lei n. 6.385, de 7.12.76, e no parágrafo único do artigo 21 do Regulamento anexo à Resolução CMN n. 922, de 15.5.84,

Resolveu:

Modalidades operacionais no mercado a futuro

Art. 1º - As Bolsas de Valores, em cujo recinto estão autorizadas, pela Comissão de Valores Mobiliários (CVM), negociações no mercado a futuro, podem admitir, a seu exclusivo critério, que essas operações se realizem nas seguintes modalidades:

Modalidade 1 - Os ganhos ou perdas decorrentes de diferença entre os valores contratados e os valores atualizados devem ser diariamente creditados ou debitados às sociedades corretoras, procedendo-se obrigatoriamente à liberação diária de ganhos, bem como à chamada diária de perdas, para todos os investidores, cobertos ou não cobertos.

Modalidade 2 - Os ganhos ou perdas decorrentes de diferença entre os valores contratados e os valores atualizados devem ser diariamente creditados ou debitados às sociedades corretoras, observado o seguinte:

I - os titulares de posições vendedoras cobertas estão dispensados de depositar o valor correspondente às perdas verificadas, a que se obrigam todos os demais investidores;

II - a liberação dos resultados positivos, mesmo na hipótese de encerramento antecipado de posições, somente ocorrerá na data contratada para a liquidação das operações;

III - os eventuais ganhos decorrentes da diferença entre os valores contratados e os valores atualizados poderão ser utilizados como compensação de reforço de garantia em outras posições detidas pelo mesmo comitente no mercado a futuro e a termo, desde que tais posições sejam intermediadas pela mesma sociedade corretora e que o vencimento da posição ganhadora seja simultâneo ou anterior ao das posições consideradas para compensação.

IV - os eventuais resultados positivos decorrentes de posições encerradas antecipadamente, poderão, além da compensação prevista na alínea anterior, ser utilizados como margem de garantia para abertura de novas posições nos mercados a futuro e a termo (posição compradora VC — vontade do comprador e posição vendedora VV — vontade do vendedor) desde que tais posições sejam intermediadas pela mesma sociedade corretora e que o vencimento da posição ganhadora seja simultâneo ou anterior ao das posições consideradas para compensação.

V - quando do encerramento antecipado de posição vendedora a futuro coberta, os valores correspondentes a resultados negativos serão depositados pela sociedade corretora, exceto para comitentes que detiverem posições vendedoras cobertas para vencimento subseqüente e intermediadas pela mesma sociedade corretora, observando-se nesse caso:

a) o valor à vista das ações depositadas como cobertura para o vencimento subseqüente, aferido diariamente pela cotação média observada, será diminuído de um percentual idêntico ao que define sua classe de margem no mercado a futuro;

b) caso o valor assim encontrado seja superior ou igual à soma do resultado negativo da posição encerrada com o eventual resultado negativo da posição em aberto, aferido diariamente, fica dispensado o depósito referido no item V deste artigo;

c) caso o valor assim encontrado seja inferior à soma dessas duas parcelas, será exigido o depósito da diferença ou o valor do resultado negativo da posição encerrada, considerado o menor desses dois valores.

Parágrafo único - O investidor, na hipótese de a Bolsa de Valores admitir as duas modalidades operacionais, deverá, no momento em que der a ordem, indicar em qual delas pretende que se processe sua operação.

Garantia nos mercados a futuro e a termo

Art. 2º - As operações nos mercados a futuro e a termo serão garantidas por depósito, nas Bolsas de Valores:

I - das ações objeto do contrato (venda coberta); ou

II - de numerário equivalente a, no mínimo 20% (vinte por cento) do montante da posição ou do contrato (margem).

Parágrafo único - A Comissão de Valores Mobiliários, mediante comunicação às Bolsas de Valores poderá alterar o referido percentual, de modo global ou em relação às ações que especificar.

Art. 3º - Respeitado o limite previsto no artigo anterior, caberá a cada Bolsa de Valores onde se negociem ações no mercado a futuro e a termo, a fixação dos níveis de margem para cada ação negociada nesses mercados, níveis esses que poderão ser aplicados em percentuais diversos nos dois mercados.

§ 1º - Para o cálculo das margens de garantia previstas neste artigo, as Bolsas de Valores deverão levar em conta para cada ação e, conforme a modalidade operacional, entre outros critérios, os graus de volatilidade e liquidez verificados no mercado.

§ 2º - As Bolsas de Valores deverão manter, ainda, uma sistemática de reforço de garantia em que seja assegurada, diariamente, a disponibilidade de recursos para a boa liquidação das operações efetuadas.

§ 3º - Os critérios e cálculos utilizados pelas Bolsas de Valores para fixação das margens, bem como a sistemática de reforço de garantia adotada para cada modalidade operacional, deverão estar permanentemente à disposição da Comissão de Valores Mobiliários.

§ 4º - As Bolsas de Valores deverão publicar os níveis de margem adotados para cada ação negociada nesses mercados, suas atualizações, bem como a relação dos títulos e/ou valores mobiliários passíveis de integrarem as garantias.

Art. 4º - Para as posições de natureza oposta no mercado a futuro (compra e venda) intermediadas pela mesma corretora, o percentual de margem incidirá somente sobre a diferença entre os valores atualizados dos contratos. No vencimento ou encerramento antecipado de qualquer das posições, será exigida margem integral relativa à posição remanescente.

Art. 5º - As Bolsas de Valores, no mercado a futuro, na Modalidade 2, podem aceitar como garantia de posições vendedoras de um comitente os direitos de titular de opções de compra do mesmo comitente, relativos à mesma ação, desde que intermediados pela mesma sociedade corretora.

§ 1º - Caso o preço de exercício da opção detida pelo titular seja, a qualquer momento, superior ao valor atualizado de sua posição vendedora a futuro, será exigido ainda, como garantia adicional, depósito de valor igual à diferença verificada ou margem relativa à posição a futuro, considerado o menor desses dois valores.[1]

§ 2º - Excetuado o previsto no parágrafo 1º deste artigo os comitentes que detiverem posições vendedoras assim garantidas estão dispensados de depositar quaisquer outras garantias.

§ 3º - O disposto neste artigo só se aplica quando o vencimento do direito do titular da opção foi simultâneo ou posterior ao de sua posição a futuro.

§ 4º - Na hipótese de extinção dos direitos de titular da opção, será exigido depósito das garantias relativas à posição a futuro.

Aplicações das margens

Art. 6º - As Bolsas de Valores creditarão aos investidores os rendimentos auferidos pela aplicação diária das margens de garantia recebidas em decorrência de operações no mercado a futuro, a termo e de opções, bem como o produto da reaplicação desses rendimentos.

§ 1º - A aplicação a que se refere o *caput* deste artigo será feita pelas Bolsas de Valores exclusivamente em títulos da dívida pública federal.

§ 2º - As perdas depositadas, em função da Modalidade 2, do mercado a futuro serão remuneradas em conformidade com o disposto neste artigo, revertendo o resultado para o investidor que as tiver depositado. Na hipótese de encerramento antecipado de posição, os resultados das aplicações efetuadas a partir desse momento pertencerão às Bolsas de Valores, que poderão, a seu critério, revertê-los aos investidores que operam na referida modalidade.

§ 3º - Os rendimentos auferidos deverão ser liberados para o investidor em períodos não superiores a 31 (trinta e um) dias.

§ 4º - A taxa média obtida nestas aplicações será divulgada diariamente nos Boletins das Bolsas de Valores.

§ 5º - As Bolsas de Valores especificarão o valor dos rendimentos creditados, discriminando-os por sociedade corretora e comitente.

§ 6º - As Bolsas de Valores poderão cobrar taxa de administração pela aplicação desses recursos e repasse dos rendimentos, observadas as seguintes condições:

I - o percentual da taxa de administração será fixado, a critério de cada Bolsa, respeitado o limite máximo de 4% a.a. (quatro por cento ao ano);

1. Artigo alterado pela Instrução CVM n. 44/85.

II - a taxa será cobrada diariamente, à razão de 1/360 (um trezentos e sessenta avos) do percentual estabelecido, e incidirá sobre o montante diário de recursos aplicados;

III - ressalvado o limite estabelecido no item I, será facultado, a cada Bolsa, aumentar, reduzir ou suprimir a cobrança da taxa, desde que as alterações sejam divulgadas ao mercado com antecedência mínima de 30 (trinta) dias.

Limites operacionais

Art. 7º - O valor total, por sociedade corretora, das posições a descoberto de seus comitentes, nos mercados a futuro, a termo e de opções não poderá exceder a 10 (dez) vezes o seu patrimônio líquido, de acordo com o último balancete apurado, deduzido deste o valor atribuído ao correspondente título patrimonial.

§ 1º - Entende-se por valor total das posições a descoberto, a soma das posições compradoras a futuro e a termo, vendedoras a descoberto a futuro e a termo e lançadoras a descoberto de opções.

§ 2º - As Bolsas de Valores devem manter um sistema de controle que lhes permita verificar diariamente o limite operacional previsto no *caput* deste artigo.

Art. 8º - As Bolsas de Valores que operarem nos mercados a futuro, a termo e de opções deverão manter sistema de controle que lhes permita verificar grau de concentração dos investidores nas diversas ações operadas nesses mercados.

§ 1º - As Bolsas de Valores poderão estabelecer limites de participação de investidores nos mercados a futuro, a termo e de opções, devendo necessariamente fazê-lo sempre que se verificar grau de concentração que coloque em risco o funcionamento regular e ordenado do mercado de valores mobiliários.

§ 2º - Para os fins deste artigo, considera-se investidor, qualquer pessoa física ou jurídica, ou grupo de pessoas agindo em conjunto ou representando um mesmo interesse.

Art. 9º - Os levantamentos e os controles efetuados diariamente pelas Bolsas de Valores, para cumprimento do previsto nos artigos 7º e 8º desta Instrução, deverão estar permanentemente à disposição da Comissão de Valores Mobiliários, que poderá, inclusive, solicitar seu sistemático encaminhamento, em periodicidade por ela definido.

Corretagem no mercado futuro

Art. 10 - A corretagem sobre as operações no mercado a futuro será cobrada uma única vez, por ciclo completo de um negócio, incidindo apenas na operação correspondente à abertura da posição.

Infração grave

Art. 11 - A infração às normas desta Instrução configura infração grave para os efeitos do § 3º do art. 11 da Lei n. 6.385, de 7 de dezembro de 1976.

Disposições gerais

Art. 12 - As Bolsas de Valores estão impedidas de aplicar quaisquer recursos próprios, ou sob sua administração, nos mercados a futuro, a termo e de opções.

Disposições transitórias

Art. 13 - No tocante às operações a termo, a periodicidade diária para o reforço de garantia de que trata o § 2º do art. 3º desta Instrução, somente será exigível após 90 (noventa) dias da data da sua publicação.

Vigência

Art. 14 - Esta Instrução entra em vigor cinco dias após a data de sua publicação no *Diário Oficial da União*, revogadas a Instrução CVM n. 27 de 17.5.83 e demais disposições em contrário.

Herculano Borges da Fonseca
Presidente

Instrução CVM n. 77, 11.5.88

Dispõe sobre os mercados futuros.

O Presidente da Comissão de Valores Mobiliários torna público que o Colegiado, em sessão realizada nesta data, e tendo em vista o disposto nos artigos 8º, 17 e 18, item II, alínea "a" da Lei n. 6.385, de 7.12.76, e no parágrafo único do artigo 21 do Regulamento anexo à Resolução CMN n. 922, de 15.5.84, e considerando:

— que o dinamismo e evolução dos mercados futuros exigem o constante aprimoramento de mecanismos de controle e fiscalização, necessários para evitar a concentração no mercado, conforme determinado na Instrução CVM n. 36/84;

— que cabe às Bolsas, no exercício de seu poder de auto-regulação, envidar esforços para que as regras relativas à concentração sejam estabelecidas e divulgadas, a fim de previamente harmonizar direitos e obrigações em prol do fortalecimento do mercado; e

— que é necessário compatibilizar as normas de auto-regulação e regulação, delimitando as competências próprias das Bolsas de Valores e esclarecendo quais as decisões que necessitam de um prévio acordo da CVM,

Resolveu:

Art. 1º - As Bolsas de Valores deverão prever em seus regulamentos de operação nos mercados futuros, de modo claro e preciso, os métodos que empregarão para prevenir e corrigir processo de concentração que coloque em risco o funcionamento regular e ordenado do mercado de valores mobiliários.

Art. 2º - Para o atendimento dos fins expressos no artigo 1º, as Bolsas de Valores que operarem nos mercados futuros devem ter um Comitê de Controle desses mercados sob a responsabilidade do Superintendente Geral, com as seguintes atribuições:

I - para os mercados a termo e futuro, estabelecer limites de participação de investidores a fim de impedir que seja alcançado nível de concentração que coloque em risco o funcionamento regular e ordenado do mercado de valores mobiliários;

II - para o mercado de opções:

a) estabelecer limites de participação por investidor, para cada série, antes da abertura das séries;

b) estabelecer limites de participação para corretoras (membros da Bolsa, permissionárias ou correspondentes), distribuidoras e bancos de investimento;

III - divulgar ao mercado os limites de participação referidos nos incisos I e II, comunicando-os previamente à CVM;

IV - verificar diariamente o grau de concentração dos investidores e instituições nos diversos mercados futuros;

V - aplicar as medidas de desconcentração previstas em regulamento aos participantes que venham a descumprir os limites fixados pelo Comitê;

VI - comunicar, de imediato, à CVM todas as medidas que forem aplicadas.

§ 1º - Os limites de participação previstos neste artigo e os critérios de fiscalização deverão ser ajustados entre as Bolsas interessadas quando da existência de operações simultâneas com o mesmo valor mobiliário em duas ou mais Bolsas.

§ 2º - Quaisquer alterações nos limites de participação não poderão prejudicar operações em curso, devendo ser imediatamente comunicadas à CVM e divulgadas ao mercado.

Art. 3º - Quando ocorrerem situações emergenciais que justifiquem a adoção de medidas não previstas expressamente no Regulamento da Bolsa, caberá ao respectivo Conselho de Administração deliberar a respeito e submeter a decisão, devidamente fundamentada, para que seja previamente aprovada pela CVM.

Parágrafo único - O *quorum* necessário para aprovação das deliberações de que trata o *caput* deste artigo será de 2/3 (dois terços) dos membros presentes do Conselho de Administração.

Art. 4º - Para os efeitos desta Instrução, considera-se investidor, além das pessoas físicas e jurídicas que operam nos mercados futuros, grupos de pessoas atuando em conjunto formado por:

I - cônjuges, companheiros e parentes consangüíneos ou afins, até o 2º grau;

II - pessoas direta ou indiretamente relacionadas por:

a) vínculo de controle ou coligação;

b) vínculo como empregado ou administrador;

c) vínculo de prestação habitual de serviço;

III - titulares e administradores de carteiras geridas, com ou sem exclusividade, por uma mesma pessoa física ou jurídica; e

IV - investidores, fiduciários e terceiros em geral, ou qualquer grupo que, a critério da Bolsa ou da CVM, represente o mesmo interesse.

Art. 5º - Para o fim de viabilizar efetivo controle do grau de concentração de posições de investidores nos mercados futuros, os bancos de investimento, sociedades distribuidoras e corretoras de outras praças estão obrigados a assegurar às bolsas de valores acesso aos registros que derem origem a negócios realizados nesses mercados, bem como às fichas cadastrais dos clientes que as emitirem.

Art. 6º - As bolsas de valores deverão submeter à aprovação da CVM a adaptação de seus Regulamentos às disposições previstas nesta Instrução no prazo de 15 (quinze) dias, contados a partir de sua vigência.

Parágrafo único - A CVM deverá se manifestar sobre as alterações do Regulamento no prazo de 15 (quinze) dias a contar de sua apresentação. Findo este prazo sem manifestação expressa da CVM, considerar-se-ão aprovadas as alterações feitas.

Art. 7º - As sociedades distribuidoras e bancos de investimento ficam sujeitos ao limite operacional previsto no artigo 7º da Instrução CVM n. 36, de 8.8.84.

Art. 8º - A infração às normas desta Instrução praticada por investidores, intermediários financeiros e pelas próprias Bolsas configura infração grave para os efeitos do § 3º do art. 11 da Lei n. 6.385, de 7.12.76.

Art. 9º - Fica revogado o art. 8º da Instrução CVM n. 36, de 8.8.84.

Art. 10 - Esta Instrução entrará em vigor na data de sua publicação no *Diário Oficial da União*, aplicando-se às operações que se realizarem após 15 de junho de 1988.

Arnoldo Wald
Presidente

Instrução CVM n. 120, 6.6.90

Dispõe sobre os mercados futuros a termo e de opções com valores mobiliários.

O Presidente da Comissão de Valores Mobiliários torna público que o Colegiado, em sessão realizada nesta data, de acordo com o disposto nos artigos 8º, 17 e 18, inciso II, alínea "a" da Lei n. 6.385, de 7 de dezembro de 1976,

Resolveu:

Das garantias

Art. 1º - As operações nos mercados a futuro, a termo e de opções com valores mobiliários serão garantidas por depósito nas Bolsas ou em Sistemas de Liquidação e Compensação em valor equivalente, no mínimo, a:

a) 2 (duas) vezes o valor do prêmio de mercado, ou 10% (dez por cento) do preço de exercício, o que for maior, quando se tratar de opções de venda;

b) 2 (duas) vezes o valor do prêmio de mercado, ou 10% (dez por cento) do preço à vista, o que for maior, quando se tratar de opções de compra;

c) 20% (vinte por cento) do montante da posição ou valor do contrato, quando se tratar de operações a termo e futuro de ações;

§ 1º - Nas hipóteses a que se referem as alíneas "a" e "b" a garantia poderá ser prestada em espécie, certificados representativos de ouro, títulos públicos federais, carta de fiança bancária incondicionada ou seguro de crédito.[1]

§ 2º - Nas operações a termo e a futuro de ações, a garantia mínima a que se refere a alínea "c" deverá ser prestada em espécie, podendo as garantias adicionais ser prestadas como no § 1º, ou ainda em ações incluídas entre as aceitáveis para esse fim pela bolsa de valores onde se realizar a operação, e considerando-se como valor da garantia 80% (oitenta por cento) de sua cotação no mercado à vista.

§ 3º - Nas operações de venda a termo e a futuro e de lançamento de opções com ações, fica dispensado o depósito da garantia, caso haja o depósito das ações objeto da operação.

§ 4º - A sociedade corretora poderá utilizar no máximo 10% (dez por cento) do valor da carta de fiança bancária incondicionada para cada comitente, por tipo de mercado.

§ 5º - As garantias de que trata este artigo serão devidas diariamente.

§ 6º - A posição será compulsoriamente encerrada quando o depósito de garantia não for efetuado até o dia seguinte ao da operação realizada.

Art. 2º - As operações no mercado futuro de índices, com referencial em valores mobiliários, serão garantidas por depósito nas Bolsas ou em Sistema de Liquidação e Compensação, em valor suficiente para cobrir a máxima variação adversa provável no período entre a chamada de garantia e o seu depósito.

§ 1º - Caberá às Bolsas estabelecer a metodologia de cálculo da garantia, que será previamente aprovada pela CVM, considerando a volatilidade dos índices de referência e a taxa de juros praticada no mercado.

1. Alterado pela Instrução CVM n. 152/91.

§ 2º - A não manifestação da CVM no prazo de 7 (sete) dias úteis implicará na aprovação automática da metodologia.

Art. 3º - Não será exigido depósito de garantias para as posições de natureza oposta no mercado de opções, detidas por um mesmo comitente e intermediadas por uma mesma instituição, desde que prevaleçam as condições abaixo:

I - o vencimento da posição titular seja o mesmo ou posterior ao da posição lançadora; e

II - o preço de exercício da posição lançadora for maior ou igual ao preço de exercício da posição titular, no caso de opções de compra; ou o preço do exercício da posição lançadora for menor ou igual ao preço de exercício da posição titular, no caso de opções de venda.

§ 1º - Caso o preço de exercício da opção detida pela lançadora seja menor que o preço de exercício na posição atitular, no caso de opções de compra ou superior no caso de opções de venda, será exigido, adicionalmente como garantia de depósito de valor igual à diferença verificada.

§ 2º - Na hipótese de extinção dos direitos de titular da opção, será exigido depósito das garantias, relativo à posição remanescente.

Dos limites

Art. 4º - Por delegação da Comissão de Valores Mobiliários, as bolsas de valores deverão fixar, para os mercados a futuro, a termo e de opções, limites global e por comitente, para posições em aberto, em cada bolsa, por ação objeto, relacionados ao número de ações em circulação no mercado.

§ 1º - As bolsas que mantiverem mercados a futuro e de opções referenciados em índices de ações estabelecerão limites, global e por comitente, para as posições em aberto em cada bolsa, por índice de referência.

§ 2º - Os limites fixados de acordo com o disposto no *caput* deste artigo e em seu §

1º deverão ser aprovados pela Comissão de Valores Mobiliários, previamente a sua implementação.

§ 3º - A não manifestação da CVM no prazo de 7 (sete) dias úteis implicará na aprovação automática dos limites.

§ 4º - Os limites de que tratam o *caput* deste artigo e o § 1º poderão ser alterados pelas bolsas, após prévia aprovação da CVM.

§ 5º - A não manifestação da CVM no prazo de 2 (dois) dias úteis implicará na aprovação automática da alteração feita.

§ 6º - Para os efeitos desta Instrução, entende-se como ações em circulação no mercado o total de ações de uma mesma espécie e classe emitidas pela mesma companhia aberta excluindo-se aquelas de propriedade do acionista ou grupo controlador.

Da abertura de novas séries no mercado de opções

Art. 5º - Para abertura de séries de um novo vencimento, serão fixados até cinco preços de exercício.

Art. 6º - O critério para abertura de séries e fixação dos preços de exercício será estabelecido pelas bolsas, de comum acordo, e submetido previamente à CVM para aprovação.

§ 1º - O critério referido neste artigo deverá considerar a volatilidade e a tendência do preço à vista do valor mobiliário, bem como os procedimentos a serem adotados para a abertura de séries adicionais no decorrer do vencimento.

§ 2º - A não manifestação da CVM no prazo de 7 (sete) dias úteis implicará na aprovação automática do critério.

Art. 7º - Não serão abertas novas séries para um vencimento de opções nos cinco pregões anteriores ao do vencimento.

Dos vencimentos nos mercados de índices

Art. 8º - Os vencimentos nos mercados objeto desta Instrução obedecerão a calendário estabelecido pelas Bolsas.

Da auditoria externa independente

Art. 9º - As bolsas deverão manter os serviços de auditores externos independente para as operações de liquidação futura, para detectar o não cumprimento da legislação em vigor, e, especialmente, das disposições desta Instrução e da Instrução CVM n. 77, de 11.5.88.

§ 1º - Deverão ser enviados à Comissão de Valores Mobiliários relatórios semanais sobre o comportamento dos mercados de liquidação futura, devidamente auditados, até a terça-feira da semana subseqüente.

§ 2º - O respectivo parecer de auditoria deverá ser publicado no boletim de divulgação das bolsas.

Da liquidação das operações

Art. 10 - Somente poderão manter mercados de opções e futuros as bolsas que realizem a liquidação física e financeira das operações em todos os mercados em que operem até o dia seguinte ao do fechamento da operação (D + 1).

Das disposições gerais e transitórias

Art. 11 - As disposições desta Instrução, bem como as da Instrução CVM n. 77, de 11.5.88, aplicam-se às bolsas de futuros e mercadorias que negociem com valores mobiliários.

Parágrafo único - As bolsas de valores, de futuros e de mercadorias deverão apresentar à CVM, até o dia 17.7.90, cronograma para implantação do sistema de liquidação em D+1, prevendo, inclusive, fases de simulação do sistema e treinamento dos representantes das sociedades corretoras.[1]

Art. 12 - O descumprimento das disposições previstas nesta Instrução configura infração grave, para os fins do § 3º do artigo 11, da Lei n. 6.385, de 7.12.76.

1. Revogado pela Instrução CVM n. 159/91

Art. 13 - O prazo para liquidação de operações, previsto no artigo 10 desta Instrução, aplicar-se-á somente a partir de 2 de janeiro de 1991, devendo a liquidação, até essa data, ser processada até o segundo dia seguinte ao do fechamento da operação.[2]

Art. 14 - Esta Instrução entra em vigor na data de sua publicação no *Diário Oficial da União*, ficando revogada a Instrução CVM n. 104, de 26.10.89, e demais disposições em contrário, excetuada a Deliberação CVM n. 84, de 6.4.90.

Ary Oswaldo Mattos Filho

Presidente

Instrução CVM n. 179, 13.2.92

Dispõe sobre o fluxo de informações para acompanhamento de mercado consideradas relevantes.

O Presidente da Comissão de Valores Mobiliários torna público que o Colegiado, em sessão realizada nesta data, com fundamento no artigos 4º, item III da Lei n. 6.385, de 7 de dezembro de 1976,

Resolveu:

Art. 1º - Ficam as bolsas, que possuem processamento eletrônico de dados, obrigadas a fornecer em tempo real os registros sobre negócios realizados, leilões e demais informações consideradas relevantes para o devido acompanhamento de mercado pela CVM.

Art. 2º - Para tal, as bolsas deverão se interligar com a CVM através de canal de comunicação de dados exclusivo para este fim.

Art. 3º - As bolsas deverão adaptar-se às normas desta Instrução no prazo de 30 (trinta) dias a contar da sua entrada em vigor.[3]

Art. 4º - O descumprimento às normas desta Instrução configura infração grave para os fins do parágrafo 3º do art. 11, da Lei n. 6.385/76.

Art. 5º - Esta Instrução entrará em vigor na data de sua publicação no *Diário Oficial da União*.

Ary Oswaldo Mattos Filho

Presidente

Instrução CVM n. 180, 13.2.92

Dispõe sobre limites de posições em aberto no mercado futuro de índices.

O Presidente da Comissão de Valores Mobiliários torna público que o Colegiado, em sessão realizada nesta data, e tendo em vista o disposto nos artigos 8º, 17 e 18, item II, alínea "a" da Lei n. 6.385, de 7 de dezembro de 1976,

Resolveu:

Art. 1º - As posições em aberto detidas, no mercado futuro de índices, por comitentes ou grupo de comitentes atuando em conjunto não poderá ultrapassar os seguintes limites:

N. de Contratos em Aberto por Vencimento

Limite Máximo de Contratos em Aberto Detido por Comitentes ou Grupos de Comitentes

Até 15.000

2.000 Contratos ou 25% (vinte e cinco por cento) do Total de Contratos em Aberto, prevalecendo o que for maior

Acima de 15.001

4.000 Contratos ou 20% (vinte por cento) do Total de Contratos em Aberto, prevalecendo o que for maior.

Art. 2º - As Bolsas de Valores e as Bolsas de Futuro poderão permitir que os limites fixados no artigo anterior sejam ultrapassados quando, por circunstâncias de mercado, o número de contratos em aberto sofrerem redução, desde que apresentem, imediatamente, à Comissão de Valores Mobiliários, os respectivos critérios e justificativas.

2. Revogado pela Instrução CVM n. 159/91.

3. Alterado pela Instrução CVM n. 184/92.

Art. 3º - As Bolsas de Valores e as Bolsas de Futuro deverão enviar à Comissão de Valores Mobiliários, no prazo máximo de 24 (vinte e quatro) horas, relatórios diários sobre o movimento, bem como o extrato de posições detidas no mercado futuro de índices e, em igual, prazo, outros relatórios quando solicitados.

Art. 4º - O descumprimento das disposições previstas nesta Instrução configura infração grave, para os fins do artigo 11, da Lei n. 6.385, de 7 de dezembro de 1976.

Art. 5º - Esta Instrução entrará em vigor na data de sua publicação no *Diário Oficial da União*.

Ary Oswaldo Mattos Filho

Presidente

Instrução CVM n. 220, 15.9.94

Estabelece normas e procedimentos a serem observados nas operações em bolsas de valores e dá outras providências.

O Presidente da Comissão de Valores Mobiliários-CVM, torna público que o Colegiado, em sessão realizada nesta data, de acordo com o artigo 18, item II, alíneas "a" e "c" da Lei n. 6.385, de 7 de dezembro de 1976,

Resolveu:

Art. 1º - As bolsas de valores devem estabelecer regras de conduta a serem observadas pelas sociedades corretoras no relacionamento com seus clientes e com o mercado, em que deverão constar, no mínimo, os dispositivos que atendam aos seguintes princípios:

I - probidade na condução das atividades no melhor interesse de seus clientes e na integridade do mercado;

II - diligência na execução de ordens de compra, venda ou permuta de valores mobiliários;

III - capacitação para desempenho de suas atividades;

IV - obrigação de obter e apresentar a seus clientes informações, inclusive sobre riscos característicos do mercado, bem como de suprir seus clientes, em tempo hábil, com a documentação dos negócios realizados;

V - evitar conflitos de interesses e, quando não for possível, assegurar tratamento eqüitativo a seus clientes;

Parágrafo único - As regras de conduta a que se referem este artigo deverão ser submetidas à Comissão de Valores Mobiliários com antecedência mínima de 30 dias da respectiva aplicação.

Art. 2º - Observadas as disposições desta Instrução, bem como as normas expedidas pelas bolsas de valores, as sociedades corretoras e os demais participantes que atuem diretamente nos recintos ou sistemas de negociação da bolsa devem estabelecer regras e parâmetros relativos ao recebimento, registro, prazo de validade, prioridade, execução, distribuição e cancelamento de ordens.

Parágrafo único - Os clientes deverão ser cientificados por escrito a respeito das regras da sociedade corretora a que se refere este artigo.

Art. 3º - As bolsas de valores devem exigir das sociedades corretoras a manutenção de cadastros atualizados, contendo as informações necessárias à perfeita identificação e qualificação de seus clientes.

§ 1º - É permitido às sociedades corretoras manter os cadastros de seus clientes mediante sistema informatizado, desde que observadas as disposições contidas nesta Instrução e nas normas expedidas pelas bolsas de valores.

§ 2º - Caso a sociedade corretora integre um conglomerado financeiro, admitir-se-á a manutenção de cadastro único de clientes, observadas as disposições contidas nesta Instrução e nas normas expedidas pelas bolsas de valores.

§ 3º - Os cadastros dos clientes devem permanecer na sede social da sociedade corretora ou no conglomerado financeiro do qual faz parte, à disposição da Comissão de Valores Mobiliários e das bolsas de valores.

§ 4º - A critério exclusivo da Comissão de Valores Mobiliários, no caso de operações especiais em Bolsa, precedidas de captação de ordens pulverizadas através de agências bancárias do país, os dados cadastrais dos comitentes ficarão arquivados na sociedade corretora ou distribuidora que intermediar a operação, à disposição da fiscalização da Comissão de Valores Mobiliários, dispensando-se o cadastramento nos sistemas das Bolsas de Valores.

§ 5º - A operação a que se refere o parágrafo anterior será registrada, na Bolsa de Valores em que se realizar, em nome da instituição intermediadora em conta especial.

Art. 4º - Os cadastros devem, ainda, observar os seguintes requisitos:

I - ter anexada, quando se tratar de cliente pessoa física, cópia da cédula de identidade e do CPF, e, na hipótese de cliente pessoa jurídica, cópia do respectivo contrato, regulamento ou estatuto social registrado no órgão competente e do cartão do CGC;

II - no caso de carteira administrada por terceiros, deverá ser anexada a correspondente autorização, bem como a ficha cadastral do administrador e o respectivo código;

III - na hipótese de investidores institucionais, nacionais ou estrangeiros, deverá constar o(s) nome(s) da(s) pessoa(s) autorizada(s) a transmitir ordens, e, conforme o caso, do(s) administrador(es) da instituição ou responsável(eis) pela administração da carteira no país;

IV - quando as sociedades corretoras operarem com seus clientes por meio de contas coletivas, não caracterizadas como sociedades ou fundos de investimento, essas deverão ser identificadas por código que permita o conhecimento de tal condição, devendo estar, cada participante, igualmente cadastrado.

Art. 5º - As sociedades corretoras devem manter documento, datado e assinado pelo cliente ou por seu mandatário legal devidamente constituído, antes da realização da primeira operação ordenada, onde constarão, no mínimo, as seguintes declarações:

I - que são verdadeiras as informações fornecidas para o preenchimento do cadastro;

II - que se compromete a informar, no prazo de dez dias, quaisquer alterações que vierem a ocorrer nos seus dados cadastrais;

III - que opera por conta própria ou, em caso contrário, indicar, claramente, em nome de quem pretende operar;

IV - que é ou não é pessoa vinculada à sociedade corretora;

V - que não está impedido de operar no mercado de valores mobiliários;

VI - que, por expressa opção, se for o caso, manifesta-se pela transmissão de ordens exclusivamente por escrito;

VII - que tem conhecimento do disposto nesta Instrução, nas normas editadas pelas bolsas de valores e sociedades corretoras, cujas cópias recebeu e mantém em seu poder.

§ 1º - Cumpre às sociedades corretoras solicitar aos seus clientes autorização expressa para que, independentemente de notificação judicial ou extrajudicial, possam vender, em bolsas de valores, as ações adquiridas por sua conta e ordem não liquidadas, ou outros valores mobiliários, aplicando o produto da venda no pagamento dos respectivos débitos.

§ 2º - Admite-se a falta de assinatura no documento de que trata este artigo até vinte dias a contar da data da realização da primeira operação ordenada pelo cliente.

Art. 6º - As sociedades corretoras devem instituir procedimentos de controle adequados à comprovação do atendimento ao disposto no artigo 2º, mantendo os respectivos registros, em sua sede social ou do conglomerado financeiro, à disposição da Comissão de Valores Mobiliários, das bolsas de valores e dos clientes, pelo prazo de 5 (cinco) anos.

Art. 7º - As bolsas de valores devem regulamentar os tipos de ordens aceitos em seus recintos ou sistemas de negociação, em norma específica submetida à Comissão de Valores Mobiliários com antecedência mínima de trinta dias da respectiva aplicação.

§ 1º - "Ordem", para efeitos desta Instrução, é ato mediante o qual o cliente determina a uma sociedade corretora que compre ou venda valores mobiliários ou direitos a eles inerentes em seu nome e nas condições que especificar.

§ 2º - As pequenas ordens, relativas a operações no mercado à vista, poderão ser grupadas em lote padrão e seus múltiplos para facilidade de execução, devendo os comitentes ordenantes especificarem o prazo de validade de suas ordens, não ultrapassando cinco dias.

Art. 8º - Os demais integrantes do sistema de distribuição de títulos e valores mobiliários — inciso III do artigo 15 da Lei n. 6.385/76 — somente podem repassar ordens de clientes neles cadastrados se:

I - mantiverem cadastro de seus clientes observadas as disposições desta Instrução;

II - fornecerem, diretamente às bolsas de valores, o cadastro de seus clientes, exceto quando se tratar de operações previstas no parágrafo 2º do artigo 7º.

III - informarem à sociedade corretora intermediária, a cada operação, o código do comitente final, constante do cadastro das bolsas de valores.

Parágrafo único - Para os fins do disposto neste artigo, os integrantes referidos no *caput* deste artigo estão obrigados a:

I - informar à Comissão de Valores Mobiliários, quando solicitado, o nome e as operações do comitente;

II - encaminhar aos seus clientes a regra da sociedade corretora adotada.

Art. 9º - As bolsas de valores deverão remeter, imediatamente, à Comissão de Valores Mobiliários, quando solicitadas, a relação dos comitentes das operações nelas realizadas.

Parágrafo único - O disposto neste artigo aplica-se, também, às bolsas de mercadorias e/ou de futuros que atuem com índices representativos de valores mobiliários, relativamente a essas operações.

Art. 10 - Os integrantes do sistema de distribuição de títulos e valores mobiliários, sempre que receberem quaisquer valores de seus clientes, bem como lhe efetuarem pagamentos referentes a operações no mercado de valores mobiliários, devem fazer constar dos respectivos documentos as seguintes informações:

I - o número da conta corrente do cliente junto ao intermediário;

II - quando em cheque, os números de conta corrente bancária e do cheque, o seu respectivo valor, o(s) nome(s) do(s) beneficiário(s), do sacador e do banco sacado, com indicação da agência.

Art. 11 - As bolsas de valores devem estabelecer procedimentos de supervisão das operações realizadas por pessoas vinculadas a sociedades corretoras e demais integrantes do sistema de distribuição de valores mobiliários, de modo a preservar as regras de conduta referidas no inciso V do artigo 1º.

Art. 12 - As pessoas vinculadas a sociedade corretora somente poderão negociar valores mobiliários por intermédio da sociedade a que estiverem vinculadas.

Art. 13 - O diretor da área de operações em bolsas de valores da sociedade corretora é responsável pelo cumprimento dos dispositivos contidos nesta Instrução.

Art. 14 - Constituem hipótese de infração de natureza objetiva o descumprimento das disposições contidas nesta Instrução, casos em que poderá ser adotado o rito sumário de processo administrativo, de acordo com o Regulamento anexo à Resolução n. 1.657, de 26.10.89, do Conselho Monetário Nacional, ressalvando-se as hipóteses que se configurem infração da Instrução CVM n. 08 de 8.10.79.

Art. 15 - Compete às bolsas de valores baixar as normas complementares necessárias à execução do disposto nesta Instrução.

Art. 16 - As disposições constantes desta Instrução aplicam-se, no que couber, às entidades ou associações que regulem mercados organizados, bem como aos demais integrantes do sistema de distribuição de títulos e valores mobiliários previstos no inciso III do artigo 15 da Lei n. 6.385/76.

Art. 17 - Esta Instrução entrará em vigor noventa dias após a data de sua publicação, devendo, todavia, as bolsas de valores e os demais integrantes do sistema de distribuição de títulos e valores mobiliários adaptar-se aos preceitos desta Instrução, nos seguintes prazos:

I - trinta dias contados da data da publicação para as bolsas de valores estabelecerem as regras previstas no artigo 1º, bem como baixarem as normas complementares a esta Instrução, as quais deverão ser encaminhadas à Comissão de Valores Mobiliários, imediatamente após a respectiva aprovação;

II - sessenta dias contados do término do prazo estabelecido no inciso anterior para a elaboração, pelas sociedades corretoras, das regras previstas no artigo 2º.

§ 1º - Para fins de cumprimento do disposto nos artigos 3º, 4º e 5º desta Instrução, as sociedades corretoras deverão efetuar a adaptação dos atuais cadastros no prazo de um ano contado da publicação desta Instrução.

§ 2º - Enquanto as regras a que se referem os artigos 1º e 2º desta Instrução não forem aprovadas pela bolsa de valores e pelas sociedades corretoras, deverão ser observadas as disposições contidas na Instrução CVM n. 33, de 26.3.84.

Art. 18 - Ficam revogadas, a partir da vigência desta Instrução, as Instruções CVM ns. 33, de 26.3.84; 107, de 26.10.89; 129, de 26.7.90; 150 de 10.7.91; 163, de 31.10.91; 166, de 11.12.91; o inciso XV da Instrução CVM n. 135, de 16.11.90, Deliberação CVM n. 141 de 23.1.92 e demais disposições em contrário.

Thomás Tosta de Sá

Presidente

Pareceres

AÇÕES PREFERENCIAIS EXCLUSIVAMENTE COM VANTAGENS POLÍTICAS*

LUIZ GASTÃO PAES DE BARROS LEÃES

1. Exposição e consulta. 2. As vantagens políticas são elementos suficientes para, por si só, caracterizarem as ações preferenciais. 3. Desde 5 de junho de 1997 todas as ações preferenciais são dotadas de vantagem patrimonial por força de lei. 4. A conversão de preferenciais em ordinárias depende de previsão estatutária e assembléia dos preferencialistas. 5. Invalidade da conversão em ordinárias e da eliminação das classes das ações preferenciais da D.

1. Exposição e consulta

1.1 Os ilustres colegas, Doutores Carmen Sylvia Parkinson e Paulo Benedito Lazzareschi, na qualidade de advogados de ... acionistas de D, expõem a questão a seguir articulada, solicitando o nosso parecer.

1.2 A D foi constituída na década de 30 como sociedade por quotas, de responsabilidade limitada. Seu capital social foi sempre bastante pulverizado. Ao longo de toda a existência a D jamais teve um sócio majoritário. Por isso mesmo, ainda quando a revestia a forma de sociedade limitada, seus sócios entenderam necessário estabelecer uma rígida estrutura de poder, conferindo a oito grupos diversos de sócios o direito de eleger, em separado, cada grupo, um administrador da sociedade.

1.3 Quando em 1972 deliberaram transformar a D em sociedade por ações, os sócios, reproduzindo a referida estrutura de poder, criaram oito classes de ações preferenciais, conferindo a cada uma delas o direito de eleger, em separado, um membro do conselho de administração, assegurando-lhes, ainda, o pleno exercício do direito de voto em igualdade com as ações ordinárias.

1.4 Todavia, deixaram de atribuir a essas classes de ações preferenciais uma vantagem patrimonial qualquer dentre aquelas previstas em lei (artigo 10 do DL 2.627/40).

1.5 Logo após sua transformação em sociedade por ações, a D passou a ser sociedade de capital aberto, com ações negociadas em bolsa (registro junto ao Banco Central), sem que qualquer alteração com relação às preferenciais tenha sido providenciada.

1.6 As disposições estatutárias referentes à diversidade de classe de ações preferenciais igualmente não sofreram qualquer alteração quando da adaptação do estatuto com o advento das disposições da Lei n. 6.404, de 1976.

1.7 Em 1994 um lote significativo de ações da D foi adquirido por investidores

* A partir desta edição, a *RDM* está dando início à publicação de pareceres nos quais se discutam questões relevantes de Direito.

institucionais (bancos, fundos e carteiras de investimentos). Desde então os principais acionistas discutem proposta deste novo grupo de acionistas para extinguir as ações preferenciais, convertendo-as em ações ordinárias, seguida de eliminação da vantagem política de eleger, em separado, um membro do conselho de administração.

1.8 Os clientes dos consulentes, que detêm mais de 20% do capital total, e são titulares de ações de todas as classes preferenciais e da maioria das ações da classe "E", insurgiram-se contra a proposta de eliminação das classes de ações e recusaram-se a firmar o Acordo de Acionistas que previa a conversão de preferenciais em ordinária, conforme minuta que nos foi presente.

1.9 Em 23.5.97 e 3.6.97 foram realizadas reuniões extraordinárias do Conselho de Administração para apreciar proposta de alteração do estatuto e eliminação das classes de ações preferenciais. Os Conselheiros eleitos pelo grupo de acionistas acima referido votaram contra a proposta, alertando para a flagrante violação da lei.

1.10 Por fim, no final de agosto, foi convocada assembléia geral extraordinária para apreciar proposta de alteração do estatuto social da D, cabendo ainda ressaltar a matéria constante da primeira ordem do dia:

"o reconhecimento como ordinárias e declaração como tal das ações preferenciais emitidas pela Companhia, em virtude das referidas ações preferenciais não atenderem aos requisitos da lei, com a conseqüência eliminação da referência às classes de ações preferenciais da Companhia, ficando o capital social, assim, dividido exclusivamente em ações ordinárias".

1.11 Na assembléia de 9.9.97 foi apresentada a seguinte justificativa para a proposta de extinção das classes de preferenciais:

"(a) as atuais ações preferenciais de emissão da Companhia não se enquadram na definição de ação preferencial contida na Lei n. 6.404, de 15.12.1976, sendo efetivamente ordinárias, tal como posição defendida em parecer sobre a situação acionária da Companhia elaborado pela Comissão de Valores Mobiliários em 17.1.1983; e

"(b) a Companhia, contemplando uma modificação em sua estrutura corporativa, optou por adaptar seu Estatuto Social aos padrões de mercado de capitais, com ações que realmente tenham liquidez."

1.12 A assembléia geral, por maioria, contra o voto de acionistas representando mais de 20% do capital total, aprovou a referida proposta, bem como a redução para apenas sete o número de membros do Conselho de Administração.

1.13 O Capital da D, antes das deliberações tomadas na assembléia do último dia 9 de setembro, estava dividido em 2.354.000 ações, sendo 1.211.224 ordinárias, representando 51,45%, e 1.142.776 preferenciais, representando 48,55% do capital social. As ações preferenciais, por sua vez, estavam divididas da seguinte forma:

228.801 da classe A
115.139 da classe B
140.012 da classe C
56.613 da classe D
121.434 da classe E
128.922 da classe F
240.185 da classe G
111.670 da classe H

1.14 O Conselho de Administração era composto de, no mínimo, nove, e no máximo, onze membros efetivos e respectivos suplentes, cabendo às classes de preferenciais a eleição de oito membros e às ordinárias a eleição de um a três conselheiros.

1.15 Diante desses fatos, pergunta-se:

(a) Quais as conseqüências de não ter o estatuto da D, por mais de 25 anos, declarado as vantagens patrimoniais de suas várias classes de ações preferenciais?

(b) É possível suprimir, por alguma forma, o direito de cada classe de ações preferenciais eleger, em separado, um membro do Conselho de Administração sem a concordância expressa de cada titular desta espécie de ações?

(c) Se as ações preferenciais da D são, de fato e de direito, ações ordinárias, como deliberado na supra-referida assembléia geral, podem os acionistas, por simples maioria de votos, extinguir a diversidade de classe de ações ordinárias ou se aplicaria no caso o disposto no parágrafo único do artigo 16 da Lei n. 6.404/76?

1.16 Antes de responder aos quesitos que nos foram formulados, cumpre abordar três questões preliminares, a saber: (1º) é convicção do parecerista de que o privilégio do voto em separado era, no império do Decreto-lei n. 2.627, e continua sendo, até com maior dose de razão, no regime da Lei n. 6.404, elemento suficientemente idôneo para fundar, só por si, uma categoria preferencial de ações, sem a necessidade de correlatas vantagens patrimoniais; (2º) desde 5 de junho de 1997, data da entrada em vigor da Lei n. 9.457, de 5 de maio de 1997, todas as ações preferenciais dispõem, por força de lei, de vantagem patrimonial, consistente no diferencial de 10% dos dividendos hauridos do lucro de exercício, maiores do que os atribuídos às ações ordinárias; (3º) a conversão de ações preferenciais em ordinárias depende de expressa previsão estatutária, especificando as condições em que tal conversibilidade poderá ou deverá realizar-se, e se a opção será do acionista ou da sociedade, assim como depende do referendo da assembléia especial dos interessados, sendo certo, outrossim, que a eliminação de classes das ordinárias está subordinada à concordância de todos os titulares das ações atingidas.

2. *As vantagens políticas são elementos suficientes para, só por si, caracterizarem as ações preferenciais*

2.1 As ações, conforme a *natureza* dos direitos e vantagens que atribuam a seus titulares, são classificadas em categorias ou espécies diferentes. A lei brasileira consagra, há anos, três espécies de ações: ordinárias, preferenciais e de fruição. Às ações ordinárias, ou comuns, a lei confere um contingente de direitos considerados *essenciais* a todas as ações, de que não podem ser privadas nem pelo estatuto social, nem pela assembléia geral de acionistas (Lei n. 6.404, artigo 109). Às ações preferenciais, além desses direitos essenciais, podem ser conferidos outros direitos ou vantagens, desconhecidos das ações ordinárias, e que lhes emprestam essa natureza privilegiada ou preferencial, a que a sua denominação faz alusão (idem, artigos 17 e 18).

2.2 Segundo a tradição de nosso Direito, as prerrogativas e vantagens que, somadas aos direitos essenciais, comuns a todas as ações, levam a distinguir as preferenciais das ordinárias, são fundamentalmente de *ordem econômica*. A essas vantagens e direitos, a Lei n. 6.404, de 1976, veio a adicionar vantagens de *ordem política*. Conforme dispõe o artigo 18 da lei, o estatuto pode, doravante, (a) assegurar a uma ou mais classes de ações preferenciais o direito de eleger, em votação em separado, um ou mais membros dos órgãos da administração e (b) subordinar as alterações estatutárias que especificar à aprovação, em assembléia especial, dos titulares de uma ou mais classes de ações preferenciais. A pergunta que se põe é a seguinte: Seriam essas vantagens políticas, por si só, suficientes para imprimir a condição de preferencial às ações delas dotadas? ou deveriam elas também incorporar alguma vantagem de índole patrimonial para adquirir essa condição?

2.3 Somos da opinião de que, mormente a partir da Lei n. 6.404, o direito de eleger em votação separada um ou mais membros dos órgãos da administração, ou o direito de subordinar as alterações estatutárias à assembléia especial dos titulares de ações preferenciais, são vantagens idôneas *per se* para criar essa categoria diferenciada de ações. Qualquer resistência a essa conclusão não encontra o menor apoio na lei em vigor, constituindo, na verdade, hábito ou preconceito gerado por anos de convivência com textos anteriores, que só previam, ao menos expressamente, vantagens e direitos de ordem patrimonial como elementos caracterizadores das ações preferenciais.

2.4 Como se sabe, até o ano de 1932, quando surgiu o Decreto n. 21.536, de 15 de junho, não reconhecia o nosso Direito positivo as ações preferenciais, regulando apenas as ações ordinárias ou comuns. No silêncio da lei, muito se discutia sobre a licitude da emissão de ações privilegiadas ou preferenciais, sempre conceituadas como aquelas que conferem aos seus titulares preferência nos lucros ou prioridade no reembolso, desconhecidas das ações ordinárias. Segundo monografia clássica de Ernesto Leme, foi a Companhia dos Fazendeiros de S. Paulo que, em 1916, inaugurou em nosso país o sistema das ações privilegiadas, na vigência do Decreto n. 434, de 4 de julho de 1891, amparada em pareceres do Visconde de Ouro Preto e do Conselheiro Ruy Barbosa. A conclusão dessas opiniões era uma só: na ausência de qualquer texto proibindo-as, tais ações seriam lícitas. A questão novamente se agitou em 1926, quando da criação de ações de prioridade, por parte da Caixa de Liquidação de S. Paulo. Desta feita, sobre a legitimidade da operação, falaram J. X. Carvalho de Mendonça, Francisco Morato, Luiz Barbosa da Gama Cerqueira, Spencer Vampré e Waldemar Ferreira, com opinião contrária de Paulo de Lacerda.[1]

2.5 Eis que em 15 de junho de 1932, com base no projeto de autoria de Clodomir Cardoso, foi o Decreto n. 21.536 aprovado, admitindo que o capital das sociedades anônimas se constituísse, em parte, por ações preferenciais de uma ou mais classes, podendo a preferência consistir em prioridade na distribuição de dividendos, ou no reembolso do capital, ou ainda na acumulação dessas duas vantagens.

2.6 Pois bem, nessas três oportunidades, foi sempre ventilada a possibilidade de conferir a essas ações preferenciais vantagem consistente em privilégio de voto, tendo essa vantagem sido inclusive incluída na última versão do projeto Clodomir Cardoso.[2] Dada porém a confusão, reinante na época, entre o *voto plural*, expressão utilizada para designar as ações que têm diversos sufrágios, e o *voto privilegiado*, expressão utilizada para designar as ações a que se atribui o direito de eleger, em votação em separado, um ou mais membros dos órgãos da administração, ou o direito de veto a determinadas alterações estatutárias, dada porém a confusão, repetimos, entre esses conceitos, o Decreto n. 21.536 vedou expressamente o voto plural, deixando, por outro lado, de cogitar do sufrágio privilegiado, previsto no projeto.

2.7 Ora, ao vedar o voto plural e ao não se referir expressamente ao voto privilegiado, o Decreto n. 21.536, na verdade, não proibiu essa última modalidade de sufrágio, embora o ministro Francisco Campos, na exposição de motivos que o acompanhava, tenha adotado a sinonímia entre as duas expressões de alcances obviamente diversos.[3] O Decreto-lei n. 2.627, de 1940, reproduziu as regras dos dispositivos do decreto de 1932 relativos aos privilégios patrimoniais das ações preferenciais e à vedação do voto plúrimo. E também não vedou expressamente o voto privilegiado.

1. Leme, *Das Ações Preferenciaes nas Sociedades Anonymas*, 1933, São Paulo, pp. 90 e ss.

2. Assim rezava o § 4º do artigo 67 do Projeto: "O voto privilegiado não poderá ser concedido a acções que já tenham ou adquiriram outro privilégio, nem a uma parte das acções ordinárias, com exclusão da outra, senão para ser exercido na eleição dos administradores e fiscaes; e nenhuma acção poderá conferí-lo, ao mesmo tempo, para uma ou outra eleição, não sendo egualmente, lícito eleger, por meio delle, mais que um dos fiscaes, nem mais que a maioria absoluta dos administradores".

3. Cf. Na Exposição de Motivos fala-se que "que a solução do voto plural ou privilegiado não só deixou de ser adoptada, como foi expressamente fulminada no projecto" (in Leme, ob. cit., p. 120).

À vista disso, ou seja, à vista da omissão da lei, e não obstante a manifestação discordante de alguns juristas, a prática societária, mormente no império do diploma de 1940, consagrou, de maneira definitiva, a admissibilidade em nosso meio do voto privilegiado tanto para a eleição dos membros da administração por acionistas preferenciais, quanto para vetar determinadas modificações estatutárias.

2.8 A argumentação em prol dessa prática se concentrou no fato de que a redação do artigo 10 do Decreto-lei 2.627 (idêntica a do artigo 17 da lei do anonimato em vigor), referente às *preferências* que *poderiam* — e não *deveriam* — ser conferidas às ações preferenciais, não induz, de maneira nenhuma, a que se infira que, *a contrario sensu*, estaria totalmente proibida a atribuição de qualquer outra prerrogativa a essas ações, que não aquelas ali previstas. Até pelo contrário, a redação dos artigos 11 e 105, alínea "a", do mesmo diploma, nos levava a conclusão oposta, na medida em que estatuem que as ações em exame podem ter *preferências e vantagens*, ou seja, que, além das *preferências* pecuniárias arroladas no artigo 10, haveria a possibilidade de se atribuir a essa espécie de ações *vantagens* de outra ordem, inclusive de índole administrativa ou política.

2.9 De resto, o próprio Decreto-lei 2.627, em duas hipóteses, atribuía a vantagem da votação em separado para os titulares de ações preferenciais: (a) na alteração das preferências (cuja eficácia ficava subordinada, nos termos do artigo 106, à aprovação dos acionistas interessados, reunidos em assembléia especial) e (b) na eleição do conselho fiscal (visto que o artigo 125 assegurava às ações preferenciais o direito de eleger um membro e respectivo suplente nesse órgão, mesmo quando destituídas do direito de voto).[4]

2.10 Na Exposição de Motivos que acompanha o projeto que se transformou na Lei n. 6.404, de 1976, foi expressamente registrado que o artigo 18 do novo diploma, que acolhe a outorga de vantagens políticas às preferenciais a essas ações, nada mais vinha fazer do que sancionar "práticas usuais, inclusive em participações do BNDE".

2.11 Ora, foi dentro desse contexto, ainda na vigência do Decreto-lei 2.627, que, em 1972, foram criadas as ações preferenciais da D, dotadas tão-somente de direitos políticos. Que as ações preferenciais podiam contemplar vantagens administrativas ou políticas, não havia mais dúvidas, como registramos. Caberia agora indagar se, na vigência do Decreto-lei n. 2.627, essas vantagens administrativas e políticas, por si só, seriam vantagens suficientes para justificarem a criação de ações preferenciais, sem que lhes fossem atribuídas, também, prerrogativas patrimoniais. Pelos motivos a seguir expostos, não vemos como se possa sustentar que, na vigência do diploma de 1940, à míngua dos privilégios e vantagens de ordem patrimonial previstos no artigo 10, não se pudesse criar ações preferenciais exclusivamente com privilégios ou vantagens administrativos ou políticos, que as distinguissem das ações ordinárias ou comuns, como ocorreu no caso da D, ora em pauta.

2.12 São de três ordens as razões que militam nesse sentido. Em primeiro lugar, o artigo 10 do Decreto-lei 2.627, ao estabelecer preferências de ordem econômica para as ações preferenciais, não prescreve uma obrigação, mas indisfarçavelmente uma *faculdade*. A dicção do dispositivo — aliás mais evidente ainda no artigo 17 da lei em vigor, que prevê dispositivo similar — honestamente não admite dúvidas, pois diz que "a preferência *pode* consistir em prioridade na distribuição de dividendos [...], prioridade no reembolso do capital [...], ou na acumulação das vantagens acima enumeradas", o que vale a dizer, afinal, que outras vantagens "podem" igualmente constituir preferência para o fim de caracterizar as ações *qua* preferenciais. Faz-se

4. Cf. Lamy e Bulhões Pedreira, *A Lei das S.A.*, Rio, 1992, pp. 369 e ss.

apenas mister que elas incorporem vantagens comparativas reais em relação às prerrogativas comuns às ações ordinárias, pois é nesse sentido que elas são privilegiadas.

2.13 Em segundo lugar, o regime legal das sociedades autônomas é um sistema de normas que prevê, por certo, regras cogentes, mas seu princípio básico é o da autonomia de vontade, que informa todo o direito das obrigações, em que afinal se insere. As normas cogentes da lei têm por fim proteger os interesses dos credores, acionistas e terceiros nas relações internas e externas da companhia, e não se vislumbra em quê esses interesses poderiam ser prejudicados pelo fato de as ações preferenciais se singularizarem tão-só e exclusivamente por atribuir a seus titulares vantagens que não sejam patrimoniais, mas políticas.

2.14 Em terceiro lugar, avulta desse conteúdo facultativo do artigo 10 do Decreto-lei 2.627 a intenção do legislador de dar à autonomia privada uma certa liberdade na criação das ações preferenciais, informadas por direitos e vantagens diversos, nunca a de reduzir a um *numerus clausus* as hipóteses dessa categoria de ações especiais. Em suma, a lei foge, no estrito campo das preferenciais, da regra da tipicidade rígida. Mesmo no âmbito das vantagens pecuniárias, que esse artigo especificamente regula, resta um espaço aberto, que sugere múltiplas combinações possíveis. Lícito é assim concluir que há no decreto regulamentador uma liberdade negocial na instituição de ações preferenciais.[5]

2.15 Por todas essas razões, mesmo sob o império do Decreto-lei 2.627, não há como não concluir que as vantagens de ordem administrativa ou política eram *per se* idôneas para fundar uma categoria de ações diferenciadas das ordinárias ou comuns. A questão, aliás, foi longamente debatida na doutrina alemã na passagem da vigência do § 252 do *HGB*, que admitia a ação com direito de voto plural (*Mehrstimmenrechtakie*), para o § 12 da *Aktiengesetz* de 1937, que a suprimiu, só a autorizando excepcionalmente, subordinada a uma dupla autorização ministerial.

2.16 O § 252, *Abs.* 1, do *HGB* concebia o voto plúrimo não como uma nota distintiva de uma categoria (*Gattungsmerkmal*) de ações, mas como uma conseqüência de uma precedente categoria de ações já providas de um privilégio (*Besondderheit*). A opinião dominante era de que a lei não fizera mais do que reproduzir o que prevalecia na prática: o direito de voto plúrimo (*Mehrstimmerechst*) decorria sempre de um privilégio anterior (*Vorrecht*). Em suma, o voto plural era encarado como "consectário" e não como "causa" de uma diversa categoria de ações (as categorias [*Aktienggattungen*], no direito alemão, são as nossas "espécies" de ações, assim como os tipos [*Aktienarten*] são as nossas "formas" de ações). Ora, o § 12 da *AktG* de 1937 alterou totalmente essa colocação da questão. Ao suprimir as ações com voto plural, a não ser em hipóteses tópicas, não as vinculou a uma diversidade precedente, como ocorria no *HGB*, razão pela qual essa forma de privilégio político passou a ser uma característica por si só suficiente para distinguir uma categoria privilegiada de ações, imprimindo-lhes uma dimensão toda especial ("*ein ganz besonderem Masse*"). O mesmo princípio foi mantido na *AktG* de 1965. Ou seja: a não ser que a lei expressamente o preveja, o privilégio de voto não está condicionado à existência prévia de um outro privilégio, de ordem econômica.[6]

2.17 No Decreto-lei 2.627, as vantagens de ordem patrimonial, listadas pelo artigo 10, eram, como vimos, indisfarçavelmente facultativas e não imperativas, não podendo constituir, por conseqüência, "antecedentes necessários" à emissão de ações

5. Cf. Pavone La Rosa, "Titoli "atipici" e libertà di emissione nell'ambito delle strutture organizzative della grande impresa", in *Rivista delle società*, 1982, p. 705, ivi, 728.

6. Cf. Hueck, *Gesellschaftsrecht*, München, 1968, p. 200; Lutter, in *Kölner Kommentar zum AktG*, Köln, etc., 1971, *sub* § 221, pp. 574 e ss.

privilegiadas ou preferenciais, visto que podiam não existir. Em nenhuma passagem da lei existe tal condicionamento, que, para valer, tinha que ser expresso. Por outro lado, conservando a tradição brasileira de vedar o voto plural (art. 80, par. ún.), a lei de 1940 atribuía a cada ação preferencial, assim como a cada ação ordinária, o direito de um voto nas deliberações da assembléia geral, não fazendo depender essa prerrogativa de necessárias vantagens econômicas precedentes, nem mesmo com relação às ações preferenciais. Tanto assim que, permitindo a eliminação desse direito político, ou seja, a supressão do direito de voto, ou a instituição do voto restrito, com relação às preferenciais, a lei mantinha intocado, e até mais protegido, o seu direito patrimonial aos dividendos, que aliás não eram nenhum privilégio especial, mas uma prerrogativa comum a todas as ações (art. 81).

2.18 Pois bem, ao prever expressamente, em seu artigo 18, *vantagens políticas* que "poderiam" consubstanciar privilégios a ser assegurados a uma ou mais classes de ações preferenciais, ao lado das preferências ou vantagens de ordem patrimonial, que, de acordo com o artigo 17, anterior, "poderiam" também ser conferidas às ações em tela, a Lei n. 6.404 simplesmente consagrou, de maneira definitiva e incontestável, a tese já disseminada de que as vantagens de ordem administrativa ou política são suficientemente hábeis para qualificarem, por si só, as ações como privilegiadas ou preferenciais, tenham elas ou não, *pari passu*, prerrogativas de ordem econômica. À luz do diploma em vigor, a clara letra da lei dissipa, de vez, qualquer dúvida que ainda se alimente a respeito.

2.19 Basta aliás uma leitura sistemática dos dispositivos legais, atinentes à matéria, que a seguir transcrevemos:

"Art. 15. As ações, conforme *a natureza dos direitos ou vantagens* que confiram a seus titulares, são ordinárias, preferenciais ou de fruição. (...)

"§ 2º. O número de ações *preferenciais sem direito a voto*, ou sujeitas a restrições no exercício desse direito, não pode ultrapassar 2/3 (dois terços) do total das ações emitidas. (...)

"Art. 17. As preferências ou vantagens das ações preferenciais *podem* consistir:

"I - em prioridade na distribuição de dividendos;

"II - em prioridade no reembolso do capital, com prêmio ou sem ele;

"III - na acumulação das vantagens enumeradas. (...)

"Art. 18. O estatuto *pode* assegurar a uma ou mais classes de ações preferenciais o direito de eleger, em *votação em separado*, um ou mais membros dos órgãos de administração.

"Parágrafo único. O estatuto *pode* subordinar as alterações estatutárias que especificar à aprovação, *em assembléia especial*, dos titulares de uma ou mais classes de ações preferenciais. (...)

"Art. 19. O estatuto da companhia com ações preferenciais *declarará as vantagens ou preferências* atribuídas a cada classe dessas ações e as restrições a que ficarão sujeitas (...)."

2.20 Na assembléia de transformação da D, de sociedades por quotas, de responsabilidade limitada, em sociedade anônima, realizada em 24 de abril de 1972, foram criadas ações preferenciais, divididas em oito classes distintas, *com direito de voto pleno* nas deliberações das assembléias da Companhia, em igualdade com as ações ordinárias, dotadas, outrossim, da *vantagem adicional* de elegerem, em votação em separado, membros do Conselho de Administração da Sociedade, e respectivos suplentes. Visto que não atribuíram a essas ações qualquer uma das vantagens patrimoniais previstas na lei então em vigor (artigo 10 do DL 2.627), essas ações se distinguem das ordinárias unicamente pelo privilégio político que lhes foi atribuído.

2.21 Ora, na medida em que essas ações preferenciais se distinguem das ordinárias por incorporarem, além dos direitos essenciais e do voto pleno em assembléia, comuns às ações ordinárias, essa vantagem política, elas dispõem desenganadamente de um privilégio que, por sua intensidade e importância, a colocam num patamar superior às ações comuns. Essa condição de eminência, ou de superioridade, era, no império do DL 2.627 (e o é mais ainda na vigência da Lei n. 6.404), elemento por si só idôneo para qualificá-las como privilegiadas ou preferenciais, desautorizando, assim peremptoriamente, todo e qualquer esforço de interpretação que se oriente no sentido de caracterizá-las como ordinárias ou comuns, pois dotadas de vantagens que não são comuns às ações ordinárias.

3. Desde 5 de junho de 1997 todas as ações preferenciais são dotadas de vantagem patrimonial por força de lei

3.1 Passemos agora à segunda preliminar. A Lei n. 9.457, de 5 de maio de 1997, com entrada em vigor para trinta dias após a sua publicação (artigo 5º), ou seja, em 5 de junho de 1997, ao conferir nova redação ao artigo 17 da Lei n. 6.404, de 1976, atribuiu aos titulares de ações preferenciais, com dividendo calculado sobre o lucro de exercício, o direito de receber o diferencial a maior de 10% (dez por cento), no mínimo, sobre o valor pago aos titulares de ações ordinárias, salvo se já prevê a prioridade na distribuição de dividendos fixos ou mínimos (artigo 1º), *in verbis*:

"Art. 1º. Os dispositivos da Lei n. 6.404, de 15 de dezembro de 1976, abaixo enumerados, passam a vigorar com a seguinte redação: (...)

"Art. 17. As preferenciais ou vantagens das ações preferenciais:

"I - *consistem*, salvo no caso de ações com direitos a dividendos fixos ou mínimos, cumulativos ou não, no direito a dividendos no mínimo 10% (dez por cento) maiores do que os atribuídos às ações ordinárias;

"II - sem prejuízo do disposto no inciso I e no que for com ele compatível, podem consistir:

"a) em prioridade na distribuição de dividendos;

"b) em prioridade no reembolso do capital, com prêmio ou sem ele;

"c) na acumulação das vantagens acima enumeradas. (...)."

3.2 Como se vê, ao impor, através de norma *imperativa*, o diferencial em favor das preferenciais de 10% dos dividendos hauridos no lucro de exercício, *vis-à-vis* aos das ordinárias ("*consistem*..."), a Lei n. 9.457, de 1997, manteve também, através de norma *facultativa*, as categorias de preferenciais com direito a dividendos fixos ou mínimos, ou com prioridade no reembolso do capital em caso de liquidação da companhia, já constantes do diploma de 1976 (*podem consistir*...).

3.3 Essa vantagem suplementar imperativa independe seja "declarado" pelos estatutos, como requer o artigo 19 da Lei n. 6.404 para as hipóteses facultativas de vantagens patrimoniais, que, por resultarem da livre escolha dos acionistas, devem obviamente vir registradas na lei interna. Decorrendo de mandamento legal, essa vantagem compulsória é automática e não se subordina à manifestação volitiva dos interessados, sendo privilégio exigível a partir da entrada em vigor da Lei n. 9.457, a qual, de resto, não contém norma transitória referente ao prazo de adaptação do estatuto às novas disposições nela contidas.[7]

3.4 Como aponta Nelson Eizirik, o legislador pátrio inspirou-se, aí, no sistema

7. Carvalhosa, *Comentários à Lei de Sociedades Anônimas*, v. 1, São Paulo, 1997, revista e atualizada, p. 149; Eizirik, *Reforma das S.A.*, Rio, 1997, pp. 29 e ss.; Cantidiano, *Comentários à Lei n. 9.457, de 5 de maio de 1997*, pp. 13-14, e Aragão, *Algumas Questões Relativas ao Dividendo das Ações Preferenciais no Âmbito da Mini-Reforma da Lei das Sociedades por Ações*, ambos de 1997, não publicados.

societário italiano, no qual os titulares de ações preferenciais sem direito de voto têm sempre o direito ao recebimento de dividendos superiores aos atribuídos às ações votantes. Trata-se do chamado *dividendo complessivo maggiorato*. A distribuição dos dividendos das *azioni di risparmi* (assim chamadas as ações sem direito de voto) é feita após a dedução da quota de reserva dos lucros líquidos resultantes do balanço aprovado. Os dividendos são denominados "privilegiados" e devem atingir no mínimo 5% do valor nominal da ação. Após a distribuição desses dividendos privilegiados, devem as companhias dividir o restante dos lucros líquidos por todas as ações, cabendo às preferenciais sem voto um "dividendo complementar majorado", em relação ao dividendo das ordinárias, em valor equivalente pelo menos a 2% do valor nominal da ação.[8]

3.5 Na Lei n. 9.457/97, não se estabelece essa correlação, presente na lei italiana, entre a supressão do voto e o privilégio do dividendo a maior. Sempre se entendeu, em nosso sistema societário, que, no silêncio dos estatutos, as ações preferenciais gozam, além das vantagens que lhes são outorgadas, dos mesmos direitos atribuídos às ações ordinárias, inclusive o de voto. A vantagem patrimonial do diferencial de, no mínimo, 10% superiores aos dividendos que forem atribuídos às ações ordinárias, não é, no nosso Direito, concebida como uma contrapartida da privação do voto, visto que constitui uma prerrogativa efetiva das ações preferenciais, disponham ou não do direito de voto, "salvo no caso de ações com direito a dividendos fixos ou mínimos, cumulativos ou não".

3.6 No caso da D, por não ocorrerem as hipóteses da ressalva da lei, as ações preferenciais, dotadas desde a sua constituição da vantagem política acima descrita, são desenganadamente destinatárias *também* da vantagem patrimonial instituída pela Lei 9.457, a partir da data em que esta entrou em vigor, em 5 de junho de 1997. Ou seja, *meses antes* da assembléia geral extraordinária de 9 de setembro de 1997, que as converteram compulsoriamente em ordinárias, eliminando as classes existentes, sob o argumento — duplamente improcedente — de que a presença apenas de vantagem política e a ausência de vantagens patrimoniais nessas ações as descaracterizariam como preferenciais. Como vimos, a presença de efetivo privilégio político era — e é — característica suficiente para qualificar como tais as ações preferenciais. Ademais, após a Lei n. 9.457, todas as ações preferenciais, a não ser em hipóteses tópicas, dispõem de vantagem patrimonial consistente no dividendo complementar majorado.

4. *A conversão de preferenciais em ordinárias depende de previsão estatutária e assembléia dos preferencialistas*

4.1 Vejamos agora a terceira preliminar. Pela Lei 6.404, de 1976, as ações das sociedades anônimas se dividiam em três *espécies* — ordinárias, preferenciais ou de fruição — que podiam revestir três *formas* — nominativas, endossáveis e ao portador (artigos 15 e 20). A Lei n. 8.021, de 12 de abril de 1990, veio eliminar a divisão das ações quanto à forma, dando nova redação ao artigo 20 da Lei n. 6.404, acima citado, que passou a determinar que, daí em diante, as ações deveriam revestir unicamente a forma nominativa (art. 4º).

4.2 Quando ainda vigorava a diversidade de formas de ações, admitia-se a *conversão* tanto de uma espécie de ação em outra, quanto de uma forma em outra. No que tange à *forma* das ações, estabelecia a Lei 6.404 que ao estatuto cabia "determinar a forma e a conversibilidade" (art. 22), sendo que, ao determinar o regime de conversão, o estatuto deveria respeitar a regra pela qual todas as ações ordinárias de com-

8. Eizirik, ob. cit., p. 44. Cf. Bione, *Trattato delle società per azioni*, diretto da Colombo & Portale, Turim, 1991, volume 2º, p. 62 ss.

panhia aberta, e, ao menos, uma classe de ações ordinárias de companhia fechada, quando tivessem a forma ao portador, seriam obrigatoriamente conversíveis em nominativas ou endossáveis, à vontade soberana do acionista (art. 22, parágrafo único). Como se observa, no tocante à forma das ações, a regra era a da conversibilidade das ações, sendo a inconversibilidade exceção a ser instituída pelo estatuto social.

4.3 No que tange à conversão de uma *espécie* de ação em outra, a Lei n. 6.404 igualmente estabelece que ao estatuto da companhia caberá prever se a ação pertencente a uma espécie poderá ser convertida em outra, devendo ainda fixar as *condições* em que essa transformação se dará (art. 19, *in fine*). Como se vê, a regra, aqui, ao contrário é a da *inconversibilidade* de uma espécie em outra, a menos que o estatuto expressamente admita a conversão, fixando as condições em que poderá realizar-se.

4.4 É o que diz Wilson de Souza Campos Batalha,[9] em síntese feliz:

"Não assegura a lei a conversibilidade das ações preferenciais em ordinárias e reciprocamente. Tal conversibilidade depende de norma explícita no estatuto, que deverá prever as respectivas condições."

4.5 Essa previsão estatutária de conversão de uma espécie de ação em outra poderá ser introduzida, por certo, no estatuto a qualquer momento da vida da sociedade, já que a "reforma do estatuto social" é da competência da assembléia geral dos acionistas (artigo 122, I), e, mais especificamente, da assembléia geral extraordinária (artigo 135), suscetível de ser convocada a todo tempo, observado o disposto na lei e no estatuto (artigo 123), e instalada com obediência do *quorum especial* prescrito em lei para esse tipo de assembléia (artigo 135, *caput*).

4.6 Ademais, sempre que a conversão de ordinárias em preferenciais (ou de uma classe de preferenciais em outra) implicar em criação de preferenciais, em aumento da classe existente sem guardar proporção com as demais, ou em criação de nova classe de ações preferenciais mais favorecida, a sua introdução no estatuto, através sempre de conclave extraordinário, dependerá (a) da aprovação por *quorum qualificado* correspondente à maioria absoluta das ações com direito a voto (artigo 136, I e II), e (b) da ratificação, por *assembléia especial*, pelos possuidores de metade das ações preferenciais existentes (artigo 136, § 1º).[10]

4.7 *A contrario sensu*, importando a conversão em aumento de uma classe de preferenciais, guardando proporção com outras classes, ou em criação de nova classe, com as mesmas vantagens e prioridades das classes existentes, a sua introdução no estatuto, por intermédio da assembléia extraordinária, não dependerá do *quorum* qualificado de deliberação, e dispensará a ratificação por assembléia especial dos interessados. Prevalecerá, no caso, o *quorum* de deliberação comum, estabelecido na forma do artigo 129 da lei, sendo apenas de destacar que, na instalação do conclave, deverá ser obedecido o *quorum* especial do artigo 135, supramencionado.

9. Batalha, *Comentários à Lei das Sociedades Anônimas*, Rio, 1997, v. I, p. 216.

10. O Decreto-lei 2.627, de 1940, também no seu artigo 11 dispunha que os estatutos das sociedades anônimas poderiam autorizar a conversão de uma espécie em outra, "fixando as respectivas condições". A seguir, o artigo 12 estabelecia que ocorrendo a emissão de ações preferenciais "em virtude da conversão" de ações comuns em preferenciais, os estatutos, se omissos, seriam alterados, a fim de que neles se incluísse as declarações do art. 11. Essa introdução do regime de conversão no estatuto deveria ser aprovada em assembléia extraordinária, "sendo necessária a aprovação de acionistas, que representem metade, no mínimo, do capital com direito de voto" (art. 105). Além da assembléia geral extraordinária realizada na forma do art. 105, era imprescindível, para que a deliberação se aperfeiçoasse, que ela fosse submetida ao exame da assembléia especial, formada pelos possuidores do capital constituído pelas classes prejudicadas (arts. 105, "a", e 106). Dos comentadores da lei revogada, apenas Gudesteu Pires abordou o assunto de maneira sistemática (v. Pires, *Manual das Sociedades Anônimas*, Rio, 1942, p. 144).

4.8 Na hipótese inversa, ou seja, na conversão de ações preferenciais em ordinárias — que é o caso da hipótese objeto da consulta — por implicar necessariamente em alteração das "preferências e vantagens" relativas a uma categoria de ações, a sua admissão no estatuto social dependerá (a) da deliberação de assembléia geral extraordinária instalada com o *quorum* especial, tomada por acionistas que representem metade, no mínimo, das ações com direito a voto, e (b) ratificada em assembléia especial pelos titulares das preferenciais existentes, exatamente na forma estabelecida nos artigos acima mencionados. Ademais, terão os acionistas dissidentes direito de retirar-se da companhia, mediante reembolso do valor de suas ações (art. 137, *caput*).

4.9 Entender-se-á dispensável a assembléia especial, quando a alteração estatutária introduzir a *conversibilidade facultativa*, ou seja, a conversão a critério dos titulares das ações. Impõe-se essa assembléia, no entanto, como necessária quando o estatuto vier a estabelecer a *conversibilidade compulsória*, por deliberação da sociedade. Tal tratamento diferenciado se justifica na medida em que a assembléia especial foi introduzida pela lei para servir de mecanismo de defesa dos possuidores de ações preferenciais. Na conversibilidade facultativa, em que ao interessado é atribuída a competência para decidir da conveniência ou não da conversão, inexistiria esse pressuposto — o prejuízo — que justificaria a realização do conclave especial.[11]

4.10 Pois bem, no estatuto social da D não consta nenhum preceito a respeito da conversão de ações de uma espécie em outra, razão pela qual a deliberação tomada na assembléia geral extraordinária de 9 de outubro de 1997, convertendo as ações preferenciais existentes em ações ordinárias, com eliminação da referência às classes das ações preferenciais da Companhia, é nula de pleno direito, por não revestir a forma prescrita em lei e por preterir solenidades que a lei considera essenciais para a sua validade (Código Civil, artigo 145, III e IV).

4.11 O fato de estarem presentes ao conclave acionistas representantes de 92,83% do capital com direito a voto, inclusive a quase totalidade dos preferencialistas, não vem a sanar as falhas apontadas. Com efeito, a convocação da assembléia, para que opere uma reforma do estatuto válida, deve contemplar expressamente na ordem do dia esse objetivo, com indicação explícita da matéria a ser discutida e deliberada, como requer a lei do anonimato (artigo 124, *caput*). Por outro lado, a falta da assembléia especial dos preferencialistas, aprovando ou ratificando a deliberação em tela, por votos dos titulares de mais da metade da classe de ações interessadas, priva a deliberação da "eficácia" assinada pela lei para referido conclave (art. 136, § 1º).

4.12 Ademais, além da conversão, foi aprovada também "a *eliminação da referência às classes* das ações preferenciais da Companhia", o que agride o disposto no parágrafo único do artigo 16 da Lei n. 6.404, que determina que alteração do estatuto na parte que regula a diversidade de classe, se não for expressamente prevista e regulada (como não é, no caso da D), requererá a concordância *de todos os titulares* das ações atingidas. Assim, se admitíssemos, apenas *ad argumentandum tantum*, que essa conversão estivesse atendido a todos os requisitos legais para a sua validade (ou seja, previsão estatutária e assembléia especial dos preferencialistas, o que contestamos), e operada a conversão dessas preferenciais em ordinárias, essa extinção das classes das ordinárias assim geradas não poderia realizar-se senão com a aprovação da unanimidade dos interessados.

5. *Invalidade da conversão em ordinárias e da eliminação de classes das ações preferenciais da D*

5.1 Voltemos agora aos quesitos objetos da consulta. Fundada em 1936 sob a

11. Valverde, *Sociedades por Ações*, Rio, v. I, p. 137, escólio ao artigo 12.

forma de sociedade por quotas, de responsabilidade limitada, a D foi transformada em sociedade por ações em 1972, preservando o princípio de se atribuir a cada um dos grupos que detinha parcela significativa do capital social o direito de participar ativamente da administração dos negócios. Para tanto, dividiu-se o capital em ações ordinárias e preferenciais, ambas com direito de voto, conferindo-se às preferenciais o direito especial de eleger em separado os membros do Conselho de Administração, sem lhes atribuir nenhuma vantagem patrimonial em relação às ordinárias. Para os sócios o que era essencial era que aos referidos grupos fosse deferida a administração conjunta dos negócios sociais.

5.2 Pouco depois da transformação em sociedade por ações, resolveram os administradores da D requerer ao Banco Central que, na forma dos artigos 3º, V e 19, II, da Lei n. 4.728, de 1965, e da Resolução n. 88, do BCB, registrasse a sociedade e suas ações, tanto as ordinárias como as preferenciais, nas suas oito classes, para efeito de negociação em Bolsa de Valores, o que foi deferido, para que a companhia pudesse usufruir os benefícios fiscais decorrentes da condição de sociedade de capital aberto.

5.3 Em 1976 advieram a Lei n. 6.385, que deu nova regulamentação ao mercado de valores mobiliários e criou a CVM, e a Lei n. 6.404, que dispôs sobre as sociedades por ações, tendo sido concedido prazo de um ano para as adaptações dos estatutos às suas disposições (art. 296). Essas adaptações foram feitas pela D, mantendo-se, porém, intocadas as classes de preferenciais existentes, dotadas exclusivamente de privilégio político, sem que a Comissão de Valores Mobiliários, em nenhum momento, suscitasse dúvidas quanto à licitude das mesmas.

5.4 De 1972 a 1976, e, ao depois, de 1976 a 1983, tanto as ações ordinárias quanto as preferenciais foram normalmente negociadas em Bolsa, sem oposição alguma da CVM ou de quem quer seja. Vale dizer ainda que não houve nesse período distribuição pública de novas ações, sendo negociadas em Bolsa apenas as que já existiam.

5.5 Em 1983, a Superintendência Jurídica da CVM, ao pronunciar-se a respeito de "vantagens de ações preferenciais e reserva estatutária de lucros", manifestou a opinião — que não motivou nenhum ato de autarquia, permanecendo como parecer jurídico, sem conseqüências práticas — de que as ações preferenciais da D, por não conferirem a seus titulares uma vantagem patrimonial qualquer, seriam verdadeiras ações ordinárias divididas em oito classes, divisão essa que impediria a sociedade de continuar atuando como companhia aberta, visto que a existência de ações ordinárias dividida em classes é peculiaridade privativa das companhias fechadas (artigo 16 da Lei 6.404). Força seria assim adaptar seu estatuto a essa realidade.

5.6 Os acionistas da D, porém, nada fizeram, alicerçados na convicção de que pode haver ações preferenciais fundadas apenas no privilégio do voto em separado. A CVM, por sua vez, não formulou exigência alguma, tendo-se limitado ao parecer de sua ilustre Superintendência Jurídica, nem determinaram o fechamento do capital da companhia. Assim, durante outros quatorze anos as ações, tanto as ordinárias como as preferenciais (estas, como sempre, divididas em oito classes distintas), continuaram sendo normalmente negociada em Bolsa, cumprindo notar que, no caso das preferenciais, com perfeita e pública *disclosure* das qualidades de cada classe negociada.

5.7 *Durante vinte e cinco anos* essas ações preferenciais permaneceram registradas na CVM e nas Bolsas, sem qualquer contestação concreta quanto à sua legitimidade, o que por si só já representa um atestado de licitude digno de respeito, passado pela comunidade do mercado. Enfim, tinha eficácia social. Na realidade, suspeitamos que a CVM nunca colocou em xeque a validade dessas ações, dadas as dúvidas que intimamente alimentava quanto à real procedência da argumentação desenvolvida pelo seu órgão jurídico. Eis que agora um grupo de banqueiros e administradores de fundos estrangeiros, que comprou consideráveis lotes de ações ordinárias e preferenciais, com os olhos voltados no controle da companhia, se lança na conquista desse controle, insistindo no expediente da conversão compulsória dessas preferenciais em ordinárias, com eliminação dos direitos políticos que lhes eram inerentes.

5.8 O expediente da conversão, no entanto, foi flagrantemente utilizado ao arrepio da lei, e os argumentos utilizados para embasá-lo se mostram juridicamente imprestáveis, à luz da melhor doutrina e da límpida letra da lei, como acima expusemos. Com efeito, não é lícita a conversão de preferenciais em ordinárias, sem previsão estatutária e sem o referendo da assembléia especial de preferencialistas. Ademais, a argumentação desenvolvida para justificar a conversão deliberada é totalmente improcedente, na medida em que uma vantagem política é idônea para fundar, por si só, uma ação preferencial, sem falar que, a partir da Lei n. 9.457, de 1997, as ações preferenciais em tela passaram a dispor também de privilégio econômico, como acima registramos.

5.9 Nem se diga que a assembléia geral extraordinária de 9 de setembro de 1997 nada mais deliberou senão "o *reconhecimento* como ordinárias" dessas supostas ações preferenciais, limitando-se a proferir a "*declaração* como tal das ações preferenciais emitidas pela Companhia, em virtude de as referidas ações preferenciais não atenderem aos requisitos da lei", em conformidade com a "posição defendida em parecer sobre a situação acionária da Companhia, elaborado pela Comissão de Valores Mobiliários em 17.10.83", como consta da ata do referido conclave.

5.10 "Reconhecer" e "declarar" direitos, mesmo dos acionistas, são atos que certamente não entram na competência privativa da assembléia geral de uma sociedade por ações (Lei 6.404, art. 122), já que isso significaria a usurpação das funções do Judiciário, que contam com assento constitucional. Por outro lado, o "parecer" sobre a situação acionária da D não é propriamente da lavra da CVM, como a deliberação assemblear questionada parece querer supor, mas do órgão jurídico dessa Autarquia, a qual formalmente não o endossou por ato próprio. Aliás, mesmo se o fizera, não perderia o cunho meramente opinativo, não vinculando a companhia aberta às suas conclusões, na medida em que representaria simples entendimento daquele órgão da Administração.

5.11 A respeito dessa modalidade de pronunciamento, é conhecida a lição do saudoso Hely Lopes Meirelles:

"Pareceres — Pareceres administrativos são manifestações de órgãos técnicos sobre assuntos submetidos à sua consideração. O parecer tem caráter opinativo, não vinculando a administração ou os particulares à sua motivação ou conclusões."[12]

5.12 Isto posto, assim respondemos as perguntas que nos foram formuladas:

(a) O fato de o estatuto da D não ter, por mais de 25 anos, declarado as vantagens patrimoniais de suas várias classes de ações preferenciais, é indício mais do que revelador de que basta a existência de privilégio político para que essas ações sejam caracterizadas como tais, não sendo necessária a atribuição paralela de um privilégio pecuniário, sem falar que não há, nem no DL 2.627, sob cujo império foram elas criadas, nem na Lei 6.404, nenhum dispositivo que determine se atribua a essas ações um dos privilégios patrimoniais facultativos previstos em lei;

(b) De resto, a partir da Lei 9.457, de 5 de maio de 1997 — e meses antes da assembléia geral de 9 de setembro de 1997 — as ações da D já portavam a vantagem de ordem econômica dos dividendos adicionais, imposta por lei;

12. Meirelles, *Direito Administrativo Brasileiro*, Ed. RT, São Paulo, 13ª ed., p. 152.

(c) Daí ser impossível promover a conversão compulsória das ações preferenciais da D, sem previsão estatutária e sem a concordância expressa dos titulares desta espécie de ações, reunidos em assembléia especial, visto que as ações preferenciais em tela não eram, nem de fato nem de direito, ações ordinárias, como deliberado na supra-referida assembléia geral de setembro último;

(e) Aliás, mesmo se pudesse convertê-las em ordinárias, na assembléia em pauta, não se poderia extinguir, jamais, a diversidade de classes das ações ordinárias assim geradas, visto que tal extinção não foi expressamente prevista ou regulada, sem a concordância unânime de todos os titulares das ações atingidas, por expresso mandamento da lei.

(f) Por conseqüência, as deliberações tomadas na assembléia geral extraordinária da D de 9.9.1997 a respeito das ações preferenciais estão tisnadas da mais patente ilegalidade, pelo que serão, por certo, anuladas em Juízo, por ser de elementar justiça.

É o nosso parecer.

São Paulo, 28 de outubro de 1997

Pareceres

COMPANHIA DE CAPITAL ABERTO — NÃO CARACTERIZAÇÃO DA RESPONSABILIDADE DA SOCIEDADE QUANDO DA PRÁTICA DE ATOS "ULTRA VIRES", COM QUEBRA DIRETA DO ESTATUTO SOCIAL

HAROLDO MALHEIROS DUCLERC VERÇOSA

CONSULTA

Consulta-me Pinheiro Neto — Advogados sobre o caso abaixo relatado em seus elementos básicos, para o fim de opinar sobre as questões em seguida propostas.

1. Em meados de 1989 sua cliente, sociedade anônima de capital aberto, doravante denominada simplesmente Empresa, veio a ter conhecimento de que seria devedora da uma das instituições financeiras com as quais operava, a ser aqui designada como Banco, de importância superior a Ncz$40.000.000,00 (quarenta milhões de cruzados novos). A propósito, segundo o laudo do perito judicial, o valor da operação (contrato de abertura de crédito em conta corrente) correspondeu a US$37.878.788,00 (trinta e sete milhões, oitocentos e setenta e oito mil, setecentos e oitenta e oito dólares americanos), dos quais vieram a ser efetivamente utilizados US$33.597.956,00 (trinta e três milhões, quinhentos e noventa e sete mil, novecentos e cinqüenta e seis dólares americanos), segundo a cotação do dólar comercial/preço de venda, tomada com base na tabela oficial fixada pelo Banco Central do Brasil, na ocasião dos acontecimentos.

2. Referida dívida não constava dos livros da Empresa, não havendo em seus registros qualquer informação a respeito.

3. Tendo, de imediato, afastado o seu Diretor-Presidente, que, ao mesmo tempo, ocupava cargo no Conselho de Administração, determinou a Empresa, em seguida, a realização de auditoria em todos os registros contábeis do período, a cargo da Price Waterhouse Auditores Independentes, especialmente quanto às operações realizadas com o Banco.

4. Verificou-se, em função da aludida auditoria, que tinham sido abertas a conta-corrente n. 000.636.6 e a conta-empréstimo n. 101.013-6, as quais não eram do seu conhecimento, segundo apurado pela Price. Essa conta-empréstimo decorria de um *Contrato de Abertura de Crédito em Conta-Corrente*, que teria sido assinado pela Empresa e pelo Banco em 14.6.89, com vencimento para 14.8.89, no valor limite de Ncz$50.000.000,00 (cinqüenta milhões de cruzados novos).

De acordo com o laudo do perito judicial, na abertura da conta 000.636-6, ocorrida em 15.8.88, referente a um Contrato de Mútuo com Taxa Fixa n. 100.858-3, firmado entre o Banco e a Empresa, acusou-se como lançamento inicial (correspondente à abertura) a liberação de Cz$400.130.000,00 (quatrocentos milhões e cento e trinta mil cruzados), equivalentes a US$1.510.095,00 (um milhão, quinhentos e dez mil e noventa e cinco dólares).

Ainda segundo o laudo do perito do juiz, na abertura da conta sob exame não foram preenchidos nova Ficha Proposta de Abertura de Conta nem novos Cartões de Assinatura quanto aos Diretores e Procuradores da Empresa, tendo sido utilizados para a nova conta a Ficha Proposta e os Cartões de Assinatura da conta 000.010-4, que a Empresa já possuía no Banco desde 7.10.86.

Consultado o Banco Central do Brasil pelo perito judicial, a respeito da obrigatoriedade ou não de se elaborar nova Ficha Proposta e novos cartões de assinatura nos casos de abertura de uma segunda conta corrente na mesma agência bancária, assim respondeu aquele órgão pelo Ofício DEJUR-130/93, subscrito pela Procuradora Chefe Sra. Milza D'Assunção Guisi:

"A propósito, esclareço que a Circular n. 559, de 29.7.80, revogada pela Resolução n. 1.631, em 24.8.89, portanto, vigente para o período requerido, não estabelecia qualquer proibição para que um mesmo cliente mantivesse duas ou mais contas correntes numa mesma instituição bancária, como não vedava a utilização de uma mesma ficha-proposta que, *a critério do estabelecimento bancário, poderia ser utilizada como cartão de autógrafos na identificação de contas distintas*" (grifos nossos).

Nas palavras do perito judicial, "a abertura de contas correntes em quaisquer agências bancárias é assunto de exclusiva vontade das Pessoas Físicas ou Jurídicas, sendo de alçada e responsabilidade dos mesmos ou de seus prepostos, inclusive, a abertura de uma segunda ou até terceira conta na mesma agência".

Em se tratando de um contrato a ser celebrado entre as partes, no tocante à abertura de uma conta, a vontade nesse sentido deveria ser exteriorizada por meio de um documento hábil o qual corresponderia, na verdade, ao preenchimento e assinatura da ficha proposta, o que não foi atendido no caso sob exame.

Nesse sentido, a Circular n. 559, de 6.8.80, do Banco Central do Brasil exigia que:

"I - para abertura de contas de depósito à vista, *é obrigatório o preenchimento de ficha proposta, que registre*:

"e - assinatura do depositante;

"f - data da abertura da conta e respectivo número."

Por sua vez, quanto ao tema da necessidade de Ficha Proposta para abertura de conta, assim expressou-se o Assistente Técnico da Empresa a fls. 1.876: "A existência de documento dessa natureza é medida de segurança para o Banco, que prova estar agindo de acordo com a vontade do cliente; e também para o cliente, que fica seguro de que seu cadastro e os cartões de assinatura depositados no Banco só serão utilizados no âmbito de sua vontade".

Por sua vez, segundo informações do perito judicial, a conta-empréstimo n. 101.013-8 era uma conta de controle interno, mantida pelo Banco e aberta em (escrituralmente) 14.6.89, em decorrência do Contrato de Abertura de Crédito em Conta Corrente n. 101.013-8 e para a utilização dos recursos provenientes daquele contrato.

Ainda segundo o laudo do perito judicial, nos livros e registros contábeis da Empresa não havia qualquer registro relativo à conta corrente n. 000.636-6 e à conta-empréstimo n. 101.013-8 no período de interesse, ou seja, agosto/88 a agosto/89. Além disso, as circularizações bancárias recebidas até 31.5.89 pela Empresa Price Waterhouse, responsável pela auditoria externa da Empresa, não traziam nenhum registro relativo à conta corrente 000.636-6.

Observe-se que, nos termos do laudo do perito judicial, a concessão de empréstimo do montante deferido à Empresa pelo Banco dependia da aprovação prévia do seu Comitê de Crédito, uma vez que a alçada da agência onde ele foi formalizado era, na época, equivalente a Ncz$ 8.072,47 (oito mil, setenta e dois cruzados novos e quarenta e sete centavos), ou seja, US$ 6.500,00 (seis mil e quinhentos dólares americanos).

5. Na verdade, a Empresa havia aberto, anteriormente, precisamente em 7.10.86 e de forma regular junto ao Banco, a conta n. 000.010-4, mediante o preenchimento da respectiva ficha, incluindo o cartão de assinaturas-padrão das pessoas físicas autorizadas a movimentá-la. Essa conta possuía correspondência nos livros contábeis da Empresa, onde eram registradas normalmente as operações entre as partes.

6. Da conta corrente 000.636-6 tinham sido debitados 48 (quarenta e oito) cheques administrativos emitidos pelo Banco, cuja movimentação estava baseada em *Autorização para Débito em Conta Corrente*, sobre o qual assim se manifestou o laudo pericial:

"(...) O exame do documento demonstra indicação de rasura no campo Data, especificamente na coluna referente ao Ano, não tendo porém este signatário condições para esclarecer o fato, tratando-se de questão de perícia grafotécnica.

"Não há no documento 'previsão impressa' de que se trata de autorização para emissão de cheques administrativos, sendo esta autorização escrita 'a punho' no campo encargo/aplicação.

C) Segundo apuramos, na praxe bancária, normalmente tem-se uma autorização para cada 'cheque administrativo', porquanto o autorizante geralmente assina um documento que, na maioria dos casos, é uma cópia do próprio cheque administrativo, portanto, constando o número do cheque, seu valor e data de emissão" (grifos nossos).

Houve favorecimento a terceiros na movimentação da conta de que se trata, conforme atestou a perícia, onde se lê: "No caso do favorecimento a Moacir Pinheiro, os gerentes do Banco Réu ocultaram a transferência de valores da conta corrente 000.636-6 para a conta corrente do favorecido sob a rubrica Juros (v. fls. 44 do Laudo Pericial cotejado com dc. Pericial 43-7) (fls. 1.879)".

E ainda, nos termos do Laudo Pericial:

"No caso específico desse contrato, o valor liberado serviu apenas para cobrir os empréstimos anteriores já vencidos e dar fôlego ao caixa, não da Autora, mas da Distribank D.T.V.M., a real beneficiária da transação" (grifos nossos).

7. Em função das operações acima descritas, a conta-empréstimo supra referida veio a apresentar um saldo devedor equivalente a Ncz$40.919.793,85, na data de 7.7.89.

8. Ocorre que negócio de tal vulto, segundo os Estatutos da Empresa, somente poderiam ter sido contraídos com prévia aprovação do Conselho de Administração, na forma do art. 19, "b" daquele documento, uma vez que ultrapassavam o limite ali previsto, correspondente, na época, ou seja, em 30.6.89, a Ncz$5.056.538,00, o que quer dizer, praticamente dez vezes menos do que o previsto no *Contrato de Abertura de Crédito em Conta-Corrente*, de que já aqui se falou.

9. O contrato em tela foi assinado por procuradores da Empresa, por meio de procurações àqueles outorgadas pelo Diretor-Presidente e por outro diretor daquela, destacando-se que este último ainda não havia sido eleito para o cargo pelo Conselho de Administração da Empresa na data em que outorgou procuração às pessoas que vieram a celebrar aquele *Contrato.*

10. Por sua vez, a Nota Promissória dada em garantia de tal contrato também foi assinada e avalizada irregularmente, justamente pelo fato da inexistência de poderes para tal finalidade, em vista das normas do Estatuto da Empresa.

11. Segundo a Empresa, ainda, a obrigação inerente ao Contrato de Abertura de Crédito em Conta-Corrente somente lhe poderia ser oposta no caso em que os recursos correspondentes efetivamente tivessem sido colocados à sua disposição. Tal não ocorreu — ou somente ocorreu de maneira fictícia e sob um aspecto estritamente formal — na medida em que jamais teve conhecimento do aludido negócio, que fora praticado por pessoas que não podiam vinculá-la naquelas condições, por terem agido fora do objeto social e, conseqüentemente, sem terem poderes para tanto, à luz das normas estatutárias da Empresa.

12. O Banco deixou de agir com o zelo e a diligência que lhe eram requeridos na qualidade de instituição financeira autorizada a operar pelo Poder Público, tendo assumido responsabilidade objetiva pela sua desídia, caracterizada, ainda, sua responsabilidade pela má-fé com que agiram os seus prepostos.

13. Ajuizada ação contra o Banco, este veio a defender-se, o que fez baseado nos seguintes argumentos:

13.1 Os signatários do contrato e da nota promissória correspondente tinham competência para representar a Empresa, de conformidade com os seus estatutos sociais, tendo em conta que a regra estatutária regradora da representação da sociedade (art. 18) não estabelecia nenhuma restrição ou limite aos representantes, no tocante à assunção de responsabilidade, estando assim redigida, *verbis*:

"Art. 18 - A representação da Companhia se fará, em todos os casos, de acordo com as seguintes regras:

"a) ......

"b) em todos os atos, documentos ou contratos, públicos ou particulares que envolvam responsabilidade para a Companhia, inclusive na emissão de cheques e títulos de crédito de qualquer natureza, bem como desembolso de quaisquer fundos da Companhia, será necessária a assinatura conjunta de quaisquer dois (2) diretores ou de qualquer Diretor e de um procurador, ou a assinatura conjunta de dois (2) procuradores."

13.2 Portanto, o Estatuto Social, ao cuidar, especificamente, da representação da Companhia, não teria estabelecido nenhum limite relacionado com a operação que o Banco havia celebrado com a Empresa.

13.3 Que o disposto na letra "b", do parágrafo único do art. 19 do Estatuto Social da Empresa (respeitante à necessidade de autorização prévia do Conselho de Administração para a realização de negócios de valor superior a Ncz$ 5.056.538,00, válido para o período considerado) não prejudicaria a relação jurídica, perfeita e acabada, instrumentalizada no contrato de abertura de crédito n. 101.013-8, assinado em 14.7.89, uma vez que dita regra não diria respeito à representação da Companhia, a qual viria especificamente regulada no art. 18 dos seus Estatutos Sociais, os quais, por sua vez, não teria estatuído qualquer limitação à competência dos diretores e procuradores, uma vez que estes tivessem obedecido as regras previstas neste último dispositivo.

13.4 No sentido acima, o dispositivo do art. 19 diria respeito, tão-somente, à gestão interna da sociedade, sendo inaplicável a terceiros que com ela tivessem contratado em obediência aos ditames do art. 18, "b" do mesmo Estatuto.

13.5 Ainda, segundo o relatório da Price, diversas outras operações de financiamento teriam sido praticadas pela Empresa no período de 1º de janeiro a 7 de julho de 1989, as quais também sofreriam o mesmo defeito de irregularidade, tal como apontado pela Empresa — ou seja, a falta de aprovação prévia do Conselho de Administração, por aquela devidamente registradas e consideradas regulares. Estes fatos demonstrariam estar a Empresa agindo contraditoriamente com relação ao Banco, somente porque desejava fugir a suas responsabilidades perante este.

13.6 Nesse sentido, mesmo que a representação estatutária da Empresa exigisse a aprovação formal do Conselho de Administração para a operação celebrada com o Banco, para este tal norma teria caído em desuso, eis que o referido órgão colegiado não só jamais se manifestou sobre o assunto, como também aceitou tacitamente como regulares, todas as operações levadas a efeito nas mesmas condições daquela, contestada pela primeira.

13.7 Além disso, segundo o Banco, com a eleição de administrador da Empresa, ocorrida em 11.1.89, teria sido ratificado dessa forma o mandato por ele outorgado em 9.12.88 a procurador participante do negócio de validade negada por aquela, sendo desnecessária a outorga de nova procuração. O fato das procurações outorgadas em 9.12.88 a administradores participantes das operações sob exame, terem sido expressamente revogadas pela Empresa em 18.8.89, confirmaria a juridicidade de tais documentos, uma vez que somente se pode revogar ato jurídico existente, tendo elas, antes de sua revogação, alcançado o seu aperfeiçoamento.

13.8 Considerando, por outro lado, que a Price, na sua atuação como Empresa de auditoria independente em favor da Companhia, tendo tomado conhecimento de tais procurações e do fato de não ter o Conselho de Administração jamais autorizado previamente operações como a que veio a Companhia a praticar com o Banco, seriam esses fatos indicadores de que a própria Price teria entendido como regulares tais operações, seja quanto à falta de manifestação prévia do Conselho de Administração, seja quanto à validade das procurações.

13.9 Além disso, reconhecendo-se a aplicação da teoria organicista, segundo a qual os diretores ou gerentes são órgãos societários e não meros representantes da sociedade, é esta última que atua por intermédio do seu próprio órgão nos negócios jurídicos contratados em nome da sociedade. Dessa forma, segundo o Banco, a pessoa jurídica tem plena capacidade para contrair obrigações, as quais não poderiam ser afetadas por limitações estatutárias, eis que contra estas devem prevalecer as normas de ordem pública, pois a responsabilidade orgânica decorre da lei.

13.10 Isto porque, segundo o Banco, os contratos de financiamento levados a efeito com a Companhia estavam dentro dos objetivos sociais, eis que no âmbito da atividade negocial, a busca do crédito e os contratos e cambiais dele decorrentes, inserem-se nos limites das funções normais de qualquer Empresa. Assim, a contratação de tais financiamentos constituiriam atos regulares, dentro do objeto social, neles atuando os administradores como órgãos da sociedade, que por eles responde com exclusividade.

Se a firma social foi usada em negócio compatível com o objeto da sociedade, este fato, para o Banco, obrigava a Empresa e todos os sócios. O credor (Banco) não teria elementos, no caso, para saber se o negócio era da sociedade, do gerente, ou de terceiros, operando presunção em seu favor no sentido de que aproveitava aos interesses daquela, pois sua natureza coincidia com a finalidade social.

13.11 Sob outro ângulo, ainda, o Banco alega a sua condição de terceiro de boa-fé, contra o qual não poderiam ser opostas quaisquer restrições contratuais relacionadas aos Estatutos da Companhia. Isto porque o Diretor-Presidente desta última se identificaria de forma notória e absoluta com a Companhia e nela ocupava a posição de senhor absoluto, estando em suas mãos, individualmente, o comando inconteste da Empresa, que exercia de forma individual, não só de fato, mas também em termos estatutários, uma vez que o art. 19 do Estatuto daquela prevê que o Diretor-Superintendente é o diretor Executivo Chefe, cabendo-lhe:

"a) administrar e ser responsável por todas as atividades sociais e operações da Companhia e, ainda, coordenar e ser responsável pelas atividades dos demais Diretores;

"b) representar a Companhia ativa ou passivamente em juízo ou em suas relações com terceiros;

"c) ser responsável pela execução das deliberações da Assembléia Geral e do

Conselho de Administração, bem como cumprir e fazer cumprir as disposições estatutárias e, ainda, executar quaisquer funções especiais estabelecidas pelo Conselho de Administração."

A condição do Diretor-Superintendente da Empresa na praça em que ela se encontra, era, segundo o Banco, de extrema importância, bem como o seu notório e absoluto comando sobre aquela, razão pela qual isto levaria qualquer prudente gerente de Banco à convicção de que as operações de financiamento contratadas eram negócios da Empresa, não ocupando ele somente cargos na sua administração, mas em todas as demais empresas do grupo, seja como membro dos seus Conselhos de Administração, seja das respectivas Diretorias.

13.12 Dessa forma, perante o Banco, na qualidade de terceiro de boa-fé, não competia fiscalizar as atividades da Diretoria da Companhia, que foi eleita pelo Conselho de Administração, tudo levando a crer que este órgão o tivesse feito com relação a pessoas idôneas, cuja gestão estivesse sendo devidamente fiscalizada. A culpa *in eligendo* quanto ao Conselho de Administração na eleição de administradores inidôneos e sua própria culpa, representada pela omissão no cumprimento dos seus deveres de fiscalização não poderiam ser imputadas ao Banco, na qualidade de terceiro de boa-fé.

14. Ajuizada Ação Declaratória de Inexigibilidade de Obrigação pela Empresa contra o Banco, a sentença da douta Juíza da 4ª Vara Cível de São Paulo julgou-a improcedente, fazendo referência a Pontes de Miranda e aplicando a Teoria da Aparência, nos seguintes termos: "A pessoa que não tem poder de representação, pode, em certas circunstâncias, ter de ser considerada (sem o ter) como se o tivesse, se aquele com que trata há de a entender como tal (...) Não há aí poder; há apenas a aparência de poder, de jeito que o que se protege é a boa-fé, em que se achava aquele que teve de atender ao suporte fático, exteriorizado, aparente de poder" (*Tratado de Direito Privado*, t. III/253).

15. Segundo o teor da sentença, sendo a Empresa cliente do Réu desde 7.10.86, quando foi aberta a conta corrente n. 000.010-4, tendo honrado os seus compromissos contratuais que sempre foram firmados pelos representantes legais, por tais motivos, quando veio a ser firmado o contrato de empréstimo de n. 101.013-8, faltavam motivos para que o Réu duvidasse que os altos funcionários da Autora não possuíssem poderes suficientes para firmá-lo.

16. Recorrendo a Fábio Maria de Mattia, aquela decisão afirmou que "o representado que não fiscaliza suficientemente seu representante, permitindo com isso, abuso em suas funções, obriga-se para com terceiros que acreditam que o negócio jurídico se enquadra no limite normal do poder do representado" (*Aparência de Representação*, 1984, pp. 204 e 206).

17. Ao ver da douta Juíza, se Empresa era cliente há algum tempo do Banco, seria plenamente admissível que, para a formação do contrato de empréstimo fossem aceitas sem qualquer dúvida as procurações apresentadas pelos funcionários *(sic)* da Autora para a realização do contrato, e também sem a verificação da aprovação do Conselho de Administração da Autora. Além do que, era conduta da Autora firmar contratos sem autorização do Conselho de Administração.

18. Mesmo tendo reconhecido que o Banco não agiu corretamente ao deixar de preencher nova Ficha Proposta de Abertura de Conta e Novos Cartões de Assinatura, quando da abertura da conta 000.636-6, tendo utilizado Ficha Proposta e Cartões de Assinatura de conta anterior — a de n. 000.010-4 — e de firmar contrato acima do limite permitido, a sentença entendeu que esses, por si sós, não seriam fatos que poderiam elidir a boa-fé do Réu, considerando que a conta foi registrada na contabilidade deste e porque o empréstimo foi autorizado pelo seu "Comitê Central do Crédito".

19. Tendo havido apelação, foi mantida a sentença por maioria de votos, tendo ficado entendido no acórdão — também apoiado na Teoria da Aparência — que o contrato de abertura de crédito e a nota promissória a ele vinculada foram assinados por representantes legais da Empresa, que deveria, portanto, responder pelas obrigações dali originadas, não se podendo impor restrições aos poderes de gerência a terceiros de boa-fé.

20. Vale destacar a posição do Juiz Roberto Caldeira Barioni, que, em Declaração de Voto vencido, tendo divergido quanto ao mérito, abordou os seguintes pontos, aqui colocados os argumentos principais, de forma esquemática:

20.1 A conta corrente n. 000.636-6 não existia para a Empresa;

20.2 A Empresa não tinha responsabilidade sobre os empréstimos que redundaram no objeto da ação ou, ao menos, não tinha toda a responsabilidade porque ocorrera má-fé ou culpa grave também de prepostos do Banco, não só de diretores da primeira;

20.3 Não houve a formação da vontade social quanto a obrigar-se pelo Contrato de Abertura de Crédito em Conta-Corrente, uma vez que tal negócio encontrava-se fora dos atos de administração ordinária;

20.4 Analisando-se a Teoria da Aparência, verifica-se que a sociedade anônima somente tem a responsabilidade contratual desde que se possa cogitar da idoneidade da declaração volitiva daquele que é fisicamente seu órgão. Assim, nos limites do poder conferido pela lei e pelo estatuto, deliberado pelo órgão competente e realizado por quem é legítimo representante, a pessoa jurídica é responsável, está adstrita ao cumprimento da palavra empenhada e responde com seus bens pela inobservância do compromisso. Do contrário, não surge a responsabilidade contratual da pessoa jurídica;

20.5 Tendo havido abuso de poder por parte dos administradores da Empresa, seriam eles quem deveriam responder perante o Banco.

20.6 Sendo responsável o administrador, a teor do art. 158, II, da Lei das Sociedades Anônimas, essa responsabilidade exclui a da companhia, pois trata-se de descumprimento de norma legal, conhecida por todos, ou, ainda, de norma estatutária, que se presume conhecida do terceiro que contrata com a companhia porque este tem acesso aos dados a respeito, arquivados no Registro de Comércio. Exclui-se o caso do terceiro de boa-fé. Nesse sentido, seria difícil crer que o Banco não tivesse em seu poder os estatutos da Empresa, pelos quais saberia muito bem quais limitações estatutárias existiam quanto à realização do negócio, especialmente quando se trata de instituição profissional, atuando em um segmento próprio do mercado.

20.7. Funcionando a companhia aberta sob tutela institucional, de sua atuação decorrem relações que não existem na companhia fechada e que exigem disciplina própria para proteção da economia popular e no que interessa ao funcionamento regular e do desenvolvimento do mercado de valores mobiliários. Assim, as limitações estatutárias existem não apenas para responsabilizar os administradores perante os demais acionistas e a própria companhia, mas como guia para os terceiros que com ela contratam, devendo os terceiros conferirem os parâmetros inscritos nas regras estatutárias antes de celebrarem contratos de certo valor com companhias abertas.

20.8 É inaplicável a Teoria da Aparência, porque, no caso, não se tratava de atos ordinários de gestão, considerando-se que:

a) a contratante (Banco) é uma instituição bancária;

b) o Banco não estava de boa-fé porque os seus prepostos sabiam do defeito na formação da vontade da companhia;

c) a companhia não teve qualquer proveito com o negócio, exceto por algumas pequenas entradas de dinheiro em sua contabilidade;

d) a Empresa é companhia aberta e não um comerciante individual; e

e) o valor do empréstimo era muito elevado, a exigir cautela do gerente do Banco e de sua diretoria.

OS TERMOS DA CONSULTA

Em vista dos elementos acima apresentados, colocam-se as questões que vão adiante expostas, pela ordem em que elas aparecem no relato, a serem respondidas na presente consulta.

I — RESPOSTA ÀS QUESTÕES COLOCADAS — CONSIDERAÇÕES PRELIMINARES

Tornam-se necessárias algumas considerações preliminares antes de se enfrentarem as questões colocadas pelo consulente.

I.1 A situação da Empresa e do Banco no cenário operacional — O regime jurídico a eles aplicável

Conforme informado, a Empresa reveste-se da qualidade de sociedade anônima de capital aberto. Este fato traz profundas implicações para a análise das questões apresentadas pelo consulente, devendo considerar-se que sua atividade diz respeito a um vasto campo de interesses, concernentes ao controlador, aos acionistas minoritários, aos empregados, aos fornecedores, aos consumidores e ao mercado de capitais, personificado pelas pessoas dos investidores institucionais ou individuais, que compram e vendem cotidianamente as ações daquela, seja na Bolsa de Valores, seja no mercado de balcão. A companhia de capital aberto deverá, no exercício de sua atividade, atender de forma harmoniosa a essa enorme variedade de interesses.

Ao cuidar dos princípios gerais da atividade econômica, a Constituição Federal, em seu art. 170, estabelece que devem ser observados no exercício daquela, entre outros princípios, os da função social da propriedade, da defesa do consumidor e da busca do pleno emprego.

Por sua vez, a Lei das Sociedades Anônimas, tendo estabelecido no art. 116, *caput*, o conceito de controlador, a este impõe deveres de vasta envergadura, como se sabe:

"O acionista controlador deve usar o poder com o fim de fazer a companhia realizar o seu objeto e cumprir sua função social, *e tem deveres e responsabilidades para com os demais acionistas da empresa, os que nela trabalham e para com a comunidade em que atua, cujos direitos e interesses deve lealmente respeitar e atender*" (grifos nossos).

O dispositivo acima vincula, no caso concreto, tanto o controlador da Empresa, quanto o do Banco, que estão proibidos legalmente de agirem no plano egoístico individual.

O direito moderno, como se verifica, abandonou de forma completa o liberalismo do passado tendo, quanto à atividade empresarial, submetido-a a um regime de atuação integrada, que pode ser ilustrado por meio da figura de círculos concêntricos de interesses, o primeiro deles representado pelas pessoas dos seus sócios (majoritários e minoritários), passando, depois, pelos empregados, pelos fornecedores, pelos consumidores, pelos investidores do mercado, até chegar ao conceito mais abrangente da comunidade na qual atua. E esta, em um mundo *globalizado*, não pode mais ser considerada apenas aquela do país de origem de determinada empresa, mas a comunidade internacional como um todo.

Fábio Comparato, ao tratar das relevantes questões jurídicas relacionadas com o fenômeno da macroempresa, percebe convergentes nela os diferentes interesses já aqui aludidos: dos empresários, dos investidores, dos trabalhadores e da coletividade em geral, esta representada pelo Estado (*Aspectos Jurídicos da Macro-Empresa*, Ed. RT, São Paulo, 1970, p. 89).

Modesto Carvalhosa, unanimemente reconhecido como uma das maiores autoridades brasileiras em matéria do direito das sociedades anônimas, destaca os aspectos acima mencionados, referindo-se, nos seguintes termos, à função social da sociedade anônima, à proteção estatal dos interesses dos acionistas e credores e à proteção do interesse público (*Comentários à Lei de Sociedades Anônimas*, Saraiva, São Paulo, 1997, pp.7 a 9):

"Constituída em virtude de um *contrato privado*, a companhia, na medida em que atua no meio social como forma de organização jurídica da empresa, acaba por ser considerada uma *instituição* de interesse público, levando inclusive à ingerência do Estado nos atos de sua formação e atuação (...)

"Tendo ainda por pressuposto as relações da sociedade na esfera do direito privado, o Estado submete a sociedade anônima ao regime do registro público. (...) Seu fim último é o de resguardar os interesses dos acionistas e dos credores da irregularidade no exercício das atividades sociais. (...)

"Tendo por pressuposto o caráter institucional da companhia, o regime da proteção estatal do interesse público caracteriza-se pela imposição às sociedades anônimas de determinada conduta no mercado (...) A sociedade aberta, na medida em que tem os valores mobiliários de sua emissão negociados em Bolsa ou no mercado de balcão, é considerada pelo Poder Público uma instituição de interesse social relevante."

Por esses motivos, uma determinada empresa, ao atuar no mercado pela mão dos seus administradores (eleitos, no caso de uma sociedade anônima, como se sabe, pelo respectivo controlador e por este demissíveis *ad nutum*), não pode ter em conta apenas os seus interesses particulares, mesmo que exercidos dentro do seu objeto social, mas deve atender aos interesses das demais empresas com as quais celebra contratos, zelando e fazendo zelar pelo atendimento das normas legais, regulamentares e estatutárias umas das outras, porque, em última instância, todas dependem umas das outras para o sucesso de suas respectivas atividades, visualisando-se o mercado como um sistema formado por vasos comunicantes, tema ao qual já fiz referência em meu trabalho "A correção monetária na falência e na concordata: este assunto precisa ser definitivamente resolvido" (*RDM* 81/119).

Esse raciocínio aplica-se, no caso concreto, tanto à Empresa, quanto ao Banco.

O banco, genericamente falando, na qualidade de instituição financeira autorizada a funcionar pelo Banco Central do Brasil, está obrigado a um comportamento operacional e ético de nível mais elevado ainda do que aquele a ser observado pelas empresas comuns. Isto porque, além do atendimento aos interesses abrangentes acima referidos, o banco recolhe e aplica profissionalmente recursos de terceiros, criando riscos para estes, os quais deve minimizar ao máximo, para tanto recorrendo ao exercício prudente de suas atividades e ao atendimento das normas de boa técnica bancária.

Dessa forma, ao analisar uma proposta de operação de crédito, uma instituição financeira tem a obrigação de verificar todos os aspectos a ela relacionados, não somente aqueles que a protegerão preventiva e repressivamente quanto ao inadimplemento do cliente, mas também aqueles que dizem respeito a este, no plano geral de interesses acima mencionado.

É, por conseguinte, bastante elevado o grau de diligência segundo o qual uma instituição financeira deve exercer as suas atividades ativas e passivas, agravado de forma ainda mais significativa quando do outro lado está uma sociedade anônima de capital aberto, cujo tratamento será, evidentemente, diferente daquele dispensado a uma microempresa, revestida da forma de sociedade por cotas de responsabilidade limitada, formada apenas por dois sócios, marido e mulher.

I.2 As Teorias Organicista e da Aparência e o seu alcance jurídico

Não há dúvida no sentido de que explica-se a administração da sociedade anônima por meio da Teoria Organicista. No entanto, sua aplicação no caso sob análise deu-se de forma completamente inadequada, tanto na sentença de primeira instância, quanto no julgamento da apelação.

No direito brasileiro vem sabidamente de Pontes de Miranda a noção segundo a qual a sociedade comercial, na condição de pessoa jurídica, não se faz representar (o que afasta a idéia do mandato), mas se faz *presente* pelo seu órgão de administração. Nesse sentido, o gerente, o diretor ou o administrador é um *órgão* da sociedade comercial, existindo, sob esse aspecto, perfeita identidade entre a pessoa jurídica e a pessoa física. O órgão executa a vontade da pessoa jurídica, assim como o braço, a mão, a boca executam a vontade da pessoa natural (cf. Rubens Requião, *Curso de Direito Comercial*, São Paulo, Saraiva, 21ª ed., 1993, v. 1, p. 318).

A grande questão que se coloca está em saber em que momentos o administrador da sociedade — pessoa física que tem, a par da condição de órgão daquela, uma esfera privada de atuação — estará agindo como órgão da pessoa jurídica e, portanto, responsabilizando-a no plano legal, ou sua atuação diz respeito ao plano de seus interesses particulares mesmo que esteja indevidamente se utilizando do nome da sociedade (firma ou razão social, conforme o caso).

Para a resposta a essa indagação, de interesse geral no campo do direito societário, mas fundamental para a situação sob estudo, alguns parâmetros objetivos precisam ser adotados.

a) o objeto da sociedade, tal como estabelecido em cláusula estatutária;

b) os poderes deferidos pelo estatuto aos administradores, a serem analisados em toda a sua extensão, ou seja, campo de validade e restrições totais ou parciais (as primeiras ocorrem quando o estatuto proíbe terminantemente atos de liberalidade e as segundas nas hipóteses do estabelecimento de alçadas e exigência de aprovação prévia de órgão superior, por exemplo); e

c) legitimação dos administradores e dos procuradores eventualmente constituídos.

A definição estatutária do objeto social é de essencial importância para a vida da sociedade, pois seus limites definiriam a *capacidade contratual dos administradores*, pelo que se alcança segurança e certeza nas relações jurídicas estabelecidas pelos administradores em nome da sociedade, tanto no âmbito interno quanto no externo. Segundo Modesto Carvalhosa, para o fim de se poder responsabilizar administradores e controladores, deve-se entender o objeto social como limite da atividade societária (*Comentários à Lei de Sociedades Anônimas,* Saraiva, São Paulo, 1997, v. I, p. 16).

Sob esse aspecto, o estatuto social definirá o objeto de modo preciso e completo (Lei n. 6.404/76, art. 2º, § 2º). Além disso, ficam as Juntas Comerciais proibidas de arquivarem documentos constitutivos de empresas mercantis que fizerem indicação precisa do seu objeto (Lei n. 8.934/94, art. 35, III, *in fine*).

A designação dos poderes dos administradores, a serem exercidos, evidentemente, na realização do objeto da sociedade, vale fundamentalmente diante de terceiros, os quais, pela análise do estatuto terão elementos objetivos para verificar se determinado negócio pertence ao objeto social ou não para o fim de afirmar-se ou negar-se a responsabilidade da sociedade diante de sua concretização.

Finalmente, compete ao terceiro com o qual o administrador está mantendo contatos prévios objetivando o fechamento de um determinado contrato, por exemplo, verificar a legitimação dos administradores e/ou procuradores que aleguem essa qualidade. No tocante aos primeiros, sua eleição consta de ata necessariamente arquivada na Junta. Quanto aos procuradores, sua designação deverá ser arquivada na Junta Comercial, na condição de documentos de interesse do empresário e das empresas mercantis (Lei n. 8.934/94, art. 32, II, "e", *in fine*).

Observou o inesquecível Tullio Ascarelli que o problema da legitimação é um dos mais delicados do sistema jurídico, correspondente à demonstração da identidade do titular de um direito subjetivo ou de um poder jurídico (*Teoria Geral dos Títulos de Crédito*, Saraiva, São Paulo, 1969, p. 163). Deve ser claramente demonstrada, nas palavras da ilustre jurista, sob essa ótica, a identidade entre aquele que concretamente exerce o direito e aquele que seja o seu efetivo titular. E a forma mais freqüente para essa finalidade está na posse de um documento o qual, para os efeitos aqui em vista, corresponde à ata de eleição de administrador ou à procuração conferida a terceiros, devidamente arquivadas no Registro de Comércio. Em seguida, o processo se torna simples: a identidade entre o titular do direito e o que está desejando exercê-lo será verificada pelo recurso a um documento próprio (carteira de identidade, *v.g.*).

Preenchidos os requisitos acima, uma sociedade obrigar-se-á, necessariamente diante de terceiros com os quais os seus administradores vierem a contratar — porque agiram como órgãos efetivos da sociedade e no interesse desta —, devendo os interessados diligenciarem no sentido da verificação que se faz devida, uma vez que os dados são de fácil acesso a qualquer interessado, considerando a natureza pública do Registro de Comércio.

No entanto, e daí decorre a criação da Teoria da Aparência, em certas circunstâncias da vida dos negócios, a velocidade com que estes se fazem e o fato de se caracterizarem como de massa, fez com que o direito estabelecesse a vinculação da sociedade a obrigações que tenham sido contraídas em seu nome, mesmo que fora do seu objeto e por pessoa que não mantinha a condição de administrador ou de preposto com os necessários poderes.

Para efeito da aplicação da Teoria da Aparência e conseqüente responsabilidade da companhia, é preciso que, em determinado caso concreto, sejam preenchidas certas condições objetivas que, segundo Waldirio Bulgarelli, consistiram nas seguintes ("Apontamentos sobre a Responsabilidade dos Administradores de Companhias", in *RDM* 50/99):

a) que a companhia tenha tirado proveito do negócio;

b) que tenha ratificado o ato, embora originalmente não o tenha autorizado; e

c) quando estiver diante de terceiro de boa-fé.

Entendo, no entanto, que essa é uma relação incompleta, a ela devendo ser acrescentados os elementos acima já referidos no tratamento da questão da Teoria Organicista, ainda que apenas aparentemente preenchidos:

d) que o ato pertença ao objeto da companhia;

e) praticado por administrador ou procurador dotados dos necessários poderes; e

f) mediante o exercício de um mínimo de legitimação por parte do terceiro interessado.

Esses requisitos, preenchidos de forma cumulativa, são as condições necessárias para que se possa reconhecer a responsabilidade da companhia que aparentemente negociou com terceiro. E, evidentemente, essa análise será feita de forma necessariamente casuística, buscando-se verificar a situação específica do caso concreto.

Observe-se que os doutrinadores são unânimes no entendimento de que, quando se pensa em terceiro de boa-fé, a Teoria da Aparência somente se aplica em benefício daquele classificado como indivíduo médio, segundo a conhecida colocação de Jean Calais-Auloy, recolhida e desenvolvida entre nós pela autoridade de Orlando Gomes ("Aparência do Direito", in *Transformações Gerais do Direito das Obrigações,* 1967, pp. 93 e ss.) e Luiz Gastão Paes de Barros Leães, in *RDM* 2/81.

Nessa ordem de idéias, e é o quanto bastará para as conclusões adiante explicitadas, o Banco não pode ser considerado terceiro de boa-fé, muito menos ter a sua ingenuidade garantida por uma eventual classificação como indivíduo médio, já que se trata de Empresa profissional do mercado de crédito, para tanto presumidamente dotada das mais altas qualificações técnicas para o exercício de sua atividade.

Basta, a propósito, trazer a lume decisão da 7ª C.Cível do TJGB, de 8.11.74, na Ap.Cível n. 85.113 (*apud* Carvalho Santos, *Código Civil Brasileiro Interpretado*, atualizado por Semy Glanz, v. 33, p. 286, Freitas Bastos, Rio de Janeiro): "Responsabilidade civil do banco - Abuso de função - Aparência de boa-fé. Segundo a teoria da aparência, a responsabilidade do comitente só se configura quando a vítima acredita honestamente que o preposto estava no exercício de suas funções; *isto é inadmissível, sendo mesmo inconciliável com o princípio da boa-fé quando a vítima sabia ou devia saber com quem estava realmente negociando*, e que, portanto, o preposto não se encontrava no exercício de suas funções, mas agia por conta própria ou de terceiro, que não o comitente" (grifos nossos).

Não é possível aceitar que o Banco, na qualidade de instituição financeira especializada na concessão de crédito não tivesse meios objetivos ao seu alcance, a fim de verificar que faltavam condições jurídicas para a celebração válida do contrato com a Empresa. Ao afirmar em sentido contrário, o Banco está passando contra si próprio um atestado de imperícia.

Colocadas essas considerações preliminares, passo à resposta das questões colocadas, pela sua ordem:

II — RESPOSTAS ÀS QUESTÕES APRESENTADAS — ANÁLISE ESPECÍFICA

A) O Banco poderia, efetivamente, ter aberto a conta 000.636-6, em 15.8.88, referente ao Contrato de Mútuo com Taxa Fixa n. 100.858-3, para tanto utilizando a mesma Ficha Proposta e os mesmos Cartões de Assinatura que se prestaram à abertura da conta 000.010-4, em 7.10.86? Para esse efeito, o Banco estava resguardado pela Circular n. 559, de 29.7.80?

Não, o Banco, se tivesse exercido adequadamente o seu estrito dever de diligência, estaria obrigado a exigir da Empresa a assinatura de nova Ficha Proposta e de novos Cartões de Assinatura.

Ele não se encontrava resguardado pelos termos da Circular n. 559, de 29.7.80, do Banco Central do Brasil.

Tratava-se de um contrato a ser celebrado entre o Banco e a Empresa. Para esse efeito, a vontade vinculativa de ambos deveria estar consubstanciada pelos instrumentos próprios, segundo os quais se comprovasse a vontade atual da Empresa em obrigar-se por um Contrato de Abertura de Crédito em Conta Corrente, em determinado limite. No caso, a operação deveria ser instrumentalizada pelo preenchimento de Ficha Proposta e dos Cartões de Assinatura correspondentes.

Verifica-se que, entre outros requisitos necessários para a abertura de contas de depósito à vista, a Circular n. 559, de 29.7.80 dizia ser obrigatório o preenchimento de ficha proposta.

E não se pode entender que pudesse ser livremente utilizada ficha proposta anterior, uma vez que ela poderia não espelhar a vontade contemporânea da Empresa em obrigar-se, conforme indicam todas as circunstâncias do caso sob exame.

A informação prestada pelo Banco Central do Brasil em resposta a consulta do perito judicial, ao mesmo tempo que afirma inexistir proibição para que um mesmo cliente mantivesse duas ou mais contas correntes numa mesma instituição bancária e que não havia proibição da utilização de uma mesma ficha proposta, diz que *essa utilização seria feita a critério do estabelecimento bancário*. Isto quer dizer que, ao utilizar-se de uma mesma ficha proposta anterior e dos cartões de assinatura correspondentes, *o Banco estaria assumindo um risco sob sua responsabilidade*, no sentido de que não houvesse intenção por parte da Empresa em obrigar-se, como efetivamente ocorreu.

B) O Banco agiu de forma correta ao entender não ser necessário exigir da Empresa prévia aprovação do Conselho de Administração desta no sentido da autorização para que o Contrato de Abertura de Crédito em Conta Corrente fosse celebrado entre as partes? Bastaria ater-se, nos termos do Estatuto da Empresa, às disposições sobre os poderes que concedia aos administradores nas relações com terceiros, referidas no art. 18 daquele documento, ou estaria obrigado, também, a ater-se ao disposto no art. 19, segundo o qual a operação, para a sua eficácia, dependia de prévia aprovação do Conselho de Administração? Ainda nesse campo de considerações, poderia ter-se dado a revogação desta última norma do Estatuto da Empresa, em vista do seu desuso, pelo fato da existência de outras operações bancárias praticadas pela mesma Empresa terem sido contratadas e integralmente cumpridas a despeito da falta de prévia aprovação do seu Conselho de Administração? Esse desuso teria sido comprovado a partir da juntada, pelo Banco, de inúmeras atas do Conselho de Administração da Empresa que eram silentes quanto a qualquer aprovação prévia daquele órgão no tocante a operações de crédito.

Sob outro aspecto, tomando em consideração as alegações do Banco em sua defesa, as regras do Estatuto da Empresa a respeito da competência do Conselho de Administração seriam de natureza interna, sendo inaplicável a terceiros, o que levaria à validade do Contrato de Abertura de Crédito em Conta Corrente tão-somente pelo fato de ter sido firmado por administradores da Empresa (não se esquecendo de que um deles outorgou procuração anteriormente à sua eleição para o cargo)?

A esse respeito, poderia aplicar-se em favor do Banco — e segundo as alegações deste — a Teoria Organicista, para entender-se que a pessoa jurídica (no caso a Empresa) tem plena capacidade para contrair obrigações, as quais não poderiam ser afetadas por limitações estatutárias, eis que contra estas devem prevalecer as normas de ordem pública, pois a responsabilidade orgânica decorre da lei?

Qual deveria ser o nível de zelo e de diligência com o qual o Banco, na qualidade de instituição financeira, deveria ter agido na celebração do contrato de abertura de crédito com a Empresa? Pode-se dizer que o Banco exerceu a devida diligência no caso concreto? Em sendo negativa a resposta, qual a conseqüência jurídica de sua negligência?

Não, o Banco não poderia ter desconsiderado o Estatuto da Empresa, o qual deveria ter sido por ele analisado de forma completa e integrada.

O Estatuto de uma sociedade anônima corresponde ao repositório da vontade dos acionistas, unidos na busca de um objetivo comum mediante a exploração de uma atividade econômico-lucrativa. Trata-se da formalização de um contrato plurilateral, associativo ou aberto, tal como entendido segundo os melhores doutrinadores, entre os quais colocam-se, sabidamente, Tullio Ascarelli e Francesco Messineo (entre os estrangeiros), do que não discrepam as posições dos comercialistas nacionais.

Quando se trata de uma companhia aberta, a Lei das Sociedades Anônimas junta-se à Lei 6.385, de 7.12.76, a cujos preceitos o seu estatuto deve subordinar-se obrigatoriamente, notando-se haver naqueles textos legais normas de ordem cogente e outras de natureza dispositiva, como se pode verificar da leitura do art. 83 da Lei de S.A, para o caso da constituição de companhias abertas: "O projeto de estatuto deverá satisfazer a todos os requisitos exigidos para os contratos das sociedades mercantis em geral e aos peculiares às companhias, e conterá as normas pelas quais se regerá a companhia".

Além disso, ao ser levado a arquivamento na Junta Comercial, esta deverá observar, previamente, se suas regras encontram-se revestidas de legalidade, sob pena de negar-se a dar prosseguimento ao ato de sua competência, segundo os termos do art. 97 da Lei de S.A.: "Cumpre ao registro do comércio examinar se as prescrições legais foram observadas na constituição da companhia, *bem como se no estatuto existem cláusulas contrárias à lei, à ordem pública e aos bons costumes*" (grifos nossos).

E, além disso, ainda dispõe o art. 93 da Lei de S.A. que: "Nenhuma companhia poderá funcionar sem que sejam arquivados e publicados seus atos constitutivos".

Finalmente, observe-se que, comprovando a importância do estatuto, mesmo na sua forma preliminar, correspondente a um *projeto*, a maioria dos acionistas não tem poderes para alterá-lo na assembléia de constituição da sociedade (Lei 6.404/76, art. 87, § 2º, *in fine*), o que somente poderia ser feito pela unanimidade dos acionistas. Essa regra obedece ao princípio de proteção dos acionistas minoritários, subscritores do capital da sociedade em formação.

A lei societária faz, portanto, constar do estatuto da companhia uma vasta série de regras destinadas a estabelecer o equilíbrio social, protegendo acionistas minoritários, investidores e credores (estes, por exemplo, quando cuida do princípio da intangibilidade do capital social). O sistema de Registro de Comércio torna facilmente acessível a qualquer interessado o conhecimento do estatuto das sociedades anônimas, cujas alterações eventuais devem ser objeto de pronta atualização para que possam valer contra terceiros (Lei 6.404/76, art. 135, § 1º).

Dessa maneira, o Banco, na qualidade de instituição profissional do segmento de crédito, não poderia desconsiderar os termos do Estatuto da Empresa e, muito menos, cindi-lo quanto às regras que especialmente lhe interessavam, sobre as quais procurou fundar a isenção de sua responsabilidade. Assim agindo, o Banco criou riscos desnecessários para terceiros, sejam os seus próprios acionistas minoritários, investidores e credores, sejam os da Empresa.

O Estatuto é um documento uno. Não pode ser analisado nem aplicado em partes, pois não tem vida um corpo sem cabeça ou sem os seus órgãos essenciais. Portanto, o Banco jamais poderia ter passado por cima das limitações estabelecidas pelo Estatuto da Empresa no seu art. 19, pretendendo apenas tomar em conta aquelas do art. 18, as quais, inclusive, não atendeu, quando aceitou procuração por diretor ainda não eleito.

De outra parte, jamais se poderia aceitar a idéia de revogação do Estatuto de uma sociedade anônima — e mais ainda, uma companhia aberta — a pretexto de que algumas de suas regras caíram em *desuso* por falta de aplicação a cargo do Conselho de Administração.

Isto significaria reconhecer a validade de um costume *contra legem*, idéia refutada por todos os doutrinadores. Neste sentido, assim se refere Washington de Barros Monteiro (*Curso de Direito Civil*, Saraiva, São Paulo, 1977, p. 19): "Em relação à lei, o costume pode apresentar-se numa das seguintes categorias: *praeter legem, secundum legem e contra legem*. No primeiro caso, ele caracteriza-se pelo seu cunho supletivo, só intervém na ausência ou omissão de lei; no segundo, o preceito, não contido na norma, é reconhecido e admitido com eficácia obrigatória; no terceiro, *surge como norma contrária à lei*".

Não se esqueça, conforme afirma Washington de Barros Monteiro ao qual já aqui se fez referência, que o direito brasileiro não agasalha a idéia de que uma lei possa ser considerada revogada pelo desuso (ob. cit., p. 29).

A propósito, deve ser considerado o reconhecimento da existência de ilegalidade ou do absoluto anacronismo da alegação do Banco quanto ao alegado *conhecimento* desse *costume*, pretensamente existente na época da concessão do empréstimo à Empresa.

Como se sabe, a característica de um costume é a sua publicidade, a constatação de sua prática em determinada praça ou mercado. Ora, tendo em vista a regra legal que concerne ao sigilo bancário (Lei n. 4.595/64, art. 38), o Banco jamais poderia ter conhecimento de que outras instituições financeiras haviam celebrado contratos de empréstimo com a Empresa, os quais não tinham contado com a prévia aprovação do seu Conselho de Administração mas que, mesmo assim, aquela havia reconhecido e cujas obrigações havia cumprido.

Na verdade, tudo indica que o Banco somente tomou conhecimento desse *costume*, quando teve acesso, nos autos, ao relatório da Price, encarregada dos trabalhos de auditoria independente da Empresa.

Nos termos acima, o Banco não tinha conhecimento de que o Conselho de Administração da Empresa estivesse sendo *costumeiramente* omisso na concessão de autorização prévia para as operações de crédito realizadas por aquela, nos casos em que tal autorização era necessária, a não ser que desejasse confessar a prática do crime de quebra de sigilo bancário. Da leitura das atas do Conselho de Administração — as quais o Banco pudesse, eventualmente, ter requerido à Junta Comercial — nada diziam sobre autorização prévia para a realização de operações de crédito. Mas daí não poderia o Banco inferir que aquele *costume* tivesse estabelecido. O fato do silêncio das atas sobre tal assunto poderia dar a entender, tão-somente que: a) não existiram quaisquer empréstimos tomados pela Empresa no período abrangido por aqueles documentos; ou b) as operações de crédito, embora existentes, sempre estiveram dentro dos limites de alçada da diretoria, não sendo necessária, portanto, autorização prévia daquele órgão.

E, mesmo que o Conselho de Administração da Empresa estivesse sendo omisso — o que não pode ser reconhecido no caso sob exame, dado o desconhecimento da operação por parte daquela — os efeitos da referida omissão operariam apenas no plano interno da sociedade, respondendo os membros daquele órgão pelos danos causados, na forma do art. 159 da Lei de Sociedades Anônimas. A ação baseada nesse dispositivo é de competência da sociedade, a ser ajuizada contra seu próprio administrador. Mas nem sequer é de cogitar-se dessa responsabilidade, uma vez que, para a Empresa, tal contrato jamais existiu.

Quanto à Teoria Organicista, conforme visto acima, sua aplicação não favorece o Banco, uma vez que ficou demonstrado terem os administradores e/ou procuradores da Empresa agido completamente fora dos limites do Estatuto desta, tanto porque o negócio exigia prévia autorização do Conselho de Administração, quanto porque celebrado por pessoa que não guardava a qualidade de mandatário no gozo de efetivos poderes de representação.

É completamente errônea, do ponto de vista jurídico, a afirmação do Banco no sentido de que a Empresa estava com plena capacidade para contrair obrigações, as quais não poderiam ser afetadas por limitações estatutárias, eis que contra estas deveriam prevalecer as normas de ordem pública, pois a responsabilidade orgânica decorreria da lei. Ao contrário do que entende o Banco, as limitações estatutárias, a par do objeto social, existem justamente para restringir — ou mesmo impedir — a capacidade negocial da Empresa em seu próprio benefício, dos seus acionistas, dos seus credores, dos seus empregados, dos consumidores e do mercado como um todo, considerando tratar-se de companhia aberta.

O próprio Banco, em atendimento às regras limitativas do seu Estatuto, teve o cuidado, no seu âmbito interno, de providenciar a necessária autorização do Comitê Central de Crédito para o contrato sob exame, uma vez que, pelo seu montante, o negócio escapava à alçada da agência local. Dessa forma, pretende aquele usar dois pesos e duas medidas na defesa dos seus interesses. O que é de observância obrigatória interna para ele, não o seria para outrem.

O Banco não agiu no caso concreto com o zelo e a diligência que lhe eram requeridos, na qualidade de instituição financeira autorizada a funcionar pelo Banco Central do Brasil.

Da negligência do Banco, na observância da diligência que deveria ter revestido a sua atuação, somente pode restar o entendimento no sentido do qual a Empresa não pode ser responsabilizada pelo pagamento da obrigação irregularmente contratada em seu nome.

C) No caso concreto, poderia se dizer que o Contrato de Abertura de Crédito em Conta Corrente, celebrado entre o Banco e a Empresa estava dentro dos objetivos sociais desta, eis que no âmbito de sua atividade negocial e que a busca do crédito e os contratos e cambiais dele decorrentes estariam inseridos nos limites das funções normais de qualquer Empresa? A firma social, conforme alegou o Banco (no caso, a denominação da Empresa) teria sido usada em negócio compatível com o objeto da sociedade, do que decorreria ter-se a Empresa obrigado perante aquele? Haveria presunção em favor do Banco no sentido de que o negócio aproveitava aos interesses da Empresa, pois sua natureza coincidia com a finalidade social?

Exercendo uma atividade profissional no campo do crédito, operando, no lado passivo, com recursos de terceiros por cujos interesses deveria intensamente zelar, o Banco deixou de observar o Estatuto da Empresa na sua integridade, ao realizar a operação ativa de empréstimo, não tendo atentado para o objeto social daquela e nem para os poderes dos administradores e/ou procuradores com os quais contratou.

Não se pode aceitar que o Contrato de Abertura de Crédito concedido pelo Banco à Empresa, muito menos a cambial que dele se originou fizesse parte clara do objeto daquela, considerando-se que, mesmo sendo regular a busca de crédito pelas empresas do mercado, o volume do contrato jamais poderia ser classificado na categoria da *normalidade*, para o qual, justamente, o Estatuto previa um trâmite especial, concernente à necessidade de aprovação prévia do Conselho de Administração.

Somente se a Empresa fosse uma instituição financeira como o próprio Banco o é, poder-se-ia dizer que o negócio coincidia com a sua finalidade social. Mas este não era o caso.

Não havia qualquer aparência de regularidade operacional e jurídica atrás da qual o Banco pudesse escudar-se.

D) Estaria o Banco na qualidade de terceiro de boa-fé, contra o qual não poderiam ser opostas quaisquer restrições contratuais relacionadas com os Estatutos da Empresa, tendo em conta, segundo suas alegações, a identificação notória e absoluta do Diretor-Presidente da Empresa com esta, estando em mãos daquele o seu comando inconteste? A condição do Diretor-Presidente da Empresa na praça em que ela operava era de tanta importância, segundo as alegações do Banco, bem como o seu notório e absoluto comando da Empresa, que teriam o efeito de levar qualquer prudente gerente de Banco à convicção de que as operações de financiamento contratadas por aquele eram negócios efetivos daquela (item 13.11, supra)?

Por outras palavras, estaria o Banco resguardado pela Teoria da Aparência, tal como acolhido na sentença e pelos votos vencedores do acórdão (itens 14 a 19, acima), no sentido de que, entre outros diversos argumentos ali referidos, faltavam motivos para que o Banco duvidasse que os altos funcionários da Empresa não possuíam poderes suficientes para firmar o Contrato de Abertura de Crédito em Conta Corrente?

Estaria correta a sentença em dizer que, mesmo não tendo o Banco agido corretamente ao deixar de preencher nova Ficha Proposta de Abertura de Conta e Novos Cartões de Assinatura (quanto à conta 000.636-6), para tanto tendo se utilizado dos mesmos documentos anteriormente usados para a conta 000.010-4, e de firmar contrato acima do limite permitido, esses, por si sós, não seriam fatos que poderiam elidir a boa-fé do Banco, considerando que a conta foi registrada na contabilidade deste e porque o empréstimo foi autorizado pelo seu "Comitê Central de Crédito" (item 18, supra)?

O Banco não poderia ser considerado terceiro diante da Empresa, muito menos terceiro de boa-fé, segundo o que já se disse acima.

Reconhecendo-se a vigência da Teoria Organicista, não há terceiros nas relações entre o Banco e a Empresa, que estão agindo diretamente entre si por meio dos seus órgãos. A questão, como visto acima, coloca-se no plano da legitimação, isto é, estava o Banco obrigado a verificar se os alegados administradores e/ou procuradores da Empresa efetivamente estavam investidos nos cargos pelos quais se apresentavam e se os seus poderes haviam sido validamente conferidos, fazendo-se, ainda, o necessário confronto com as limitações estatutárias.

Mesmo que fosse o caso de, tecnicamente, reconhecer a qualidade do Banco como terceiro, tendo diretamente diante de si os administradores e/ou procuradores da Empresa, mesmo assim ele jamais poderia ser considerado de boa-fé pois, esse favor é concedido mediante a aplicação da Teoria da Aparência ao indivíduo médio e não a uma Empresa que atua profissionalmente no ramo do crédito.

De outra parte, ainda tomando o Banco como entidade de natureza profissional e especializada e a Empresa na qualidade de companhia de capital aberto, jamais se poderia aceitar que o primeiro confundisse esta com a pessoa do seu Diretor-Superintendente. Essa faceta comprova, ainda por outro ângulo, a falta de profissionalismo do Banco e a sua extrema desatenção para os relevantes interesses da Empresa, que extravasam o campo restrito do seu controlador, dos seus administradores, dos acionistas minoritários etc., até chegar àquele mais abrangente da coletividade, como se demonstrou linhas acima.

Na parte geral das presentes considerações já se fez referência à função social da sociedade anônima, mais relevante ainda quando se trata de companhia aberta. Como afirma Modesto Carvalhosa, embora constituída em virtude de um *contrato* privado, a companhia, na medida em que atua no mercado, como forma de organização jurídica da Empresa, termina por ser guindada à condição de uma *instituição* de interesse público, do que decorre a preocupação do Estado com os atos de sua formação e atuação (ob. cit., p. 7). Ora, a instituição apresenta a característica da permanência no tempo. Isto quer dizer que a companhia permanece, enquanto vão-se o seu controlador e seus administradores, mesmo os mais notoriamente a ela ligados.

O direito moderno, ao reconhecer a relevância dos interesses externos em relação aos da própria companhia, já tornou norma legal a possibilidade da substituição forçada dos seus administradores e do próprio controlador, conforme estabelecem, por exemplo, quanto às instituições financeiras sob regime especial, o art. 2º do Dec.-Lei n. 2.321, de 25.2.87 e o art. 5º, II da Lei n. 9.447, de 14.3.97. Não há, portanto, *garantia de estabilidade* nem *permanência duradoura* nos cargos de gestão de sociedades anônimas, especialmente as abertas, sujeitas a um regime especial e subordinadas à fiscalização da Comissão de Valores Mobiliários, incumbida da proteção dos interesses do mercado.

E a intervenção do Poder Público na economia interna das companhias abertas dá-se com qualquer uma delas, não somente aquelas que venham a colocar-se sob algum regime especial de intervenção ou liquidação extrajudicial. A Lei n. 6.385/76, com a nova redação que lhe deu a Lei n. 9.447, de 5.5.97, como sabe, aplicável a qualquer companhia aberta, prevê no campo das penalidades aplicáveis pela CVM aquelas correspondentes à suspensão do exercício do cargo de administrador, a sua inabilitação temporária (que pode alcançar o prazo máximo de vinte anos), a proibição temporária, até o máximo de vinte anos, de praticar determinadas atividades ou operações e a proibição temporária, até o máximo de dez anos, de atuar, direta ou indiretamente, em uma ou mais modalidades de operação no mercado de capitais a teor do art. 11, III, IV, VII e VIII.

Algumas dessas penalidades são novas, mas outras já existiam ao tempo dos fatos sob exame, notando-se o progressivo agravamento da responsabilidade dos agentes do mercado de capitais, cujo funcionamento regular deveria ter sido objeto da contribuição positiva do Banco e não de uma omissão negligente ou deliberada.

À luz desses dispositivos pode-se dizer, parafraseando certo antigo Ministro da Educação, que alguém pode estar administrador em determinado momento da vida da sociedade, o que não quer dizer que ele seja administrador por um longo e indefinido período de tempo. Por outro lado, embora administrador, alguém pode estar agindo para lograr interesses próprios, contrários aos da sociedade, o que somente pode ser aferido pelo exame acurado do Estatuto da companhia.

Dessa forma, não se pode aceitar a validade das alegações do Banco quando procurou confundir as pessoas da Empresa e de um dos seus administradores, em procedimento condenável que infringiu as regras de conduta às quais o primeiro estava subordinado, sob os aspectos constitucional e legal já demonstrado em vários pontos desta consulta.

Já foi respondido que a utilização de Ficha Proposta para Abertura de Conta Corrente e de Cartões de Assinatura de conta anterior para nova conta, após o transcurso de tempo de quase dois anos entre uma e outra representou a assunção, por parte do Banco, de grave risco no tocante à falta de poderes e à legitimação dos signatários do negócio anterior em relação ao novo. Como se veio a verificar, faltaram, para a validade do segundo contrato, os requisitos da prévia aprovação pelo Conselho de Administração da Empresa e a regularidade dos poderes de signatário.

Por outro lado, não está correta a afirmação de que a boa-fé do Banco esteja comprovada pelo fato de encontrar-se contabilizada em seus livros a operação realizada com a Empresa, para a qual aquele obteve a prévia aprovação de seu Comitê Central de Crédito, em atendimento às regras internas sobre alçada.

O lançamento contábil unilateral e a aprovação prévia da operação pelo Comitê Central de Crédito do Banco não implicam por si sós, evidentemente, em prova da existência de um contrato com a Empresa. Seria necessário que eles estivessem suportados pelo instrumento do acordo que as partes tivessem celebrado, motivo pelo qual se volta ao problema da utilização de Ficha Proposta e de Cartões de Assinatura Antigos.

Do lado da Empresa, deveria ter ocorrido lançamentos contábeis correspondentes àqueles feitos pelo Banco, com sinal contrário, como se sabe, a partir da instrumentalização do acordo. Isto não aconteceu porque, conforme fartamente demonstrado nos autos, a Empresa não teve conhecimento de tal acordo, efetuado à sua revelia, não tendo sido atendidas as disposições estatutárias específicas.

O Banco jamais poderia ter alegado estar protegido pela Teoria da Aparência porque, conforme visto acima, um dos pressupostos para o reconhecimento daquele remédio jurídico está na sua referência a negócios de massa, realizados de forma tão dinâmica que, quanto a eles a exigência de formalidades levaria à impraticabilidade da atuação das empresas.

Ora, a celebração de um Contrato de Abertura de Crédito em Conta Corrente da ordem de quase quarenta milhões de dólares não poderia jamais ser considerado negócio de massa. E o próprio Banco seguiu internamente um trâmite formal e demorado, consistente na submissão do negócio à prévia aprovação do seu Comitê Central de Crédito. Assim sendo, por mais esse motivo a aplicação da Teoria da Aparência deveria ter sido afastada de plano.

A boa-fé é um princípio aplicável entre partes. Depende de alguém que esteja do outro lado. Tendo realizado um lançamento contábil unilateral, conseqüência de um contrato inválido, com relação a quem poderia estar caracterizada essa boa-fé? Ademais, repita-se, entre empresas profissionais esse princípio não atua, pois refere-se a indivíduo médio, que nessa qualidade vem a efetuar algum negócio.

E) Considerando-se que foi outorgada em 9.12.88 procuração em nome da Empresa por diretor que ainda não havia sido eleito, o fato de sua eleição posterior (verificada em 11.1.89) teria o efeito de, automaticamente, ratificar aquele ato, tornando válidos os poderes que por meio dela haviam sido concedidos? O fato da aludida procuração ter sido posteriormente revogada pela Empresa em 18.8.89 comprova que esta teria reconhecido a sua existência e validade, tanto que necessitou tomar medidas expressas para cancelá-la?

Ainda, se a Price, na qualidade de auditora independente, após ter tomado conhecimento da aludida procuração e da falta de autorização prévia do Conselho de Administração da Empresa, não ter feito qualquer ressalva sobre esses fatos em suas comunicações à Empresa, isto poderia ser considerado como prova de que a Price teria dado como regulares tais operações?

A Empresa, ao ter tomado conhecimento da referida procuração, poderia tê-la ratificado de forma expressa ou tácita. Esse fato implicaria, por sua vez, necessária e previamente, na ratificação pelo Conselho de Administração do Contrato de Abertura de Crédito em Conta Corrente que havia sido firmado à sua revelia, sob pena de continuar uma irregularidade diante do Estatuto da Empresa.

Contudo, de um lado, não houve ratificação, nem expressa, nem tácita. Ocorreu, isto sim, pelo contrário, a expressa revogação daquele instrumento pela Empresa após ter o fato chegado ao seu conhecimento. E disto não resulta, como alegado pelo Banco, no reconhecimento da existência e da validade da procuração em tela.

O tema deve ser analisado à luz dos planos de existência, validade e eficácia, assunto magistralmente desenvolvido por Antônio Junqueira de Azevedo em seu *Negócio Jurídico e Declaração Negocial — Noções Gerais e Formação da Declaração Negocial*, São Paulo, 1986. Pela sua importância, transcrevem-se abaixo as palavras do ilustre professor sobre este assunto (pp. 91 e 92):

"A declaração negocial constitui o elemento nuclear do negócio jurídico. Se há declaração negocial, o negócio existe; se não há, o negócio inexiste.

"*Pode, porém, uma declaração existente não preencher os requisitos, que o ordenamento jurídico exige, para a considerar regular.* Os requisitos faltantes podem dizer respeito à formação, à estrutura ou ao fim da declaração, como, respectivamente, uma falha no processo psíquico interno, a falta de uma forma prescrita ou a venda em prejuízo dos credores; os defeitos podem ser mais graves, como a falta da vontade de declarar por coação absoluta ou o conteúdo contrário à lei e aos bons costumes, ou, menos graves, como um erro sobre questão secundária ou uma cláusula acessória ilícita. A lei reagirá contra essas irregularidades de diversas maneiras; fixará sanções. As mais importantes são as de nulidade e anulabilidade.

"Percebe-se, pois, que, *num primeiro momento, trata-se de saber se o negócio jurídico existe ou não existe (plano da existência)*; a existência ou inexistência são conseqüências lógicas da situação de *deficiência* do suporte fático. *Num segundo momento, se a declaração negocial existe, examina-se se está de acordo com a lei, isto é, se está regular (plano da validade)*; se estiver irregular, é preciso verificar que sanção a lei atribui. E, até, se de fato atribui sanção, porque pode ser caso de *lex imperfecta*. A irregularidade da declaração é uma conseqüência lógica da situação de *insuficiência* do suporte fático. Já a nulidade é uma sanção; é a mais grave das sanções. Não há, na semântica de hoje, a menor possibilidade de confusão entre nulidade e inexistência.

"Todavia, o negócio jurídico, como dissemos anteriormente, não é somente declaração negocial. Não existe a declaração negocial "esquelética"; cada negócio concreto tem elementos que o individualizam (elementos particulares) e também, em geral, como são realizados dentro de determinados *tipos* negociais, elementos categoriais. Ora, muitas e muitas vezes, esses elementos particulares e categoriais são extrínsecos à declaração. A maior parte dos negócios jurídicos tem suporte fático complexo (dito, complexo fático). *Não basta, pois, examinar se há declaração negocial e se a declaração está regular; é preciso, ainda, num terceiro momento, examinar as condições de eficácia extrínsecas à declaração (é o plano da eficácia).*

"*Somente após o exame do negócio jurídico nesses três aspectos do seu suporte fático, é que se pode dizer se ele produzirá, ou não, todos os seus efeitos*. Naturalmente, estamos nos referindo a efeitos e a eficácia jurídica, e não, a efeitos de fato, ou a eficácia "prática" (grifos nossos).

Ora, a malfadada procuração efetivamente existiu (plano da existência). É um fato que não pode ser negado. Contudo, ela não preencheu os dois requisitos restantes, o da validade e da eficácia, pela falta dos pressupostos que para tanto seriam necessários.

A revogação expressa, feita pela Empresa, daquela procuração correspondeu a um ato de sua retirada do mundo existente, para o fim de que, eventualmente, não viesse a produzir efeitos diante de terceiros de boa-fé.

Mas, quanto ao negócio celebrado pelo Banco à frente dessa procuração, não era ela válida nem eficaz.

Não era válida (plano da validade) porque, segundo a lição de Antônio Junqueira de Azevedo, acima, reproduzida, não estava de acordo com o Estatuto da Empresa, considerando-se que, do ponto de vista teleológico, foi outorgada à revelia da Empresa para o fim de negócio irregular, eis que lhe faltava a prévia aprovação do Conselho de Administração. Essa aprovação inexistente corresponde ao que o douto jurista citado refere como insuficiência do suporte fático.

Finalmente, era aquela procuração ineficaz (plano da eficácia) porque o outorgante não possuía, à época, os poderes nela previstos, uma vez que não havia ainda sido eleito para o cargo de administrador da Empresa.

Dessa forma, a sanção a ser aplicada à procuração em causa é a da anulação do negócio celebrado mediante a sua utilização, este, precisamente, o objeto da ação declaratória ajuizada pela Empresa contra o Banco.

As mesmas conseqüências de invalidade e de ineficácia alcançam claramente tanto o Contrato de Abertura de Crédito em Conta Corrente quanto as cambiais dele resultantes, após fazer-se a análise do caso, pela qual se verifica faltarem os pressupostos correspondentes.

De outra parte, se efetivamente, a Price veio a ter conhecimento da procuração vertente e da inexistência da falta de aprovação prévia do Conselho de Administração e se não fez qualquer ressalva sobre esses fatos em suas comunicações à Empresa, isto jamais poderia ser considerado como prova de que a Price teria dado como regulares tais operações.

Poderia representar essa omissão um ato culposo da empresa de auditoria frente à sua cliente (imprudência, negligência ou imperícia), com relação ao qual seria factível a sua responsabilização. Mas, considerando-se que a Price não é órgão da Empresa, essa omissão ou — até mesmo, para argumentar — o reconhecimento da validade do negócio não teria qualquer efeito diante desta última, na qualidade de terceira, cuja vontade nunca foi validamente manifestada quanto à celebração daquele contrato. Isto porque, como qualquer um sabe, a vontade da sociedade somente se realiza pela manifestação dos seus órgãos, o que nunca foi o caso da Price.

Em resposta, deve afirmar-se que a procuração dc quc sc fala jamais foi válida e eficaz.

F) A obrigação constituída pelo Contrato de Abertura de Crédito em Conta Corrente poderia ser considerada como efetivamente constituída com relação à Empresa, tendo em conta que ficou provado não ter tido conhecimento de tal operação e cujos recursos não lhe aproveitaram?

De fato, quanto a esta última afirmação, observou-se nos autos que nenhum dos valores existentes na conta corrente 000.636-6 foi jamais sacado pela Empresa, remetido ou destinado a ela, ou mesmo utilizado de forma que gerasse qualquer benefício, direto ou indireto para aquela. Houve apenas uma indenização transferida pelo Banco à Empresa, sob título falso, da conta corrente acima citada para a conta corrente 000.010-4. Tal reembolso correspondeu a parcela de rendimento que não fora pago à Empresa, decorrentemente de operação entre as partes. Ao tirar recursos da conta 000.636-6 para o pagamento de um débito de sua responsabilidade, ficou comprovado que, evidentemente, o Banco não considerava esta uma conta de propriedade da Empresa.

Um dos requisitos para a aplicação da Teoria da Aparência corresponde, conforme já demonstrado acima, ao aproveitamento econômico que alguém tira de uma determinada operação, praticada por quem possuía apenas poderes aparentes. Considerando-se que a Empresa não teve proveito quanto ao Contrato de Abertura de Crédito em Conta Corrente, a falta do requisito acima, juntamente com os demais que também contribuíram para que o tipo não fosse preenchido, leva à impossibilidade de utilização da Teoria da Aparência.

Por todos os motivos expressos na resposta à questão anterior, fazendo-se aplicação da análise do caso nos planos da existência, validade e eficácia, é obrigatória a conclusão no sentido de que o Contrato de Abertura de Crédito em Conta Corrente jamais veio a ser validamente constituído perante a Empresa como, também, jamais adquiriu eficácia jurídica.

CONCLUSÃO GERAL

Analisados todos os pontos apresentados pelo Consulente, e aplicando-se os planos de existência, validade e eficácia, somente pode concluir-se no seguinte sentido:

a) O Contrato de Abertura de Conta Corrente e as demais obrigações que dele se originaram entre o Banco e a Empresa existiram apenas como um fato;

b) Mas não foi válido nem eficaz em relação à empresa porque eivado de vícios essenciais que o contaminavam:

— celebrado fora do objeto regular da Empresa;

— por pessoas que não a*presentavam* regularmente;

— que não haviam observado as disposições estatutárias da Empresa;

— para finalidades estranhas ao interesse estatutário da Empresa.

Dessa forma, nenhum efeito jurídico aquele negócio poderia gerar contra a Empresa.

Essa é a minha opinião, s.m.j.

São Paulo, 10 de outubro de 1997.

Impressão e acabamento
PAYM Gráfica e Editora LTDA.
Tel: (011) 751-6977

RDM 109

DOUTRINA: A DECLARAÇÃO DE FALÊNCIA E SEUS EFEITOS JURÍDICOS NO ÂMBITO DO MERCOSUL – Paulo Roberto Colombo Arnoldi • EFEITOS DA REFORMA DO CÓDIGO DE PROCESSO CIVIL NA EXECUÇÃO ESPECÍFICA DO ACORDO DE ACIONISTAS – Celso Barbi Filho • VENDA DE ASCENDENTE PARA DESCENDENTE – Carlos Augusto de Assis • O REGIME DAS PARTICIPAÇÕES SOCIETÁRIAS RECÍPROCAS E AS SOCIEDADES POR QUOTAS DE RESPONSABILIDADE LIMITADA – Otavio Yazbek • ***ATUALIDADES***: DIREITO DA CRISE ECONÔMICA DA EMPRESA – Jorge Lobo • CONSENTIMENTO INFORMADO E O PROJETO DE CÓDIGO CIVIL – Rachel Sztajn • A DISSOLUÇÃO PARCIAL DE SOCIEDADE "HOLDING" – João Luiz Coelho da Rocha • NOVA REGULAMENTAÇÃO DO MERCADO DE BALCÃO ORGANIZADO – Eduardo Salomão Neto • ALCANCE E LIMITES DOS ACORDOS DE ACIONISTAS: A TEORIA DA VONTADE FRENTE À INDISPONIBILIDADE E COGÊNCIA DA LEGISLAÇÃO ORGANICISTA BRASILEIRA EM MATÉRIA DE SOCIEDADES ANÔNIMAS – Alexandre Saddy Chade • A DOUTRINA DOS "FIDUCIARY DUTIES" NO DIREITO NORTE-AMERICANO E A TUTELA DAS SOCIEDADES E ACIONISTAS MINORITÁRIOS FRENTE AOS ADMINISTRADORES DAS SOCIEDADES ANÔNIMAS – Carlos Klein Zanini • ***JURISPRUDÊNCIA COMENTADA***: CONSELHO FISCAL: AUSÊNCIA DE LEGITIMAÇÃO PROCESSUAL DE ACIONISTA PARA OBTENÇÃO DE INFORMAÇÃO EM NOME DE CONSELHEIRO – Frederico Simionato • DANO MORAL. ANULAÇÃO DE ASSEMBLÉIA GERAL E EXCLUSÃO INDEVIDA DE ACIONISTAS DE SOCIEDADE COMERCIAL – Nelcina Conceição de Oliveira Tropardi • "INSIDER TRADING" – Ricardo de Carvalho Aprigliano • ***TEXTOS SELECIONADOS***: O EMPRESÁRIO – Tullio Ascarelli (tradução de Fábio Konder Comparato) • ***MERCADO DE CAPITAIS – LEGISLAÇÃO***: MERCADO DE BALCÃO – INFORMAÇÕES: INSTRUÇÃO CVM N. 42, DE 28.2.85; INSTRUÇÃO CVM N. 245, DE 1.3.96 • MERCADO DE BALCÃO – FUNCIONAMENTO: INSTRUÇÃO CVM N. 243, DE 1.3.96; INSTRUÇÃO CVM N. 244, DE 1.3.96 • MERCADO DE BALCÃO – REGISTRO PARA NEGOCIAÇÃO: INSTRUÇÃO CVM N. 202, DE 6.12.93; INSTRUÇÃO CVM N. 238, DE 11.10.95 • MERCADO DE BALCÃO – OUTRAS NORMAS APLICÁVEIS: INSTRUÇÃO CVM N. 8, DE 8.10.79; INSTRUÇÃO CVM N. 14, DE 17.10.80; INSTRUÇÃO CVM N. 36, DE 8.8.84; INSTRUÇÃO CVM N. 77, DE 11.5.88; INSTRUÇÃO CVM N. 120, DE 6.6.90; INSTRUÇÃO CVM N. 179, DE 13.2.92; INSTRUÇÃO CVM N. 180, DE 13.2.92; INSTRUÇÃO CVM N. 220, DE 15.9.94 • ***PARECERES***: AÇÕES PREFERENCIAIS EXCLUSIVAMENTE COM VANTAGENS POLÍTICAS – Luiz Gastão Paes de Barros Leães • COMPANHIA DE CAPITAL ABERTO – NÃO CARACTERIZAÇÃO DA RESPONSABILIDADE DA SOCIEDADE QUANDO DA PRÁTICA DE ATOS "ULTRA VIRES", COM QUEBRA DIRETA DO ESTATUTO SOCIAL – Haroldo Malheiros Duclerc Verçosa

MALHEIROS
EDITORES

Revista de Direito Mercantil

industrial, econômico e financeiro

vol. 110